Ein fahrendes Frauenzimmer

Die Lebenserinnerungen der Komödiantin
Karoline Schulze-Kummerfeld
1745–1815

Herausgegeben von Inge Buck

W0315130

Deutscher Taschenbuch Verlag

Vollständige Ausgabe.
Mit einer Einleitung, Anmerkungen und Zeittafel
herausgegeben von Inge Buck.

April 1994
Deutscher Taschenbuch Verlag GmbH & Co. KG, München
© 1988 Orlanda Frauenverlag, Berlin
Umschlagtypographie: Celestino Piatti
Umschlagbild: Porträt von Karoline Schulze-Kummerfeld
von Adam Friedrich Oeser,
koloriert von Cornelia von Seidlein
Gesamtherstellung: C. H. Beck'sche Buchdruckerei, Nördlingen
Printed in Germany · ISBN 3-423-02332-5

Über dieses Buch

In ihrem 40. Lebensjahr, als ihr abenteuerliches Leben – zumindest äußerlich – zur Ruhe gekommen ist in einer Nähschule in Weimar, beschließt Karoline Schulze-Kummerfeld (1745–1815), die Geschichte ihres Lebens als Tänzerin und Aktrice niederzuschreiben: »ohne Wortgezier, so wie ich im Leben sprach und handelte und wie man mit mir sprach und mich behandelte«.

Schon als Kind ist sie mit Eltern und Bruder in einem Wandertheater von Ort zu Ort gezogen, hat den beschwerlichen Alltag dieser Schauspieler hautnah miterlebt, die alles, was sie besaßen – und das war sehr wenig – stets mit sich trugen und oft verpfänden mußten für Logis und Reisegeld. Sie erzählt von den mühsamen Reisen per Karren, Kutsche, Floß oder Schiff, von der mageren Kost und den Elendsquartieren. Sie schreibt über den Tod ihrer Eltern, berichtet über ihre erste Liebe und vor allem über ihre künstlerische Arbeit als Julia, Minna von Barnhelm und Miß Sara Sampson – Rollen, mit denen sie schließlich große Berühmtheit erlangt zwischen München und Hamburg. Doch »die Schulzin« war nicht nur eine umjubelte Lessing-Interpretin, ihre Beliebtheit beim Publikum wie an den Höfen war auch Ausfluß ihrer moralischen Integrität – eine Seltenheit im Theraterbetrieb am Ende des 18. Jahrhunderts.

Die Theaterwissenschaftlerin Inge Buck hat die erst 1915 erstmals gedruckten Lebenserinnerungen wiederentdeckt und neu ediert: Sie lesen sich wie ein spannender sozialkritischer Roman und sind eine Theatergeschichte »von unten« für die Zeit zwischen Lessing und Goethe.

Literatur · Philosophie · Wissenschaft

INHALT

EINLEITUNG

I. Eine Theatergeschichte von unten

»Die Geschichte meines Lebens will ich schreiben, und warum?«

So beginnt in gleichmäßig festen und zugleich leichten Zügen die Handschrift[1] der Wanderkomödiantin Karoline Schulze-Kummerfeld, die erst hundert Jahre nach ihrem Tode veröffentlicht worden ist.[2]

Die Geschichte eines Lebens: eingeflossen in die Züge der Schrift, als schwarze Tinte aus dem Federkiel geflossen in die grauen Fasern des Papiers, sechshunderteinundachtzig Blätter bis zum äußersten Rand beschrieben. Und jetzt: eingesargt ins Zelluloid des Mikrofiches immer noch lebendig – wenn auch kaum noch lesbar.

Seit ihrem dritten Lebensjahr im Jahr 1749 mit der Schauspielertruppe ihres Vaters unterwegs, folgen die Kapitel ihrer Lebenserinnerungen den Stationen ihres Wanderlebens, sie sind markiert durch Abreise und Ankunft, durch Überschreiten und Verlassen der Landesgrenzen, der Religionsgrenzen, durch Zurücklassen von Hab und Gut, durch die Trennung von geliebten Menschen. So mag auch jedes dieser Kapitel der Inszenierung eines Theaterstückes gleichen, in dem Personen auf- und abtreten, Schauplätze entworfen werden, die Zeitdauer der Spielhandlung festgelegt ist.

Wie andere Bühnenkünstlerinnen und -künstler[3] hat auch Karoline ihre Lebenserinnerungen erst niedergeschrieben, als ihr abenteuerliches Leben – zumindest äußerlich – zur Ruhe gekommen war: In ihrem 40. Lebensjahr verfaßte sie in Weimar, wo sie schließlich als Näherin lebte, ihre Biographie.

»Ich will keine Theatergeschichte, sondern nur meine eigene schreiben«.[4] Selbstbewußt und eigen-sinnig gibt die Schauspielerin den Ausgangspunkt ihres Schreibens zu erkennen: ihre individuelle Sicht auf den Alltag der Wanderbühne, auf das Theater ihrer Zeit, auf Menschen, Orte und Ereignisse, die

sie buchstäblich erfahren hat – und nicht zuletzt auf sich selbst. Bühne und Alltag waren indessen keine getrennten Welten: Alltag war Theater und Theater war Alltag für die Wanderschauspielerinnen und -schauspieler, die alles mit sich trugen, was sie besaßen, und das wenige, das sie besaßen, oft verpfänden mußten für Logis und Reisegeld. Wenn Karoline Schulze-Kummerfeld über das Theater schreibt, dann schreibt sie über die Beschwerlichkeiten der Reise per Mistkarren, Kutsche, Floß oder Schiff, über die magere Kost, über die Elendsquartiere. Sie schreibt über die Näh-, Flick- und Putzarbeiten, die sie zusammen mit ihrer Mutter übernahm, um ihre Familie vorm Verhungern zu bewahren. Sie schreibt über die in langen Nächten durchtanzten Schuhsohlen und über Krankheiten, über den Tod ihres Vaters, ihrer Mutter. Sie schreibt über ihre erste Liebesgeschichte und das zu einer Zeit, als sie begann, ihre ersten Rollen als Liebhaberin zu spielen: Karoline sprach und schrieb zugleich als Julia, als Minna, als Miß Sara Sampson – Rollen, die sie auf der Bühne kreierte, in die jedoch immer das Gesehene, das Gehörte, das sinnlich Erfahrene mit eingeflossen ist.

Dabei lesen sich ihre spannend erzählten und theatergeschichtlich aufschlußreichen Selbstzeugnisse keineswegs als empfindsames Seelengemälde einer neu sich artikulierenden weiblichen Subjektivität[5] – etwa wie die »Geschichte des Fräuleins von Sternheim«, nach konventionellen Motiven und Situationen verfaßt von der bürgerlichen Sophie La Roche, einer Zeitgenossin der Kummerfeld. Karoline Schulze-Kummerfeld hat vielmehr ihre eigene Geschichte als Theatergeschichte von unten geschrieben: als Innensicht und Außensicht, Selbstreflexion und Sozialkritik, Autobiographie und Reisebericht zugleich.

Ihre Aufzeichnungen passen in kein literaturwissenschaftliches, kein theaterwissenschaftliches Muster. Allenfalls wurden die »Lebenserinnerungen« von der bisherigen Theatergeschichtsschreibung[6] dazu benutzt, um etwa den Übergang vom Wandertheater zum stehenden Theater quellenmäßig zu belegen. Der Alltag der Frauen am Theater war indessen von dieser Forschung und Geschichtsschreibung säuberlich ausgegrenzt worden.

Die Texte der Karoline Schulze-Kummerfeld haben mich berührt, sie haben mich fasziniert. Das war der Ausgangspunkt für die Arbeit an der Neuherausgabe: die Verflochtenheit von Kunst und Leben, Alltag und Theater in den Selbstzeugnissen der Wanderkomödiantin sichtbar zu machen, einer ungewöhnlichen Frau, die noch nicht von den Ambivalenzen, noch nicht von der Psychologisierung des bürgerlichen Zeitalters angegriffen war.

II. Der Text: Aus dem Stegreif geschrieben

Schreiben hat Karoline von ihrem Vater gelernt: sie lernte es gleichzeitig mit dem Sprechen der Rollen, mit dem Auswendiglernen der Rollentexte, mit dem Abschreiben ihrer Rollen, mit dem öffentlichen Agieren auf dem Theater, gleichzeitig mit der Tanzkunst.

Ihr Schreiben ist eingebunden in Bewegung, Aktion, Dialog; es ist kein »monologisches Medium«[7], nicht das Produkt eines isolierten Individuums, sondern in einem gesellschaftlichen Rahmen entstanden und darauf bezogen.

»Hier in diesen Blättern ist Wahrheit ohne Schmuck, ohne Wortgezier, so wie ich im Leben sprach und handelte und wie man mit mir sprach und mich behandelte.«[8]

Wie auf der Bühne des Wandertheaters – der sich Karoline zeit ihres Lebens verbunden gefühlt hat – der Rollentext an die Spielaktion gebunden bleibt, die Dialoge im lebendigen Austausch mit dem Spielpartner in Rede und Gegenrede Gestalt annehmen, so hat auch der geschriebene Text ihrer »Lebenserinnerungen« noch nicht den lebendigen Atem der gesprochenen Sprache verloren. Die erinnerten Dialoge, in denen sie Menschen – die inzwischen fern von ihr oder längst verstorben – sich schreibend vergegenwärtigt, lesen sich im Rahmen der autobiographischen Aufzeichnungen als lebendige Szenarien in Rede und Gegenrede. Die Vorliebe der Schulze-Kummerfeld für die Dialogform beruht sicher einerseits auf ihrer berufsmäßigen Lektüre dramatischer Literatur, die fast ausschließlich als ihr literarisches Vorbild gelten kann[9]; in diesem Zusammenhang berichtet sie zum Beispiel auch von einer Begebenheit aus früher

Jugendzeit, als der Vater ihr jede Romanlektüre verbot und stattdessen das Studium der »Komödie«[10] auftrug.

Zum anderen jedoch ist der Dialog in den Selbstzeugnissen der Komödiantin auch Ausdruck ihrer Selbstdarstellung und Selbstvergewisserung, vor allem in den Passagen, in denen sie sich – in der Auseinandersetzung mit kupplerischen Wirtinnen, mit Prinzipalen, mit rivalisierenden Aktricen, mit Adligen – schlagfertig, mit Witz und Geistesgegenwart schreibend in Szene gesetzt hat. Ohne festen Wohnsitz, ohne Besitz, dem verachtetsten Stand angehörend, hatte die Wanderschauspielerin allein mit dem gesprochenen Wort – auf der Bühne und im Alltag – sich gesellschaftliche Anerkennung erkämpft, die indessen immer von neuem gefährdet war.

Das war auch der Grund, warum sie sich erbittert gegen die aufkommende, schriftlich festgelegte Theaterkritik zur Wehr setzte, die die Anerkennung oder Ablehnung der Schauspielerin, des Schauspielers, nicht dem jeweiligen Abend, dem jeweiligen Publikum überläßt, sondern schriftlich fixierte Bewertungsmaßstäbe schafft. Karoline wehrte sich gegen den Kritiker persönlich und nicht – wie es dem neuen, dem rationalen Zeitalter entsprechen würde – schriftlich, sondern mit den Mitteln der Aktion: *»So oft er (der Kritiker) mir in den Weg kam, spie ich aus.«*[11]

Die szenischen Dialogpassagen in den »Lebenserinnerungen« sind eingebettet in einen breiten Erzählstrom. Karoline Schulze-Kummerfeld erzählte und sie erzählt rückblickend aus dem Gedächtnis, das sie schon seit ihrem dritten Lebensjahr mit dem Auswendiglernen von Kinderrollen und Theatervorreden geschult hat. Sie erzählt chronologisch »ohne Schmuck und Wortgezier«, in der Vergangenheitsform ohne Vor- oder Rückblenden, der Chronologie ihres Wanderlebens folgend. Sie schreibt ohne Kapiteleinteilung, ohne Absätze, ihre Aufzeichnungen werden lediglich durch Jahreszahlen markiert, die sich deutlich aus der gleichmäßig fortlaufenden Schrift herausheben.

Sie beginnt mit dem Jahr 1693 – dem Geburtsjahr des Vaters – es folgen das Geburtsjahr der Mutter – 1708 – und ihr eigenes, datiert mit 1745. Die Zeitstruktur, die den »Lebenserinnerungen« zugrunde liegt, folgt unberechenbaren lebenszeitlichen Prozessen. Karoline datiert Geburtsjahre und Todesjahre, sie datiert den Verlauf von Krankheiten und den Prozeß der Heilung, sie datiert das langsame Sterben der Mutter, des Vaters Stunde um Stunde. Diese Zeiterfahrungen, eingeflossen in die Erzählstrukturen der »Erinnerungen«, entstammen einem Lebenszusammenhang, in dem die Zeit nicht dem Rhythmus einer vorausplanbaren Ordnung unterworfen war, vielmehr sich nach den jeweiligen Lebensbedingungen richtete wie nach dem Stand der Sonne, den Gezeiten, der Jahreszeit, der Windrichtung.

In diesem Zusammenhang stehen auch die Auswirkungen der Gesetzmäßigkeiten des Kirchenjahres auf die Erzählstrukturen der »Erinnerungen«. So reglementieren zum Beispiel Aufführungsverbote an Feiertagen oder kirchlichen Festen – als Ausdruck der Theaterfeindlichkeit der Kirche – den Aufführungsrhythmus der Wanderbühne, erzwangen die Weiterreise der umherziehenden Truppen, die ohne Einnahmen die Kosten für den Aufenthalt an einem festen Ort nicht tragen konnten.[12] »Auf die Fasten« – zur Fastenzeit – liefen Verträge aus oder wurden gekündigt, Prinzipale trennten sich von unliebsamen Komödiantinnen und Komödianten und umgekehrt.

Auch zeitgeschichtliche Ereignisse haben Einfluß auf die Gestaltung der erzählten Zeit, so etwa der Siebenjährige Krieg und seine Folgen, der die »Erinnerungen« an Kindheit und frühe Jugend Karolines zwischen 1756 und 1763 wesentlich bestimmt: Nicht die subjektiv erfahrene Lebenszeit eines Kindes oder jungen Mädchens strukturiert den Gang der Handlung, sondern äußere Not: Armut, Hunger, elende Unterkünfte, Verachtung.

Neben dialogischen Passagen und der fortlaufenden Erzählung enthalten die »Lebenserinnerungen« noch eine dritte Textart: Briefe. Neben Vertragsangeboten von Prinzipalen, Briefen von Verehrern, sind den autobiographischen Aufzeichnungen auch Briefe der Karoline Schulze beigefügt. Nicht zufällig stehen sie in der Mitte der »Erinnerungen«, entstanden an einer Wende ihres Lebens in äußerster Krisensituation. Allein vor die Frage gestellt: Ehe oder Kunst, Häuslichkeit oder Öffentlichkeit, antwortet Karoline ihrem zukünftigen Ehegatten – dem Hamburger Bürger Kummerfeld – in zwei langen Briefen aus dem Jahr 1767.[13]

III. Öffentlichkeit und Häuslichkeit: Vom Theaterfundus zum Tafelsilber

Anders als die schreibenden Frauen ihrer Zeit, die – vorwiegend aus dem wohlhabenden Bürgertum oder dem Adel – aus ihrer Häuslichkeit in Form von Briefen an die Öffentlichkeit traten[14] – schrieb die Bühnenschauspielerin aus einem öffentlichen Lebenszusammenhang ihre Hochzeitsbriefe nur für die Augen des Bräutigams. Gleichwohl sind diese Zeugnisse keineswegs zu Liebesbriefen geraten, sondern zu einem Manifest ihres Künstlerinnentums, wenn sie dem Hamburger Bankschreiber Kummerfeld zu verstehen gibt: *»Mein Reichtum ist meine Kunst.«*[15]

In einem stolzen Vier-Punkte-Programm forderte die Wanderschauspielerin, die zum gesellschaftlich wenig geachteten Berufsstand gehörte, Achtung und Respekt für sich von ihrem zukünftigen Ehemann und auch von seiner bürgerlichen Verwandtschaft. In diesen Brieftexten der Karoline Schulze-Kummerfeld ist ein anderer Ton zu spüren als in den bisher erwähnten Dialogpassagen oder dem erzählenden Prosatext. Während sie dort noch sich eingebunden wußte in das Gefüge des Theaters ihrer Zeit, stand sie hier allein auf verlorenem Posten: wenige Monate, bevor sie ihr entbehrungsreiches, aber selbständiges Bühnen- und Wanderleben aufgab, um die Ehefrau Kummerfelds zu werden, hielt sie schreibend auf dem Papier fest, was bisher Grundlage ihres Lebens und Überlebens war: ihr Stolz und ihr Standesbewußtsein als Schauspielerin:

»Nicht um müßig, bequemer oder freier zu leben, bin ich auf dem Theater. Meine Eltern waren vor mir auf demselben und gaben mir auf dem Theater mein Dabeisein. Gereicht mir also zu keinem Vorwurf; und unglücklich wäre der oder die, die über mich die Nase rümpfen oder mir die Achtung versagen würden, die mir zukommt ... Ich bin stolz und hitzig wie ein Mann.«[16]

Stolz, Selbständigkeit, Heiterkeit und Entscheidungsfähigkeit verlor sie jedoch in dem Maß, wie sie die Attribute der bürgerlichen Ehefrau in der Folgezeit annahm: Der Verkauf des Theaterfundus und statt dessen die Anschaffung von Silber und Wäsche markieren eindrucksvoll den Szenenwechsel von der Öffentlichkeit zur Häuslichkeit, vom lebendigen Handeln zum toten Besitzen, vom improvisierten Reisen zur bürgerlichen Ordnung.

Der Kampf um ihr Standesbewußtsein als Schauspielerin zieht sich wie ein roter Faden durch die »Lebenserinnerungen« der Karoline Schulze-Kummerfeld.

Während die deutschen Wanderschauspieler ihrer Zeit – im Unterschied etwa zu französischen und italienischen Truppen, die an den Höfen auftraten – generell als unehrenhafter Stand galten, haftet besonders den Frauen auf dem Theater der Ruf der Unsittlichkeit an, der sie in die Nähe der Dirne rückte.[17]

Historisch reicht die Diskriminierung der Frau als Schauspielerin bis ins Altertum und ins Mittelalter, wo den Frauen der Zutritt zur Bühne grundsätzlich nicht erlaubt war und die weiblichen Rollen von Männern, Knaben oder Kastraten gespielt wurden. Einzig auf Jahrmärkten waren Frauen als Gauklerinnen und Jongleurinnen zugelassen.[18] Mit dem Auftreten der ersten Schauspielerinnen etwa um die Mitte des 17. Jahrhunderts bei den deutschen Wandertruppen, wurde die damals idealisierte Frauenrolle gleich an zwei wesentlichen Stellen durchbrochen: Schauspielerinnen traten als Person an die Öffentlichkeit und sie waren – als Fahrende – an keine Häuslichkeit gebunden; Grund genug, die Moral der »Frauenzimmer bei dem Theater« grundsätzlich in Frage zu stellen.

IV. Kunstfertig und tugendhaft: Das Standesbewusstsein der Karoline Schulze-Kummerfeld

»Daß wohl kein Frauenzimmer in der Welt mehr Verdienst hat, wenn es ganz tugendhaft bleibt, wie ein Frauenzimmer bei dem Theater«[19], schreibt Karoline und bringt damit die öffentliche Anerkennung als Schauspielerin in Verbindung mit ihrer weiblichen Tugendhaftigkeit. Ja, erst die Kombination von künstlerischen Fähigkeiten und einem tugendhaften Leben schafft die Voraussetzung für das Standesbewußtsein als Wanderschauspielerin.

Die moralischen Grundsätze der Karoline Schulze-Kummerfeld entstammen indessen nicht der Theorie (nicht etwa den damals vielgelesenen »Moralischen Wochenschriften«, die sich vor allem an Frauen des aufgeklärten Bürgertums wandten)[20], sondern vielmehr ihren lebenspraktischen Erfahrungen. Danach war – um nur einen Bereich zu nennen – die Spielerlaubnis der umherziehenden Wandertruppen, die untereinander in Konkurrenz standen, auch abhängig vom guten Leumund, von Empfehlungsschreiben der Fürsten und Magistrate, die über die Sitten der Wanderschauspielerinnen und -schauspieler ebenso urteilten wie über ihre künstlerischen Fähigkeiten.[21] Die Disziplinierung in den Schauspielertruppen, die etwas auf sich hielten, war die Folge dieser Gutachten.

Unabhängig davon vertrat jedoch Karoline Schulze-Kummerfeld eine Lebensauffassung, die in ihr selbst begründet liegt, mit der sie sich selbst charakterisiert als »nicht halb«, sondern immer nur »alles ganz«[22] im Denken und Handeln, in ihrer Trauer und in ihrer Lebensfreude, in ihrer Arbeit und in ihren Liebesbeziehungen, im Alltag und auf dem Theater.

Die Theatergeschichte der Karoline Schulze-Kummerfeld ist auch eine Geschichte des Alltags, in der nicht nur von künstlerischen Fertigkeiten die Rede ist, sondern auch vom Geld. Karoline schreibt über die Höhe der Einnahmen oder über leere Kassen, über die vereinbarte Gage oder über die Flucht von Prinzipalen mitsamt dem Geld über alle Berge. Von der Hand in den Mund lebend – häufig gezwungen, Hab und Gut zu verpfänden für das Reisegeld, Kleider und Schuhe zu verkaufen für die Kosten einer Totenbestattung – kann die Schreiberin dieser Geschichte nicht von einem Vermögen berichten, das sie angesammelt, sondern nur davon, welche Anstrengungen sie unternommen hat, um mit dem Verlust von Hab und Gut nicht auch noch das Ansehen als Schauspielerin und Frauenzimmer zu verlieren.

»Bleibe niemandem etwas schuldig«.[23] Dieser Grundsatz des Vaters Christian Schulze hat die Komödiantin begleitet in ihrem Bemühen um materielle Unabhängigkeit als Voraussetzung ihrer Tugendhaftigkeit.

Die Schauspielerinnen der deutschen Wandertruppe wurden zwar in den seltensten Fällen zu fürstlichen Mätressen gewählt, denn an den Höfen herrschten noch die italienische Oper und das französische Schauspiel.[24] Im Alltag jedoch – in den Wirtshäusern, auf der Straße – wurden die umherziehenden Frauen des deutschsprachigen Wandertheaters oft genug als Prostituierte angesprochen und behandelt.

Nach dem Tod des Vaters im Jahr 1757 – Karoline war damals zwölf Jahre alt – zog sie als Haupternährerin mit der kranken Mutter und dem jüngeren Bruder durch die Wirren des Siebenjährigen Krieges auf der Suche nach einem Engagement. *»Hätte ich Böses tun wollen, wir hätten gewiß besser leben können.«*[25]

Lieber ernährte sie sich von ihrer Hände Arbeit, als sich in irgendeiner Weise zu prostituieren. So nähte sie zusammen mit der Mutter 1758 in Köln – das von den Franzosen besetzt war – fürs Lazarett »von weißer Leinwand Manns-Nachthauben und Hemden« für die »blessierten Soldaten«[26], um die Wirtin bezahlen zu können, die sich indessen lieber einen »guten Kuppelpelz« mit der jungen, arbeitslosen Schauspielerin verdient hätte.[27]

Überhaupt spielen Näh- und Handarbeiten in den »Lebenserinnerungen« der Karoline Schulze-Kummerfeld eine besondere Rolle. Als Aktrice, die für die Beschaffung ihrer Kostüme selbst zu sorgen hatte[28] – und die mit den Fertigkeiten der Schauspielkunst zugleich auch die Geschicklichkeit im Umgang mit der Nadel erlernt hatte[29] –, galt ihr die Kunst der weiblichen Handarbeit oft genug als Ausweg aus äußeren und inneren Notlagen, nicht zuletzt am Ende ihrer Bühnenlaufbahn, als sie – ganz vom Theater zurückgezogen – als Nählehrerin lebte.

Auf diese Weise sicherte sie sich Selbständigkeit und Unabhängigkeit, auch gegenüber dem Theater.

Materiell unabhängig zu sein, auch gegenüber dem Ehemann, das war ihr Bestreben, als sie sich in ihrem letzten Engagement vor der Eheschließung, in Leipzig 1767 als vielbewunderte Julia-Darstellerin, die Aussteuer buchstäblich vom Munde absparte: den ganzen Sommer, Herbst und Winter gab sie »keinen Groschen für Obst«[30] aus, denn sie wollte sich so gut und vollständig einrichten, daß sie wenigstens in den ersten Jahren ihrer Ehe ihrem Mann *»auch keine Kosten für ein Paar Schuhe zu machen brauchte.«*[31] Ja, selbst das eigene Bett hätte sie mit in die Ehe gebracht, wenn Herr Kummerfeld nicht wegen der Transportkosten abgeraten hätte.

Daß sie schließlich im Unglücksjahr mit den drei bösen Sieben, 1777, als ihr Mann im Wahnsinn starb und ihr nur Schulden hinterließ, allein für die Abzahlung aufkommen sollte, das bewies ihr zuletzt, daß Tugendhaftigkeit keineswegs ein Vorrecht des bürgerlichen Standes war.

V. Die Rollen: künstlerische Identität und soziale Anerkennung

Mit Kinderrollen fing Karoline an, mit ernsten Mütterrollen endete ihre Bühnenlaufbahn. Dazwischen lagen komische und tragische Rollen, ein breites Spektrum, das ein Bild der Spielpläne der jeweiligen Schauspieltruppen vermittelt, mit denen die Komödiantin aufgetreten ist. Vor allem während ihres neunjährigen Engagements bei der Truppe von Konrad Ackermann zwischen 1758 und 1767 wurde ihr Rollenrepertoire und ihr Spielstil wesentlich geprägt. Basierend auf den Rollen, die sie sich im Ensemble ihrer Schauspielerfamilie angeeignet hatte – wo Karoline bereits als Elfjährige »Weiber und junge Witwen spielte« und mit großem Reifrock, hohen Absätzen und Frisur für älter ausgegeben wurde[32] – erweiterte sie bei Ackermann ihr Repertoire um Rollen des französischen Klassizismus. Als »Iphigenie« in Racines gleichnamiger Tragödie, als Titelheldin in Corneilles »Rodogune«, als »Mariane« in Molières Komödie »Der Geizige« zum Beispiel, verwandelte sie sich in die tragischen Heldinnen, in die komödiantischen Liebhaberinnen des sogenannten »regelmäßigen Schauspiels«, was jedoch kein Hindernis war, am selben Abend, vor demselben Publikum im Ballett-Zwischenspiel oder im Schäfernachspiel aufzutreten, zu singen, zu tanzen.

Karoline war eine vielseitige Schauspielerin, die sich jedoch nie als »Star« begriffen hat, trotz ihrer Publikumserfolge, sondern immer als Ensemble-Mitglied.

Eine entscheidende Phase ihrer schauspielerischen Entwicklung begann mit der Übernahme von Rollen in den Dramen von Gotthold Ephraim Lessing. Mit der »Sara« in »Miss Sara Sampson« mit der »Minna« in Lessings »Minna von Barnhelm« etwa gewinnen ihre weiblichen Rollengestalten an Realismus und Vielschichtigkeit.

Es ist aufschlußreich, daß Karoline Schulze-Kummerfeld in der zweiten Phase ihrer Bühnenlaufbahn – als sie nach dem Tod des Ehemanns wieder Anschluß an die Entwicklung des Theaters gesucht hat – eher in typisierten Frauenrollen in Trivial- und Gebrauchsstücken aufgetreten ist; der Name Friedrich Wilhelm Gotter als Bearbeiter englischsprachiger Vorlagen mag dafür stehen. In ihren wechselnden Engagements zwischen 1778 und 1784 in Hamburg, Gotha, Mannheim, Innsbruck, Linz, Frankfurt, Erfurt, Weimar ist es ihr nicht gelungen, ihre schauspielerischen Fähigkeiten in reiferen Rollen – aufbauend auf ihrer Spielleidenschaft als jugendliche Heldin und Liebhaberin – kontinuierlich weiterzuentwickeln. Neun Jahre zermürbender Ehe lagen dazwischen. Aber auch das Theater hatte sein Gesicht verändert. Nicht mehr Familien mit Kind und Kegel wurden für die Ensembles engagiert, sondern nur mehr einzelne Personen, und die auch nicht gleichzeitig für Tanz, Schauspiel und Gesang, sondern für ein spezielles Rollenfach.

Spezialisierung aber bedeutete für die Kummerfeld Austrocknung, Reduzierung. Das Rollenfach, in das sie schließlich abgedrängt werden sollte, das der »komischen Mütter«, trieb ihr auf offener Bühne den Angstschweiß ins Gesicht: ihre Identität, ihre Würde als Schauspielerin sah sie verloren. Ekel vor dem Theater, Blutsturz, innerer Rückzug und schließlich Abgang vom Theater waren die Folgen.

Hätte ihr ein breiteres Rollenspektrum zur Verfügung gestanden – wären ihr die »ernsthaften Mutterrollen«, die Königin Gertraude im »Hamlet«, die Claudia in Lessings »Emilia Galotti«, nicht erst angeboten worden, als sie sich innerlich bereits vom Theater getrennt hatte – wäre schließlich das Theatersystem nicht zunehmend Geschäftstheater geworden: Karoline Schulze-Kummerfeld hätte vielleicht weiter daran gearbeitet, ihre künstlerische und soziale Identität bei dem Theater zu suchen und nicht außerhalb davon.

Die Rolle der »Miß Sara Sampson« in Lessings gleichnamigem bürgerlichen Trauerspiel gehörte seit Anfang der 60er Jahre zu einer ihrer erfolgreichsten Lieblingsrollen.

Die einzige überlieferte bildliche Darstellung von ihr – das Porträt des Malers Oeser[33] – zeigt sie im Rollenfach der jugendlichen Liebhaberin aus dieser Zeit: große, beseelte Augen, den Blick voll auf den Betrachter gerichtet, ein kindliches und zugleich wissendes Gesicht, schmal und zierlich, eine Kunstfigur, eine Tänzerin, eine Komödiantin – lächelnd und ernst zugleich – die sich dem Publikum präsentiert, sich selbst jedoch dabei keinen Moment aus den Augen verliert.

Wenn Karoline Schulze-Kummerfeld über die Rolle der »Sara« schreibt – eine Aufzeichnung über eine Rolle, die in dieser Ausführlichkeit in den »Erinnerungen« eher eine Ausnahme darstellt – dann schreibt sie nicht aus der Sicht der rollengestaltenden Schauspielerin, sondern sie betrachtet sich als »Sara« gewissermaßen von außen mit dem Blick der Zuschauer. Über die Aufführung der »Miß Sara Sampson« in der Universitätsstadt Göttingen im Sommer 1764 schreibt sie:

»Das Haus war zum Brechen voll. Und ich zweifle, ob je eine so allgemeine Stille, während wir spielten, in einer Kirche gewesen ist . . . Welche Belohnung ist's also dem Künstler, wenn er sieht, daß man Aufmerksamkeit für seine Arbeit hat! Von denen mit Beifall, mit gütiger Nachsicht beehrt zu werden, die wissen, daß nichts vollkommen ist oder sein kann, besonders bei unserm Stand.«[34]

Der Beifall galt zwar der weiblichen Protagonistin, die als Sara eine bürgerliche Heldin verkörperte, die sterben muß, um die Tugend vor dem adligen Verführer zu retten; er galt aber zugleich einem Stück, in dem das bürgerliche Publikum die Interessen seines Standes von der Bühne her vernahm: das bürgerliche Trauerspiel als »Sprachrohr des vorrevolutionären Bürgertums.«[35]

Vor einem aufnahmebereiten Publikum kam es zu einem doppelten Identifikationsprozeß: während sich das bürgerliche Publikum mit der bürgerlichen Heldin identifizierte, identifizierte sich die Vertreterin des Schauspielerstandes auf der Bühne mit der Bürgertochter Sara und erfuhr so in der Rolle die Anerkennung, die ihr als Schauspielerin im Alltag nicht zuteil wurde.

Wenige Jahre später – genauer 1768 – während auf dem soeben errichteten Hamburgischen Nationaltheater die Schauspielerinnen und Schauspieler in den Rollen der bürgerlichen Heldinnen und Helden gefeiert wurden und das Theater zur »moralischen Anstalt« aufstieg in dem Maß, wie bürgerliche Tugenden dort verkündet wurden, erfuhr Karoline – nun als Ehefrau des Hamburger Bürgers Kummerfeld, entkleidet von Rollenkostüm, Maske und Schminke – als ehemalige Wanderschauspielerin Verachtung und Kränkung durch die bürgerlichen Verwandten.[36]

VI. Der Blick aus dem Reisewagen

Während der Bankschreiber Kummerfeld in seinem Leben nie weiter gekommen war als von Hamburg nach Lübeck, war seine Braut bis zur Eheschließung fast zwanzig Jahre lang unterwegs gewesen zwischen Wien und Stettin, Straßburg und Luzern, Kassel und Leipzig auf den üblichen und unüblichen Routen der deutschsprachigen Wanderschauspieler.[37]

So waren auch ihrer beider Erfahrungen gänzlich anderer Art, daß Karoline nach den ersten krisengeschüttelten Ehejahren auf eine gemeinsame Reise drängte: die Reise von Hamburg nach Weimar im Jahr 1773:

»Von allen meinen Reisen, die ich in meinem Leben gemacht, verschaffte mir keine so viel Vergnügen wie diese – trotz der elenden und gefährlichen Wege über den Harz – eine Reise mit herrlichen, mannigfaltigen, recht feenmäßigen Aussichten und Gegenden, in der besten Jahreszeit und mit gutem Wetter! Da der Wagen wegen der Felsen und ungebahnten Wege oft langsam fahren mußte, gingen wir manche Stunde zu Fuß. Oft blieben wir Hand in Hand still stehen in süßen Betrachtungen, Tränen zitterten in unseren Augen, drückten uns sanft unsere Hände. Keiner konnte sprechen . . .«[38]

Der Blick der Karoline Schulze-Kummerfeld aus dem Reisewagen hat sich getrübt. Während ihr Unterwegssein aus Lebensnotwendigkeit den wachen, neugierigen Blick auf eine ständig sich wandelnde Wirklichkeit verlangt hatte, erlaubt jetzt die Vergnügungsreise eine Betrachtungsweise, in die innere Empfindungen mit einfließen.

Landschaftliche Realität ist nicht mehr der Ort »tätiger Sinnlichkeit, sinnlicher Tätigkeit«[39], nicht mehr die Auseinandersetzung mit einer chaotischen Wirklichkeit, die sich dem ordnenden und einfriedenden Zugriff immer wieder entzieht, immer wieder erneut Lösungsmöglichkeiten erfordert. Die Landschaft der reisenden Bürgerin ist zur schönen Aussicht reduziert, auf die in »süßer Betrachtung« Genrebilder bürgerlicher Idyllik projiziert werden.[40]

Nicht immer ist Karoline so gereist, nicht immer hat sie Gegenden so »feenmäßig« gesehen. Sonst waren es immer Menschen, die sie an den unterschiedlichsten Orten, in den unterschiedlichsten Lebenslagen erfahren hatte und an die sie sich schreibend erinnert: an ihre Gesichter, ihre Häuser, was sie aßen, wie sie sich kleideten, was sie sprachen, wie sie sich bewegten, wie sie lachten.

»Mag so gerne Menschen sehen, wie sie sind.«[41] Diese Äußerung in den Selbstzeugnissen der Karoline Schulze-Kummerfeld erinnert an ein verwandtes Motto: an die »Memoiren« ihres Zeitgenossen Carlo Goldoni, dessen Theatererinnerungen unter dem Titel *»Meine Helden sind Menschen«* kürzlich erneut aufgelegt wurden.[42]

Zwischen dem italienischen Komödiendichter und der deutschen Wanderkomödiantin gibt es indessen einige biographische Parallelen: 1785, das gleiche Entstehungsjahr der Aufzeichnungen, eine Lebensgeschichte als Theatergeschichte, eine Theatergeschichte als Reisegeschichte und das Ende, der feste Wohnsitz im Alter, von wo aus rückblickend geschrieben wird. Gleichermaßen treten zeitgeschichtliche Parallelen hervor: das Jahr 1785 – vier Jahre vor Beginn der Französischen Revolution – und ein vorrevolutionäres Klima, dem gegenüber sich beide sehr zurückhaltend geäußert haben.

Nicht zuletzt ist den beiden »Erinnerungen« gemeinsam, daß sie einen theatergeschichtlichen Schnittpunkt markieren, eine theatergeschichtliche Revolution: den Übergang vom Stegreiftheater zum literarischen Theater, von typisierenden Rollen zur Darstellung individueller Charaktere.

Der neue Realismus der Menschengestaltung auch auf dem

Theater beruht auf neuen Sichtweisen, wie sie beispielsweise durch den Empirismus eines Hume, durch die Milieutheorie eines Diderot mit vorbereitet wurden, wonach sinnliche Erfahrung und Wahrnehmung sozialer Bedingtheiten die Grundlage bilden für Erkenntnis und künstlerische Wahrheit[43].

Während nun Goldoni mit seinen Komödien und den »Memoiren« sich gegen die Erstarrung des Theaterbetriebs seiner Zeit wandte – gegen festgefahrene Rollentypen und stereotype Handlungsmuster des italienischen Stegreiftheaters – zugunsten einer Menschen- und Dramengestaltung, die auf der Wahrnehmung des Alltags basierte, schrieb Karoline Schulze-Kummerfeld ihre »Lebenserinnerungen« zwar auch gegen die Verfestigung von Strukturen des Theaterbetriebs. Dabei richtete sich die Wanderkomödiantin aber vor allem gegen die Organisation eines Theaters, das – als »stehendes Theater« – den bisherigen Lebenszusammenhang zwischen Alltag und Theater, zwischen »Kunst« und »Leben« und damit auch zwischen Erfahrenem, unmittelbar Wahrgenommenem und Rollengestaltung zertrennte. Ihre Lebensgeschichte als Theatergeschichte bleibt – trotz der materiellen Misere als Fahrende – ein Plädoyer für das Wandertheater.

VII. Der Tod im Leben: Ich habe das Sterben studiert

An der Wende vom feudalen zum bürgerlichen Zeitalter sind die »Lebenserinnerungen« der Karoline Schulze-Kummerfeld entstanden, am Beginn der »neuen Trennungen«[44], der Verdrängungen, der Aussonderungen, der Abspaltung von Erfahrungen: am Beginn der Herrschaft der Vernunft über die Unvernunft, am Beginn eines Zeitalters, in dem auch Sterben und Tod aus der Öffentlichkeit allmählich verdrängt wurden.

»Ich, die ich bei so vielen Sterbebetten war – nicht bei meinen Eltern allein, nein, schon in meiner frühen Jugend – ich habe, um in meiner Kunst zu werden, was ich war, alle Stände, alle Menschen, alle Auftritte, Leidenschaften, kurz, alles an anderen studiert, nachgedacht und behandelt, sogar die Tollhäuser.«[45]

Um in ihrer Kunst zu werden, was sie war, hat Karoline vor allem auch das Sterben studiert, denn in ihren großen Rollen – als »Sara«, als »Julia« – mußte sie auf offener Bühne sterben. Während nun die Sterbeszenen auf dem Theater in ihren Aufzeichnungen nicht direkt erwähnt werden, hat sie ihre Erfahrungen mit dem Sterben, dem Tod des Vaters, mit dem Sterben, dem Tod der Mutter, in langen, ruhigen Passagen erzählt.

Das Sterbebett ist noch ein öffentlicher Ort, noch bildet es den Mittelpunkt einer Versammlung, um den sich – wie auf einem Tableau – die Familienangehörigen gruppieren und lange – in Worten, Mimik, Gestik und Bewegung – Abschied nehmen.[46]

Sterben und Tod sind noch nicht getrennt vom Lebenszusammenhang, so wie dieser nicht getrennt ist vom Arbeitszusammenhang, so wie dieser nicht getrennt ist vom Erfahrungszusammenhang, so wie dieser nicht getrennt ist in einen öffentlichen und privaten Bereich.

Wie anders lesen sich dagegen die Szenen aus dem bürgerlichen Familienleben, als ein hamburgischer Verwandter verstorben ist. Nicht Sterben und Tod, schon gar nicht der Abschied von einem geliebten Menschen, stehen im Mittelpunkt des Geschehens, sondern Repräsentationsformen der Trauer, unter denen der Tote ganz und gar verschwindet. Trauer verdinglicht sich bis in die Fensterläden, die nach außen geschlossen bleiben müssen; Trauer dient so der Selbstinszenierung der Trauernden, in die noch die Dienerschaft mit einbezogen wird. Öffentlichkeit und Erfahrung – als Erfahrungszusammenhang des Lebens und des Todes – bleiben nicht nur getrennt, sondern stehen in groteskem Widerspruch zueinander. »Was für Moden – dachte ich – die nur Verschwendung sind!« schreibt Karoline aus der Sicht der angeheirateten Verwandten.

Der Selbstinszenierung am Begräbnistag gleicht die Inszenierung der bürgerlichen Hochzeitsfeier, an der Karoline schmerzlich am eigenen Leibe, vor Kälte zitternd, den Widerspruch zwischen äußerer Repräsentation und Innenraum-Szene, zwischen Hochzeitstafel und Hochzeitsbett, erfahren muß und sich fragt, ob sie wirklich verheiratet ist oder nur in einer Komödie spielt. Komödien enden jedoch mit Lachen, die Szenen einer bürgerlichen Ehe werden im Weinen erstickt. Und während in den Komödien zuletzt der Betrug aufgedeckt wird, die verdrehten Worte wieder in ihren Sinnzusammenhang gerückt werden, ist hier die Trennung von Wort und Sinn, von Gemeintem und Bedeutetem so auseinandergerückt, daß eine Kummerfeld – für die das gesprochene Wort immer gegolten hat – fast verrückt geworden ist.

VIII. Die Tänzerin: leibhaftig und verschwenderisch

»Groß von Person war ich nicht. Doch aber auch nicht von den ganz kleinen . . . Mein Fuß war hübsch. Aber meine Beine, Waden und Lenden waren zu stark, doch so gerade gewachsen, wie man's sehr selten an Frauenzimmern wahrnimmt.«[47]

Ist auch kein Gesamtbild der Künstlerin erhalten, so hat sie sich doch mit ihren eigenen Worten skizziert: die Figur einer durchtrainierten Tänzerin, die ihren Körper fast schon wie ein Instrument beherrscht; die aber auch den körperlichen Schmerz im Griff haben muß, der es nicht zulassen würde aufzutreten, wenn sie sich ihm überließe. *»Ich fühlte den Schmerz, und das Blut floß aus dem Schuh heraus. Doch alles dessen schwieg ich still, weinte nicht, dachte nur an meine Rolle, die gut zu spielen.«*[48]

Kein Schutz bei Krankheit, Unfall, Schwangerschaft: Die sozialen Bedingungen der Schauspielerinnen erzwangen eine Härte gegen sich selbst, wie sie auch der rücksichtsloseste Prinzipal nicht besser hätte durchsetzen können.

Frieseln, Blutsturz, die Rote Ruhr: Obwohl körperlich robust, wird Karoline immer wieder von schweren Krankheiten – buchstäblich – niedergeworfen. Die Krankheiten: Grenzen der körperlichen Selbstdisziplin – *»Ich hatte meinen Gram unterdrückt, er mußte ins Blut wirken.«*[49] – zugleich aber auch Prozesse der Selbstheilung, denn aus jeder überstandenen Krise geht sie gestärkt hervor. Allerdings nicht ohne die Hilfe der Ärzte, die ihr – oft in Gestalt eines fürstlichen Leibmedikus – unentgeltlich geholfen haben.

Karoline war ausgebildete Tänzerin. Für ihren Unterricht – gemeinsam mit dem Bruder – hatte der Vater einen Teil seiner Gage investiert. Von Anfang an hat Karoline gleichzeitig im Schauspiel und im Tanz agiert, während der Bruder sich früh schon ausschließlich als Tänzer, später als Ballettmeister spezialisiert hat.

Tanzen war immer die leichte Kunst, die zugleich schwerer war, weil sie die ganze Kraft und Konzentration des Körpers erforderte. Diese schwerere Kunst – die publikumswirksame, die kassenfüllende Kunst des Tanzens – hat Karoline indessen immer nebenbei ausgeübt und oft genug am selben Abend im Schauspiel agiert und im Ballett als Zwischenspiel oder Finale getanzt.

Die Tanzkunst verband Karoline mit dem Bruder. Als »Bauer und Bäuerin«, »Müller und Müllerin«, »Hirte und Hirtin« tanzten sie ihren Pas de deux, im Stil französischer Tanzkunst, Abend für Abend seit ihrem Engagement in der Truppe von Konrad Ackermann, der selbst Handlungsballette schrieb und zugleich das »regelmäßige Schauspiel« pflegte. An ein und demselben Abend trat Karoline Schulze in der tragischen und in der komischen Maske auf, wechselte sie das Kostüm der Tragödin mit dem der Tänzerin. Ein Doppelberuf mit Doppelcharakter, der seelisch und körperlich verschleißt. Tanzen, die leichte Kunst, wird zur seelischen und körperlichen Qual, wenn Seele und Körper nicht leicht sein können, sondern belastet sind von Krankheit und Gram. »Mein lustiges Elend« nennt Karoline Schulze auch eine Kunst, die sie zwingt, selbst am Todestag der Mutter – lustig – auf den Brettern zu stehen. Ihr Entschluß, das Theater zu verlassen, ist in solchen Momenten entstanden, nicht erst im Alter.

Tanzen war aber auch die gesellschaftliche Kunst, die Kunst der Maskenbälle, die Kunst gesellschaftlicher Umgangsformen nach festgelegten Bewegungsmustern. Die Tanzkunst verschaffte dem geschwisterlichen Tanzpaar Karoline und Karl Schulze gesellschaftlichen Zugang zu Bürgerhäusern und zum Adel, der ihnen sonst, als Schauspielerin und Schauspieler, nicht offengestanden hätte. So unterrichtete Karl die Kinder wohlhabender Bürger – in Nachahmung aristokratischer Umgangsformen – im Tanzen; Karoline tanzte sich auf dem Namensfest der Markgräfin von Karlsruhe buchstäblich die Schuhsohlen durch, denn hier tanzte sie »mit Leib und Seele«: in der Bewegung des Tanzens war die Umherziehende gesellschaftlich ebenbürtig.

War Karoline Schulze-Kummerfeld eine Schauspielerin mit »Leib und Seele«? Ich glaube es nicht.

Sie war vielmehr eine Frau, die unterwegs war nach Lebensmöglichkeiten, in denen sie »ganz« sein konnte: *»ganz Tochter, ganz Schwester, ganz Freundin, ganz Liebhaberin«*[50]; aber auch ganz Schauspielerin, ganz Tänzerin, ganz Reisende, ganz Nählehrerin, ganz Schreibende. Sie konnte nicht zur Ruhe kommen, solange Bild und Wirklichkeit, Selbstbild und gesellschaftliche Anerkennung sich nicht wie die zwei Hälften eines Kreises trafen. Und sie ist noch unterwegs in der Bewegung ihrer Schrift, auf der Suche nach der historischen Anerkennung, die ihr zusteht.

Inge Buck

442 Und nach hatte u. das Stück zu Ende war bekamen sie uns al[le]
mit lauten beyfall. – alle wünschten mir glück. Mad. Nasch da
aus ihrer Loge zu mir aufs theater mit offenen armen. O m[eine]
Schulze meine liebe liebe Schulzen sprach sie. – alle ihre Freund
rinnen haben sie heute beschämt. – die thränen standen mir in
augen. Gewiß liebe Madame sie sollen noch mehr beschämt we[rden]
aber nun lassen Sie mich zum ballet umkleiden ich las die zuschauer
nicht gern warten. Wie der wind war ich fertig. das ballet,
das Leben der bauern. Mein bruder ~~tanzt~~ mit mir tanzte auch zu denen bewunder-
ung die Dame mit mir angehandelt. ich saß auf einem Esel d[en]
wir Löwe ~~erhalt~~ aus Hamb: u hielte ihn bey den Ohren.
das Mädchen auf dem schoß u Carl führte den Esel. hing ein
auf das geschickteste darauf gemalt worden u spielten umgeben
und es waren einige lange, verfertigt von H Schiebeler ...
Du zur gegeben zu danken: An das Publicum.

Stadt, wo in ihrem Heiligthum
Geschmack und Einsicht glänzen!
Wenn du erhebst Kunst Meister Söhne
Mit ewig grünen Kränzen.
Laß deines Lobes Melodie
Laß sie auch widerschallen.
Doch wird der Fleiß und kennt die Müh,
Befriedet ihn, belohnet sie
Das Glück dir zu gefallen.

Carolina Schulze
Carl Schulze.

die sollten solche unter die Zuschauer aus werfen. ich dachte aber
ich müßte zu Wort oder Hände an laß geben, also warteten

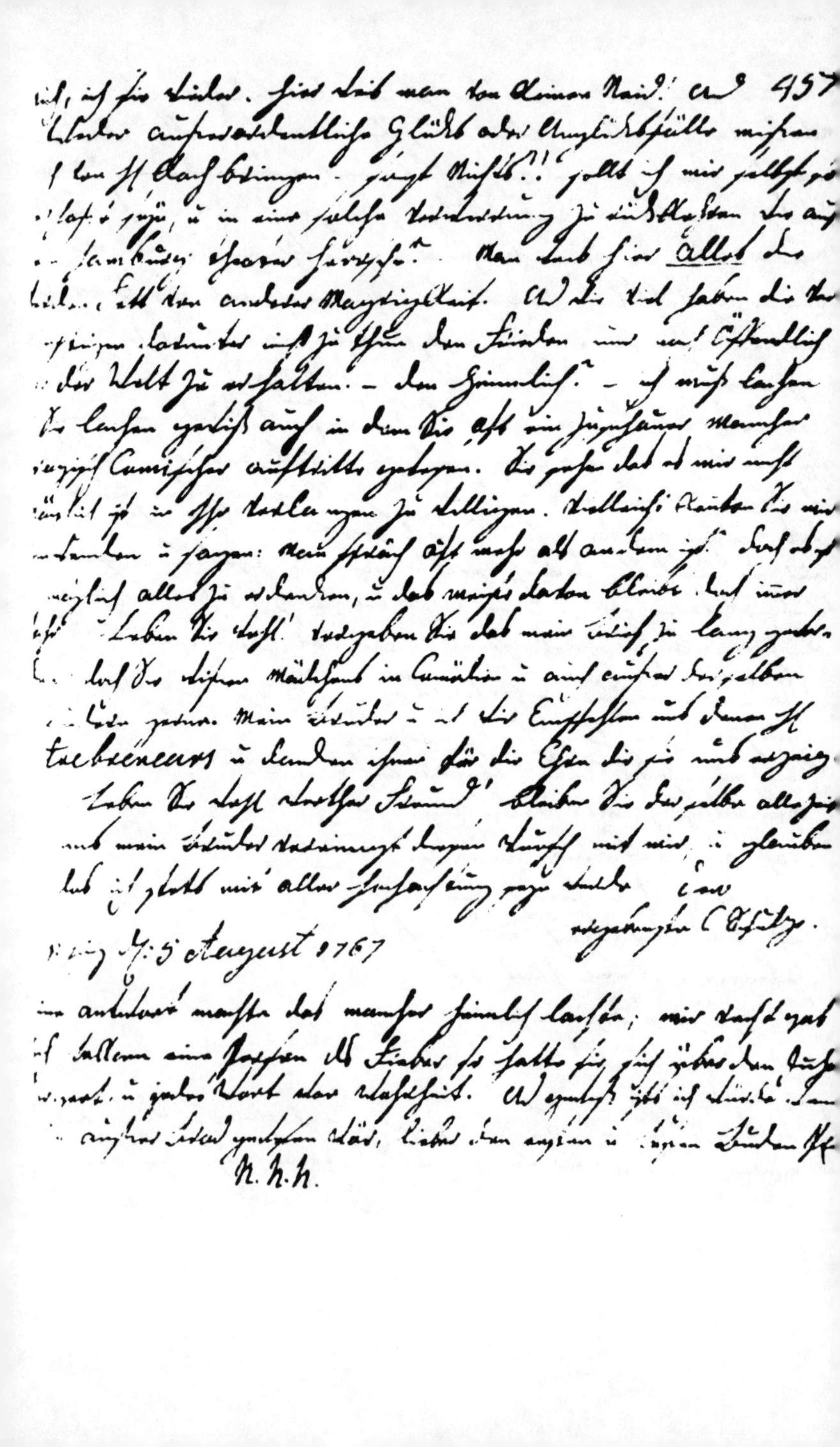

[illegible] Hier liebt man den kleinen Neid! und 457
[illegible] außerordentliche Glücks oder Unglücksfälle müssen
[illegible] jetzt nichts! sollt ich mir selbst [illegible]
[illegible] und in eine solche [illegible] zu [illegible]
[illegible] Hamburger [illegible] Man liebt hier Alles [illegible]
[illegible] der anderen [illegible]. [illegible]
[illegible]
[illegible] der Welt zu erhalten. – [illegible] – ich muß lachen
[illegible] lachen [illegible]
[illegible]
[illegible]
[illegible]
[illegible] alles zu [illegible]
[illegible]
[illegible]
[illegible] Mein [illegible]
[illegible] Ihr [illegible]
[illegible]
[illegible]
[illegible]

[illegible] C. Schultz.

Leipzig 7. August 1767

[illegible]
[illegible]
[illegible]
[illegible]

N. N. N.

I.

Wien 1745

Geh' aufs Theater: der Weg, wo du reisen, die
Welt und Menschen sehn kannst.

Mein Vater hieß Christian Schulze. War in Frankfurt a. O. geboren, den 8. November 1693. Sein Vater war ein sehr geschätzter Porträtmaler. Seine Mutter verlor er sehr jung. Er hatte nur eine Schwester. Wie es denen Künstlern insgemein geht, daß solche selten reich sind oder werden, so war's auch mit meinem Großvater bestellt. Da er in seinem Sohn Neigung zum Studieren fand, so übergab er solchen den besten Lehrern. Nachdem er einige Zeit von seines Vaters Haus war, bekam er traurige Briefe von seiner Schwester. Mein Großvater, der immer kränklich war und besonders stark am Podagra* litt, seine schrecklichen Schmerzen, die Unfähigkeit zu arbeiten, nicht imstande zu sein, seinen zwei Kindern so viel zu geben, daß sie nur in etwas ihr Fortkommen haben könnten – alles das zog ihm eine Gemütskrankheit zu, die endlich in eine völlige Raserei ausbrach. Er starb.

Mein Vater sah sich nun allein in der Welt und ohne Vermögen. Konnte, da es ihm an Geld gebrach, nicht länger seine Studien auf der Universität fortsetzen. Alle Aussicht, Hang und Absicht, die er hatte, war verschwunden. Was also zu tun? Wie kannst du doch zum Teil das erlangen, was du wolltest? Geh aufs Theater: der Weg, wo du reisen, die Welt und Menschen sehn und doch ein ehrlicher Mann bleiben kannst. War sein Schluß zu übereilt, daß er just den Weg einschlug? Er war 19 Jahre und arm. So viel von meinem Vater vor meiner Geburt! Alles übrige würden sehr abgerissene Stücke sein. Bald war er in gutem, halb mittlerem, halb armem Stande, wie es bei dem Theater zu gehen pflegt.

Nun zu meiner Mutter! Sie hieß Augustina von D. Geboren an dem Karfreitag 1708. Meine Mutter feierte immer am Karfreitag ihren Geburtstag mit uns, und da ist mir denn das Andenken des Tags noch bis jetzt so heilig, daß ich ihn nie mit dem Datum umtauschen würde. Sie war, ich darf's sagen, schön, gut erzogen. Noch sehr jung, als sie durch große Empfehlungen nach Mitau in Kurland an den Hof der Herzogin Anna, die nachher Kaiserin von Rußland war, kam. Sieben Jahre war sie bei dieser guten, lieben Frau (so nannte sie immer meine Mutter mit Tränen und segnete ihre großmütige Fürstin, ihre Wohltäterin im Grabe). Die Herzogin ward Kaiserin, und auch als solche veränderte sie ihr Herz nicht und wollte meine Mutter als die einzige Deutsche, die sie an ihrem Hof hatte, mit nach Petersburg nehmen. Meine Mutter meldete es ihrer Familie. Die baten, drohten, kurz, beredeten sie, es nicht zu tun. Und warum? Wegen der Religion. Meine Mutter war reformiert. Mein Vater war evangelisch, doch changierten beide und nahmen in Prag die katholische Religion an. Ich bin katholisch geboren, werde es bleiben und verehre jede Religion. Keine macht uns Schande, aber wir nur zu oft der Religion. Also verließ meine Mutter ihre Fürstin und ging zu ihrer Schwester auf deren Landsitz, die dort verheiratet war und ihren Vater bei sich hatte.

Meine arme Mutter bereute oft den Augenblick, da sie ihre Fürstin verlassen. Man schlug ihr nun noch eine Heirat mit ihres Schwagers Bruder vor, einem wahren, vierschrötigen Landedelmann, der besser am Pflug als auf den Lehnstuhl paßte. Meine Mutter haßte solchen von ganzem Herzen. Nun kam noch ein Umstand, daß selbst der Herr Gemahl meiner Tante sich in meine Mutter verliebt hatte. Als meine Mutter einmal allein war und der Herr Schwager zu handgreiflich freundlich wurde, gab sie ihm eine Ohrfeige. Das veränderte nun auf einmal alles. Nun war sie verfolgt von Schwester und Schwager und von dem feinen Bruder. Der Vater durfte nichts sagen. Meine arme Mutter! Geld hatte sie nur sehr wenig noch, nur Kleider und Wäsche.

Endlich, überdrüssig alles, entschloß sie sich zur Flucht. Ihre Absicht war, nach S. zu gehen, von da aus sich auf ein Schiff zu setzen und geradewegs nach Rußland zu segeln, zu sehen, daß sie wieder zu ihrer Fürstin käme, die ihr sagte bei dem Abschied: »Augustina, du weißt, wie ich dich liebe; gefällt es dir nicht in Berlin, so komm mir nach; deine Stelle wird immer für dich in meinem Herzen offen sein, wenn du's wie bisher würdig bleibst.« Meine Mutter machte sich eine arme Bauernfrau, der sie viel Gutes und ihren Kindern getan, zur Vertrauten. Ja, um so mehr, da die Frau die Ohrfeige im Garten, wo sie stand und arbeitete, mit angesehen hatte. Diese trug ihr von ihren Sachen, soviel sie tragen konnte, und meine Mutter wählte einen Tag zur Flucht, da alle ihren lieben Verwandten ausgefahren, einen andern Landedelmann auf ein paar Tage zu besuchen. Alle ihre Standhaftigkeit hätte sie bald verlassen, als sie die Hand ihres Vaters zuletzt küßte. Doch die Hoffnung, wenn es ihr gut ginge, ihn nachkommen zu lassen, gab ihr Mut. Sie kam des Abends in S. an. Erkundigte sich nach einem Schiff. Aber wie sehr fiel ihr Mut, als sie da die Unruhen hörte, die damals in R. herrschten. Denn von politischen Nachrichten, Zeitungen und dergleichen wußte sie nichts ab. Jetzt bekümmert man sich mehr darum. Welches Mädchen las damals Zeitungen, und wie viele Herren hielten sich welche? Nun sind wir in weit helleren Zeiten.

In S. hielt sich eine Gesellschaft Schauspieler auf. Der Prinzipal wohnte mit seiner Frau in demselben Wirtshaus, wo meine Mutter eingekehrt. Die sagte vorsichtig einen kleinen Roman, ohne ihren wahren Stand und Namen zu verraten. Der Mann hatte zwei erwachsene Töchter, mit ihr fast im gleichen Alter. Kurz, sie hielten sie zwei Tage lang bei sich verborgen, und so reiste sie mit ihnen ab und ward Schauspielerin. Nach verschiedenen Jahren kam sie zu meinem Vater, der selbst eine Gesellschaft hatte. Am 7. Dezember 1741 in Prag heirateten sie.

Durch viele Widerwärtigkeiten und Unglücksfälle war die Gesellschaft meines Vaters zertrümmert, bis er endlich nach einem Jahr, oder wie lange es war, mit meiner Mutter, seinen zwei Kindern erster Ehe und einem Sohn, Karl genannt, den er mit meiner Mutter erzeugt, nach Wien kam und auf dem Kaiserlich Königlichen Theater* von neuem engagiert wurde (denn er war viele Jahre vorher schon einmal bei demselben gewesen). Meine Mutter wurde wieder schwanger, und sobald sie dessen gewiß war, betete sie Tag und Nacht, daß ihr Gott doch ein Mädchen geben wolle. Oft, wenn mein Vater sie überraschte, daß sie auf den Knien lag und weinte und betete, gab er ihr einen Verweis, daß sie Gott vorschreiben wollte, was sie haben und nicht haben will.

Endlich, den 30. September 1745, des Vormittags zehn Uhr,

kam denn das von Gott erbetene Töchterlein, und das bin ich. Meine kleine Figur bestand in einem Klumpen Fett, so daß man zu meiner Mutter sagte: »Nun, Madame Schulze, Gott hat Ihr Gebet erhört: es ist ein Mädchen, aber eine Mißgeburt.« Jede andere Mutter hätte den Tod darüber vor Schreck nehmen können; aber meine Mutter antwortete ganz gelassen: »Nun, in Gottes Namen, es ist doch ein Mädchen«. Und Gott sei Dank, daß ich nichts Mißgeburtliches hatte und von Tag zu Tag immer hübscher wurde. Meine Eltern liebten mich und meinen Bruder. Ich, ja ich war ein eigen Kind. Konnte leicht was fassen. Aber heftig und ernst in allen meinen Handlungen. Nichts haßte ich mehr als Lügen. Und eben darum, weil ich immer die Wahrheit gestand und nie eine Unart zweimal beging, hab' ich nie einen Schlag weder von Vater noch Mutter bekommen.

Mein Vater hatte mich schon in meinem dritten Jahr, wie meinen Bruder Karl eine Rolle gelehrt, nämlich in dem »Esop in der Stadt«* die zwei Kinder, die sich um den Spiegel zanken, und es für mich und Karl eingerichtet. Wir erhielten allgemeinen Beifall über unsere Dreistigkeit und Art, wie wir spielten. Nachher bekam ich noch eine Rolle, wo ich viel Latein sprach und sehr gut. Weil ich wirklich als ein Kind von dritthalb Jahren mehr Latein verstand und sprach und besser las, als ich jetzt weder verstehe, spreche, noch lese. Ich wurde in der Rolle in einen Kasten eingesperrt. Den damaligen Pantalonen* machte mein Großvater, und vor dem Mann fürchtete ich mich wie vor dem Niklas, auch wenn er keine Maske vorhatte. Der Pantalone, nachdem er mich im Kasten »Mama! Mama!« rufen hörte, muß mich herauslassen und will mich erstechen. Nun war's natürlich, da ich immer vor dem Mann Furcht hatte, daß, wie er mit dem Messer auf mich zukommt, ich ein Zetergeschrei anfange. Prehauser* mußte mich wegtragen; das brachte die Komödie mit sich. Er schalt mit mir, daß ich geweint. Ich antwortete aber: »Nun, was wollen Sie, muß man nicht weinen, wenn man einen totstechen will?« – Darauf sollte »Der Kranke in der Einbildung« gemacht werden, und mein Vater lehrte mich das Kind, das im Stück ist.

»Gib acht, Alte«, so nannte mein Vater die Mutter meist, »das Mädchen gibt uns noch in unserm Alter unser Brot.« Ja, das Wort, die Innigkeit, womit sie sich das sagten, drang tief in mein junges Herz. Michaeli, den Tag vor meinem vierten Geburtstag, wurde mein Vater abgedankt. Die Ursache? Prehauser, der den Hanswurst in Wien spielte, war schuld. Die Fasten war ein gewisser Müller aus Breslau mit seiner Frau angekommen, die nicht gefielen. Es wird beschlossen, solche Michaeli wieder abzudanken. Da mein Vater dem Pr. ein beständiger Vorwurf war, wenn er ihn sah, wußte dieser die Sache so zu drehen, daß meine Eltern statt der Müllers abgedankt wurden.

Es war ein Donnerschlag für meine Eltern. Geld hatten sie in den wenigen Jahren nicht viel sammeln können. Denn damals hatten die Schauspieler nicht so viel einzunehmen als jetzt. Meine Eltern hatten alle Woche nicht mehr als 14 Gulden ohne Akzidenzien, die ihnen denn nun wohl das Jahr 100 Gulden mochten einbringen, doch Fasten und Advent halbe Gage.

Die Fastenzeit kam, und meine Eltern machten alle Anstalt zu ihrer Abreise.

Unsere Einrichtung wurde verkauft und den zweiten Tag darauf, als sie es erfahren, wie niederträchtig sie behandelt worden, reisten sie mit der gewöhnlichen Landkutsche mit meiner Halbschwester Marianne, Karl und mir nach München ab.

Als unserer Reisegefährten erinnere ich mich zweier Mädchen, von denen das eine Klosterfrau werden wollte, und das andere, als eine Anverwandte, es begleitete. Als sie zu dem Kloster kamen, das erst ausgebaut werden sollte, reute es ihm, und es schrie erbärmlich, daß es nicht dableiben wollte, bat den Boten um Gottes willen, er möchte sie mitnehmen. Endlich sagte der Bote: »Weiß sie was, Jungfer, wenn's ihr nicht gefällt und ich komme des Weges wieder vorbei, so nehme ich sie zurück.« – Dann war noch ein Schwabe bei uns, ein närrischer, lustiger Bursche, der uns Kindern viel Spaß machte und uns sehr die Zeit verkürzte durch seine Geschichten und die Aussprache. Das alles war uns denn wie eine neue Welt.

II.

München, Freising, Straubing, Landshut, München, Erlangen, Nürnberg, Fürth 1749/1750

Ich will keine Theatergeschichte, sondern nur meine eigene erzählen, oder doch insoweit, als es auf mich einwirken mußte, mich denken, empfinden und das Gute vom Bösen zu unterscheiden lehrte.

Meine Eltern besuchten den Prinzipal, der nun zum zweiten Mal geheiratet und ein sehr junges Ding genommen hatte. Aber wie groß war meiner Eltern Erstaunen, da sie nichts als die bitterste Armut fanden. Der Prinzipal Johann Schulz saß da in einem alten Rock, reichen Weste, wo aber nur die Fäden, wo Silber dran gewesen, hervorguckten, mit Stecknadeln zugesteckt, und einer zweiknötigen Allongeperücke.* Die Frau Prinzipalin mit niedergetretenen Schuhen ohne Absätze, zerrissenem Haushabit, aber doch weiß und rot geschminkt, Muschen im Gesicht und schwarze Bänderchens um die Hände. 100 Gulden hatte unsere Reise gekostet, und der Prinzipal hatte keine 100 Kreuzer. Meine Eltern hatten wohl noch etwas mehr als 100 Gulden, doch keine Lust, die Fuhre zu bezahlen, beschlossen also ganz gelassen, daß, wenn der Prinzipal nicht bezahlen könne, wir gerade wieder umkehren und nach Wien zurückreisen wollten. Endlich machte der Prinzipal doch Anstalt, und nach acht Tagen bekamen meine Eltern ihre Koffer vom Boten heraus, die er solange behalten, bis er bezahlt war.

Das erste Stück nach Ostern war »Das befreite Venedig«. Meine Mutter spielte die Belvidere und gefiel sehr. Der Hof war den Tag nicht im Schauspielhaus, doch wurde sehr vorteilhaft davon bei Hofe gesprochen, so daß den andern Tag, als eine Burleske, wie damals noch der Brauch war, gegeben wurde, der Kurfürst mit seiner Gemahlin und der ganze Hof gegenwärtig war. Das Stück hieß: »Die politische Kammerjungfer«. Meine Mutter spielte sie. Als sie heraustrat, sagte der Kurfürst überlaut: »So sollten sie alle sein.« Nach Endigung des Stückes mußte meine Mutter zu der Kurfürstin in die Loge. Sie sagte unter anderem zu ihr: »Mache Sie, daß mehr von

Wien hierher kommen.« Meine Mutter antwortete: »Ihro Hoheit, ich wünschte, daß ich dageblieben.« Aus diesem mag man schließen, wie es mit dem Prinzipal und seiner Gesellschaft beschaffen war.

Mehr will ich von der Einrichtung nicht sagen, denn ich will keine Theatergeschichte, sondern nur meine eigene erzählen, oder doch insoweit, als es auf mich einwirken mußte, mich denken, empfinden und das Gute vom Bösen zu unterscheiden lehrte.

Meine Mutter hatte vielen Beifall, das erweckte den Neid der Frau Prinzipalin. Also des Hausfriedens wegen machte der Prinzipal seinen alten Schlendrian, den man sich bis zum Ekel gesehen hatte, fort. Die Zuschauer blieben weg, und so konnten denn keine Gagen erfolgen. Nun, da die Not am größten war, sollten meine Eltern neue Stücke hergeben. Sie taten's, aber der Sommer war da, wo man denn lieber spazieren geht, der freien Luft sich freut, als sich ins Schauspielhaus einschließt. Nun ging's ans Reisen. Die ganze Gesellschaft setzte sich auf ein Floß, und so fuhren wir nach Freising, spielten da einige Wochen, und von da aus ging's nach Straubing und nach Landshut.

Nun saßen wir in Landshut, und zwar in sehr traurigen Umständen. Der Herbst war schlecht, auch grassierten schwere Krankheiten. Die Heuschrecken taten vielen Schaden. Also betete man, und die Schauspielkunst darbte. Mein Vater wurde sehr krank. Sein Geld ziemlich zusammengeschmolzen, viel zu fordern an den Prinzipal, der so arm war wie eine Kirchenmaus. Meine Mutter saß sehr kläglich am Krankenbette meines Vaters und überlegte, was sie von ihren Sachen verkaufen sollte, als der Briefträger einen Brief brachte, und zwar mit Geld. Von wem kann das kommen? München, Freising, Straubing war durchgestrichen, und ist gleich bis Landshut ans Krankenbett gekommen. Der Brief war von dem alten bekannten Direkteur Franz Schuch. Mein Vater hatte ihm einige neue Komödien geschickt, nichts dafür gefordert, und da schickte der alte Bekannte zur Danksagung das Präsent. Ob's sechs, acht oder zwölf Dukaten waren, ich weiß es nicht mehr. Genug, das Geld hätte nicht erwünschter kommen können, und was noch das beste war, es trug zur Genesung meines Vaters bei. »Gott

Lob«, höre ich noch diesen redlichen Vater ausrufen, »nun kann ich meinen Wirt bezahlen und bleibe niemandem etwas schuldig.« Dank dir, lieber Vater, noch im Grabe für diese innige Ausrufung. Es war die zweite, die tief mein Herz traf.

Mein Vater wurde besser und ging wieder aus. Gespielt wurde nicht, und niemand wußte, wohin es gehen würde. Einige hatten von selbst heimlich ihren Weg zum Tor hinaus genommen, ohne ihre Wirte zu bezahlen. Nachdem alle anderen auf und davon waren, bestellten meine Eltern eine Kutsche, packten ein, und so reisten wir denn auch von Landshut Richtung München ab. Damals schrieben wir 1749.

Es war Regenwetter eingefallen, und den anderen Tag im Mittagsquartier trafen wir wieder mit dem Prinzipal zusammen, der sich mit seiner Familie in den erbärmlichsten Umständen befand. Von Landshut waren sie alle zu Fuß fortgegangen, saßen im Wirtshaus und hatten ihre Kleider an den Ofen herum gehängt, solche zu trocknen. So traurig als der Anblick war, so komisch war doch auch der Prinzipal in der weißen Weste, Allongeperücke und weißen Strümpfen, die weißen Schuhe mit rotem Band und bunten Bändern auf den Köpfen, Kopfzeuge und Toupées, Manschetten und dergleichen von den Frauensleuten. Sie mieteten sich einen leeren Mistwagen, setzten sich auf solchen und reisten weiter, wo wir sie denn nicht mehr unterwegens antrafen. Wir kamen glücklich nach München. Der Prinzipal mit den übrigen kam auch, das Theater wurde eröffnet. Die Einnahmen blieben mittelmäßig und schlecht.

Nach Neujahr bekamen meine Eltern Briefe aus Erlangen von einem Herrn Weidner, der in Wien als Akteur mit ihnen auf dem Kaiserlichen Theater und nun selbst Prinzipal einer Gesellschaft war. Er bot ihnen Engagement an und schrieb, wie gut er sich stünde usw. Meine Eltern brauchten sich nicht lange zu besinnen, auf die Fasten zu kommen.

Meine Eltern bekamen Reisegeld, doch das war nicht genug, und Vorschuß war zu denen Zeiten nicht Mode. Also verkauften sie einige sehr gute Gemälde, Porzellan, Spiegel und dergleichen, um ihre Schulden zu bezahlen und reisten mit uns fort.

Wir kamen glücklich in Erlangen an, meine Eltern nahmen

in demselben Wirtshaus, wo der Weidner wohnte, Zimmer. Bald wurde in Erlangen, bald in Nürnberg gespielt, wo denn so einige Male hin und her gereist wurde. Der Hof von Bayreuth kam nach Erlangen hin, und hielt sich kurze Zeit da auf, aber trotz der guten Einnahmen, so fiel doch niemals richtige Gage, denn Weidner saß tief in Schulden. Mein Vater hatte noch drei Gemälde, die verkaufte er unter der Hand an den Markgrafen. Es waren die letzten, die er hatte. Der Hof reiste fort; der Sommer war da, und die Einnahmen wurden von Tag zu Tag schlechter. Herr Weidner sagte: »Pasta, Secunda (das war sein Sprichwort), hier in Nürnberg ist's nichts mehr. Ich muß sehen, die Konzession in Bayreuth zu bekommen. Meine Frau soll dahin abreisen und solche auswirken.« Seine Frau war schön, schön wie ein Engel. Und Pasta Secunda, weil sie keinen Bescheid in Bayreuth weiß, so wird sie der Herr Baron von Türkheim (der studierte damals in Erlangen) dahin begleiten. Er ist am Hofe bekannt, kennt die Minister usw. Glückliche Reise! Sie reisten zusammen fort, kamen wieder, und nun wurde eingepackt und der Tag der Abreise festgesetzt. Solche sollte des Morgens in aller Frühe sein. Der Morgen verging, der Mittag kommt heran, und es wird nicht aufgepackt, ohne daß meine Eltern die Ursache einsehen! Meine Eltern saßen mit uns am Tische, und wir aßen in guter Ruh, als der Herr Baron von Türkheim sich in unsere offenstehende Stubentür stellte und sich auf seinen Stock stützte. »Guten Appetit!« »Ihr Diener, Herr Baron! Nicht näher kommen.?« »Keine Umstände, bleiben Sie ruhig sitzen, ich will hier stehen bleiben.« Er hustete einige Mal und spielte mit seinem Stock, wollte was sagen, und doch blieben die Worte immer im Hals stecken. Endlich, nach einer ziemlich langen Pause fängt er an: »Stellen Sie sich den verdammten Streich vor! Der Flegel, der Wirt, will den Weidner nicht reisen lassen wegen lumpiger 30 Gulden, die er noch von ihm zu fordern hat. – Niemand könnte Weidner besser helfen wie Sie.« »Ich? Wie kann ich?« »Madame Schulze hat viele Sachen und Kleider, – und die sie jetzt im Sommer doch nicht trägt. Wenn Sie einen Versatz für Weidner beim Wirt daließen!« Meine Mutter: »Das ist sonderbar, Herr Baron. Madame Weidner hat ja auch schöne Kleider und Sachen, warum will sie nichts hergeben? Es ist ja ihr Werk.« Baron:

»Das würde sie auch, aber braucht sie nicht ihre Kleider für sich und denen Aktricens aufs Theater?« Nach langem Hin- und Herdenken und Überlegen sagte endlich mein Vater zu der Mutter: »Tu es, Alte, gib ein Kleid her!« Meine gute Mutter, die im achten Monat ihrer Schwangerschaft war, kniete vor einem Koffer nieder, packte solchen aus und nahm ein blau atlas Marselge gemachtes Kleid nebst ihrem schwarzsamtnen Mantel heraus und gab's dem Wirt für Weidner zum Versatz. Nun wurde aufgepackt, und wir reisten ab.

Den Abend kamen wir nach Fürth. Alle Koffers und Bagage wird abgeladen. Mein Vater stutzt, tritt zu Weidner und frägt: »Bleiben wir hier? Ist hier Bayreuth?« Weidner räusperte sich, rieb sich die Stirn und sagte: »Pasta Secunda. Nein, nein! Hier sind wir in Fürth. Aber der Ort, so schlecht er aussieht, hat sehr reiche Einwohner. Zwar lauter Juden, aber sie sind reich und große Liebhaber von der Komödie. Pasta Secunda, es ist Sustentation ad interim – Pasta Secunda. Bis der Bau in Bayreuth fertig ist, will ich hier lieber die Einnahmen mitnehmen als stille liegen.« Mein Vater schüttelte den Kopf, denn Fürth war damals ein kleiner Fleck. In dem Wirtshaus war ein geräumiger Saal, und da wurde ein Theater eingerichtet. Madame Weidner klagte wegen einer Unpäßlichkeit und kam nicht aus dem Zimmer. Meine Mutter mußte trotz ihrer Schwangerschaft spielen.

Die erste Komödie wurde gemacht, und die Einnahme war sechs Gulden, den zweiten Abend drei, und den dritten war gar nichts da. Was war aber die Ursache? Fast schäme ich mich, es niederzuschreiben. Doch es sei! Was kann der ehrliche Mann dafür, wenn er zu einem Schurken kommt und von solchem betrogen wird. Dieser Weidner war einige Jahre vorher mit seiner Frau in Fürth gewesen, die er aber für seine Schwester ausgegeben hatte. Er spielte mit ihr da; ob er eine eigene Gesellschaft hatte oder ob er selbst engagiert war, das weiß ich nicht. Eines sehr reichen Juden Sohn verliebte sich in die Weidnerin. Sie gab ihm die besten Hoffnungen und sagte, wenn er sich taufen lassen wollte, so wollte sie ihn heiraten. Der Jude verspricht es, bestiehlt seine Eltern und geht heimlich mit ihr durch. Wie sie einen guten Weg zurückgelegt hatten, machen sie den Juden eines Abends trunken, nehmen den Raub, den er an seinen Eltern getan, ihm weg, und lassen den Juden im Wirtshaus allein zurück, der dann, nachdem er aus seinem Rausch erwacht, wieder zurück zu seinen Eltern kehrte, die dann trotz ihres großen Verlustes nur froh waren, daß ihr Sohn kein Christ geworden.

Wer sich über die Frechheit des Mannes wundert, wieder an einen Ort zu gehen, wo er sich solcher Lastertat schuldig gemacht, dem sage ich, daß das nur ein Weidner konnte, dessen ganzer Lebenswandel Betrug war. Meine Eltern außer sich! Meine Mutter sagte zu ihm: »Aber so geben Sie mir die 30 Gulden nur, damit ich mein Kleid wieder einlöse.« Der antwortete: »Madame, ich danke es Ihnen mit dem Teufel, warum haben Sie's getan? Ein Mann wie ich hätte sich doch herausgeholfen. Sie kommen mir jetzt eben recht mit Ihrem Kleid, da ich nicht weiß, wo mir der Kopf steht.« Das war der Dank! Meine Eltern brachten die Nacht schwermütig hin, und bei dem Erwachen waren Weidner und seine Frau über alle Berge!

III.

Erlangen, Ingolstadt 1750/1751

Zweimal speisten wir in der Woche warme Suppe und Fleisch, meistens nur Brot, Salz; Wasser war unser Trank.

Und zwei Tage darauf reisten meine Eltern zurück nach Erlangen. Mein Vater wollte nun erst die Niederkunft meiner Mutter abwarten, und weil er keinen Direktor wußte, bei dem er sich engagieren konnte, keinem Lumpen wieder traute, so entschloß er sich, selbst eine Gesellschaft zu errichten. Mein Vater verschrieb sich Akteurs.

Sobald mein Vater in Erlangen angelangt, so suchte er um die Erlaubnis, zu spielen; erhielt solche und fand viele Unterstützung. Meine Eltern mußten nun klein anfangen. Denn viel Geld hatten Sie nicht – und fremdes zu borgen, ohne gewiß zu sein, ob sie soviel verdienen würden, solches wieder bezahlen zu können, dazu waren sie zu gewissenhaft. Im Juli wurde meine Mutter von einem Sohn entbunden. Sie hatte viel gelitten, und jeder zweifelte, daß sie mitsamt dem Kinde ihr Leben erhalten würde. – Kaum als die gute Mutter nur in etwas ihre Kräfte gesammelt hatte und das Bett verlassen konnte, packte sie einen Koffer voll von ihren besten Kleidern und Effekten, und die wurden auf dem Versatzamt versetzt, auf Jahr und Tag. Das Geld, das meine Eltern nun erhielten, wurde zu Reisekosten für die Schauspieler und zur Anschaffung der Garderobe und Theater verwandt. Sie reisten beide nach Nürnberg und kauften dort das Notwendigste ein. Die Gesellschaft kam, und Theater und Garderobe wurden auch fertig.

Meine Eltern nahmen noch ein junges Frauenzimmer auf, ein Mädchen von einundzwanzig, zweiundzwanzig Jahren, die wohl aussah und große Lust zum Theater hatte. Sie hieß Catharina Schädel; ihr stilles, sittsames Wesen gefiel meinen Eltern außerordentlich, und sie freuten sich über diesen Fund. Sie mußte in unserm Haus wohnen, schlief im dem Zimmer, wo ich mit meiner Schwester schlief und speiste mit uns am Tisch. Meine Eltern begegneten ihr, als wenn sie ihre Tochter gewesen wäre, und gaben sich alle Mühe, sie zu unterrichten. Kaum war sie acht Tage bei uns, als man einen bejahrten Mann bei meinem Vater meldete. Er ließ ihn kommen und frug ihn, was zu seinen Diensten wäre. Der Alte fängt an: »Ich bin Schädel aus Nürnberg, dessen Tochter Sie wider Willen und Wissen ihrer Eltern heimlich geraubt haben, und ich komme, sie wiederzuholen.« Meine Eltern sahen den Mann an, ohne ein Wort darauf zu sagen, sondern befahlen nur, daß Karl gleich nach der Mamsell gehen solle, um ihr zu sagen, sie möchte gleich kommen. Sie kommt, – der Auftritt war wert zum Malen. Meine Eltern still, auf des Alten Gesicht Zorn und Liebe. Die Tochter sich bewußt, fiel ihrem Vater endlich zu Füßen, bat ihn um Verzeihung, daß sie heimlich fort wäre, sie könnte aber ihrem Trieb nicht widerstehen, bat meine Eltern um Vergebung, daß sie ihnen nicht die Wahrheit gesagt, und bat den Vater, um Gottes willen, sie nur nicht mitzunehmen. Der Alte drückte meinem Vater die Hand und bat ihn um Vergebung, daß er ihn falsch beschuldigt. »Aber meine Tochter kann ich nicht lassen, die nehme ich mit.« »Nehmen Sie sie mit! So notwendig ich sie auch hätte, so will ich sie doch nicht wider den Willen ihrer Eltern.« Er sprach ihr zu, und so auch meine Mutter. Ihre mitgebrachten Sachen wurden zusammengepackt, und so mußte sie noch denselben Abend mit ihrem Vater unter gewaltigem Geschrei und Klagen nach Nürnberg. »Das ist die erste Fatalität«, sagten die Eltern. »In acht Tagen sollte die erste Komödie sein. Doch wer weiß, zu was es gut ist!«

Aber den vierten Tag kommt der alte Schädel wieder und bringt seine Tochter selbst zu meinen Eltern. Mit Tränen sagte er: »Herr Schulze, da haben Sie mein Kind wieder, das Mädel hat in drei Tagen nichts gegessen, will sich umbringen, doch das alles hätte mich nicht bewegt; ich hab so viel Gutes von Ihnen und Ihrer Frau gehört, daß ich keine Bedenken trage, sie Ihnen anzuvertrauen. Seien Sie ihr Vater und Mutter; ich gebe sie Ihnen auf Ihre Seele. Leiden Sie keine Ausschweifungen, und bewegen Sie sie ja nicht etwa, daß sie von ihrer Religion abfalle und katholisch wird!« Der Alte konnte nicht weiter sprechen, sondern weinte auf die Schulter meines Vaters gelehnt. Meine Eltern waren sehr bewegt. Endlich sagte mein Vater: »Herr Schädel, da sehen Sie meine unmündigen Kinder, und so wahr, als ich wünsche, daß es diesen Kindern einst wohl ergehe, ebenso wahr will ich das für ihre Tochter. Ja, sollte ich das geringste merken, daß sie leichtsinnig werden sollte, so schicke ich sie Ihnen auf meine Kosten wieder zu.« Der alte Mann blieb zwei Tage bei uns, und so reiste er zufrieden wieder nach Hause.

In wenigen Tagen wurde die erste Komödie gegeben, und der Zuspruch war zahlreich. Meine Mutter eilte zu Hause zu ihrem kleinen Franz, dem sie selbst die Brust gab. Meine Eltern froh über die guten Einnahmen und über den Beifall, den sie erhalten, und über die Gesundheit aller ihrer Kinder. »Gott, wie ruhig wollen wir sein«, sagten sie. »Gott kann und wird uns nicht verlassen.« Nach dem Abendessen knieten wir wie gewöhnlich mit unsern Eltern nieder, beteten, empfingen ihren Segen und wurden nach unserm Zimmer geschickt. Meine Mutter legte ihren Kleinen, nachdem er an ihrer Brust eingeschlafen, in die Wiege. Es war zwölf Uhr nachts. Des Morgens vier Uhr stand sie auf und freute sich, daß ihr Kleiner sie vier Stunden hatte ruhig schlafen lassen, geht, nachdem sie sich angezogen hatte, nach der Wiege, um ihn schlafen zu sehen. – Aber welch ein Anblick, das Kind lag tot in der Wiege. Sie tat einen Schrei und fiel ohnmächtig zur Erde. Mein Vater erwachte, machte Lärm, alles eilte der guten Mutter zu Hilfe. Den Abend sollte die zweite Komödie sein. Mein Vater wollte nicht spielen, aber meine Mutter, trotz ihres Leides, gab es nicht zu. »Bedenk unsere Umstände, wie nötig wir Geld brauchen, Gott wird mir ja Kraft geben.« Sie spielte!

Die Einnahmen blieben noch immer gut. Mein Vater reiste einmal mit der Gesellschaft nach Nürnberg, um einen guten Herbst in Erlangen zu haben, und auch da war die Einnahme gut. Ja, wir würden noch länger dort geblieben sein, wenn nicht einst in der Nacht ein Bote von Erlangen gekommen mit dem Befehl, gleich zurückzukommen, der Markgraf von Bayreuth sei mit dem Hof angekommen, um sich in dortiger Gegend mit der Jagd zu unterhalten, und wollte den andern Abend Komödie haben. Allen Schauspielern wurde es angesagt, und so waren wir schon um elf Uhr des Mittags in Erlangen. Die Einnahmen erhielten sich so, daß sie nichts schuldig waren bis auf den Versatz. Meines Vaters Besorgnis war nur der Advent, weil damals an protestantischen Orten nicht gespielt werden durfte. Sein Wunsch war, an einen katholischen Ort zu kommen, wo er die Freiheit hatte, zu spielen. Er schrieb also an einen alten Bekannten nach Ingolstadt, der dort Universitäts-Tanzmeister war. Dieser erhielt die Erlaubnis für ihn, dort zu spielen, wenn er gute Attestata von Erlangen mitbrächte; denn das war damals der Gebrauch, daß Prinzipals Attestata haben mußten. Daran konnte es ihm in Erlangen nicht fehlen, denn jeder Rechtschaffene schätzte meine Eltern.

Sie reisten mit der Gesellschaft glücklich ab und kamen zu Ende des November 1750 in Ingolstadt an. In wenigen Tagen nach unserer Ankunft konnte das Theater geöffnet werden. Die Herrschaften sowohl wie die Bürger besuchten fleißig das Schauspielhaus. Ja, man war uns so günstig, daß wenn es stark Glatteis war, die Offiziersfrauen auf den Strümpfen in die Komödie gingen, weil sie nicht alle Wagen und Pferde hatten, und wenn sie sich hineinfahren oder tragen ließen, solches ihnen zu teuer gekommen wäre.

Hier muß ich einen Vorfall, der mir zustieß, mit einfließen lassen. Es wurde ein Stück gegeben, das hieß »Rodrich und Delmire«. Ich spielte in solchem einen verkleideten Pagen. Meine Rolle brachte es mit sich, daß ich mit bloßem Degen einmal herauskam. Ich stand in der Szene und wartete, bis der Auftritt an mich käme. Es waren einige Burschen auf dem Theater, die mit der Mademoiselle Karoline sprachen. Sie neckten sich mit ihr, und einer von ihnen stieß mich an den Arm; ich versah mich solches nicht, der Degen war schwer und ich zu schwach, solchen festzuhalten, laß den Arm sinken und stoße mir den Degen durch den Schuh durch in den rechten Fuß zwischen den zweiten und dritten Zehen. Ich fühlte den Schmerz, und das Blut floß aus dem Schuh heraus. Doch alles dessen schwieg ich still, weinte nicht, dachte nur an meine Rolle, die gut zu spielen. Ich wußte zu sehr, daß ich der Liebling meines Vaters war, fürchtete mich, daß, wenn ich's meinem Vater sagte, der etwa die Burschen in der ersten Hitze beleidigen könnte. – Meine Rolle ging gut ab, und ich, als ich nach Hause kam, setzte ich mich unter den Tisch und zog da meine Schuhe und Strümpfe aus. Das Blut hatte sich gestockt, und ich legte mich nieder. Den andern Tag konnte ich nicht auftreten. Um solches zu vermeiden, da ich, ohne zu hinken, nicht gehen konnte, sprang ich, wenn ich ja von einem Ort zum andern hinsollte, immer auf dem linken Fuß. So trieb ich es drei Tage, ohne daß meine Eltern das geringste merkten. Eines Morgens befahl mir meine Mutter, daß ich etwas holen sollte. Ich sprang lustig auf meinem einen Fuß weg. Meine Mutter sagte: »Mädchen, wann wirst du wieder gehen, was soll das Springen?« »Ja, Mama, man muß sich auf alles geschickt machen. Kann ich nicht einen Fuß verlieren? So ist's gut, wenn ich mich geschickt mache, mich mit einem Fuß zu behelfen.« »Da bewahre dich Gott vor! Geh' ordentlich, sonst kannst du aus der Kinderei ernst machen.« Ich war nun zum Zimmer hinaus und stieg mit vielen Schmerzen die eine Stiege hinunter. Wir wohnten zwei Treppen hoch. Unter uns wohnte ein Hauptmann mit seiner Gemahlin. Sie hatten ein Gesellschaftsfräulein bei sich, das mich sehr lieb hatte. Das Fräulein sah mich, als ich so erbärmlich die Treppe herunterkam. »Kind, was fehlt Ihnen.?« »Oh, stille, gnädiges Fräulein, daß es Mama und Papa nicht hört.« Sie nahm mich auf den Arm, ich weinte, und so trug sie mich zu der Hauptmännin ins Zimmer. Ich klagte ihnen mein Unglück, und wie sehr ich wünschte, daß nur meine Eltern nichts davon erführen, wegen dem vielen Verdruß, der daraus entstände, denn Papa wäre sehr heftig. Der Bediente mußte für mich das Gewerbe besorgen und meinen Eltern sagen, daß mich die gnädige Frau den Mittag bei sich zu Tisch behielte. Sie zogen mir den Schuh und Strumpf aus und erschraken nicht wenig, da sie meinem Fuß sahen, der blau und schwarz war. Der Hauptmann schickte sofort nach dem Regimentsfeldscher, der sagte, wofern ich noch 24 Stunden so gegangen, wäre der kalte Brand dagewesen. Aller Ansatz wäre bereits da. Nun wurden alle möglichen Anstalten gemacht. Das Fräulein legte mir alle halbe Stunden frischen Verband auf. Als meine Eltern nach dem Theater gingen, forderte das Fräulein ihnen den Zimmerschlüssel ab, daß, wenn ich müde würde, sie mich zu Bett bringen könnte. Sie taten es auch, und den andern Morgen hüpfte ich wieder wie gewöhnlich, auf meinen Fuß zum Zimmer hinaus. Als sie mich hüpfen hörten, kam der Bediente, trug mich die Treppe hinunter, und nun ging's wieder an frische Umschläge. Das Blaue verlor sich, sowie die Geschwulst. Der Feldscher gab mir Pflaster, und so wurde mein Fuß in Zeit von 14 Tagen ganz geheilt, ohne daß je meine Eltern was gewahr wurden. Nicht gar zu lange vor meiner Mutter Tod zeigte ich ihr die Narbe. Mein Vater aber hatte es nie erfahren. War damals noch nicht sechs Jahre, konnte aber schon leiden und schweigen.

In Ingolstadt verließ uns auch die Mademoiselle Schädel, denn sie hatte sich entschlossen, zur katholischen Religion überzutreten.

Die Jesuiten hatten hier einen großen Einfluß. Sie schmähten, schimpften auf den Kanzeln, verfluchten jeden, der in die Komödie ging, bis in den tiefsten Abgrund der Hölle. Bald fühlten meine Eltern den heiligen Eifer. Wenige Bürger und Gemeine blieben uns, nur der Adel besuchte noch das Schauspielhaus. Es war in der Karnevalszeit, und hätte meine Mutter nicht so viele Masken für die Herrschaften zu machen bekommen, so hätte mein Vater keine Gagen an seine Leute geben können. Nun kamen die Fasten. Mein Vater hoffte, es sollte nach Ostern besser gehen. Wir fingen an, und kein Mensch kam. Meine Mutter ging selbst zu den Herrschaften und frug. Die antworteten: »Gern glauben wir, daß Ihnen zuviel geschieht. Sie wissen auch, daß wir uns an das Schmähen auf den Kanzeln nicht gekehrt. Aber die Jesuiten sind fast allein unsere Beichtväter. Wie wir gebeichtet und mit der Beichte fertig waren, frugen sie uns vor der Absolution: »Gehen Sie auch in die Komödie?« »Ja.« »Wenn das ist, können wir Sie nicht eher absolvieren, bis Sie angeloben, nicht mehr in die Komödie zu gehen.« »Was wollten wir tun? Absolviert müssen wir sein – also wir versprachen es, und können nun nicht eidbrüchig werden.« Meine Eltern hörten also auf zu spielen.

Mein Vater nahm etwas Geld, reiste fort und suchte anderwärts die Erlaubnis, zu spielen. Bekam sie nirgends, weil er von Ingolstadt kein Attest aufzuweisen hatte. Und hätte er auch einige Male einen Ort gefunden, um zu spielen, so fehlte ihm Geld, seine Gesellschaft kommen zu lassen. Die ganze Gesellschaft wohnte in dem Haus, wo wir wohnten. Sie hatten Essen und Trinken, und um ihnen Taschengeld zu geben, versetzte meine Mutter eins ums andere. Mich und Karl erhielt sie mit Händearbeit. Sie wusch, nähte und ernährte sich mit uns mit magerer Kost. Zweimal speisten wir in der Woche warme Suppe und Fleisch, meistens nur Brot, Salz; Wasser war unser Trank. Doch was wollte das sagen! Aber das Betragen von den Schauspielern, von unserm Wirt und seiner Frau, die immer besoffen waren, sich als Betrüger und dergleichen schelten zu hören, Drohungen von »Haus hinauswerfen.« – – Gott, du weißt es, wie wir oft mit Tränen unser Brot und Wasser verschluckten. Sowie einer und der andere ein neues Engagement bekamen, reisten sie von uns, alle, und meine Schwester lief auch heimlich weg und engagierte sich bei einer Gesellschaft.

An einem Vormittag, so gegen elf Uhr, nahm meine Mutter meinen Bruder und mich bei der Hand und sagte: »Nun wollen wir nach der Jesuiten-Kirche.« Der Gottesdienst war vorbei, aber die Kirche noch offen. Karl schickte sie in die Sakristei mit dem Auftrag, er solle sagen, ein Geistlicher möchte herauskommen in den Beichtstuhl, es wolle jemand beichten. Mein Bruder kommt, und bald nach ihm ein Pastor, der sich in einen Beichtstuhl setzt. Meine Mutter tritt auch in solchen. Als sich der Geistliche anschickt, um die Beichte zu hören, fängt meine Mutter an: »Beichten will ich nicht.« »Nun, so habe ich hier auch nichts zu tun,« antwortete er und will aufstehen. »Bleiben Sie!« sagt meine Mutter. »Will ich nicht beichten, so müssen Sie doch hören, was ich Ihnen zu sagen habe. Hören würden Sie mich nicht, wenn ich nicht diesen Vorwand gebraucht hätte. Wissen Sie, wer ich bin? Ich bin die Schulzen, des Komödianten Schulze seine Frau, und da sitzen meine Kinder. Mein Mann ist von mir getrennt, irrt in der Fremde umher und sucht Brot für mich und seine Kinder. Wir sind hergekommen als ehrliche Leute, und Sie haben mich und meine Kinder an den Bettelstab gebracht.« »Madame, sprechen Sie nicht so laut!« (denn es waren noch einige Leute in der Kirche). »Warum soll ich nicht laut sprechen? Es ist Wahrheit! Wollte Gott, Sie hätten auch nicht laut gesprochen!« »Aber, was wollen Sie?« »Was ich will? Wegreisen so ehrlich wie ich hergekommen bin, meine Gläubiger befriedigen. Ich bin schuldig, will bezahlen, kann aber nicht, denn ich habe kein Geld. Also, ich bitte, machen Sie Anstalt, ich reise nicht von hier.« »Madame, Sie verlangen Geld von uns? Wir selbst sind so arm, daß wir kaum einen Kreuzer auf Schnupftabak haben.« »Ach, Karl,« sagte ich zu meinem Bruder, »höre, wie der Geistliche lügt! Das ist ein rechter Jesus-zuwider. Die arme Mama!« Meine Mutter, nach einer starken Pause, ehe sie sich darauf fassen konnte, fängt an: »Das steht mir nicht zu, zu untersuchen. Haben Sie es nicht, so lassen Sie es in dem Konvikt zusammenlegen. Genug, ich kann nicht meine Kinder an die Hand nehmen und, wie ich gehe und stehe, zum Tor hinauslaufen und all das Meinige zurücklassen. Wollte Gott, ich hätte es nicht nötig gehabt, diesen Schritt zu tun. Doch, da die Umstände so gekommen, blieb mir kein anderer Weg übrig. Durch Lügen und Lästerungen bin ich in den Zustand versetzt worden. Mir geschah Unrecht! Also ist es Pflicht; selbst die Religion befiehlt es Ihnen, so viel, wie in Ihren Kräften steht, wieder gut zu machen. Mein Zustand ist so, daß, wenn Sie nicht Anstalt machen, ich laut über Ungerechtigkeit schreie, ich alles wage! Wenn Sie Ihre Ohren für mich verschließen, wo soll ich Barmherzigkeit finden?« Der Geistliche wurde gerührt. »Madame, ich verspreche es Ihnen hier, ich werde für Sie sprechen, gedulden Sie sich nur etliche Tage! Es soll Ihnen geholfen werden.« »So lohn's Ihnen Gott.« Und meine Mutter trat aus dem Beichtstuhl, der Geistliche grüßte und ging in die Sakristei, und wir nach Hause.

Noch in derselben Woche schickten die Jesuiten, mit ihrem Petschaft versiegelt, zweimal an meine Mutter Geld; einmal 30 Gulden und einmal einige 40 Gulden. Täglich fast kam Geld – ohnfehlbar auch durch ihre Vorsprache. Meine Mutter zahlte dem Wirt und löste nach und nach ihre versetzten Sachen ein.

Meine Mutter schrieb alles an meinen Vater. Gott weiß, wo der Vater überall war! Endlich, so gegen Ende des Julius, kamen Briefe von meinem Vater aus Passau, daß er seinen ehemaligen Prinzipal, den Johann Schulz, dort angetroffen und, in der Hoffnung, zu seiner alten Schuld zugelangen, sich bei ihm mit uns von neuem engagiert, weil er ohnedies Leute brauchte, so wie mein Vater.

IV.

Passau, Straubing, Regensburg, Nürnberg, Würzburg, Eichstädt, Prag, Collin, Braunschweig, Magdeburg, Potsdam, Stettin, Frankfurt a. O. 1751–1756

Endlich entschloß sich mein Vater zu Fuß von Nürnberg nach Prag zu gehen und ließ uns zurück.

Meine Mutter packte ein; wir nahmen Abschied von unsern Wohltätern, setzten uns zu Schiff und kamen glücklich in Passau an. Mein Vater stand am Ufer. O mein Gott, welche Freude nach so vielen Leiden, nach so langer Abwesenheit! Wir hingen alle drei zugleich an ihm. Was wir sagten, war verworren, ohne Zusammenhang. »Da nimm, Vater!« sagte endlich meine Mutter, und gab dem Vater alle quittierten Rechnungen und ihren Beutel, darinnen noch so an 30 Gulden Geld mochte gewesen sein. Vater: »So viel kann ich dir nicht dagegen geben.« Mutter: »Du gibst dich mir in deinen Kindern. Gott wird und kann uns nicht lassen.« Er führte uns nun in unsere Wohnung und alles Leiden war vergessen.

Meine Eltern spielten nun mit dem Prinzipal Schulzen fort. Die Einnahmen waren gut, doch weil die Örter nicht imstande sind, zu lange einen Direktor mit seiner Gesellschaft zu erhalten, so reisten wir alle zu Schiff fort nach Straubing, den 30. August 1751. In Straubing wurde bis Advent fortgespielt. Wir bekamen neuen Zutritt in den ersten, besten Häusern. Ich wurde krank und bekam die Masern. Die Herrschaften schickten Medizin, sie bezahlten Doktor und Medizin, und ich wurde aus ihrer Küche gespeist. Ja, wenn ich vom ersten Range gewesen wäre und an mir der ganzen Welt Glückseligkeit gelegen hätte, man hätte nicht aufmerksamer sein können. Der Tag der Abreise nahte heran, und weil ich noch nicht ganz hergestellt war und meine Eltern mit mir fort mußten, so besorgten die Herrschaften eine Kutsche mit Glasfenstern, um nicht der kalten Luft bloßgestellt zu sein, und sorgten, daß mir nichts auf der Reise fehlen durfte.

Wir kamen in Regensburg an, spielten in dem Ballhaus. Verloren ist und war jeder Prinzipal in Regensburg, der keine Unterstützung von dem Fürst Taxis hatte, und daran war nicht zu denken, weil der Hof italienische Schauspieler* hatte. Das Ballhaus blieb leer und unbesucht, und folglich kam auch des Wochs keine Gage, oder doch nur eben von der Hand in den Mund.

Meine Mutter wurde krank und lag elendiglich an einer Blutstürzung. Krank sein und vom Gelde entblößt: der das nicht selbst gefühlt hat, kann sich keinen Begriff davon machen. Kaum, als sich meine Mutter etwas erholt hatte, bekam sie Briefe von Straubingen, ob es nicht möglich wäre, daß sie hinüber kommen könnte, da nun die Karnevalszeit gekommen, um denen Herrschaften Masken anzugeben. Sie wollten für Reise und alles sorgen. Nichts konnte gewünschter kommen. Mein Vater sprach mit dem Prinzipal, und er, da er doch kein Geld geben konnte, gab's gern zu. Meine Mutter, so schwach sie auch noch war, reiste mit mir ab. Wir lebten die vierzehn Tage, als wir da waren, sehr gut; ich half mit arbeiten, was ich nach meinem Alter vermöge war zu tun und kaum, daß ich mit meiner Mutter des Nachts schlief; denn sie lieferte die Maskenkleider für den ganzen Karneval. Wir reisten fort und brachten dem Vater Geld, um Doktor, Apotheker und Wirt zu bezahlen.

Wir leierten bis in die Fasten weg. Endlich erhielt der Johann Schulz die Erlaubnis, in Nürnberg zu spielen. Bekam auch Vorschuß, so daß er mit der Gesellschaft die Reise antreten konnte. Wir kamen also in Nürnberg an, und nach Ostern wurde zuerst gespielt. Der Schauplatz war in dem Fechthaus, wo vor vielen 100 Jahren die Turniere gehalten wurden. Die Komödie ging gegen drei Uhr des Nachmittags an und wurde unter dem freien Himmel am Tage agiert. In Nürnberg ist und konnte nie ein Direktor reich werden; ja, so sind die meisten, wenn sie nicht bankerott waren, es doch dort geworden. Denn von jeder Einnahme nahm der Rat den dritten Teil. So ging's also auch unserm Direktor: mehr Schulden, als er je bezahlen konnte. Da sich also viele Gläubiger fanden, so wurden alle zusammen an einem Tage aufs Rathaus geladen. Wir wohnten zum Unglück mit dem Prinzipal in *einem* Haus. Nun wurde dann jeder aufgerufen: Wieviel hat der und wieviel hat jener zu fordern! Nun kam's an meinen Vater. »Wieviel haben Sie an den Mann zu fordern?« Mein Vater, der die Summe von München und denen Orten mit aufgezeichnet hatte, fing an: »Eintausend –« »Oho, oho, das wird zu stark, das kann der Mann nicht zahlen. Wieviel ist er Ihnen hier schuldig geworden?« »Hundert Gulden.« »Die hundert Gulden werden also mit ins Protokoll gesetzt.« Unser Wirt fängt endlich an: »Ja, der Mann (und wies auf meinen Vater) ist mir auch schuldig.« Bürgermeister: »Nun, so laßt Euch bezahlen.« Wirt: »Ja, er hat kein Geld, sondern hat's vom Prinzipal zu fordern.« Bürgermeister: »Hat er denn Kleider und Sachen?« Wirt: »Ja.« Bürgermeister: »Nun, so haltet Euch daran!« Mein Vater wollte einsprechen, aber nichts half, der Bürgermeister lief fort, und so alle Gläubiger. Mein Vater eilte halbtot nach Hause, trat zu uns ins Zimmer und sagte: »Kinder, erschreckt nicht, gleich wird man kommen und uns alles das Unserige wegnehmen.« Meine Mutter saß wie betäubt. Ich hatte eine neue Schnürbrust bekommen und hielt das für mein bestes Möbel. Sprang mit solcher in das Vorhangbett meiner Eltern und schnürte in aller Eile solche mir ein wenig auf den Leib. Hatte solche kaum an, so kamen die dienstbaren Geister und räumten rein aus, daß Vater, Mutter, meinem Bruder und mir nichts weiter blieb, als was wir auf dem Leib hatten.

Meine Eltern sahen sich wechselsweise an, blickten auf mich und meinen Bruder, wir weinten in ihre Tränen. Als wir so saßen, kam dem Prinzipal seine Frau zu uns ins Zimmer, setzte beide Arme in die Seite, fing hell an zu lachen und sagte: »Nun, das ist wahr, wer nichts hat, dem kann man nichts nehmen, und wo nichts ist, hat der Kaiser sein Recht verloren.« Meine Mutter sprang auf, nahm sie beim Arm und warf sie zum Zimmer hinaus. »Bestie!« sagte sie. Der Prinzipal mußte noch denselben Tag mit Weib und Kindern aus dem Hause. Ihre Sachen, die freilich, Garderobe und alles zusammen genommen, keine zehn Gulden wert waren, blieben ihnen, nahmen sie mit, und reisten noch denselben Abend fort nach Prag.

Mein Vater sah, daß er einige Arbeit mit der Feder bekam. Schrieb also manchen Bogen für wenige Batzen. Meine Mutter, warum soll ich's verschweigen, bat einige Frauen von ihren wenigen Bekannten in der Stadt um einige alte Hemden und Wäsche. Sie erhielt's auch, sowohl für sich als für den Vater, Karl und mich noch ein Hemd und etliche Schnupftücher. Um nur das tägliche Essen zu haben, nähte sie für unsere Wirtin, kniete manche halbe Tage an der Erde, um Flicken auf die großen, groben Bettücher zu setzen. Karl, der gut Haar wickeln und Perücken frisieren konnte, lehrte solches an andere, da er's wohlfeiler tat als die Perückenmacher. Und ich hatte Bekanntschaft bei einer alten Französin, die noch Mamsell war, sich ernährte mit Kupferstiche zu illuminieren; da lernte ich die Grundfarben anlegen und verdiente die Woche auch einige Kreuzer.

So gingen einige Wochen hin; mein Vater wartete mit Sehnsucht auf Briefe oder Geld von dem Schulz aus Prag, aber es kam weder das eine noch das andere. Auf alle Briefe, die mein Vater ihm schrieb, kam keine Antwort. Endlich entschloß sich der alte Mann im 59. Jahr seines Alters, zu Fuß von Nürnberg bis Prag zu gehen, und ließ uns zurück. Er richtete seinen Weg so ein, weil er kein Geld hatte, mittags und abends ein Kloster zu erreichen, wo er dann gespeist wurde und Nachtlager fand. Ja, man gewann ihn in einigen Klöstern so lieb, daß man ihm Briefe von einem Kloster an das andere mitgab. Und so kam er, wie manche ihr Geld auf Reisen verzehren, er aber mit einigen Gulden mehr nach Prag, als er von Nürnberg mitgenommen hatte. Sobald er in Prag angelangt war, erkundigte er sich, wo der Schulz wohne. Er ging hin, es war des Mittags, und fand diese verehrungswürdige Familie, eben, da sie eine Pastete verzehrte. Hasen, gebratene Hühner, Wein, alles war im Überfluß da. Der Bissen blieb ihnen bei dem Anblick meines Vaters im Halse stecken. Mein Vater sprach ernsthaft; aber weil mein Vater auf dem Rathaus in Nürnberg gesagt: »Ich schenke Johann Schulz die übrige Forderung«, nahm es der für geschenkt an, und er bekam nicht einen Heller für alles, nicht einmal Dank.

Während mein Vater von uns war, bekamen wir Briefe von Luxemburg von einem Prinzipal Meyer, der uns Engagement antrug und Vorschuß. Meine Mutter schrieb solches an meinen Vater. Er machte sich also zu uns auf den Weg, wie er war hingekommen – nämlich zu Fuß. Kehrte wieder von Kloster zu Kloster ein, und kam müde und matt, aber gesund in unsere

Arme. Sobald er angekommen, schrieb er an Meyer, nahm das Engagement an und bat um 100 Gulden Vorschuß und Reisegeld. 50 Gulden wurden ihm in Nürnberg ausgezahlt, und 50 Gulden sollte er in Würzburg haben. Mein Vater sprach mit seinem Wirt. Bares Geld gab ihm mein Vater 30 Gulden, ließ für das übrige seiner Forderung dem Wirt seine Theatergarderobe, und nur einen Koffer mit Kleidern, Wäsche und dergleichen gaben sie uns mit. Das übrige ist dageblieben, habe nie wieder ein Stück davon gesehen.

So reisten wir denn am Anfang des September 1752 von Nürnberg weg. »So hat Gott wieder aus einem Tränental uns geführt«, sagte meine Mutter. »Gott wird ferner helfen«, antwortete mein Vater. »Dürfen wir uns doch keine Vorwürfe machen.«

Nach einer glücklichen Reise kamen wir in Würzburg an. Mein Vater geht nach einer Barbierstube, um sich den Bart abscheren zu lassen, und findet dort einen Komödienzettel von der Brunianischen Gesellschaft.* Dieser Brunian war auch in Regensburg und Nürnberg bei Schulz mit uns zugleich gewesen, und war, so gut wie wir, von ihm betrogen worden. Herr Brunian hatte in Nürnberg viele Scolairen im Tanzen, hatte sich also nach und nach eine kleine Garderobe angeschafft und spielte bloß Pantomimen. Verdiente auch gut Geld. Dieser Mann hatte überhaupt vom guten Schöpfer ein Wesen erhalten, das ihm jedermanns Liebe erwarb und erwerben mußte.

Meine Eltern blieben bei Herrn von Brunian, und wir bekamen auch anfänglich richtige Gage. Herr von Brunian würde sich sowohl damals wie lange Jahre darauf immer gut gestanden haben, wenn er nicht so viele unnütze Leute bei seiner Gesellschaft gehabt hätte. Eines brauchbaren Menschen wegen erhielt er oft ganze Familien. Unser Glück war, daß bei unserm Engagement bei ihm mit ausgemacht wurde, daß ich eine Abschiedsrede halten und zum Schluß der Schauspiele solche an jedem Ort austeilen sollte. Für das, was ich dann erhielt, konnte mein Vater immer sicher rechnen, daß er dann damit seinen Wirt und andere Schulden bezahlen konnte. Etwas vor dem Advent reisten wir nach Eichstädt.

Auch in Eichstädt waren die Einnahmen gut, und Herr von Brunian spielte fort bis an die Fasten 1753. Ich kann wieder nicht umhin, von einer sehr gütigen Dame Erwähnung zu tun. Sie hieß die Molidor, und ihr Gemahl war Kapitelrichter. Sie hatte eine Tochter von elf und einen Sohn von sieben Jahren. Alle Morgen um neun Uhr ging ich zu der Dame, und des Abends neun Uhr wurde ich wieder zu meinen Eltern gebracht, wenn ich nicht in der Komödie zu tun hatte. Diese Dame, die viel Lebensart hatte, gab mir mit ihrer Tochter gleichen Unterricht sowohl in Handarbeit als in übrigen Dingen, die ein Mädchen angenehm und beliebt machen müssen. Sie war mir eine zweite Mutter.

In den Fasten reisten wir wieder zurück nach Würzburg. Herr von Brunian hatte zwar die Erlaubnis erhalten, wieder herzukommen, doch mit dem Beding, keinen Sonntag oder Feiertag zu spielen. Brunian sah bald, daß das die besten Tage waren und er unmöglich bestehen konnte, wenn er nicht die Festtage spielen dürfte. Gab also acht Memoriale ein – und auf jedes abschlägige Antwort! Endlich mußte ich das neunte überreichen. Ich wurde aufs Schloß geführt, und als der Fürst kam, bückte ich mich und legte ihm das Memorial in den Hut. Der Fürst lächelte und sagte zu mir: »Was enthält die Bittschrift?« »Um die Gnade, daß wir Sonn- und Feiertags auch spielen dürfen.« Dem Fürsten gefiel meine unerschrockene, freie Antwort, wollte weiter reden, aber die zwei Jesuiten, die ihn in ihrer Mitte hatten, zogen ihn augenscheinlich von mir weg. Kurz, den Tag darauf kam ein gnädiges Ja auf mein Memorial. Wer war fröhlicher wie ich und wohl wir alle. Brunian spielte bis nach Pfingsten weg; doch die Einnahmen blieben aus, und Brunian mußte sich nach einem anderen Ort umsehen.

Mein Vater bekam Briefe aus Prag von Locatelli, einem italienischen Entrepreneur, der in Prag welsche Oper* hielt und zugleich deutsche Komödie haben mußte, schrieb an meinen Vater und trug ihm die Direktion übers deutsche Theater an, frug ihn zugleich, wieviel er Gage verlangte. Mein Vater forderte nicht mehr als die Gage, die er mit seiner Frau als Schauspieler gehabt, nämlich 12 Gulden, und fürs Direktorium sollte Locatelli mich und meinen Bruder von seinem Ballettmeister im Tanzen unterrichten lassen, weil Locatelli immer geschickte Männer hatte. Der Vorschlag wurde richtig, und wir reisten in der Fasten 1754 nach Prag, wo denn mein Vater die Direktion so gut führte, daß Locatelli keinen Schaden den ganzen Sommer über hatte. Der Augustmonat wurde wieder bei Collin im Lustlager zugebracht, wo auch Ihro Majestäten, die Kaiserin Maria Theresia sowohl, wie der Kaiser Franz von Wien hinkamen. Locatelli hatte zu dem Ende Oper Seria verschrieben, die in Prag spielten. Und nun, da im Winter die Einnahmen erst recht gut sein sollten, kosteten die Welschen* so viel, daß weder sie selbst noch die Deutschen konnten erhalten werden. Locatelli, voll Schulden, entwich heimlich, ließ uns alle sitzen, und meine Eltern kamen wieder gegen 200 Gulden zu kurz. Mein Halbbruder, der sich seitdem verheiratet hatte, war mit seiner Frau auch bei Locatelli engagiert. Sie reisten aber schon im Advent wieder weg, und ich habe keines mehr von beiden seit dieser Zeit gesehen.

Wir reisten also fort und kamen in der Fasten 1755 in Braunschweig an. Es würde zu weitläufig werden, wenn ich alle die schlechten Streiche anführen wollte. Genug, sei es gesagt, daß wir wochenweis engagiert und monatweis ausgezahlt wurden und ungeachtet, wir den ganzen Advent gespielt, doch nur halbe Gage bekommen haben. Meine Eltern konnten also auch keine Seide spinnen.

In Braunschweig erhielt ich die Bekanntschaft einer rechtschaffenen Witwe, sie hieß Günther, wohnte mit ihrer einzigen Tochter Friederika, einem lieben Mädchen von 18 Jahren, bei ihrem Bruder, der die Aufsicht über die Domprobstei hatte. Friederika und ich, wir wurden einander so notwendig, daß wir fast täglich, wenn ich in der Komödie nichts zu tun hatte, beisammen waren. Noch hatte von allen Bekanntschaften, die ich gemacht, keine einen solchen Einfluß auf mein Herz gemacht.

Endlich kam die Fasten heran 1756, und meine Eltern hatten in Magdeburg bei dem Herrn Schuch* wieder Engagement gefunden. Noch war ich von keinem Ort gereist, den ich so ungern verließ wie Braunschweig. Bei meiner Günther hatte ich keine Worte, so bereit sonst immer mein Mund war, nur Tränen. Wir hielten uns den ganzen Nachmittag und Abend in einem weg umschlungen und weinten. Die gute, alte Mutter Günther sah uns zu und weinte in unsere Tränen. Kaum, da es nachts um halb elf Uhr war, ich mich von ihr losreißen konnte.

Sie gab mir ihre Adresse und sagte: »Sie werden mir doch schreiben, liebes Karlinchen?« »Gewiß«, antwortete ich, und so brachte sie mich endlich mit ihrem Bräutigam nach dem Haus meiner Eltern, wo sie sich mit Gewalt aus meinem Arm riß. Dieses war der erste Bund der Freundschaft, den ich errichtete, der erste, der den stärksten Eindruck auf mein junges Herz gemacht hatte. Ich hatte an jedem Ort, wo ich gewesen, Wohltaten genossen und solche dankbar gefühlt; aber gegen das, was ich für Rikchen empfand, war es alles nichts. Auch natürlich, nun war ich zehn Jahre, und mein Charakter, mein Denken erhielt mehr Festigkeit, mehr Stärke.

Wir kamen in Magdeburg an. Der Prinzipal Schuch, der sich wegen dem Wochenbett seiner Liebsten etliche Tage länger aufgehalten und die Gesellschaft bereits voraus nach Potsdam geschickt, reiste nun mit uns auch nach Potsdam. Noch war ich nicht lange da, als ich einen Brief an meine Mademoiselle Günther heimlich schrieb. Die Ursache, warum ich heimlich schrieb, war, ich wollte mein Herz reden lassen, all seine kindische Empfindung sagen. Hätte ich es meinem Vater gesagt, würde er mir den Brief freilich vernünftiger stilisiert haben, aber es wär doch das nicht gewesen, was ich zu sagen hatte. Kurz, ich schrieb heimlich, ließ von meinem Wirt die Adresse schreiben und durch solchen bestellen. Auch durch ihn sollte die Antwort an mich zurückkommen. Es erfolgte aber keine. Mir tat's weh, wollte wieder schreiben, doch bald kam die Nachricht von unserer Abreise, und wir reisten mit der Gesellschaft nach Stettin.

Schuch blieb mit der Gesellschaft nicht lange mehr dort, und wir reisten wieder zu Wasser ab nach Frankfurt a. O. Auf dieser Reise ereignete sich ein Unglück, das meiner Mutter bald das Leben gekostet hätte. Wir landeten bei Schwedt. Der Schiffer sagte, man müsse hier Proviant mitnehmen, weil wir zu keinem Dorf kämen, und die, wo wir auch vorbei kämen, hätten selbst nichts. Mein Vater ging mit meinem Bruder in die Stadt, und ich blieb bei der Mutter im Schiff. Mein Bruder kam mit einem Tuch voll Vorrat, dabei aber eine gewaltige Menge Salz war. Meine Mutter saß auf dem Rande des Schiffes, und da Karl eben fortgegangen, sagte sie: »Mein Gott, wo soll ich mit all dem Salz hin?«, bog sich verdrießlich zurück, verliert das

Gleichgewicht und stürzt rücklings ins Wasser. Ich erwischte zwar einen Zipfel von ihrem Kleid, war aber zu schwach, sie zu halten, und stieß nun erschreckliches Geschrei aus. Alles lief herbei. Ein Schiffer, der auf der nahen Brücke stand, sprang in einen Kahn und rettete sie glücklich.

In Frankfurt fing Schuch einen Zank mit meinem Vater an, der, wie man im Sprichwort pflegt zu sagen, wie vom Zaun gebrochen. Denn wer den Mann gekannt, wußte seine Art. Schon verschiedene ausfallende Grobheiten hatte mein Vater gelassen erduldet. »Schuch ist ein Narr!«, so dachte er und ließ ihn gehen. Der Gedanke, du bekommst alle Woche richtig dein Geld, ließ ihn manche Beleidigung übersehen. Wahr! Solange man bei Schuch war, hatte man sein gewisses Brot, aber ein guter Magen gehörte dazu, solches zu verdauen. Doch in Frankfurt machte er es bei einer Probe so arg, daß mein Vater gezwungen war zu sagen: »Herr Schuch, Sie wollen mich mit meiner Familie los sein? Sagen Sie es nur, und wir sind von heute an geschiedene Leute. Aber, Herr, als Männer, nicht als Buben. Schämen Sie sich! Alle, die von Ihnen weg sind, sind Ihrer Grobheiten halber weg – und so gehe ich auch.« »Ja, das weiß man wohl«, sagte Schuch, »der Herr ist stolz.« »Wie es ein vernünftiger Mann sein muß, um nicht niederträchtig zu sein. Sie sind glücklich, und das macht Sie hochmütig und grob, und glauben dadurch privilegiert zu sein, einen redlichen Mann, der weniger hat, schlecht zu behandeln. Ich habe meinen ehrlichen Namen, mein Weib und meine zwei Kinder, die gut sind und Talente haben. Hoffe also, mit Gottes Hilfe wieder Brot zu bekommen.« Und er verließ ihn, kam mit meiner Mutter nach Hause und kündigte uns die Abreise an.

V.

Dresden 1756/1757

Daß wohl kein Frauenzimmer in der Welt mehr
Verdienst hat, wenn es ganz tugendhaft bleibt,
wie ein Frauenzimmer auf dem Theater.

Wohin? Mein Vater traf mit einem Dresdener Kutscher einen billigen Akkord, und der war froh, seine Rückreise nicht leer zu machen. So reisten wir also ab und kamen zu Ende des Julius 1756 in Dresden an.

Der Krieg nahm seinen Anfang.* Der Herbst kam; Preußen hatte Dresden in Besitz. Und wo spielen? Denn das Hoftheater, das Gewandhaus, wo wir einmal gespielt, und noch ein Schauspielhaus, da lag Proviant von der preußischen Armee. Also bedurfte man des Königs von Preußen. Mein Vater ließ sich ein Memorial machen und überreichte es dem Monarchen selbst. Er nahm es, las und sagte: »So, ist eine Komödie hier? Das ist gut. So haben meine Offiziere den Winter einen Zeitvertreib. Er kann spielen.« »Ja, Ihro Majestät, aber wo? Wir haben keinen Ort.« »Wo habt ihr sonst gespielt?« »Im Gewandhaus.« – »Das geht nicht! Das liegt zu bequem für meine Leute des Proviants wegen. Ist sonst kein Platz da?« »Ja, im Zwinger ist ein Komödienhaus, aber auch das ist voll.« – »Nein, das ist besser; es liegen nur Fässer mit Mehl darin. Ist ohnedies weit abgelegen. Die Fässer sollen heraus; ich werde gleich Befehl erteilen, und so könnt Ihr anfangen zu spielen, wenn Ihr wollt.« Mein Vater war durchdrungen von der Güte des Monarchen, konnte nicht danken, stand da und wollte sich ihm zu Füßen werfen. Er ließ es nicht zu. Wir fingen also an zu spielen. Keinen Abend war es leer. Wir arbeiteten mit Lust, und wir bekamen alle Woche richtig unser Geld, und unsere Wirtschaft war so sparsam eingerichtet, daß wir auch ziemlich unsern Wirt abzahlten, zwar für uns nichts ersparen konnten, aber doch auch keine Schulden hatten.

Ich war nun mein elftes Jahr passiert, spielte Rollen, die sich freilich für mein Alter nicht schickten, als z. B. eine Laura im »Blinden Ehemann«*. Ein großer Reifrock, hohe Absätze und

Frisur, machten mich nun freilich eine Viertelelle länger. Aber im Ballett, das nur in drei Personen bestand, war ich dann wiederum so viel kleiner. Also, um kein Ärgernis zu geben, weil ich schon Weiber und junge Witwen spielte, gaben mich meine Eltern für drei bis vier Jahre älter aus. Ich selbst, die eben keine kindische Erziehung gehabt, gab mir in Gegenwart von Leuten ein ziemlich ernsthaftes Wesen. Doch gab ich oft noch heimlich, wenn ich meiner großen Puppe im Koffer ansichtig wurde, derselben einen Kuß. Und wenn ich ein Mädchen von gleichen Jahren mit mir fand, trug ich sie heimlich unter meiner Schürze nebst der ganzen Küche fort und spielte damit.

Vielleicht wird es, wenn jemand diese Blätter lesen sollte, eitel klingen, wenn ich von mir selbst sage: die Natur hatte mich verschwenderisch schön gebildet. Es blieb auch nicht unbemerkt. Man denke nicht, daß ich nun anfangen will, einen Liebesroman von allen meinen Verehrern zu schreiben. Nein, nur insofern, als es zu meiner Geschichte unumgänglich gehört. Wer würde nicht alle diese Blätter nur für eine Erzählung und nicht wahre Geschichte nehmen, wenn ich den Leuten weismachen wollte, ich hätte nicht eher geliebt, als bis ich meinen Mann sah und den heiratete. Das wäre eine offenbare, unverzeihliche Lüge. Natürlich, so wenig ich auch damals wußte, was Liebe ist, so dachte ich doch, daß es so was geben müßte in der Welt. Die Schmeicheleien, die man mir sagte, die Rollen, die ich spielte, die Komödien, die ich las, das war die einzige Lektüre, die mir mein Vater gestattete, der meinen Hang zum Lesen merkte, mir ja alles, was Roman hieß, als schädliche Lektüre vorenthielt. Und wirklich hatte ich zu der Zeit nur erst einen gelesen und das heimlich in Braunschweig: »Der getreuen Prinzessin Bellamire wohlbelohnte Liebesprobe oder die triumphierende Treue«.* Zweifle, ob je einer, der das Buch las, so viele Tränen dabei geweint hat wie ich, wenn ich so ihre Klagen über die Verfolgung, die sie erlitt, las. Doch alles, was man mir Schönes vorsagte, rührte mich nicht. Unmöglich kann ich umhin, noch eine Anmerkung mit einzustreuen. Daß wohl kein Frauenzimmer in der Welt mehr Verdienst hat, wenn es ganz tugendhaft bleibt, wie ein Frauenzimmer bei dem Theater. Noch ehe es einen Unterschied weiß, ob außer ihrem auch ein anderes Geschlecht ist, lehrt man es die

Liebe, schwatzt solchem die Süßigkeiten vor. Man lese z.B. viele Kinderrollen. Was läßt man nicht alles Kinder sagen, wird bewundert und beklatscht! Man sollte lieber weinen, so jung die Knospen von schädlichem Wurm anfressen zu lassen. Doch, was schwatz ich. Denk', lieber Leser, ich versetze mich in den Anfang des Jahres 1757, und nun sind wir, da ich dieses schreibe, am Ende des Jahres 1782. Was konnten 20 Jahre nicht ändern! Nun ist all mein Schnack Pedanterie, oder vielleicht denkt man gar von mir, ich bin eine Betschwester geworden. Nein, gewiß nicht. Wartet nur, bis ich in meiner Geschichte auch 26 Jahre älter bin. Dann sollt ihr finden, wie wenig Anspruch ich auf den Titel zu machen habe. Doch es ist Zeit einzulenken.

Es war nach Neujahr, da wurde ein Stück gegeben, das hieß der »Karneval zu Venedig«.* Ich spielte die Liebhaberin, bin in einer Szene maskiert und muß die Maske während des Spiels abnehmen, um mich meinem Liebhaber kenntlich zu machen. Ich soll hinaus und hatte vergessen, der Mama ihren Ring mitzunehmen, die solchen auch nicht am Finger hat. Wer war in größerer Angst wie ich? Papa war strenge, wenn man so was vergessen hatte; ich fürchtete ihn, wie ich ihn liebte. Mich öffentlich von ihm ausschelten zu lassen, das war mir zu schimpflich. Ich jammerte mit halbverweinten Augen: »Ach, wer hat einen Ring? Wer leiht mir einen Ring, nur auf einen Augenblick?« Ein Offizier, der mich hörte, sagte zu mir: »Hier, Mademoiselle Karolinchen, habe ich einen Ring, wenn der gut genug ist.« »O ja, ja, geben Sie nur, ach, wie danke ich Ihnen«, und so steckte ich den Ring in die Maske und hielt solchen im Mund fest. Nachdem der Auftritt geendigt war und ich in die Szene trat, gehe ich wieder zu dem Offizier, danke ihm und überreiche ihm den Ring. Er sagte: »Machen Sie mir die Freude und behalten solchen, wenn die Komödie wieder sollte gemacht werden. Mir ist es leid, daß er nur von so geringem Wert ist, aber im Krieg nimmt man keine Juwelen mit.« (Der Ring war Gold und die Steine neun Topasen.) Ich wollte solchen nicht annehmen und sagte, Papa litte so was nicht. »Nun, sagen Sie nur Papa die Art, wie Sie ihn bekommen, so wird er nicht böse werden; allenfalls will ich mich selbst bei ihm entschuldigen.« »Ich nehme ihn nicht.« »Die Sache ist an sich so unbedeutend, daß Sie mich beleidigen, wenn Sie ihn nicht behalten; ich würde ihn wegwerfen.« Der Ton und das Gesicht, mit dem er das sagte, erschreckte mich, und ich verneigte mich, ohne antworten zu können, und ging mit dem Ring in der Hand fort in meine Loge, wo ich mich umkleiden mußte, und spielte meine Rolle fort. Den Abend, als ich nach Hause gekommen war, sah ich, wie mein Vater gestimmt war, denn das kam darauf an, ob wir ihm zum Dank gespielt hatten oder nicht. Er war mit uns zufrieden und also in der besten Laune. Ich erzählte ihm alles, was vorgefallen, und zeigte ihm meinen Ring. Mein Vater wurde mit einemmal ernsthaft, schon zitterte ich, und Tränen standen in meinen Augen. »Diesmal mag es hingehen, aber ein andermal nichts vergessen, was man in seiner Rolle braucht.« Mein Vater frug: »Was für ein Offizier gab dir ihn?« »Oh, Papa, es ist noch nicht lange, daß er aufs Theater kommt; Sie müssen ihn gesehen haben. Er ist blessiert am Arm, trägt solchen in der Binde. Ein großer, schöner Mann, ist immer sehr bescheiden und höflich; auch habe ich ihn heute von einem nennen hören, der nannte ihn Graf Nostiz.«

Den andern Tag kam der Graf aufs Theater. Mein Vater zu ihm hin, entschuldigte mich wegen meiner Unvorsichtigkeit, bat für mich um Vergebung. »Oh, sprechen Sie doch nicht davon, Herr Schulze, ist wohl den albernen Ring wert!« Der Graf bat meinen Vater, ihn besuchen zu dürfen. Mein Vater sagte: »Herr Graf, ich habe meines Mädchens wegen jede Gelegenheit vermieden, Besuch in meinem Hause zu gestatten. Zwar ist sie noch sehr jung, und erst elf Jahre alt. Aber nie kann ein rechtschaffener Vater vorsichtig genug sein.« »Sie haben recht, ich lobe Sie darum. Doch von mir sollen Sie nichts zu befürchten haben.«

Alle Nachmittage, wenn keine Komödie war, kam der Graf und blieb bis gegen sieben oder acht Uhr des Abends. Mein Vater gewann ihn sehr lieb, konnte mit ihm von dem Krieg schwatzen, denn er war ganz preußisch. Doch mitten in den kriegerischen Gesprächen sah mich der Graf mit Augen an, die einen ganz andern Krieg im Herzen bedeuteten. Denn, wenn er mich so anstarrte, schlug ich meine Augen nieder, mein Blut drang sich ans Herz, ich wurde rot, und wußte nicht, warum.

Den ersten Augenblick, wo meine Mutter mit mir allein war, sagte sie: »Je vornehmer der Mann ist, desto weniger mußt du ihm glauben. Vornehme glauben, das steht ihnen an, mit andern, die nicht von gleichem Range mit ihnen sind, scherzen zu können. Merk dir das!« »Will's nicht vergessen.« Ohne Zweifel würde dieses Gespräch länger gedauert haben, wenn wir länger allein gewesen wären.

Den Abend darauf war Komödie, der Graf, wie gewöhnlich, auf dem Theater, sprach mit mir sehr wenig, doch ehe ich's mich versah, steckte er mir ein Papierchen mit einem sehr ernsthaften Blick in die Hand. Der Blick machte mich zittern, so daß ich bald das Papier hätte fallen lassen. »Karolinchen, ich sterbe, wo Sie mich verraten.« Er ging von mir, und schon dachte ich, daß er tot sei, so wurde mir zumute. Nachdem die Komödie aus war und ich nach Hause kam, ging ich, ohne daß man mutmaßen konnte, aus dem Zimmer und las mein Papierchen, das denn auch ein sehr zärtliches Liebesbriefchen war. Bat mich um Antwort und zugleich, daß ich solches verbrennen sollte, denn wenn meine Eltern es erführen, dürfte er nicht mehr ins Haus kommen, und das würde sein Tod sein. Ich wußte nicht, was ich anfangen sollte. Noch nie hatte ich meinen Eltern was verheimlicht. Gern wollte ich's ihnen sagen, aber daß ich den Grafen sollte sterben lassen, nein, das konnte ich nicht übers Herz bringen. Richtig schrieb ich den Morgen eine Antwort, und ich stellte den Abend darauf dem Grafen, als er mir selbst einen Becher mit Schokolade reichte, die Antwort zu. Nie sah ich ihn so heiter, und nie kam er mir schöner, als in diesem Augenblick vor. Denn er war in allem Verstande der schönste Mann, den man sehen konnte. Hellbraun von Haaren, ein paar große, vielsagende blaue Augen, die Blässe seines Gesichts gab ihm so was Sanftes, Liebreiches, dabei sein ehrerbietiges Betragen! Sein Alter mochte ungefähr 26 Jahre gewesen sein, also nichts Flüchtiges mehr. Ich liebte ihn und hatte Ehrfurcht zugleich für ihn wie vor einem Vater.

Das Mädchen, das mir gewöhnlicherweise meinen Korb mit den Theatersachen ins Komödienhaus trug, wurde bald vom Grafen bestochen und ward unsere heimliche Briefträgerin. Unser Briefwechsel dauerte fort und war ein immerwährender Streit. Den Grafen liebte ich; nun wußte ich nur so viel, daß, wenn sich zwei Personen liebten, so müßten sie von einem Geistlichen getraut werden, dann wären sie dadurch Mann und Frau. Wenn sie aber so zusammen lebten, so wär das Frauenzimmer nicht Frau, sondern Mädchen, und das wär eine Sünde, und die würde, wo nicht ins Gesicht, doch hinter dem Rücken von allen Menschen verachtet. Ich erinnerte mich denn an manche solche Maitresse, die ich gesehen hatte. Schuch seine sogenannte Frau war auch eine von ihnen, denn seine rechte Frau lebte in Prag, und die hatte ich gekannt. Und dann pflegte mein Vater zu sagen: »Solch ein Weibsbild ist mir ein Greuel in meinen Augen.« Das alles wußte ich, und mich scheute also vor dem Gedanken: »Auch ein Greuel in meinen Augen« genannt zu werden. Das alles sagte ich und schrieb's dem Grafen. So lieb wie er mir war, hätte ich ihm nie einen Kuß erlaubt, noch viel weniger gegeben. Er wußte es, und ich weiß nicht, ob aus wirklicher Ehrlichkeit, oder nur, um mich nicht abzuschrecken, hielt er sich in der strengsten Ferne. Auch was Eifersucht ist, lehrte er mich zuerst, und durch diesen unschuldigen Vorfall hätte er beinahe selbst unser ganzes Geheimnis verraten. Meine Mutter stellte eines Abends eine verkleidete Mannsrolle dar. Es war sehr kalt, ich setzte mich auf ihren Schoß, hatte sie um den Hals gefaßt und küßte sie, und sie und mich halb in einen Pelz gewickelt. Der Graf machte unsere Loge, die etwas offen stand, ganz auf, sah uns, glaubte, meine Mutter, die den Hut auf hatte und nicht erkennbar, sei wirklich eine Mannsperson. »Ha«, schrie er, »Schurke! Und Sie – ein Kuß ist Sünde! Das ist zum Rasendwerden!« Ich sprang auf: »Herr Graf!« Meine Mutter: »Graf, was wollen Sie?« Da stand er wie versteinert, wußte nicht, was er sagen sollte.

Unser Briefwechsel und die Unterredungen wurden immer ernsthafter. Er wolle sich mit mir trauen lassen, aber heimlich. Er könne seine Verbindung mit mir nicht eher bekannt werden lassen als bis nach dem Tode seiner Mutter, die sehr schwächlich sei und gar nicht mehr gehen könnte. Auch dürfe er nicht ohne Bewilligung des Königs. Auch würde er gern seinen Abschied nehmen, um mit mir auf seinen Gütern zu leben. Dann wollte er für meine Eltern und Bruder sorgen. Kurz, er redete mir so überzeugend zu, daß ich ihm völlig glaubte.

Der Graf stellte mir nun alles vor. Alles mögliche Elend, das ich noch zu erwarten hätte. Gott, es war, als ob er mein Prophet hätte sein sollen. Mit Tränen in den Augen bat er mich, ihm zu folgen. »Gleich nachdem wir getraut sind, schreibe ich's Ihrem Vater. Auf Kavaliersparole!« »Ach, Herr Graf, machen Sie mich, meine Eltern durch mich, nicht unglücklich! Wir sind arm, aber ehrlich.« »Mein Kind, gewiß nicht, bei Gott nicht!« »Schwören Sie nicht, ich folge Ihnen.« Der Graf küßte meine Hand. »Mädchen, wie gern drückte ich dich an mein Herz – aber nein, deine Jugend, deine Unschuld ist mir heilig. Keinen Kuß, als bis du ganz mein bist. Übermorgen früh also« – es war der zweite Osterfeiertag –, »wenn Sie nach der Kirche gehen, wird ein Wagen für Sie an der Kirche halten mit einem von meinen Bedienten. In den setzen Sie sich, Sie kommen, wie Sie gehen und stehen. Der bringt Sie an Ort und Stelle, ich werde schon da sein und komme meiner kleinen Braut entgegen. Wir werden getraut, und dann sollen Ihre Eltern in wenigen Tagen alles wissen.«

Alle diese Abreden wurden in dem Zimmer genommen, wo das Mädchen wohnte, die die Briefe trug. Doch wußte sie nichts von dem, was gesprochen wurde und wurde gewiß vom Grafen so gut bezahlt, daß sie wohl schwieg.

Nun dachte ich nach. Das ganze Betragen des Grafen: Ein edler Mann. Schön – Gräfin, seine Frau – meine Eltern versorgt – dachte an all den Jammer und die Not, die ich mit ihnen erlebt. Kurz, mein Kampf war groß und würde einem Frauenzimmer von mehr Jahren zu schaffen gemacht haben, viel weniger einem Kind, wie ich war.

Nun dachte ich an keine Puppen mehr, die ich bereits mit der ganzen Aussteuer verkauft hatte und meinen Eltern die zehn Taler gab, die mir für alles gegeben wurden, gleich zu Anfang der Fasten, da wir nichts mehr einnahmen. Der Graf kam den Tag vor der angesetzten Flucht nur auf ein paar Stunden, nur bloß, um mir mit Blicken Mut zu machen und in meinen zu lesen, ob ich auch nicht anderen Sinnes geworden.

Wir hatten nur ein Zimmer, in dem standen zwei Betten. Mein Vater legte sich nieder zu meinem Bruder, ich wollte zu meiner Mutter ins Bett steigen, besann mich, kniete vors Bett meines Vaters nieder und sagte: »Papa, Sie haben heut vergessen, Ihre Line zu segnen.« »Oh, du hast den Segen von Gott, doch hier hast du auch den meinigen.« Ich küßte ihn mit Tränen, dann seine Hand und legte mich zu meiner Mutter. »Auch Sie, Mama, müssen mich noch segnen.« Sie tat es; ich küßte sie auch, drückte ihre Hand an meine Brust und lag so stille wie möglich. Die erste Nacht, die ich im Kampfe mit mir selbst zubrachte. Ich weinte bitterlich, rief Gott und alle Heiligen an, sie sollten mich nicht verlassen, mir raten, mir helfen.

Meine Phantasie führte mich aus dem Haus, den Weg nach der Kirche, ich stieg in den Wagen, stand im Zimmer, wo die Trauungszeremonie vor sich gehen sollte. Trauung?! Trauung?! Hast du schon jemals eine Trauung mit angesehen? Nein! Sollte von einem lutherischen Geistlichen getraut werden, von keinem katholischen? Kennst du den? Ein katholischer ist zu kennen an der geschorenen Platte auf dem Kopf. Das hat kein lutherischer. Mein Gott, wenn ein verkleideter Bedienter, du kennst nicht alle von des Grafen Leuten, – du wärst statt Frau, Maitresse des Grafen. Gott! Heilige Maria! Mein Schutzengel! Gebt ihr mir den Gedanken ein? War mein Gebet nicht fruchtlos? Nein, nein, der Gedanke kommt von Euch, dank, dank, ich will ihm folgen! Du gehst nicht. Liebt dich der Graf, wie er sagt, so wird er dich mit Bewilligung deiner Eltern zu erhalten suchen. Sie lieben mich zu sehr, als daß sie mir an meinem Glück hinderlich sein sollten. Ach! Wär es nur schon Tag, willst dem Grafen schreiben, in aller Frühe, daß er nicht fortfährt vergebens. Ich fühlte eine Art von Beruhigung, die ich lange nicht gefühlt, mir ward leicht, doch konnte ich nicht schlafen.

Kaum war der Tag angebrochen, stand ich auf. Meine Eltern und Bruder schliefen noch sehr fest, nach meinem Wunsch. Ich ging nach dem Boden, wo ich alle meine Briefe immer geschrieben hatte, und schrieb an den Grafen ohne Verstellung, was ich dachte; meine Zweifel, und daß ich nicht kommen würde. Nun lief ich mit meinem Brief zu Friederike, so hieß das Mädchen. Sie schlief noch, mußte auf, sich anziehen und mit dem Brief zum Grafen laufen. Die Uhr war noch nicht sechs des Morgens. Ich war nun wohl und so glücklich wie eine Prinzeß in meinen Gedanken. Verfertigte das Frühstück, daß, wenn meine Eltern aufstünden, alles fertig wäre, und ich sogleich einen Vorwand hätte, warum ich so früh aufgestanden war.

Nun war in meiner Einbildung alles gut, und ich dünkte mich

recht groß. Aber jeder Laut an der Tür erschütterte mich und machte mich blaß oder rot. Es war der Mittwoch nach Ostern, meine Mutter packte bereits ein, denn den Freitag wollten wir abreisen. Mein Vater packte gleichfalls seine Bücher, als mit einem Mal sehr stark angeläutet wurde. Des Grafen Jäger stürzte ins Zimmer, seine Augen standen voll Wasser. »Ach, Herr Schulze, mein Graf verlangt nach Ihnen, will Sie sprechen; er ist sehr schlecht, alles zweifelt, ob er den Morgen noch überleben wird.« Ich stieß ein lautes Geschrei aus und fiel meiner Mutter in die Arme. Mein Vater eilte, sich anzukleiden und rannte fort. Meine Mutter sprach mir zu, ich hatte und fand an allem keinen Trost. Meine Mutter, die zwar mein empfindliches Herz kannte, das niemand leidend konnte wissen, argwohnte doch, daß ich mehr für den Grafen fühlen müßte als bloß Mitleid, doch hütete sie sich sorgfältig, es mich merken zu lassen, daß ein Mädchen von meinem Alter Liebe zu einem Mann fühlen könnte.

Mit Angst wartete ich auf Vaters Nachricht. Um acht Uhr kam mein Vater, ich hatte nicht das Herz, zu fragen. Meine Mutter suchte in seinen Augen zu lesen. »Nun, wie ist's?« Mein Vater zuckte die Schulter: »Ach, der arme Graf! Seine Wunden sind wieder aufgebrochen; er hat sich stark verblutet. Doktor und Feldscher zweifeln, daß er davonkömmt.« »Was solltest du denn bei ihm?« »Noch weiß ich selbst nicht recht, er bat mich, die Nacht bei ihm zu bleiben. Er hätte mir noch einige Aufträge zu sagen, die er nicht gern Fremden vertrauen möchte. Ich habe es ihm zugesagt. Nur bat ich ihn, mich einen Augenblick von sich zu lassen, weil ich euch Nachricht geben wollte. Die wahre Ursache aber, warum ich nach Hause gekommen bin, ist, ich will Johann Arends Gebetbuch zu mir nehmen, ihm diese Nacht, soweit es seine Kräfte erlauben, vorbeten und ihn vorbereiten, daß er morgen einen Prediger kommen läßt und das Abendmahl empfängt. Er läßt euch grüßen – und besonders dich, Karoline!« sagte mein Vater in einem so vielbedeutenden Ton und schüttelte den Kopf, wischte sich aber auch zugleich eine Träne aus dem Auge. Ich war weder imstande, für den Gruß zu danken, noch viel weniger, einen Gegengruß mitzuschicken, und so ging mein Vater fort.

Was ich die Nacht begonnen, kann jeder leicht denken, wenn

er sich in meine Verfassung setzt. Ich weinte und konnte nicht einen Augenblick schlafen. Des Morgens gegen zehn Uhr kam mein Vater ziemlich heiter; sein erstes Wort war: »Gottlob, nun ist der Prediger bei ihm. Nun mag Gott mit ihm machen, wie sein heiliger Wille ist. Ich habe ihm diese Nacht verschiedene Briefschaften und andere Schriften siegeln müssen, auch eine Verordnung aufsetzen müssen, wie er es nach seinem Tode gehalten wissen will.« Oft sah mein Vater mich an und sah traurig dabei aus. Auch merkte ich, daß, wenn ich aus dem Zimmer ging, dann die Rede von mir sein müsse, denn, sobald ich wiederkam, schwiegen sie still.

So gingen der Donnerstag hin und der Freitag. Der Tag der Abreise war da. Des Nachmittags ging die fahrende Post, mit der wir fort sollten. Mit welchem Herzen ich in den Wagen stieg! Wie ich meinen Vater ansah, der vom Grafen noch zuletzt kam und Abschied genommen, der keine Worte hatte, uns solchen wieder zu sagen, das weiß Gott.

VI.

Freiberg 1757

> Wir suchten nun unsers Vaters Kleider, Wäsche, Schuhe, Strümpfe, Perücken, Schnallen, kurz alles, was sein war, zusammen, daß es mein Bruder verkaufen sollte, damit wir Geld zum Begräbnis bekämen.

Der Postwagen kam mit uns des Sonnabends fünf Uhr in Freiberg an. Unsere Wohnung war bestellt; ich zerstreute mich, so gut es mir möglich war, und half meiner Mutter bei dem Auspacken. Des Abends klagte ich über heftiges Kopfweh. »Es kömmt vom Bücken«, sagte meine Mutter, »lege dich nieder, morgen wird es besser sein.« Der Sonntag kam; ich zwang mich zum Aufstehen. Meine Eltern, die den Nachmittag mit uns ausgehen wollten, die Stadt und den Wall zu besehen, hatten befohlen, uns anzukleiden. Ich frisierte mich, so sauer es mir wurde, und zog mich an. Meine Eltern hofften, daß, wenn ich erst ging, es mir in der schönen Frühlingsluft wohl besser werden würde. Wie ich auf den Wall gekommen, wäre ich umgefallen, sagten sie mir später. Sie mußten mich nach Hause tragen lassen. Ich bekam ein hitziges Fieber und die Frieseln*, lag drei Wochen ohne Sinn und Verstand. Zu sehr hatte ich meinen Gram unterdrückt, es mußte ins Blut wirken. Alles zweifelte an meinem Aufkommen. Meine Eltern waren untröstlich.

Doch wie niemals ein Unglück allein kommt, ohne von mehrerem begleitet zu werden, so ging es auch jetzt. Sie mochten vier oder fünf Komödien zusammen gespielt haben, als die preußischen Truppen Order zum Marsch erhielten. Von den Stadtleuten kam keine Seele. Sogleich hörten die Komödien von selbst auf. Kein Geld, um sich selbst zu erhalten, viel weniger, einen Kranken zu verpflegen. Meine Eltern wollten einen Versatz machen, aber da war kein Mensch, der Geld herborgen wollte. Endlich wurde meinem Vater der Rat gegeben, er solle zum Schergen oder Büttel, wie man ihn gewöhnlich heißt, hingehen. Mein Vater ging mit meinem Bruder hin, stellte ihm seine Not vor und bat um 30 oder 40 Gulden.

Der Mann war einverstanden und wollte den Versatz sehen, ehe er das Geld hergab. Meine Eltern, die nicht glaubten, daß ich davonkommen würde, hatten denn alle meine Kleiderchen, Schmuck, der all in unechten Steinen bestand, aber gut gefaßt war, nebst ein paar Kleidern von meiner Mutter zusammengepackt. 20 Taler wurden ihnen darauf geborgt. Der Scherge sagte: »Freilich ist es davor nicht angeschafft, aber es ist Krieg, und ich kann nicht mehr geben.«

Endlich erholte ich mich; die Gefahr war vorbei, nur daß man mich auf dem Arm wie ein Kind tragen mußte. In diesen Umständen, wo ich denn des Tags zwei, drei bis vier Stunden auf einem Stuhl sitzen konnte, verfiel meine Mutter und bekam so wie ich das hitzige Fieber und den Friesel. Nun tat mein Bruder alles; er kaufte ein, kochte, haute Holz, trug Wasser, bettete auf, war unermüdet. Das Geld war längst all, und schon hatten meine Eltern verschiedene Sachen angefangen zu verkaufen, wovon sie dann freilich nicht den vierten Teil bekamen, was sie wert waren. Als meine Mutter so schlecht war und wir wieder nichts hatten, mein Vater suchte, was er wohl zu Gelde machen könnte, sagte mein Bruder: »Wissen Sie was, Papa, die Leute haben hier kein Geld, ich will mit den Sachen nach Dresden gehen, dort bekomme ich doch mehr. Wie bald laufe ich die vier Meilen hin. Ich will alles so richten, daß Papa nur das Fleisch und die Suppe für Mama wärmen darf. Gleich nach Tisch laufe ich fort, und übermorgen früh, will's Gott, bin ich wieder bei Ihnen.« »In Gottes Namen«, sagte mein Vater, »aber nimm dich in acht!«

So gingen denn wieder einige Tage hin; mittlerweile ich soweit war, daß ich, wenn ich mich an Stühle, Tisch und Wände anfassen konnte, ich auch allein gehen konnte, kam ich Karl zu Hilfe mit Kochen und dergleichen. Viel war es nicht, denn meine und meines Bruders Kost waren Kartoffeln in Salz gestiebt. Das wenige Kalbfleisch blieb für den Vater und die Suppe für die Mutter. Einen Tag wurde es mit Reis gekocht, den andern mit Meiran und geriebener Semmel. Mein Vater, der vorbeugen wollte, daß ihn die hitzige Krankheit nicht auch anstecken sollte, ließ zur Ader, nahm zum Schwitzen und Abführen ein. Den 9. Juni 1757 des Morgens, als ich aufstand, rief mich mein Vater, daß ich ihm eine Zitronenscheibe, die in

Zucker lag und die er sich den Abend vorher holen ließ, reichen sollte, denn er sagte, sein Hals sei ihm so trocken. Die Sprache meines Vaters war nicht dieselbe; er lallte mehr, als daß er sprach. Ich frug ihn: »Ist Papa krank? Fehlt Papa was?« »Nein, mir ist recht wohl. Ich bin schläfrig und will schlafen. – Oh, gib mir noch eine Scheibe – so.« Mir war so bänglich. Gern hätte ich meinen Bruder geweckt. Aber der gute Junge wachte alle Nächte bei der kranken Mutter, und mich weckte er dann des Morgens um drei, vier Uhr, je nachdem er müde war, und schlief dann bis acht, neun Uhr, wenn ich ihn wieder weckte. So hatten wir es eingerichtet, um es uns so gut wie möglich zu erleichtern.

Doch konnte ich den Morgen keine Ruhe haben und weckte meinen Bruder, daß es kaum sieben geschlagen hatte. »Mir ist's leid, lieber Karl, aber Papa spricht so seltsam. Du mußt es dem Doktor sagen, wenn du zu ihm gehst.« Denn wohl zu merken, der Doktor, der mir, nächst Gott, das Leben gerettet, lag selbst an einem hitzigen Fieber. Es war mit ihm zur Besserung gekommen, doch konnte er nicht ausgehen. Und der Barbier, der des Doktors rechte Hand war, ein sehr geschickter Mann, konnte uns nun auch nicht besuchen, weil er nicht allein seine, sondern auch des Doktors Patienten besuchen mußte. Und leider waren damals wenige Häuser in Freiberg, wo nicht Kranke im Friesel lagen. Die ganze Stadt war angesteckt; die Menschen starben wie Fliegen; täglich wurden fünf bis sechs Leichen vor unserm Fenster vorbei nach dem Kirchhof getragen.

Karl überzeugte sich, daß es mit dem Vater schlimm stand und lief zum Doktor, der ein Gurgelwasser für Halsverschleimung verschrieb. Als aber der Barbier mit seinem Gesellen kam, um die Einspritzung vorzunehmen, schüttelte er vielbedeutend den Kopf und sagte: »Oh, ihr armen Kinder!« Durch Karl schickte er etwas Lateinisches an den Doktor.

Ich stand am Fenster wie festgeleimt – alles war mir wie im Traum – ich war betäubt. Sie legten meinen Vater nieder. Der Barbier kam auf mich zu, faßte mich bei der Hand und sagte: »Fassen Sie sich, armes Kind. Ihr Vater muß sterben. Der Schlag hat ihm die Zunge gelähmt.« »Ach, Gott!« war alles, was ich sagen konnte, und mein Kopf sank auf des Mannes

Brust. Beim Weggehen sagte er mir noch, ich solle zu ihm kommen, wenn ich etwas brauchte. Danach sank ich auf die Knie und dankte Gott, daß ich dem Grafen nicht gefolgt. Gestärkt von dem Gebet, konnte ich zum erstenmal seit meiner Krankheit gehen, ohne mich anzuhalten.

Nun sagte ich dem Vater, um seines Seelenheils willen, daß er sterben müsse, und las ihm aus dem Gebetbuche die Sterbegebete vor. Er dankte mir mit tiefbewegten Blicken, ich umarmte ihn und weinte. Als der Vater eingeschlummert war, gelobten Karl und ich uns, in Freud und Leid miteinander und mit der Mutter immer zusammenzuhalten. Nach diesem feierlichen Auftritt wurde es uns leichter. Mein Karl sagte: »Ach, liebe Karoline, was bin ich hungrig! Ich habe heute noch keinen Bissen gegessen. Hast du gegessen?« »Nein, Karl. Es ist kein Bissen Brot im Hause. Mama gab ich die letzte Suppe von gestern, und was sie nicht aufgegessen, ließ ich für sie stehen auf die Nacht.«

Nun suchten wir der Mutter ihren Beutel, ihre Röcke durch – fanden keinen Heller. Wir durchsuchten des Vaters Beinkleider und Westentaschen. Ha! Wenn wir mit einem einzigen Dreier des Vaters Leben, der Mutter Genesung, hätten dafür erkaufen können, wir hätten ihn nicht gehabt! Mein Bruder sah mich traurig an: »Ach, ich habe nichts, wollte es gern verkaufen.« »Warte, Karl, wird ja noch was von mir da sein.« Ich machte ein schwarzlackiertes, blechernes Kästchen auf, wo ich immer Perlen liegen hatte. Fand noch welche, reihte solche auf wie ein Halsband, heftete es auf weißes Papier, nahm dergleichen Ohrringe, in Silber gefaßt, und gab es Karl zum Verkaufen. Dieses Kästchen, das ich noch habe und mir für keinen Preis feil ist, nannte ich nachher in glücklicheren Zeiten »Mein Kästchen für Stolz und Übermut«. – Mein Bruder kam bald wieder, es war bereits neun Uhr abends, mit einem schwarzen Brot, etwas Käse und einem Krug Bier. Die erste Mahlzeit, die wir beide allein taten.

Am anderen Morgen machten sich Zeichen bemerkbar, daß es mit dem Vater zu Ende gehen würde. Ich weckte Karl, und als er das Schreckliche hörte, schrie er laut auf. Meine Mutter wurde wach und rief uns zu, was wir für Lärm machten. »Ach, liebe Mama, Papa ist sehr krank – ja, dem Tode nah, wird bald sterben.« »Papa?! Ich glaube, ihr seid toll! Wie kann ein Mensch sterben, der nicht krank ist?« Sie fing an zu lachen. Ach, es war schrecklich. Wir baten sie, um Gottes willen, ruhig zu sein. Sie sah uns weinen; nun starrte sie uns an – wild an. Wollte auch weinen, aber es war kein Weinen, sondern ein wildes Heulen. Darauf wurde sie still, sah sich im Zimmer um und machte Bewegung aufzustehen. Wir wickelten sie in des Vaters Schlafrock und halfen ihr aus dem Bett. Sie hielt sich an Karl und mir fest, und so leiteten wir sie an des Vaters Bett. Lange blieb sie stehen und sah ihn an. Endlich bückte sie sich zu ihm hin und rief: »Papa! Papa! – Schulze – Schulze – Papa!« Sie schüttelte den Kopf, wandte sich zu uns und sagte: »Gewiß, er muß recht krank sein, da er mir nicht antwortet. Das tut er nie. Hat mir immer geantwortet, wenn ich mit ihm sprach. Ach! Ach!« Sie holte tief Atem und lehnte ihren Kopf auf meinen Bruder. Wir baten sie, sich wieder niederzulegen. »Nein, laßt mich da ans Fenster hinsetzen!« All unser Bitten war umsonst. Wir machten ihr also einen Lehnstuhl mit einigen Polstern zurecht und leiteten sie auf solchen.

Der Tag war sehr stürmisch, und es regnete stark. Als sie einige Zeit mit gen Himmel aufgehobenen Augen und gefalteten Händen stille gesessen hatte, erhob sie ihre Stimme und fing ein Gespräch gegen Gott an. Karl lag mit seinem Gesicht an des Vaters Haupt gelehnt und betete, und ich kniete zu den Füßen des Bettes und betete, vermischt mit Tränen.

Das Röcheln meines Vaters wurde schwächer; es verlor sich endlich ganz. Zuckte mit der rechten Hand, hob mit einmal den ganzen Arm hoch in die Höhe, ließ solchen sinken – und war tot! Die Uhr schlug elf. Es herrschte um uns eine große, feierliche Stille. Kein Laut, keine Träne unterbrach sie.

Eine Leichenbitterfrau* wurde besorgt. Meine Mutter war infolge des Schrecks wieder in den Besitz ihres klaren Verstandes gekommen und redete nicht mehr verworren. Vor der Leiche des Vaters nimmt sie Karl und mir das Versprechen ab, sie nicht, wie das in ihrem traurigen Stande oft geschehe, im Stich zu lassen.

Meine Mutter sowohl wie uns schauderte nun vor unserer Wohnung, in der wir nichts als Elend erlebt. Ohne die Gefahr zu bedenken, worein wir unsere Mutter setzten, kleideten wir sie an, nahmen sie, ein jedes von uns beiden unter einen Arm und führten sie nach des Barbiers Haus. »Ach, nehmen Sie uns auf! Nur ein Kämmerchen geben Sie uns und ein Bett, sonst nichts! Kein Essen, wir wollen Ihnen gar keine Last verursachen. Aber in unserm Haus können wir es nicht mehr aushalten.« »In Gottes Namen, kommt her! Aber so viele Betten habe ich nicht. Doch soll euch meine Frau eine gute Streu oben in dem kleinen Verschlag, der in meiner großen Stube ist, an der Erde machen. In der Stube könnt ihr bleiben, so lange ihr wollt. Sind sie doch weg, die Offiziers, für die ich sie einräumen mußte. Will euch lieber haben. Gott gebe, daß sie nicht wiederkommen, so wär's Friede.« Er wischte sich Tränen aus den Augen, auch seine Frau. Selbst seine Gesellen und die Magd standen traurig da. Es war eine lange Pause.

Endlich, da sich der redliche Mann wieder faßte, sagte er: »Wollt ihr was essen?« Wir schwiegen still und sahen uns an. Denn uns war bange, dem redlichen Manne nicht lästig zu werden. Endlich baten wir ihn, nur der Mama, die noch nichts gegessen hatte, ein wenig Suppe zu geben. Wir verlangten nichts. Auch müßten wir wieder nach Hause gehen, wollten aber bald wiederkommen.

Nun gingen wir in unsere schauervolle Wohnung. Wie leer, wie einsam! Wir suchten nun unsers Vaters Kleider, Wäsche, Schuhe, Strümpfe, Perücken, Schnallen, kurz alles, was sein war, zusammen, daß es mein Bruder verkaufen sollte, damit wir Geld zum Begräbnis bekämen. Nachdem wir damit fertig waren, setzten wir uns nieder und aßen von dem Brot und Käse, von dem wir noch hatten. Ich nahm den übrig gebliebenen Rest, wickelte solchen in unser Nachtzeug und trug's nach des Barbiers Haus, und Karl trug die Sachen zum Verkauf. Erst spät kam er zu uns, brachte das wenige Geld und sagte: »Ach Gott, wenn man in Not ist. Wie bin ich froh, daß ich's nur noch los geworden!« Wieviel er gebracht aus allem, weiß ich nicht mehr. Nur so viel: für ein Hemd mit gestickten Manschetten, wo jede Elle von der Leinwand einen halben Taler gekostet, bekam er einen Taler, und für eins mit battistnen Manschetten einen Gulden.

Der Barbier geleitete uns nun mit viel Freundlichkeit zu unserem Schlafraum. Der Verschlag war eben so breit und lang, daß drei Menschen bequem nebeneinander liegen konnten. Wir alle drei hatten uns nur halb entkleidet, und so lag Karl an der Wand, die Mutter in der Mitte und ich an der Tür, die ich zugemacht hatte. Das Zimmer hatten wir nicht verschlossen. Wir schliefen bald ein und ruhten so sanft. Es mochte eben fünf Uhr geschlagen haben, als ich wach wurde. Ich setzte mich aufrecht, freute mich, daß die Mutter nebst Karln noch so fest schliefen, dachte meinem Schicksal nach. Meine Tränen strömten mir über die magern, blassen Wangen. Könnte ich die Empfindungen beschreiben! So viel Elend! Keinen Ausweg – nicht zu wissen, wohin! Nicht wissen, wo Brot hernehmen!

Die Uhr hatte eben sechs geschlagen, als ich ganz sachte unser Zimmer aufmachen hörte und sich jemand dem Verschlag näherte, wo leise angeklopft wurde. Ohne zu antworten, damit die Mutter und Karl nicht wach werden sollten, öffnete ich die Tür. Die Frau des Barbiers stand da und hatte einen Brief in der Hand. »Eben brachte man diesen Brief. Er ist an den seligen Papa gerichtet. Da haben Sie ihn!« Ich dankte, und sie ging weg. Hand und Siegel waren mir fremd; denn die, mit denen mein Vater korrespondierte, kannte ich. Nach langem Besinnen, ob ich solchen erbrechen dürfte, ob ich die Mutter wecken sollte, endlich entschloß ich mich, solchen vorher zu lesen, um, wenn's kein guter wäre, Mama nicht zu erschrecken. Wie groß war mein Erstaunen, als ich den Brief erbrach und darin einen Wechsel von 30 Talern fand! Derselbe war von Herrn Doebbelin, der Direktor von einer Gesellschaft in Erfurt war und uns engagierte, zu ihm zu kommen, nebst 12 Gulden wöchentlichem Gehalt. Der Wechsel war das Reisegeld. Mein seliger Vater hatte, was mir gänzlich entfallen war, an solchen geschrieben zu der Zeit, als meine Mutter bettlägerig geworden, und dieser Brief war die gewünschte Antwort darauf.

Lange glaubte ich, daß es ein Traum sei. Ich war, ich weiß nicht wie. Freude fühlte ich, doch auch nicht ganz. Oh, warum? Warum kamst du nicht zwei Tage früher? Warum konnte mein Vater nicht den Trost mit sich ins Grab nehmen, sanfter würde er gestorben sein. Ich weckte nun zuerst Karl, der in seiner schlaftrunkenen Überraschtheit komisch aussah. Er war bereit, zur Einlösung des Wechsels wieder nach Dresden zu gehen. Meine Mutter sträubte sich gegen ein Erwachen und war bei ihrer Schwäche, und weil sie von dem Brief meines Vaters nichts gewußt, ganz betäubt von der Freudenbotschaft.

Karl und ich gingen nun noch einmal zu unserer alten Wohnung, um von der Leiche unseres Vaters Abschied zu nehmen, und ich begleitete Karl sodann bis zu dem Tore, das nach Dresden führte. Die Zeit bis morgen Abend dünkte mich ein Jahr zu sein, so traurig war ich.

Des Abends meldete man mir, daß der Sarg nach meiner alten Wohnung gebracht würde. Ich eilte hin, zahlte solchen, auch die Frau, die alles besorgt hatte, und das so sparsam, wie sie nur gekonnt. Ich dankte ihr, und nun wurde beschlossen, daß mein Vater den Sonntag des Morgens um fünf Uhr sollte nach seiner Ruhestätte gebracht werden. Die Nacht war für mich sehr unruhig, ich konnte keine Minute Schlaf gewinnen. Ich wünschte, daß meine Mutter schlafen möchte, bis ich wieder von dem letzten schmerzlichen Dienst, den ich meinem Vater leistete, zu Hause sei. Denn noch hatte diese arme Frau keine Träne vergossen. Und das machte dem guten Barbier und seiner Frau viel Sorge. »Sie muß schrecklich leiden«, sagte sie. »Besser wär's, wenn sie weinen könnte. Noch liegt's an ihrer Krankheit. Noch haben wir zu fürchten.«

Als die Leichenbitterfrau kam, mich abzuholen, blieb des Barbiers Frau bei meiner Mutter. Ich hatte zwar kein Trauerkleid an. Aber innerliche Trauer hatt' wohl nie ein Kind mehr getragen wie ich. Ein weißes Nachthäubchen von Leinwand, wie man's damals in Dresden trug, unter dem Hals mit einem schwarzen Bändchen zugebunden, war mein Kopftuch. Ein Jäckchen, weiß, mit dunkelvioletten Blumen, Kontusch, darunter ein weißes Marselge genähtes Westchen mit schwarzem Band geschnürt, weißer, kanaraffner Rock und Schleierschürze. Das war mein Anzug. Die Frau war ganz schwarz gekleidet und führte mich bei der Hand. Denn ich wankte hin und her. Stumm und sprachlos sah ich die sechs Träger in ihren schwarzen Mänteln an, die bereits uns erwarteten. Ich ging die Treppe hinauf; die sechs Männer nebst den Wirtsleuten folgten uns.

Draußen auf dem Kirchhof ließ ich mir den Sarg noch einmal öffnen. Die erste Erde auf den hinabgesenkten Sarg zu werfen, tat mir bitter weh. Die Träger und Frau gingen fort, und ich blieb allein bei dem Totengräber, bis er das Grab ganz fertig hatte. Er rauchte seine Pfeife Tabak dabei, und ich dachte bei mir: »Mein Gott, Gewohnheit muß viel tun; der Mann fühlt doch nichts.« Als er fertig war, bat ich ihn, ob er nicht den Kirchhof noch wolle offen lassen. Ich wollte noch dableiben. Er ging, und ich sammelte an der Mauer Blümchen und warf solche auf sein Grab, wollte keinem Toten seine Blumen rauben. Darum pflückte ich die an Weg und Mauer. Sein Grab ist zwischen zwei Bäumen: sehr genau merkte ich mir die Stelle.

Nach zehn Uhr an diesem Morgen kam ich nach Hause. Gegen Abend wagte meine Mutter mit mir einen ersten Ausgang. Wir gingen langsam zum Tor hinaus zum Kirchhof. Doch er war geschlossen. Durch die eiserne Gittertür wies ich ihr des Vaters Grab. Sie kniete mit mir nieder, und wir beteten. »Nun, liebe Mama, wollen wir in den Wald gehen, vielleicht kommt Karl bald.« – Wir waren in unserer Hoffnung nicht betrogen. Kaum, als wir eine Viertelstunde hineingegangen waren, kam er uns entgegen, er hatte den Wechsel eingelöst und das Geld bei sich. Der Büttel, bei dem wir unsere Sachen wieder einlösen mußten, sowie der Arzt und der Barbier zeigten sich alle sehr edelmütig und liebevoll. Am 14. Juni 1757 reisten wir von Freiberg ab.

VII.

Erfurt, Mainz, Coblenz, Cöln, Düsseldorf, Cöln 1757/1758

> Die vielen Unglücke, die uns folgten, hatten mir eine Härte gegeben, die bei meiner Jugend für die, die nicht den ganzen Umfang wußten, Erstaunen erregen mußte.

Wir reisten zu Herrn Doebbelin* nach Erfurt und von dort mit der ganzen Gesellschaft nach Mainz. Aber Herr Doebbelin hatte und bekam keine Erlaubnis zum Spielen. Er ließ die ganze Gesellschaft zusammenkommen und sagte, daß er nicht imstande sei, solche länger zu erhalten und ein jeder könne zusehen, wo er bleibe. Schöner Trost! Einen Tänzer jammerte der Anblick von so vielen trostlosen Gesichtern, und er beredete Doebbelin, er möchte den Rhein hinunterfahren, da wäre Coblenz, Bonn, Cöln, Düsseldorf, wo er doch Hoffnung haben könnte, an einem von den Orten zu bleiben und sich so viel zu verdienen, daß er nicht nötig hätte, sich und so viele Menschen außer Brot zu setzen. Denn wir waren mit allen zusammengerechnet 20 Personen stark. Das geschah; wir wurden alle auf ein Schiff geladen und schwammen nach Coblenz. Die Reise war kurz und angenehm, – und wer könnte nicht alle Trübsal vergessen bei so viel mannigfaltigen Abwechslungen, die die Gegend am Rhein gibt? Wer solche passiert, wird und muß es gefühlt haben.

An einem heiteren Mittag langten wir an. Wir hörten gleich nach Tisch, daß der Herr Doebbelin mit seinem Bruder nach dem Lustschloß gefahren, wo sich der Kurfürst den Sommer über aufhielt, aber solchen nicht getroffen habe und willens wäre, den anderen Tag sein Gesuch aufs neue zu wiederholen. Voll Hoffnung legten wir uns schlafen, und den Morgen darauf ging mein Bruder zu Herrn Doebbelins Wohnung, um zu erfahren wie es wohl weiter gehen würde? Bald kam er wieder mit der köstlichen Nachricht, Doebbelin mit seiner Frau und zwei Koffern habe sich den Morgen in aller Frühe auf die Extrapost gesetzt und wäre fortgefahren. Aber wohin? Ja, das wußte kein Mensch.

Da saßen wir nun alle und sahen uns an. Zum Glück waren wir zu einer guten Wirtin gekommen, die uns alle Mittag zu essen gab, ohne daß sie uns um Bezahlung mahnte. Die meisten hatten's nicht so gut und verkauften und versetzten. Manche liefen in die Waldungen und stillten Hunger und Langeweile bei den Haselnüssen.

Endlich hielten die Herren eine Zusammenkunft und beschlossen, daß man die sechste Woche abwarten wolle, und wenn da noch keine Nachricht da wäre, wolle man dem Kurfürsten unser Elend in einem Memorial vorstellen, um die Erlaubnis bitten, auf unsere gemeinschaftlichen Kosten zu spielen, die Koffer zu erbrechen und Theater und Kleider zu benutzen. Doch zum Schluß der sechsten Woche kam Herr Doebbelin selbst, löste uns ein, denn wir waren so gut wie alle versetzt, und reisten mit ihm zu Schiff nach Cöln.

Es war in den ersten Tagen des September 1757. Die Schweizer lagen da in Garnison, der Adel ist auch groß, und kurz, Herr Doebbelin nahm viel Geld ein. Wir spielten bis nach Neujahr 1758 und reisten nun nach Düsseldorf. Da ging es schief. Im Ballhaus wurde gespielt; das war den Franzosen, die im Winterquartier lagen, zu kalt, und aus der Stadt kam wenig oder nichts. Die Fasten war da, und ehe solche kam, hatten wir schon in vier Wochen keinen Heller gesehen. Herr Doebbelin ließ abermals die Gesellschaft berufen und sagte allen: »Hier habe ich großen Schaden gehabt, wir können hier nicht länger bleiben; also will ich wieder zurück nach Cöln; da ich die Fasten nicht gespielt habe, kann ich nur halbe Gage geben, und da ich vor der Fasten nichts eingenommen, gebe ich auch nur halbe Gage.« War zusammen statt acht Wochen vier. – Da standen alle und sahen sich an. Was war zu machen? Wer mit der Bagage nicht wollte acht Tage auf dem Wasser schwimmen mit dem Treibeis, der konnte auf seine Kosten die Post nehmen oder zu Fuß gehen. Also, ein Teil schwamm, ein Teil lief zu Fuß und ein Teil nahm den Postwagen, zu den letzteren gehörten auch wir, und so kamen wir wohl und gesund am Palmsonntag in Cöln an.

Doebbelin wollte sich retten mit dem Spiel und hatte auch einige Mal Glück, so daß auch wir nun 14 Tage richtig bezahlt wurden. Aber was ist Glück im Spiel? Bald verlor er wieder, nicht allein, was er gewonnen, sondern auch noch das übrige, was er hatte. Da es in Cöln also gar nicht mehr gehen wollte, so entschloß er sich, nach Bonn zu reisen und dem Kurfürsten ein Memorial zu überreichen mit der Bitte, da zu spielen. Doebbelin mit seiner Frau, Kind und Amme reisten fort, und mich nahmen sie mit. Sollte einen Schein haben. Dabei war ich, als er das Memorial im Garten dem Fürsten überreichte, der uns zwar gnädig ansah, aber nichts sprach. Als wir nach Hause kamen, sagte Herr Doebbelin, ich müßte morgen allein nach Cöln zurück, weil zu übermorgen die Komödienzettel im Druck wären und ohne mich kein Stück und Ballett könne gegeben werden, da seine Frau bei ihm bliebe und er abwarten müßte, was ihm der Fürst würde sagen lassen.

Wohl war mir nicht zumute, besonders, da ich gesehen hatte, daß er seine und seiner Frau beste Sachen alle bei sich hatte. Was sollte ich aber tun? Kurz, ich reiste den andern Tag ab. Was ich auf dem kurzen Weg für Angst ausgestanden, das weiß ich. Fast in jedem Ort, wo ich durchfuhr, lagen französische Offiziere. Die meisten waren lauter Jungens, und man kennt denen ihre Wildheit. – Ich stellte mich taub und stumm, denn mit ihnen sprechen konnte ich doch nicht. Glücklich kam ich nach Cöln, indessen war es von Doebbelin sehr unbesonnen, ein junges Mädchen so ganz allein fortreisen zu lassen und im Krieg! Hier war mehr Glück wie Verstand. Wie nun, wenn der Kutscher ein Schurke gewesen wäre und nicht in Cöln sagte: »Mit dem Jungferchen hätte ich mir Geld machen können, aber ich bin ein ehrlicher Kerl, hab' allen mit weisgemacht, sie wäre jeck.«

Der Gesellschaft richtete ich von Herrn Doebbelin alles aus, was der gesagt hatte. Man schickte nach der Buchdruckerei, aber der Buchdrucker wußte von nichts. Doebbelin war mit seiner Frau und Kind und Amme inzwischen über alle Berge; und an uns alle, die wir in Not und Jammer zurückblieben, wurde nicht gedacht. Wir schrieben von Cöln aus um Engagement an die Herren Koch, Schuch und Ackermann, entschlossen, zu dem zu gehen, der uns zuerst antwortete und Reisegeld schickte.

Inzwischen hatten wir an Kleidern und Wäsche und übrigen Sachen noch immer mehr, als unsere Schuld ausmachte, und endlich mußten doch Briefe kommen, die allen Leiden sollten und mußten ein Ende machen. – Mit dem allen war unsere Frau Wirtin nicht zufrieden, und sie dachte, sich mit mir einen guten Kuppelpelz zu verdienen. Des französischen Generals Sohn, der Marquis, hatte Absichten auf mich und hoffte um so eher seinen Zweck zu erreichen, weil er genau unterrichtet war von unseren traurigen Umständen. Unsere Wirtin drang darauf, ich sollte den Marquis sprechen. »Frau, sie ist nicht gescheut! Kann ich Französisch und der Marquis Deutsch?« Sie wollte Dolmetscherin sein. »Und ich spreche ihn nicht und will ihn nicht sprechen.«

Nun frug sie, ob wir sie bezahlen könnten. »Nein! Sobald Briefe und Geld kommen, soll sie das Ihrige haben. Ihretwegen kann ich keine Hure noch Diebin werden.« »Nun, so müssen Sie ausziehen, denn ich kann meine Zimmer und Betten teurer vermieten, als was ich von Ihnen bekomme; und wer weiß, wann Ihre Briefe ankommen. Also noch heute ziehen Sie aus, aber Ihre Sachen behalte ich zum Unterpfand.« »Nein, Frau Wirtin, das geht nicht, wo unsere Sachen bleiben, da bleiben wir auch.« Die Debatten wurden arg. Endlich, da sie gar nicht hören wollte, drohte ich ihr, sie bei dem Bürgermeister zu verklagen und die Ursache zu sagen, warum sie nicht länger mit uns Geduld haben wollte.

Die vielen Unglücke, die uns folgten, hatten mir eine Härte gegeben, die bei meiner Jugend für die, die nicht den ganzen Umfang wußten, Erstaunen erregen mußte. Nun zog sie gelindere Saiten auf. Doch mußten wir noch denselben Tag aus unsern Zimmern, und sie gab uns eine Küche im ersten Stockwerk, in der nicht gekocht wurde. Etwas Stroh an die Erde und ein paar Stücken Bett, das kaum verdient, Bett genannt zu werden, einen alten Stuhl, und der Herd war unser Tisch. Was von ihren Tellern übrig blieb, denn sie hatte offene Tafel, das bekamen wir oft um halb drei oder drei Uhr des Nachmittags mit Gemurre und Vorwürfen. Und daß wir dafür nichts bezahlen durften, tat meine Mutter dem Weibe Mägdedienste und half ihr in der Küche. Ich konnte keine andere Arbeit bekommen, als daß ich Strümpfe strickte. Aber was kam da viel heraus? Für ganz feine Mannsstrümpfe bekam ich einen halben Gulden.

Vier Wochen waren bereits verflossen, daß wir in der Küche zugebracht hatten, und noch kamen keine Briefe. Unsere Not war groß. Eines Mittags, da der Wein, wie die Glut vom Feuerherd, unserer Frau Wirtin das Gehirn wieder stark verbrannt hatten, fing sie mit meiner Mutter einen unbändigen Lärm an und wollte Geld haben. Mit Tränen ging meine Mutter aus der Küche und stand im Hause, wußte nicht, was sie anfangen sollte.

Um mich zu zerstreuen, ging ich hinunter auf die Straße. Da sah ich eine Hausfrau sitzen, die von weißer Leinwand Manns-Nachthauben und Hemden nähte. »Was ist das für Arbeit?« »Ja, Mamsellchen, das arbeite ich fürs Lazarett, die bekommen die blessierten Soldaten. Für eine Mütze bekomme ich zwei Stieber und für ein Hemd acht. Das darf nicht fein genäht werden und trägt in der Summa was aus.« »Oh, liebe Hausfrau, will mitnähen von Herzen.« »Morgen trage ich das fort, und da will ich ungenähte für Sie mitbringen.« Wer war froher als ich. Um fünf des Morgens stand ich auf und hatte am Abend meine 24 Mützen im Spielen gemacht, und vier, auch wohl sechs Hemden. Kurz, ich nähte mir des Tags meine halben Taler, auch wohl zwei Gulden, wie nichts heraus. Was nun bei uns an Schuhen und Strümpfen aufgetragen war, wurde wieder angeschafft, und wir lebten nicht überflüssig, aber hatten doch unsere gute Suppe, Fleisch und Zugemüse und den Sonntag einen kleinen Braten.

Endlich, an einem Sonntag, kam ein Brief, wir erhielten ihn von Herrn Ackermann*, der sich in der Schweiz, und zwar in Zürich, aufhielt. Engagement für uns alle drei, die Woche neun Gulden und 40 Gulden Reisegeld. Wenn wir erst in Straßburg wären, waren wir an Herrn Dr. Behr gewiesen, der uns dann weiter liefern sollte und uns zugleich sagen, wohin Ackermann mit der Gesellschaft gereist, der denn wahrscheinlicherweise nicht mehr in Zürich sein würde.

Wie gern wären wir sogleich abgereist! Aber da der Rhein wegen dem langen, anhaltenden Regenwetter so hoch angelaufen war, konnten wir nicht fort und mußten bis in die dritte Woche warten, denn unsere Order war, wir sollten bis Mainz zu Wasser reisen. Endlich wagten sich wieder die Schiffer zu fahren, und den 8. August 1758 verließen wir Cöln.

Acht Tage brachten wir bis nach Mainz zu. Die Fahrt war traurig, denn wer mußte nicht Mitleid fühlen bei dem traurigen Anblick, was der Ausbruch des Rheins alles verwüstet hatte! Nun in Mainz! Wo da Fuhre hernehmen? Die Post zu bezahlen, hatten wir nicht Geld genug, und eine Kutsche für uns, wer wollte uns die geben, ohne zum wenigsten die Hälfte voraus zu zahlen? Und wir hatten so eben Geld, um in den Wirtshäusern zur Not zu leben, denn auf Reisen kann man keinen Überschlag machen: »Nur so viel will ich verzehren.« Das kommt auf die Barmherzigkeit oder Unbarmherzigkeit der Wirte an. Zum Glück (wie Gott immer für die Seinen sorgt) trifft mein Bruder einen Kutscher, der von Straßburg zwei Herren nach Mainz liefern mußte und der wollte den andern Tag leer nach Straßburg zurückfahren. Mein Bruder spricht mit solchem, sagt ihm geradezu, hier könnten wir ihm kein Geld geben, aber in Straßburg sollte es Herr Dr. Behr für uns bezahlen. Der Kutscher besann sich nicht lange (sah aber erst unsere Koffer an und wog solche, wie schwer sie sind, vielleicht auch der Pferde wegen). Wir trafen mit ihm einen billigen Akkord, und nachdem wir zwei Tage in Mainz geharrt, reisten wir am dritten Morgen gut und wohl fort. In Zeit von drei Tagen waren wir in Straßburg. Ein lustiger Kutscher und vier herrliche Pferde, zwei gut gepackte Koffer, wer hätte uns nicht für reiche Leute halten sollen? Und unsere Barschaft war kaum noch 11 Gulden. Dann fuhr er uns nach einem Wirtshaus, sprach mit dem Wirt vom Hause ein Weilchen heimlich, der uns dann doch höflich und freundlich willkommen hieß und uns ein Zimmer anwies. Keins von uns war neugierig, den Wirt zu fragen, was ihm wohl der Kutscher gesagt hatte.

Mein Bruder ließ sich nach des Doktors Behr Haus hinweisen und meldete sich, wer er wär. Der Kutscher wurde bezahlt, und wir bekamen den Abend noch unsere Koffer auf unser Zimmer. Nun wollten wir gleich den andern Tag fort, denn Herr Ackermann, hieß es, wär unter der Zeit in Schaffhausen gewesen, nun aber in Winterthur. Die Frau Doktorin, die eine ganz eigene Portion von Narrheit besaß, machte uns die Reise bis zum Ekel beschwerlich. In jedem Städtchen und Dorf wurden die Diamant-Ringe, Hals-Granaten mit goldenem Schloß und die Repetier-Uhr vorgezeigt, daß die Wirte denn auch die Rechnungen danach machten. Wir wurden alle drei wie ihre Bedienten angesehen und das nicht einmal! Die Wirte trugen dem Gespräch gemäß auf, und wir mußten mitbezahlen, – kurz, die letzten Tage hatten wir keinen Heller mehr!

Mein Bruder, um nur aus der Kutsche zu kommen, setzte sich zum Kutscher auf den Bock, dem er sagte: »Ich kann bei dem absurden Weib nicht länger aushalten.« Und ich hatte mir zum Vergnügen die Rolle der Iphigenia* aus dem Trauerspiel gleichen Namens auf der Reise herausbehalten, um was zu tun zu haben. Habe solche freilich nicht durchgelesen, aber die Gegenwart der Frau Doktorin trieb mich nun dazu, um ihr nicht antworten zu dürfen, und meine Mutter schlief neben ihr. – Herrliche Reisegesellschaft! Ja, ich vergesse sie zeitlebens nicht.

VIII.

Schweiz – Zurzach, Baden, Basel, Bern, Solothurn, Aarau, Baden, Zurzach, Luzern, Bern 1758/1759

Hier war also Chikane und Malize gegen mich schon den ersten Tag. Doch ich war jung und hübsch. Wer konnte mir schaden?

An einem Ort, wo wir Schweizer Kaufleute antrafen, die auf die Messe nach Zurzach wollten, hörten wir, daß Ackermann in Zurzach die Messe halten wollte. Wir änderten also unsere Fahrt. Den 26. August 1758 des Morgens gegen zehn Uhr kamen wir an ein kleines Städtchen. Als wir eben zum Tor hineingefahren, mußten wir wegen einer Trift Schweine still halten. Ich sah von ohngefähr zur Kutsche hinaus, und meine Augen hefteten sich gleich auf einen angeschlagenen Komödienzettel. Da stand: Die Ackermannsche Gesellschaft werde heute aufführen den »Geizigen« von Moliere.

Der Kutscher mußte fragen, wo Herr Ackermann wohnte. »Im Schwert«, war die Antwort. Nun fuhren wir fort und kamen ins Wirtshaus. Wir steigen aus; die Doktorin voraus die Treppe hinauf und wir dann nach. Traten ins Zimmer. Madame Ackermann war auch wirklich so erstaunt, daß sie vergaß, uns willkommen zu heißen, und es dauerte ziemlich lange, bis sie zu uns endlich sagte: »Wollen Sie sich nicht setzen?« Ihr Blick sagte uns nichts, das uns ermuntert hätte, machte aber das angenehme Erstaunen. Nicht lange danach trat Herr Ackermann in die Stube in einem Nachtleibchen, Mütze und Pantoffeln, schneuzte sich mit der Hand in Ermangelung eines Schnupftuchs, wischte sich die Hand an seinem dicken Bauch ab und sagte, indem er uns die Hand bot und herzlich drückte: »Seien Sie mir willkommen!« Der Auftritt war uns so komisch wie möglich; denn wir kannten Ackermanns nicht und ihre Weisen. Doch das war dem Manne seine Art so. Und bloß Angewohnheit war's, daß er immer ohne Schnupftuch ging.

Durch sein offenes, gutes Betragen wurden wir mit heiter, und die Mittagszeit, die wir mit ihnen hielten, hielt uns schadlos für den langen Zwang auf der Reise. Und meine Zunge wurde so geläufig, daß die Frau Doktor stumm dasaß. Kurz, ich rächte mich mit Schwatzen, und was ich plapperte, war munter, witzig und fröhlich, denn die Not war ja überstanden. – Nach Tische sahen wir uns nach Wohnung um. Man wies uns zu einem Buchbinder. Er stand selbst in einem grünen Kaftan, mit einer Haarbeutelperücke, Hut auf dem Kopfe und langer Tabakspfeife vor der Haustür. Wir frugen nach dem Herrn vom Haus, weil wir ihn auch für einen Meßfremden hielten. »Bin's selbst, was steht zu Ihren Diensten?« Wir sagten, wer wir wären, und wollten gern Wohnung haben. »Hätten müssen eher hier eintreffen. Wohnungen, wegen der vielen Fremden, sind sehr rar.« »Ja, das glauben wir. Wenn es nur *eine* Stube oder Kammer wäre; wir wollen uns behelfen.« »Nun, ich will sehen, ob ich noch etwas im Hause leer habe.« Wir folgten ihm, und er wies uns in ein kleines Kämmerchen, wo zwei Betten standen und so eben unsere Koffer konnten gesetzt werden. Aber weder Stuhl noch Tisch hatte übrigens Raum. Doch waren wir nur froh, daß wir Dach und Fach hatten; denn die Zurzacher Messe war und ist vielleicht noch eine von den größten. Man sieht und findet Menschen von allen nur möglichen Ländern und Städten. Den Tisch mußten wir auch im Hause nehmen; denn selbst seine Menage darf kein Fremder in der Schweiz halten; jeder ist Wirt und gibt Kost, sobald er Zimmer ausleiht. »Herr Wirt, was verlangen Sie von uns die Woche?« »Wie viel haben Sie Gage?« Wir sahen einander an. Doch gestanden wir treuherzig die Wahrheit. »Die Woche neun Gulden.« »Das ist nicht viel und besonders hier in Zurzach.« »Ja, wir haben nicht mehr und müssen uns behelfen. Noch einmal, Herr Wirt, was sollen wir zahlen?« »Ziehen Sie nur ein, das wird sich finden; denn heute habe ich nicht Zeit.« »Aber, Herr Wirt – « »Ja, ja, lassen Sie nur Ihre Sachen herbringen!«

Also zogen wir ein, packten aus, kleideten uns an und gingen nach dem Theater, denn es war den Tag die erste Komödie. Doch des Abends acht Uhr ging solche an. Wurde die vier Wochen, so lange die Messe dauerte, alle Tage gespielt und des Sonntags zweimal. Das erste Stück ging des Sonntags vier Uhr nachmittags an und das zweite nach acht Uhr. Also in sieben Tagen acht Komödien!

Madame Ackermann wünschte mich in Zurzach noch spielen zu sehen, und ich brachte ihr alle meine Rollen, die ich gespielt hatte, auch die, die ich zum Teil bei Herrn Doebbelin einstudiert, die aber nicht gegeben worden. Unter allen war keine als die Iphigenie, die *ich* spielen sollte. »Ja, Madame, die habe ich wohl auf der Reise gelernt, aber nur bis auf die zwei letzten Akte, die kann ich nicht. Und da ich ganz neu hier bin und keinen von der Gesellschaft kenne, wünschte ich in einer Rolle aufzutreten, die ich schon gespielt habe.« Ich mußte die Rolle vollends auswendig lernen, und Madame Ackermann befahl mir ausdrücklich, ja nicht zu sagen, daß ich diese Rolle nie gespielt hätte. »Nun aber, Madame, so werden Sie doch so gut sein und Probe ansagen lassen? Denn ich habe das Stück nie aufführen sehen und nie gelesen.« »Ja, das soll geschehen.«

Mit ziemlichem Unwillen kam ich nach Hause. Inzwischen studierte ich an der Rolle dem Sinn gemäß, was ich zu sagen hatte. Oder lernte sie vielmehr nur vollends auswendig. Denn wie konnte ich an stummes Spiel denken, da ich nicht wußte, was die anderen zu sagen hätten? Täglich erinnerte ich an Probe oder bat nur um das Stück zum Durchlesen, weil ich nicht einmal wußte, ob meine Rolle richtig abgeschrieben war.

Nun kam der Herr Ballettmeister und frug: »Für was sind Sie engagiert?« Mein Bruder antwortete: »Ich als Tänzer und meine Schwester als meine Tänzerin.« Der Ballettmeister wollte uns nicht verstehen oder stellte sich, uns nicht verstehen zu wollen. Um es ihm also ganz begreiflich zu machen, so sagte Karl: »Ich bin hier bei Herrn Ackermann auf dem Fuß engagiert. Sie machen Ihr Ballett, und ich tanze mit meiner Schwester ein Pas de deux dem Charakter Ihres Balletts gemäß nach meiner Musik, die ich ins Orchester lege.« Der Herr Ballettmeister frug, womit wir anfangen wollten. »Mit einer komischen Musik. Geben Sie ein Bauernballett, machen Konzert und Finale. Ich figuriere mit meiner Schwester darinnen mit, und wir tanzen dann unser Pas de deux. Nach uns kann dann tanzen, wer will.«

Wir mochten nun acht Tage etwa dagewesen sein, so wurde »Iphigenie« auf den andern Tag angekündigt. Ich ging um neun Uhr hin. Aber da war an keine Probe zu denken. Ich bat Madame Ackermann um das Stück. »Die Klara hat's!« Das war die Souffleuse. Die war auf die Bücher wie der Teufel auf eine Seele. Kurz, ich bekam's nicht. Kam voller Ärger nach Hause. Den Abend kam ich aufs Theater, verließ mich auf meine gerechte Sache und spielte. Daß ich nicht so gespielt, ganz *so* gespielt, wie ich hätte sollen, war kein Wunder. Und laßt die größte Schauspielerin auftreten, sie leistet gewiß das nicht in einer falschen Situation, als was ich noch den Tag geleistet habe. Hier war also Chikane und Malize gegen mich schon den ersten Tag. Doch ich war jung und hübsch. Wer konnte mir schaden? Ich wurde bei jedem Abgang applaudiert, und das machte mir Mut, und kehrte mich nicht an alles Naserümpfen, wie sie hinter der Szene standen und im Grunde sich doch ärgerten, daß es besser ging, als man es nach der gesunden Vernunft hätte erwarten können.

Den andern Tag mußte ich mit meinem Bruder tanzen, und da ging es nicht besser. Der Ballettmeister machte weder Konzert noch Finale. Und obgleich seine Balletts sonst von sechs oder acht Personen besetzt waren, so tanzte den Tag keins, und mein Bruder und ich sollten und mußten uns ganz allein darstellen. Auch gut; wir waren unserer Sache gewiß. Konnte keiner uns was gut machen, so konnte uns auch keiner was verderben. Mein Bruder legte eine gute Symphonie auf, und unser Ballettchen oder vielmehr Pas de deux bestand in einem »Kohlenbrennerbauer und Bäuerin.« Wir tanzten, und das Applaudieren war so stark, daß wir, so lange wir dagewesen, noch in keinem Ballett so lauten Beifall gehört hatten. Nun bekamen wir beide nichts weiter in Zurzach zu tun und gingen müßig.

Endlich, da wir vier bis fünf Wochen da waren, hieß es, wir reisten fort nach Baden. »Nun, Herr Wirt, wir müssen fort. Was sind wir schuldig?« »Gleich! Wie lange sind Sie hier?« »Fast fünf Wochen.« »Hm, hm«, murmelte er »– fünf – fünf – ja! Die Woche neun Gulden, macht 45 Gulden.« »So wahr Gott lebt, das ist all mein Geld, was ich habe«, sagte meine Mutter und schüttete all ihr bißchen Geld, das sie in dem Beutel hatte, auf den Tisch. Der Wirt sah uns an, lachte und schüttelte dazu den Kopf, tat mit der Hand einen Griff in das Geld, nahm ungezählt, was er fassen konnte, mochte nicht viel über fünf oder höchstens sechs Gulden gewesen sein. »Reisen Sie und kommen zur künftigen Messe wieder! Da sollen Sie bessere Wohnung finden, will für Sie stehen lassen.« Gab uns noch Obst und kalte Küche mit auf den Weg. Wir mußten's dem Mann ins Gesicht sagen: »Solch einen guten Wirt haben wir noch auf keiner Reise getroffen.«

Nun ging's nach Baden. In einem halben Tag war die Reise zurückgelegt. Viel hatten wir noch nicht zu tun. Nur einmal spielte ich mit, und das in einem Schäfernachspiel »Das Kätzchen, genannt die Margeris«*. Madame Ackermann lachte über mich, daß ihr die Tränen in die Augen kamen und sagte: »Ist ein herrlich Mädchen.« Und zweimal haben wir getanzt. Blieben kaum drei Wochen da, so reisten wir wieder fort nach Basel, wo uns Herr Ackermann alle erwartete.

Nun ging's ernsthafter an die Arbeit. In allen Balletten hatten wir mitzutanzen, und ich bekam auch Rollen. Die erste, die ich gespielt habe, war wieder die Margeris, und die zweite? Da wurde denn endlich mein Herzenswunsch erfüllt, es war die Chimene in »Rodrich und Chimene«*, eine Rolle von der ich gewiß wußte, daß ich sie richtig sagte und spielte, denn mein Vater hatte mich solche noch gelehrt. Der Beifall, der aus allen Ecken erscholl, war groß. Und weil ich gewiß nach meinem Alter alles geleistet, was man nur von der ältesten und erfahrensten Schauspielerin fordern kann, hieß es: »Ja, heute hat sie sehr gut gespielt; aber das macht, sie hat unsern Ton angenommen.« Ob sich nun der Ton so geschwind lernen läßt, überlasse ich jedem Vernünftigen zu beurteilen. Überhaupt habe ich meine Bildung auf dem Theater niemand zu verdanken, als mir selbst, meinem Fleiß, meinem Nachdenken und den guten Grundsätzen meines Vaters. Größer wär die jetzige Kunst? Nein, ich sage, sie fällt, fällt und fällt immer mehr. Vor lauter Natur* weiß kein Zuschauer, der nicht recht nahe am Theater sitzt, was sie haben gesagt oder sagen wollen, und besonders da, wo nicht der Gebrauch ist, daß Stücke dürfen wiederholt werden.

Ich glaube nicht, daß vor mir, noch nach mir wieder eine Schauspielerin kommt, die mehr Verfolgung erlitten hat als ich, die mehr unterdrückt worden. Und ich gestehe es selbst: ein Wunder ist's, daß ich das geworden, was ich war. Zum Glück für mich war mein munteres Temperament. Wär das nur im geringsten melancholisch gewesen, würde man mich verzagt gemacht haben. Kabalen, Lästerung, Neid und Bosheit sind bei dem Theater unvermeidlich. Auch der Rechtschaffenste *soll es nicht sein.* Ich kümmerte mich um weiter nichts als um meine Arbeit und ließ jedem seine Narrheit, wie sie ihm am besten anstand.

Nun bekam ich immer mehr und mehr Rollen. Fleißig war ich und gab mir auch mit der kleinsten von wenigen Worten so viel Mühe, wie sich die, die die größten spielten, nicht geben konnten. Gleich nach der Messe in Basel reisten wir nach Bern. Auch da spielte und tanzte ich mit Beifall. Wir blieben in Bern bis in Fasten 1759, reisten fort und fingen nach Ostern in Solothurn an. In Bern waren zu uns gekommen Herr und Madame Doebbelin und Madame Hensel. Von da reisten wir nach Aarau, dann wieder nach Baden und von Baden nach Zurzach. Wie wir uns und unser Herr Wirt sich freuten, einander zu sehen! Er hatte für uns zwei Kammern aufgehoben; auch speisten wir nun alle Mittag und Abend an der Tafel mit ihm. Sonntags, wenn die erste Komödie vorbei war, brachte er uns selbst gebratene Hühner oder andere gute Braten, Brot und guten alten Wein aufs Theater. »Haben viel zu arbeiten, und das gibt Kräfte.« Wie wir wegreisten, war seine Rechnung zwar wieder alle Woche neun Gulden, aber wir schütteten wieder all unser bißchen Geld auf den Tisch. Er nahm etliche Gulden ungezählt davon und ließ uns reisen. Das weiß Gott, daß ich oft gewünscht hatte, nachher, wie mich Gott in bessere Umstände versetzt hatte, dem Mann oder seinen Kindern Gutes zu tun. Denn für uns war's so eine Wohltat, die nicht größer hätte sein können bei neun Gulden die Woche und immer auf Reisen.

Als wir nach Zurzach kamen, ließen wir Madame Doebbelin und Madame Curioni in Baden zurück. Beide starben auch in Zeit von 14 Tagen. Und ohnmöglich kann ich mit Stillschweigen eine edle Handlung von Herrn und Madame Ackermann übergehen. Ohngeachtet alle zwei Frauen, seit wir in Bern waren, die eine nicht mehr gespielt und die andere nicht mehr getanzt, so haben sie doch immer ihre volle Gage bekommen. Zeige man mir jetzt die Direkteurs! Sechs Wochen, und wenn sich's da nicht bessert, müssen die Schauspieler von ihrem Gehalt ihren leidenden Kameraden erhalten.

Von Zurzach reisten wir nach Luzern. Ort und Lage ist gut, aber erbärmliche Wirtshäuser waren damals dort. Wir lebten fast alle von Brot, Kastanien, Obst und Kaffee; denn die Kost war nicht zu genießen. Wir hatten besonders das Unglück, in ein Haus zu kommen, wo die ganze Wirtschaft wohl die einzige in ihrer Art war. Der geplagte Mann war seiner Profession ein Posamentierer.* Zwei Gesellen, eine Magd nebst fünf kleinen unerzogenen Kindern war die Haushaltung. Seine Frau, die schwanger war, war nach Maria-Einsiedeln wallfahren gegangen. Als die Messe vorbei war, schlachteten sie zwei Schweine. Der Schlächter hatte selbst alles Gerät, das man dazu brauchte, mitgebracht und wusch Tische und Bänke selbst. Als die Würste fertig waren, standen solche in einer Molde in der Stube. Die fünf Kinder machten sich über solche her, drückten das Fleisch aus den Würsten, banden die Därme an Stöckchen und machten sich Peitschen davon, wo sie sich herumjagten. Meine Mutter sah den Spektakel und rief die Wirtin. »Ach, die gottlosen Kinder! Hat man nicht seine Not?« Band die Därme los und füllte wieder das Fleisch hinein, ja, war selbst Schwein genug, uns von denselben Würsten am Mittag zu schicken. Daß Teller und Würste von mir die Treppe hinuntergeworfen worden, kann man sich leicht denken. Und dergleichen Stückchen geschahen täglich. Wer speiste sich dann nicht gern in Obst und Brot und gekochten und gebratenen Kastanien satt?

Endlich reisten wir von da weg und wieder nach Bern. Mir gefiel's nun besser da, und natürlich, ich bekam mehr Bekanntschaft. Besonders war ich in einen Zirkel von jungen Demoiselles gekommen. Schon um ein Uhr des Sonntagsnachmittags fing man an, sich zu versammeln. Eine holte dann die andere ab in das Haus, wo nun die Jungfer von ihren Eltern die Erlaubnis hatte, ihre jungen Freundinnen zu bewirten. Man stelle sich das Vergnügen vor! Zwanzig und oft mehr junge Geschöpfe versammelt zu sehen, wo keine von uns noch 18 Jahre zählte. Tee, Kaffee, Obst, Konfekt, Backwerk wird gereicht – kein Wein. Alle möglichen Spiele, Karten, Würfel, Damenbrett usw., man darf nur wählen. Aber alles ohne Geld wird gespielt. Man wechselt nun ab, erzählt Geschichten, Fabeln, gibt Rätsel auf; man tanzt, man spielt um Pfänder, und so lacht und scherzt man fort bis acht Uhr, wo dann die Dienstmädchen mit der Laterne in der Hand ihre Jungfern nach Hause bringen. Weder Vater noch Mutter sieht man. Und wenn so eine Jungfer (denn das ist der Titel) einen Bruder von fünf Jahren hat, so dürfte er's nicht wagen, zu seiner Schwester ins Zimmer zu treten. Ich war Zeuge, wie ein Knabe von sieben Jahren ganz entsetzlich durchgeschlagen wurde, der es gewagt hatte, zum dritten Male aus Kinderei zu uns von dem Gang durchs Fenster in die Stube zu sehen. So lange ein Mädchen noch nicht zwanzig Jahre zählt (sie müßten denn vor ihrem zwanzigsten sein verehelicht worden), kommt keine in Gesellschaft von verheirateten Leuten. Vom Tisch speisen sie mit; aber da wird auch kein Wort gesprochen, worüber ein junges Mädchen erröten müßte.

IX.

Strassburg, Basel, Kolmar, Sulzbach, Kolmar, Basel, Kolmar, Strassburg, Freiburg i. Br. 1759–1761

Glücklich der Schauspieler, der vor so einem Publikum zu arbeiten die Ehre hat! Das treibt ihn, in seiner Kunst mit Eifer fortzuschreiten. Dann kann und muß er vorwärts kommen.

Zum Advent 1759 reisten wir nach Straßburg. Wem hätte es da nicht gefallen sollen? Straßburger Publikum konnte Schauspieler bilden. Noch war ich an keinem Ort, wie da, wo man unterscheiden konnte, wem der Beifall und das Mißfallen galt, dem Autor, dem Direkteur oder Schauspieler. Jungen aufkommenden Genies wußten sie Mut zu geben, ohne daß sie stolz werden konnten, denn sie klatschten gewiß nie, wenn sie's nicht verdient. Oder hatte die Direktion dem, den sie gerne sahen, die Rolle genommen, die ihm gehört, und sich selbst zugeteilt, so konnte sich die Direktion zu Tode arbeiten, man rührte keine Hand. Und der kleinste, wenn er seine Sachen zum Vorschein brachte, wie er sollte, gut memoriert hatte, nichts in Anzug und Spiel vernachlässigte, so bekam der den lautesten Beifall. Der Schauspieler, wie die Schauspielerin, mochten sie jung oder alt, schön oder häßlich sein, wenn sie nur die Rollen, die ihnen zuteil geworden, richtig spielten, so bekam jeder gleichen Beifall. Da hieß es nicht: der oder die soll nicht gefallen. Auch darf man nicht denken, daß das Publikum etwa nicht verstanden hat, Theater richtig zu beurteilen. Ein Publikum, das jahraus, jahrein Schauspiele hat, ist und bleibt nicht dumm. Das Französische Theater, das Straßburg seit so langen Jahren unterhält, hatte gewiß sehr verdienstvolle Mitglieder. Sie ließen uns neben den Franzosen und jenen neben uns gleiche Gerechtigkeit zukommen. Glücklich der Schauspieler, der vor so einem Publikum zu arbeiten die Ehre hat! Das treibt ihn, in seiner Kunst mit Eifer fortzuschreiten. Dann kann und muß er vorwärts kommen. Aber ein Publikum, das hämisch, parteiisch und im Grunde dann gewiß dumm ist, macht den besten Künstler in seinem Talent fallen, statt ihn zu bessern.

Bis in die Fasten 1760 blieben wir da und reisten wieder fort nach Basel, blieben dort bis im Juni und kamen nach Kolmar. Hier wollte es Herrn Ackermann nicht glücken. Wir reisten nach Sulzbach, weil dort der Gesundheitsbrunnen viele Fremde hinzieht. Herr Ackermann hatte ungefähr eine Stunde von Sulzbach ein Bauernhaus gemietet, und da wohnte der größte Teil der Gesellschaft bei ihm. Madame Ackermann kochte für alle, die bei ihr im Hause waren, und wir lebten so recht zusammen à la Campagne. Herr Ackermann hatte einen großen Boden gemietet, wo das Theater aufgeschlagen wurde. Erst gingen die Komödien zur gewöhnlichen Zeit des Abends an; das dauerte den Brunnengästen zu spät in die Nacht. Die Stunden zum Spielen wurden verlegt, und das sehr oft! Wie es ihren Grillen behagte, so haben wir fast in jeder Stunde, Tag und Nacht, ihnen müssen zu Gebote stehen. Und was kam hernach? Nicht die wöchentlichen Unkosten. Die Spieltische waren dagegen besser besetzt.

Wir gingen also wieder zurück nach Kolmar, aber das Schauspielhaus war leer und blieb leer. Die Einwohner sind mehr für französische Schauspiele. Doch zweifle ich, ob sie solche hätten erhalten können, da Herr Ackermann kaum das tägliche Stückchen Brot hatte eingenommen und zum menschlichen Leben auch Kleider und Schuhe gehören und die französischen Schauspieler mehr kosteten als damals die deutschen. Mit sehnlichem Verlangen wünschte Herr Ackermann, daß nur Michaeli herannahen solle, um die Messe in Basel zu halten. Der September kam, wir reisten hin, und da ging's schon besser. Aber die Freude war von kurzer Dauer. Ein Bürger – er war seiner Profession nach ein Schuster – in Basel wurde zum Rat gewählt, und der soll oder hat sich von Herrn Ackermann, durch was, mag der Himmel wissen, vielleicht durch ein paar Schuhe, die Ackermann getadelt, beleidigt gefunden. Und der rächte sich dadurch, daß Ackermann den letzten Meßtag mußte aufhören zu spielen mit allen Puppen- und Taschenspielern usw. Das war ein Donnerschlag. Keiner von uns dachte es, da wir den Abend aufs Theater kamen, daß wir heute sollten zuletzt spielen. Denn nach der Messe besuchen erst recht die Stadteinwohner das Schauspielhaus.

Wir packten also ein und reisten wieder fort nach Kolmar,

hoffend, daß die Einwohner Kolmars nun in den kurzen und unangenehmen Herbsttagen einbringen sollten, was sie an uns im Sommer versäumt hatten. Aber nichts weniger! Es blieb bei dem alten. Ackermann war nicht mit uns gereist, sondern sorgte für sich und uns auf ein besseres Winterquartier. Wir mochten ungefähr drei Wochen so in Kolmar weggeleiert haben, sind alle auf dem Theater, die Lichter waren bereits angesteckt, und unsere Komödie sollte anfangen, als Herr Ackermann zu uns in die Garderobe tritt: »Nun, wie geht's?« »Schlecht genug.« »Sind wieder keine Leute da?« »Sehr wenig. Nicht die Unkosten.« Herr Ackermann läßt den Vorhang aufziehen und stellt denen, die noch da waren, in einer ziemlich bescheidenen Rede vor, daß er nicht in Kolmar bestehen könne, dankte ihnen für das, was einige getan, die uns besucht hatten, ersuchte, daß jeder an der Kasse sein Geld wieder nehmen sollte, indem es ihm und seiner Gesellschaft nicht die Zeit, noch Umstände erlaubten, heute Abend zu spielen. »Wünsche Ihnen insgesamt, wohl zu leben!« und machte seinen Diener. Wir zogen uns wieder aus, eilten nach Hause, packten die ganze Nacht und saßen des Morgens sechs Uhr alle in Kutschen und fuhren nach Straßburg.

Nun hatten wir alle drei erst 11 Gulden die Woche, doch waren wir weder in Vorschuß, noch hatten wir Schulden. Mein Bruder, um sich zuweilen einen Rock anzuschaffen oder wenden lassen zu können, gab Lektion im Tanzen. Meine gute Mutter war des Morgens mit den Hühnern aufgestanden und nähte und flickte und stopfte für uns. Sie wusch alle unsere Wäsche. Oft stand sie in den kältesten Winternächten noch um elf Uhr an dem Brunnen und spülte die Wäsche aus, daß ihr die Hände an die eiserne Pumpe froren. Am Tage schämte sie sich, es zu tun; denn würde es nicht geheißen haben: Die Frau macht uns Schande? Solche falschen Begriffe von Ehre waren von jeher. Hätte ich Böses tun wollen, hätten wir gewiß besser leben können.

Herr Ackermann fand diesmal in Straßburg nicht den Vorteil, den er das erste Mal hatte, wie ich mit ihm war. Jeder Ort hat in der Woche seine guten Tage. Da wir nun an jenen Tagen das Jahr vorher spielten, wenn auch die französischen Schauspieler gespielt hatten, so fanden solche einen merklichen Unterschied an ihrer Einnahme. Sie hatten nur ihre Abonnenten und alles, was bar an der Kasse zahlte, kam zu uns. Nun mußten wir (nur den einzigen Sonntag ausgenommen) an jenen Tagen spielen, wenn die Franzosen nicht spielten, und das waren die schlechten Tage in der Woche. Der Sonntag allein konnte es nicht gut machen. Doch erholte sich Herr Ackermann in etwas nach dem für ihn sehr unglücklich ausgefallenen Sommer. Der französische Direktor gab sich viele Mühe, mich mit meinem Bruder der Ackermannschen Gesellschaft abspenstig zu machen. Wir sollten erst in seinen Balletten tanzen, wollte mir gute Sprachlehrer halten, daß ich dann auch als Aktrice in den französischen Schauspielen sollte mit arbeiten. Denn mich gönnten sie Ackermann nicht. – Und so gerechte Ursachen wir auch zu Klagen hatten, ja, so sehr wir mißhandelt wurden, blieben wir doch. Herr Ackermann sah unsere Arbeit, wußte, daß er uns nicht bezahlte, wie wir's doch verdient hatten. Hatte ihm nun mein Bruder ein neu Ballett geliefert, das gefiel und ihm eine gute Einnahme brachte (denn vier waren bereits von ihm gemacht worden), so schenkte er ihm zuweilen einige Paar seidene Strümpfe, die er selbst nicht mehr trug, und uns zuweilen einen Gulden, auch wohl zwei. Das war alles.

Madame Ackermann nun verstand es, den redlichsten Menschen auf das härteste zu begegnen. Der Teufel der Eifersucht hatte sie ganz besessen. Nie würde ich diese ihre mehr als schwache Seite erwähnt haben, wenn sie es mich nicht so grausam hätte fühlen lassen. Ackermann durfte nur einen freundlichen guten Morgen oder guten Abend sagen, und sie hörte es, gleich war man seine Hu.. Hatte man neue Bandschleifen, so mußte solche ihr Mann hergegeben haben. Nie werde ich den 31. Dezember 1760 vergessen, als Madame Ackermann mich zu sich rufen ließ und mir einen Brief wies, wo die Unterschrift weggerissen war, und mir vorlas, daß ich von ihrem Mann schwanger sein sollte. Ich war außer mir, ich warf mich zu ihren Füßen, bat sie um Gott und Gottes willen, sie solle mir den Schurken nennen, der das geschrieben, und an wen der Brief sei; denn an sie selbst war er nicht. Da ich nun sah, daß nichts sie bewegen konnte, mir den Verfasser des Briefes zu nennen, sagte ich ihr: »Madame, meine Absicht war, morgen zum heiligen Abendmahl zu gehen. Trotz dieses Vorfalls werde ich gehen; denn ich bin unschuldig. Madame, hat Ihr Mann, so lange ich bei Ihrer Gesellschaft bin, nur *einen* Kuß von mir bekommen – das ist wenig, aber auch diesen nicht –, so nehme ich morgen meine ewige Verdammnis. Aber wehe! Wehe Ihnen und Ihren Kindern! Das, wessen Sie mich beschuldigen, wird man auch Ihren Kindern zur Last legen. Und dann werden Sie fühlen, was es heißt: Unschuldig leiden.«

Nun embrassierte sie mich und gab mir ihr Wort, daß, wenn ich das Abendmahl darauf, was ich gesagt habe, empfangen würde, sie keinen Verdacht mehr auf mich werfen wollte. Was ich dachte, kann jeder denken. Ich ging zum Abendmahl am Neujahrstag 1761. Bat Gott um Geduld in meinen Leiden und Verfolgungen, die ich litt. Ob ich nicht damals eine Prophetin war? Madame Ackermann hat's erlebt, daß man ihren Töchtern, wie sie heranwuchsen, ebenso mitgespielt. Die mußten öfter als einmal in Verleumdern ihren Mäulern schwanger* sein. Diese ihre schwache Seite abgerechnet, war Madame Ackermann eine rechtschaffene Frau, häuslich, außerordentlich geschickt in allen Arbeiten, unverändert in ihrem Fleiß, eine richtige Bezahlerin, milde gegen Arme und Kranke. Kurz, daß sich das Ackermannsche Theater so lange erhalten, war sie und ihre gute Wirtschaft schuld. Ackermann konnte nicht sparen, und bei einer anderen Frau wäre er längst zugrunde gegangen.

In der Fasten verließen wir das liebe Straßburg und kamen nach Freiburg im Breisgau. Der viele Adel, die Bürger aus der Stadt und die jungen Studierenden, alles besuchte unsere Komödie. In so kurzer Zeit habe nicht ich allein, sondern verschiedene von der Gesellschaft so viele und die verschiedensten Bekanntschaften bekommen. Der größte Teil der Noblesse bestrebte sich recht, mir Freude zu machen. Da war kein Stolz, daß sie von hoher Geburt und reich waren, und gaben zu erkennen, daß sie jeden Stand schätzten, wenn man sich dessen nicht unwert machte. Ich konnte mir kein besseres und herrlicheres Leben wünschen. Hier freute ich mich meiner Jugend. Alles liebte mich, keinen Tag war ich zu Hause, wenn nicht Theater war. Bei Gräfinnen und verschiedenen anderen war ich wie ein Kind vom Hause; auch bei angesehenen, wohlhabenden Bürgern, wo mein Bruder die Kinder im Tanzen unterrichtete. Dort hätte ich gewünscht, zu leben und zu sterben. Jeder Tag gab mir ein neues Vergnügen.

Wenn ich nicht solche Menschen, solche wahren Menschen gefunden hätte, was würde ich denn von der Last, die auf mir lag, bei meinem harten Stückchen Brot gehabt haben? Zur Not mich satt zu essen; denn selbst konnte man sich kein Vergnügen erlauben, das nur halbwegs Geld gekostet hätte, ohne Schulden zu machen oder seine Nebenmenschen zu betrügen.

Auch wurden mir einige Male Gedichte, Lieder und Briefe ins Haus geschickt, worin, Gott weiß, rasende Liebe zu mir, aber kein Gran gesunder Menschenverstand war. Nachdem ich mich über die Wische herzlich satt gelacht hatte, befahl ich ausdrücklich, man solle nichts wieder an mich annehmen. Denn, Dank sei's dem Himmel, noch war ich nicht verliebt geworden, konnte wohl einen lieber leiden als einen andern, aber verliebt war ich nicht. Und wollte Gott, ich wär's niemals geworden. So viele Seligkeit die wahre Liebe auch gibt, so macht sie doch immer unglücklich. Doch wir alle sollen die Schuld der Natur büßen. Geduld! Noch ein paar Jahre weiter gerückt, und man wird auch mich hellerlichterloh brennen sehen. Da alle die schriftlichen Zudringlichkeiten ohne Unterschrift waren, gab ich mir auch gar nicht die Mühe, nachzuforschen. Doch sagte ich auch niemand was davon; denn bei all meiner Munterkeit war ich nie boshaft, mich über jemand lustig zu machen, der's nicht verdient hatte. Nur unter uns dreien hatten wir unsern Spaß.

X.

Rastatt, Karlsruhe 1761/1762

Wenn es doch die Vornehmen so alle recht wüßten, wie groß sie dann erst sind, wenn sie sich als Menschen betragen.

Gegen Ende Juli 1761 reisten wir von Freiburg weg nach Rastatt. Wir fuhren auf offenen Wagen; es fiel Regenwetter ein. Ich war leicht gekleidet und erkältete mich so sehr, daß ich krank wurde. Die Reise von Freiburg nach Rastatt ging erst zu Lande bis Straßburg und dann zu Wasser. Die Reise war für mich eine der traurigsten. Meine Maladie wurde die Rote Ruhr. Wer je diese Krankheit gehabt, kann denken, was ich ausgestanden, und das auf der Reise. Als wir mit dem Schiff angelandet, hieß es, das Dorf, wo wir übernachten sollten, wäre nur einen Flintenschuß weit entfernt. Der Flintenschuß war aber weiter als eine starke Meile. Alle waren fortgelaufen, um Quartier zu bestellen, und ich mit drei Mädchen, wo keins dem Verstande nach viel besser war wie die andere, blieben allein. Der Schiffer, nachdem er alles ausgeladen, sagte, er müsse zurück. Er trug mich aus dem Schiff und setzte mich ans Land und fuhr ab.

Da saß ich nun bei den Mädchen. Ich machte endlich den Versuch, um fortzugehen oder vielmehr auf Händen und Füßen zu kriechen. Die Mädchen wollten mich tragen; aber sie hatten alle drei nicht Kräfte genug, und ein Kranker mit solchen Schmerzen ist immer schwerer und unbehilflicher zu tragen. Wir zogen also fort und verfehlten den Weg. Es wurde Abend, Nacht, und ich war noch auf der Landstraße. Ein Bauer begegnete uns endlich; den frugen wir, und der wies uns nach dem rechten Fußsteig. Ich bat solchen für Geld und gute Worte, mich ins Dorf zu tragen. Der aber hatte keine Zeit und mußte nach seinem Dorf. Nun kroch ich denn weiter und kam halb zehn Uhr in der Nacht ins Dorf. Am Tor blieb ich liegen, schickte eins von den Mädchen hinein, sollten sehen, in welchem Haus die Meinigen wären, daß sie mich holen sollten. Die war fort, als meiner ein Bauer ansichtig wurde durch mein

Wimmern. Der nahm mich auf den Arm und trug mich in drei Häuser, und nirgends war jemand von uns. Endlich im vierten, da waren sie. Man brachte mich zu Bett, und ich dachte nicht, den Morgen zu erleben. Zum Glück fand man in dem Hause Medizin. Weil die Wirtin kurze Tage vor meinem Hinkommen auch erst von der Roten Ruhr genesen war, so hatte sie um so viel mehr Mitleid mit meinem Zustand und suchte alle Restchen Rhabarber und Rhabarbertinktur zusammen und gab's mir aufs Geratewohl ein.

Den Morgen wurde ich in eine halbe Chaise gepackt und fuhr in solcher mit meiner Mutter und meinem Bruder nach Rastatt. Endlich, da mein Bruder in einem Wirtshaus Wohnung gefunden, trug man mich hin und ich wurde ins Bett gelegt. Man lief um Hilfe. Ein Doktor war verreist, der andere lag krank. Nun zum Leibmedikus von dem Landgrafen. Der kam. Wie er aber sah, was mir fehlte, sagte er: »Weil der Fürst selbst nicht wohl ist, darf ich keine Kranken besuchen, wo man der Meinung ist, daß solche anstecken. Ich werde Ihnen aber einen sehr geschickten Mann zuschicken, Herrn Meyer, Leibchirurgus vom Fürsten.« Er ging, und nach Verlauf von ein paar Stunden kam Herr Meyer, ein Greis, nahe die 80 Jahre und so leutselig und gut; allein der Anblick von ihm mußte den Kranken trösten. Er schüttelte den Kopf, da er hörte, daß bereits drei Tage und Nächte verflossen, ohne rechte Hilfe gehabt zu haben. »Doch wollen wir hoffen!« Der Mann gab sich viel Mühe. Drei-, viermal kam er und oft noch spät des Abends und wünschte, mir zu helfen. Doch die Schmerzen wollten nicht weichen. Ich zerbiß die Bettlaken. Nun dachte meine gute Mutter, die Rechnung bei dem Wirt möchte zu groß werden und gab mir Tücher, die denn auch alle kurz und klein von mir gekaut wurden.

Ich lag verschiedene Tage ganz still und blaß. Aus dem Atmen sah man's, daß noch Leben in mir war. Nun kam für mich noch eine herbe Szene. Ackermann bekam nicht die Erlaubnis, in Rastatt zu spielen, weil der Markgraf sehr krank war. Er war fortgereist und hatte endlich in Karlsruhe die Freiheit erhalten. Nun mußte mein Bruder mit der Gesellschaft fort. Man kündigte es mir an. »Das ist hart! Doch Gott will es so.« Den zweiten Tag kam die ganze Gesellschaft vor mein Bett und sagte mir Lebewohl. Ich ihnen. Sie weinten alle um mich herum. »Weint nicht! Hab' keinen von euch mit Willen beleidigt. Hab' ich gefehlt, so vergebt mir. Wir sehen uns wieder, wenn nicht hier, in jenen Gebieten!« Mein Bruder war der letzte. Er lag auf meinem Gesicht und weinte. Nun fühlte ich erst die Bitterkeit einer ewigen Trennung. Man sah's an meinem Gesicht, was ich litt, und man riß Karl mit Gewalt von mir.

Ackermann wohnte uns gegenüber, und nun hörte ich das Rasseln der Wagen und Pferde. »Ach, liebe Mama! Nur noch einmal lassen Sie mich Karl sehen!« »Wie kann ich?« »Tragen Sie mich ans Fenster, muß ihn sehen.« Die gute Mutter nahm mich wie ein Kind auf den Arm. Ich klammerte mich, so fest ich noch konnte, an ihren Hals, und so trug sie mich ans Fenster und setzte mich in einen Stuhl. Sie öffnete ein anderes und rief Karl, heraufzusehen. Er sah mich und wollte wieder auf die Treppe ins Haus. Man hielt ihn aber fest. Und so fuhren die Herren alle auf einem Wurstwagen und die Frauenzimmer in Kutschen fort, wehten ihre Schnupftücher, bis ich keines mehr sehen konnte.

Gegen Abend wurde ich so schwach, daß Herr Meyer die ganze Nacht nicht von meinem Bett wich. Endlich bekam ich den Freitag in der Nacht Schlaf und habe den Sonnabend und Sonntag geschlafen. Den Montagmorgen fühlte ich mich ungemein besser. Mein alter Meyer sang und tanzte in der Stube herum vor Freude. »Ach, ich habe sie gerettet, Gott Dank, hab' sie gerettet! Aber das ist eine Natur. Die haben Tausende nicht!« Ich mußte über den guten Alten lächeln.

Ich ward nun von Stunde zu Stunde besser. Eines Morgens kam mein Meyer und sagte: »Heute bin ich zum ersten Mal wieder bei dem Markgrafen gewesen. Wenn er nicht selber so krank wäre, daß er bettlägerig ist, so müßten Sie, sobald Sie imstande wären, auszugehen, selbst zu ihm kommen. So neugierig ist der Herr, Sie zu sehen nach alledem, was er von mir von Ihnen gehört. So schön, so jung, so viel Geduld. So eine gute Christin! Oh, die sind nicht viel bei dem Theater.« »Haben unrecht, lieber Meyer, gibt mehr und auch gute.« »Wenn ich Sie nur dem Fürsten zeigen könnte! Haben Sie sich denn nie malen lassen?« »Ja!« Ich frug, ob meine Mutter mein Bildnis eingepackt hätte und Karl es mitgenommen. »Nein«, sagte sie,

»wo hätte ich Zeit gehabt zu packen?« »Oh, das ist gut. Geben Sie mir das Porträt! Ich trag's nach Hof.« Meine Mutter holte es aus dem Koffer heraus. Nun beurteilte mich der Alte nach dem Bild. »Ja, sie soll's sein. Aber es ist's nicht. Nein, noch ist sie schöner. Nun, so sehen Sie doch nur ihr Händchen gegen die Hand!« »Meyer, wär ich gesund, Sie würden mich erröten machen, aber meine roten Backen sind weg.« »Kommen wieder!« sagte der Alte, hüpfte nach seiner Art mit dem Bilde herum in der Stube und trug's nach Hof. Mein Bild brachte er mir erst den Sonnabendmorgen wieder. Ich frug ihn, ob er mir wohl erlaubte, daß ich mich dürfte in die Kirche tragen lassen. »Noch etwas früh, doch das Wetter ist gut.« Ich ließ mich zur Kirche tragen, meine Mutter begleitete mich, und wir brachten Gott unser erstes Dankopfer. Von da ließ ich mich nach des guten Meyers Wohnung tragen. Was sich der ehrliche Alte mit seiner guten, alten Frau freute! Gern hätte ich den Mann nach seiner Bemühung gelohnt. Aber wer kann solch einen Mann bezahlen? Gewünscht hätte ich, reich zu sein. Doch gab ich ihm nach meinem wenigen Vermögen, was ich konnte. Rechnung forderte ich von ihm, und sie war so außerordentlich billig, daß ich ihm mehr geben mußte, als er aufgesetzt. Wollte es nicht nehmen. Und doch war's für mein Herz noch viel zu wenig.

Am Sonntagmorgen kam mein Bruder mit einem sehr guten, bequemen Wagen. Mein alter Meyer besuchte mich noch, war da, als mein Karl ankam. Das war ein Wiedersehn! – Ein trauriger Abschied von Meyern. Er weinte wie ein Kind. »Gott geleite Sie. In diesem Leben sehe ich Sie nicht wieder. Hab bald ausgelaufen 80 Jahre. Wie lange kann ich alter Kerl denn noch verlangen zu leben? Ist das nicht noch viele Gnade von Gott? Und bin noch so bei Kräften.« Er küßte uns alle herzlich und verließ uns. – Den Nachmittag fuhren wir von Rastatt fort nach Karlsruhe. Karl trug mich selbst die Treppe hinunter und in den Wagen hinein. In wenigen Stunden war die kleine Fahrt zurückgelegt, und wir fanden recht hübsche Wohnung, die Karl gemietet hatte. Donnerstag spielte ich schon das erste Mal mit, und den Freitag tanzte ich wieder. Das bekam mir aber übel. Bekam Seitenstechen, daß man mich nach beendigtem Ballett vom Theater trug und ich zwei Tage wieder das Bett hüten mußte. Doch wurde ich nun immer mehr und mehr besser und sammelte meine Kräfte wieder.

In Karlsruhe gefiel es uns allen recht gut. Und was müßte der auch für eine hölzerne Seele gehabt haben, dem es da *nicht* gefallen hätte! Der Markgraf, die Markgräfin, die Prinzen, die gnädigsten Fürsten, der ganze Adel: Das Beispiel des Hofs, ebenso voller Huld und Liebe. – Oh, wenn es doch die Vornehmen so alle recht wüßten, wie verehrungswürdig, wie groß sie dann erst sind, wenn ihr Rang, ihre Geburt, wohin sie Gott versetzt, sie nicht verleitet, auf diejenigen, deren Stand nicht die Würde und Vorzüge hat, herabzusehen, sondern sich als Menschen zu betragen.

Gleich nach Neujahr 1762 gingen die maskierten Bälle bei Hof an, wo jeder unentgeltlich zugelassen wurde. Daß ich, solange ich in Karlsruhe war, keine Maskerade versäumt, kann man denken. Nur daß die Freude nicht lange gedauert hat, denn die Abreise war nahe. Oh, ihr mir unvergeßlichen, glücklichen Zeiten, werde euch nie, nie vergessen. Voll Dank gedenke ich an euch zurück.

Nun kam der 28. Januar 1762, der Namenstag des Fürsten wurde gefeiert. Und es war die letzte Komödie und nachher Ball. Schon um vier Uhr ging die Komödie an. Ich hatte im Prolog zu tun. Das Trauerspiel war »Die Trojanerinnen«, wo ich die Kassandra machte. Und weil nicht das Ballett »Die Maskerade« in Karlsruhe war gegeben worden, tanzte ich aus solchem das Pas de deux »Die neun Charaktere« mit meinem Bruder, um, so gut wie wir konnten, dem Hof die letzte Freude zu machen, daß wir beide den Abend den Fürsten uns zu zeigen die Ehre haben wollten. Acht Uhr war alles aus, ich eilte nach Hause, kleidete mich ganz um und fuhr nach dem Schlosse, wo ich um neun Uhr schon da stand und mit Leib und Seele tanzte. Wie die Uhr eins war, trat ich zur Markgräfin und wollte mich beurlauben. »Schon fort wollen Sie?« »Ja, Ihro Durchlaucht! Morgen muß ich reisen.« – »Bei meiner Ungnade, wollen Sie eher fortgehen wie ich.« Voll Ehrfurcht neigte ich mich, küßte ihre Hand und tanzte lustig fort. Tanzte bis drei Uhr, und da hatte ich keine Sohlen mehr unter den Schuhen. – Das war Not, und ich wußte keine mehr zu bekommen; denn alles war gepackt. Nun sollte ich tanzen. Erst nahm ich die Ausflucht zur Müdigkeit, die denn niemand glaubte; denn war ich im Tanzen zu ermüden? Endlich sagte ich die Ursach. »Wie ist dem abzuhelfen?« »Ja, wenn Sie die Gnade hätten, und mir ein Spiel Tarockkarten wollten geben lassen!« »Gleich sollen Sie sie haben.« Ein Page brachte mir zwei Spiele. Ich hurtig hinter ein Fenster und schneide mir Sohlen, die in die Schuhe, und nun ging's wieder frisch darauf los! So tanzte ich fort, bis es morgens sieben Uhr geschlagen hatte – meine Kartensohlen waren alle durchgetanzt. – Die Musik hörte auf.

Ich trat zur Fürstin, sie küßte mich, und das sind ihre letzten mir unvergeßlich gebliebenen Worte gegen mich: »Mich freut es, daß es Ihnen hier so wohl gefallen und daß Sie ungern wegreisen. Leben Sie wohl! Sie nehmen meine völlige Freundschaft und Achtung mit wegen Ihrer guten Aufführung und Betragen.« Mit meinen Tränen benetzte ich ihre Hände – wollte reden – konnte nicht – sah sie an und zeigte auf mein Herz. So ging ich von ihr.

Alle Damen und Fräuleins hatten sich in einen runden Zirkel gestellt, und da mußte ich hineintreten. Eine nahm mich der andern aus dem Arm und küßte mich, bis ich rundum war. Sie weinten – ich schluchzte. Alle Sprache war weg. Meinem Bruder liefen selbst die Tränen aus den Augen, er holte mich, denn ich sah, ich hörte, ich fühlte nichts als meinen Schmerz, als die Bitterkeit des Abschieds. Und so schleppte er mich mehr, als daß ich ging, aus dem Saal, und wir fuhren nach Hause. Meine Mutter, die das geahnt hatte – denn sie wußte, wo ich war –, half mir aus den Kleidern, packte den Rest ein. Ich zog meinen Pelz an, warf mich aufs Bett und weinte.

XI.

Mainz, Frankfurt a. M., Mainz, Hessen-Cassel, Frankfurt a. M. 1762/1763

Allgemein wurde es nun, daß Friede in Europa war, und wir fuhren mit den Friedensherolden zugleich zum Frankfurter Tor hinaus.

Die Reisekutsche kam um zehn Uhr, und wir fuhren mit der Gesellschaft ab und nach Mainz. Die Arbeit zerstreute mich bald wieder, doch dachte ich noch oft an Karlsruhe zurück. Mit vielem Beifall wurde gespielt, und es kam auch Geld ein. Herr Ackermann legte uns einen Gulden die Woche zu unserer Gage, daß wir nun 12 Gulden hatten. Mein Bruder verdiente sich mit Tanzunterricht auch schönes Geld. Also ging ja alles nach Wunsch. Und was noch über alles ging, in Mainz war sehr wohlfeil zu leben, so daß wir uns etwas anschaffen und zur Not so alle Woche noch etwas Weniges an die Seite legen konnten. Wir spielten fort bis zu Ende Juni, und da reisten wir nach Frankfurt.

Wir setzten wieder unsere paar gesparten Gulden in Frankfurt zu; denn die Wohnungen waren sehr teuer und das übrige auch. Zum Glück für uns, aber nicht für Ackermanns, mußten wir den französischen Schauspielern Platz machen, die in der Messe spielten. Die Franzosen, die in Frankfurt jetzt mehr zu sagen hatten, denen mußte nachgegeben werden. Es war ja noch Krieg, und so wurden wir Deutsche von den Deutschen getrennt. Wir gingen also zu Ende des August wieder zurück nach Mainz und spielten fort bis in die Fasten 1763.

Ehe ich Mainz verlasse, muß ich eines Vorfalls gedenken, den ich ohnmöglich vorübergehen lassen kann. In die ganze Ackermannsche Gesellschaft war der Geist des Weggehens oder Wegwollens gekommen. Nicht weniger als neun Personen hatten aufgesagt an Michaeli und wollten in der Fasten weg. Neue und gute Leute zu bekommen, war damals nicht so geschwind zu haben. Jetzt ist's leichter, dazu zu kommen; denn alles wird ja Schauspieler und Schauspielerin. Wenn sie sonst zu nichts mehr in der Welt taugen, sind sie dazu gut genug.

Dürfen jetzt nur hübsch und jung sein. Sonst war's so nicht. Noch so hübsch, aber kein Wort laut und mit Verstand sprechen können, wurde nicht geachtet vom Publikum. Doch wir haben auch jetzt weit erleuchtetere Zeiten als damals!

Wir bekamen folgende *Nota* aus Wien:

Die Frau Augustina Schulzin, deutsche Actrice von dem Theater H. Ackermanns betreffend, dessen Trouppe vor kurzem zu Frankfurt gewesen und vielleicht noch daselbst oder zu Mainz befündlich ist.

Die Kaiserl. theatral. Direction wünschet der Frau Augustina Schulzin Ihre Jungfer Tochter Carolina und Ihren H. Sohn Carl in Wien zu sehen. Da man aber die Kinder ohne der Mutter nicht haben kann: so muß man diese zugleich versorgen. Man wird also gedachte Frau Augustina in geheim berufen lassen und sie Cattagorisch befragen: ob sie belieben trägt, sich und Ihre beiden Kinder für das nächste theatral. Jahr 1763 auf das Deutsche Privilegirte Theater zu Wien zu Angagiren. Die theatral. Direction bietet diesen 3 Personen zusammen wöchentlich 24 gulden Gage an.

Die Bezahlung dieser Gage wird in der ersten fasten Woche 1763 anheben und bis zum Ende der Fastnacht 1764 gehen. Fasten und advent werden, wie die Agir Zeit durch aus gleich bezahlt.

Für diese Zahlung accordieren sich Mutter und Tochter zum Agieren, die Tochter zu gleich zum Singen, und der Sohn zum Agieren und Tanzen. NB, Solte die Mutter nicht mehr agiren und die Tochter nicht Singen können, so gilt es gleich und die angebothene Gage der 24 gulden bleibt als den für das Agiren der Tochter und für das Agiren und Tanzen des Sohnes Stipulieret.

Die F. Schulzin wird verpflichtet sein, nebst Ihren beiden Kindern gleich mit Anfang der Fasten 1763 von dem Orte Ihres Aufendhaltes aufzubrächen u. längstens zu Mitterfasten in Wien eintröffen zu können. Dagegen wird die theatral. Direction zu Wien die reise Kosten für diese 3 Personen von Mainz oder Frankfurt aus bis Wien vergüten.

Wien, den 10. Septemb: 1762

Friedrich Wilhelm Weißkern*
Director der deutschen Comödien
auf befehl Sr. Excell. Herr Jacobs Grafen von Durazzo.*

Es war diese Nota von Frankfurt nach Mainz an die Zandersche Handlung geschickt worden. Sie wurde mir offen überreicht, Tinte und Feder hingesetzt, daß ich nur gleich unterschreiben sollte. Ganz erstaunt stand ich da. Ich sagte: »Unterschreiben kann ich nicht. Ich muß erst mit meiner Mutter und meinem Bruder sprechen. Geben Sie mir die Note mit, morgen bringe ich sie wieder!« Ich ging nach Hause und mein Bruder und meine Mutter waren beisammen – las solches von Wort zu Wort vor und schwieg still. Meine Mutter sagte: »Kinder, was ihr tut, ist mir recht. Ganz zu verwerfen ist's aber doch auch nicht. Wien! – Und 24 Gulden? Und hier 12?« Mein Bruder sagte: »Mir ist alles recht. Was Karoline tut, das will ich auch.« Ich sollte also Rat erteilen. Und er war einem Mädchen von 17 Jahren ähnlich, die die Welt und Menschen noch nicht genug kannte und zu viel gut Herz hatte.

»Nun, so hören Sie mich! Mit Freuden würde ich Ja sagen, wenn nicht die ganze Gesellschaft aufgesagt hätte. Denn was bleibt noch? Niemand wie Ackermann und seine drei Kinder, Doebbelin und seine Frau – und Mylius, der mit dem Tode schon ringt. Gehen wir, so ist's Ackermann ein unersetzlicher Verlust. Wir, Karl und ich, so lange wir bleiben, kann er immer spielen, weil er uns zu allem brauchen kann. Ackermanns taten uns eine große Freundschaft, als sie uns von Cöln aus zu sich kommen ließen. Haben's zwar die vier Jahre genug ersetzt; doch dies sei unser Opfer der Dankbarkeit! Und wenn ich bitten darf, so laßt uns Ackermann nicht ein Wort von der Nota sagen! Könnte denken, wir wollten ihnen nun trotzen, da sie in Verlegenheit sind, und mehr Gage haben wollen. Sind wir doch niemandem was schuldig.« Gesagt, und es wurde gebilligt. Ich schrieb die Nota ab und trug sie den Tag darauf zu Zanders, die mir sagten, nachdem ich ihnen alles vorgestellt: »Mademoiselle, Sie werden's bereuen.« Wohl wahr haben sie geredet; denn die Fasten kam heran, und alle blieben, bis auf Madame Hensel, die nun für mich nach Wien verschrieben wurde.

Das zweite, was uns angeboten wurde, war: Wir sollten in Mainz bleiben. Karl sollte die Herren und Knaben, und ich Mädchen im Tanzen informieren und mein Bruder sollte dem dortigen Hoftanzmeister, der ein alter Mann war, adjungiert werden. Auch dieses schlugen wir aus – zweiter dummer Streich!

Nun verließen wir Mainz, und da ließ ich Freunde und Gönner die Menge zurück. Wir wollten nach Hessen-Cassel. Dem Adel von Mainz war's sehr unangenehm, daß Ackermann fort wollte, und ungern ließen sie ihn. Das Wetter war ihnen sehr erwünscht gewesen, wir hatten alle Tage gespielt, heute zum letzten Male – und spielten noch in Mainz, da wir schon in Cassel hätten spielen sollen. Ganz herrlich fuhren wir in geschlossenen Kutschen fort. Aber Fuhrleute, die des Wegs herkamen, wo wir hinwollten, versicherten, daß der Weg so schlecht sei, daß wir kein Stück von den Kutschen bis den halben Weg nach Cassel brächten. Die Knechte wurden stutzig, wollten nicht weiter. Wir blieben in einem Dorf und wurden dann auf Leiterwagen gepackt und fuhren weiter bis Frankfurt und von dort aus weiter.

Allgemein wurde es nun, daß Friede in Europa war*, und wir fuhren sozusagen mit den Friedensherolden zugleich zum Frankfurter Tor hinaus. Wir waren nicht lange gereist, als wir fanden, daß die Fuhrleute recht hatten. Denn kaum konnte man mit den Leiterwagen durch. Tragikomischer wird schwerlich wieder eine Reise gemacht.

Die Herren gingen fast alle zu Fuß, sogar der kranke Mylius wollte gehen, es half kein Abraten; er ging mit Schuhen und weißen seidenen Strümpfen. Da versank er bis an die Knie im Morast. Er schrie, man sollte ihm helfen. Die jungen Herren konnten's nicht, ein guter Freund erbarmte sich des Kranken, wanderte durch den Kot. Mylius mußte sich auf seinen Rücken hocken – plauz, da lagen beide, der Menschenfreund unten, der Kranke auf ihm. Wir alle wollten uns totlachen, denn der Auftritt mit allen Nebenumständen war gar zu komisch. Der Kranke lachte herzlich und drückte dadurch seinen Retter immer tiefer in den Kot. – Wir Frauenzimmer mochten uns auf unsern Wagen setzen, wie wir wollten, so lagen wir immer eins auf dem andern mitten im Wagen auf dem Stroh.

Zum Glück hatten wir uns alle gut verproviantiert. Denn kaum Brot fand man in den Dörfern und Städtchen. Wie oft wir umgeworfen und alle im Kot lagen, wie viele Pferde gestürzt, die kaum wieder aufkamen, wie viele Räder und Achsen und Deichseln gebrochen, das war nicht zu zählen.

Um sich einen Begriff von der Fahrt zu machen, so will ich der Geschwindigkeit wegen eines Tages nur gedenken. Das Dorf hieß Langdorf, gewiß seiner Länge wegen. Denn des Morgens sieben Uhr fuhren wir aus dem Wirtshaus, das an dem einen Ende stand, und des Abends sieben Uhr kehrten wir am andern Ende des nämlichen Dorfes in dem Wirtshaus, das an dem Ende stand, wieder ein. 12 Stunden! Ja, 12 Stunden; aber das ist auch wahr, daß der Schmied und Wagner von dem Dorf ebensowenig die 12 Stunden was essen konnten wie wir. Denn unsere vier Wagen mit Menschen und Bagage, sogar der mit Heu und Hafer aufgeladene Wagen, alle fielen, einer nach dem anderen. An jedem brach was. Die Pferde fielen in Löcher bis an die Bäuche. Kurz, es war zum Erbarmen, so sehr ich auch und wir alle nachher gelacht haben. Gottlob, daß keiner von uns zu Schaden kam. Denn daß wir alle braun und blau gestoßen und gefallen waren, wurde nicht geachtet. Willigere und gutere Bauern habe ich noch nie gefunden als auf der Reise. Aber die armen Leute hatten selbst nichts, *wir gaben ihnen*. Da, wo es von der Poststraße abging, glaubten sie es erst durch uns, daß gewiß Friede wäre. Sie hielten uns für geflüchtete Hessen*, die der Krieg aus ihrem Vaterlande verscheuchte, und die nun wieder in ihre Vaterstadt zurückkehrten. Und wir ließen sie dabei. Sie sahen uns als Engel vom Himmel gesandt. Ein Knabe von sechs Jahren brachte uns Salz und Wasser; denn sonst war nichts da. Das Brot, das die armen Menschen aßen, war nicht zu genießen. Wie er uns das hingesetzt, reichte er seiner Mutter einen Stuhl. Die setzte sich, er stand vor ihr, und sie reichte ihm eine von ihren Brüsten hin und ließ ihn trinken. »Mein Gott! Frau, der Junge trinkt noch die Brust? Wie alt ist er?« Da erfuhren wir's: Sechs Jahre vorbei. »Wie hätte ich ihn sonst erhalten können in dem Elend. So aber hatte er Nahrung von mir mit. Aber von heute an soll er sie nicht mehr haben. Gottlob, Sie sagen, es ist Friede.«

In dem Dorfe, wo wir abends so früh einkehrten, fing ich eine Wäsche an, denn ich konnte mich nicht länger ansehen. Fünf Tage, hatte es geheißen, würden wir zubringen. Also, wer hätte sich da mit vieler Wäsche belästigen sollen? In meinem Kämmerchen hatte ich mir mein Schäffchen hingestellt und wusch. Mama kochte Kaffee statt Suppe, daß wir was Warmes in die Gedärme bekommen sollten. Ein treuherziger Bauer, der alles verloren und nun auf seine alten Tage Knecht bei dem Wirt war, sah mir zu, und wir schwatzten zusammen vom Krieg und von der Hoffnung besserer Zeiten. Darauf ging er weg und kam bald wieder und brachte mir ein langes Halstuch von ihm. »Oh«, sagte er, »wasche Sie mir das doch mit; ist morgen Sonntag!« Die treuherzige Art gefiel mir; ich besann mich nicht lange und wusch es nach allem Fleiß mit aus. Nun sollte ich zum Kaffee kommen. »Gleich!« Der Bauer sagte: »Gehe Sie, und ich will bei der Wäsche bleiben. Soll Ihr nichts wegkommen!« Ich hüpfte fort und erzählte, was ich wieder für einen neuen Auftritt hätte, ganz wieder für mein Herz. Mag so gerne Menschen sehen, wie sie sind. Von etwas Haarpuder in einem zinnernen Löffel machte ich so viel Stärke, als ich zu dem Tuche nötig hatte, kam wieder – und seitdem ich weg war, hatte mir der gute Bauer drei schöne, große Äpfel auf den Tisch gesetzt. »Oh, da, verschmähe Sie mir solche nicht!« Noch indem ich das schreibe, kommen Tränen in meine Augen. Wo der Mann die Äpfel noch hergenommen? Denn es war nicht für Geld das mindeste Obst zu haben. Die Soldaten ließen's nicht zur Reife kommen, schlugen die Blüten ab. So hörten wir und noch viel mehr, wo wir hinkamen und Obst forderten. Meine Wäsche mußte ich den Morgen halbnaß mitnehmen. In Ermangelung eines Bügeleisens strich ich das Tuch mit meinen Händen glatt, legte es zusammen und trocknete es auf meiner Brust. Und am Morgen gab ich's ihm, der sich bedankte. Wir fuhren weiter.

An einem Abend sehr spät kamen wir in ein erbärmliches Dorf, wo nur ein Wirtshaus war. Wir traten in die Gaststube.

Die Wände waren so schwarz wie Kohlen. Der Wirt, ein Mann so gegen die 50 Jahre, sah sehr ernst. Er wußte selbst nicht, was er aus uns machen sollte. Denn unser aller Losungswort war in jedem Haus, wo wir einkehrten: »Nun lustig, Herr Wirt, lustig, es ist Friede!« Wie wir alle in der Stube waren, sagte er: »Ach, ich kann Ihnen nichts geben. Hab' nichts. Feuer will ich Ihnen machen. Branntwein habe ich und Wasser. Das wenige Brot werden Sie nicht essen können. Morgen erst bekomme ich frisches.« »Auch nicht Stroh zum Lager?« »So viel ich habe, will's gern hergeben. Betten habe ich gar keine.« So schlecht hatten wir's in keinem Nachtlager getroffen. Doch was sollten wir machen? Es hieß: Geduld! Jeder packte seinen Vorrat aus. Wer keinen Wein hatte, goß Branntwein in Wasser, und das tranken einige Herren.

Eine Frau, so in die 40er Jahre, saß ganz stille in einer Ecke der Stube, schien uns alle, ohngeachtet wir sehr laut waren, nicht zu bemerken und blickte mit starr angehefteten Blicken immer auf *eine* Stelle an der schwarzen Mauer. Ich, die immer alles gleich zuerst bemerkte (denn um die Wirtschaft bekümmerte ich mich zu den Zeiten nicht, Mama besorgte alles), saß still, denn die Bauersfrau erregte meine ganze Aufmerksamkeit. Blaß, hager, die tiefste Schwermut in allen Zügen! Was muß ihr sein? Ist nicht zu helfen? So in den Gedanken suchte ich den Wirt, den ich auch in der Küche fand, wo er mit Holz und Reiserbruch für uns Feuer machte und aufs Wasser sah, daß es kochen sollte. »Lieber Herr Wirt, wer ist die Frau in der Stube? Ich glaube, sie ist krank?« »Ach liebes Jüngferchen, es ist meine Frau, sie ist tiefsinnig aus lauter Kreuz über den traurigen Krieg und all das Unglück, so uns betroffen.« – »Mein Gott, könnte ich ihr doch helfen!« – »Schwerlich«, sagte der Alte und wischte sich Tränen aus den Augen.

Ich ging wieder in die Stube und setzte mich zu der Wirtin, grüßte sie. Sie sah mich an, nickte mir Dank zu, ohne ihre Miene zu verändern. Ich fing an zu weinen, nahm ihre Hand in die meinige und sagte zu ihr: »Mutter, gute Mutter! Munter, ist ja Friede! Nun wird, will's Gott, alles besser werden. Der alte Gott lebt noch.« Aufmerksam sah sie mich an und sprach endlich: »Ja, ist's Friede?« – »Gewiß, liebe Frau; wir gehen ja selbst wieder zurück nach Cassel.« »So? Gut! Für mich kommt kein Frieden.« – »Liebe Frau, was sagt sie? Wird auch für sie Friede kommen.« Ich holte ihr ein Stückchen Kalbsbraten, den die Mutter zu einem Ragout einschnitt, und ein gutes Glas Wein und Brot. Sie nahm's von meiner Hand, und auf langes Zureden genoß sie etwas von allem. »Aber liebe Frau, warum denn keinen Mut zu besseren Zeiten?« »Liebes Kind, sie weiß nicht, wie man es mir gemacht.« »Oh, diese bösen Menschen! Haben sie ihr so hart begegnet?« »Wohl hart! Drei meiner Söhne schleppten sie mit Gewalt fort, mußten Soldaten werden und wurden alle drei erschossen. Fünfmal haben sie mich rein ausgeplündert, und was sie nicht mitnehmen konnten, zerschlugen sie und zerschmissen's. Das letzte Mal hatten uns die Hannoveraner alles aufgezehrt, wir hatten nichts, nichts mehr. Es kamen gleich nach ihnen Franzosen, die waren besoffen. Wir sollten ihnen was geben und hatten selbst nichts. Nun schlugen sie mich und meinen Mann, hieben mit ihren Säbeln in Tische und Stühle Und einer, als ich bat, riß meinen jüngsten Sohn aus der Wiege, schleuderte ihn an die Mauer. – Da, da sehen Sie noch sein Gehirn!!« – »Ach Gott, Gott!« schrie ich; ich fiel der Frau um den Hals. Der Ort, wo sie hinwies, war die Stelle, die sie immer mit unverwandten Augen angesehen hatte. Von Gehirn oder Blut war nichts an der Wand zu sehen. Dieses war nur noch der schreckliche Augenblick, der ihr's noch wie lebend vorstellte. Meine Tränen bewegten sie, daß sie auch einige fallen ließ. Aber auch nur einige; denn sie hatte wohl schon alle Tränen verweint.

Ich lief herum wie verrückt: »Können wir denn der Frau nicht helfen?« Nicht alle nahmen Teil an dem, was ich fühlte. Zum Essen hatte ich keine Lust, die Frau mußte meine Portion Ragout haben. Oh, ich hätte mir das gar nicht nehmen lassen, sie zu erquicken, gab ihr Wein und sprach ihr zu, so gut ich konnte. Ob der Wein, ob mein Mitleid, kurz, mag's gewesen sein, was es wollte, das ihr Kräfte gab: Sie stand von der Bank auf, ging in die Küche und legte Holz hin, schürte das Feuer. Im Grunde war's freilich nichts, was sie tat. Aber sie ging herum, doch immer starr vor sich weg sehend. Ihr Mann sagte zu mir, das hätte sie in vier Jahren nicht getan. Er hätte durch sie gar keine Hilfe mehr gehabt. Den Morgen kleidete er sie an und des Abends aus, und von der Bank wäre sie nicht wegzubringen seit dem unglücklichen Augenblick, da man sein Kind so grausam gemordet. Ich gab ihm den Rat, er solle die Stube ausweißen lassen, vielleicht, daß sich dann die Einbildung verlöre, und an die Stelle einen Schrank oder so was setzen. Er sagte, er wolle es tun, wenn ihm Gott die Mittel wieder gäbe.

Schlafen konnte ich die Nacht nicht; immer sah ich nach dem Fleck, wo sie hingewiesen. Den Morgen, als wir aufstanden, war sie mit ihm in der Küche und hatte geholfen das Wasser zum Frühstück kochen. Die Leute mußten mit uns trinken. Wir zahlten alle mehr, als der Mann gefordert hatte, und er dankte und segnete uns. Als ich Abschied nahm, weinte er laut und sprach: »Sie hat mir meine Frau wiedergegeben. Vier Jahre war sie wie tot, und seit gestern Abend nahm sie sich der Wirtschaft wieder an.« »Hab er nur Geduld mit ihr, lieber Mann, und folge er meinem Rat!« Ich küßte die Frau. Sie drückte mir die Hand und sagte: »Vergelt es Gott.« Und so stieg ich in den Wagen, und wir fuhren fort. Den ganzen Rest der Reise war's mit meiner Munterkeit vorbei.

XII.

Cassel 1763

So sehr ich ihn von Herzen liebte, so sehr schauderte ich zurück vor dem Wort Mätresse.

Herr Ackermann nahm Extrapost und fuhr voraus, kam anderthalb Tage eher wie wir nach Cassel. Nachdem wir von Frankfurt aus zehn Tage gereist, sahen auch wir Cassel und stiegen vor dem Prinz Maximilianschen Palais ab, das uns zur Wohnung angewiesen war. Wir kamen spät des Abends, also konnten wir auch nicht einen Bissen Brot bekommen. Keiner hatte mehr einen Bissen, bis auf Madame Ackermann, die fragte: »Da, Kinder, will ich mit euch den Rest teilen.« Nun wurden im Palais die Zimmer angewiesen an alle, die wir da einlogierten. Die Franzosen hatten's häßlich mitgenommen. Ich mit meiner Mutter und meinem Bruder, wir bekamen der Prinzeß Charlotte ihre Zimmer. Da standen zwei Bettstellen mit frischem Stroh und zwei grünen Fußdecken in jeder Ecke. Ach, du lieber Gott! Nach der harten Reise nicht einmal ein Bett! Und den anderen Tag darauf mußten schon Komödie und Ballett sein. So brachten wir also unsere müden Knochen in Stroh und lagen darauf vier Wochen. Viele haben, so lange wir in Cassel waren, auf Stroh kampieren müssen. Endlich, nach vier Wochen, lernte mein Bruder vom Hof jemand kennen, und wir bekamen treuliche Betten vom Hof aus. Wer nur immer warten kann.

Wir waren wenige Wochen da, als mein Bruder das Unglück hatte, zu fallen und sich den Fuß auszusetzen. Der lag da, und meine Mutter wurde auch krank. Eine Magd hatte ich nicht. Keine würde ihren sicheren Dienst bei einer Herrschaft verlassen haben, um zu uns auf einige Wochen oder Monate zu ziehen. Mithin lag nun die ganze Last auf mir. Ich war auch alles: Köchin und Krankenwärterin, mein Friseur, meine Kammerjungfer. Ich trug's Wasser vom Brunnen zwei Treppen hoch, hackte Holz, tanzte und probierte im großen Saal, indem ich dazu in der Schürze das Suppenkraut und Gemüse putzte. Hatte alle Tage fast eine neue Rolle, denn ich mußte nunmehr ins

Fach der ersten Liebhaberinnen, da Madame Hensel* fort war und ich meist die Mädchen machte, und lieferte in Zeit von 14 Tagen bei all der Arbeit Herrn Ackermann die Sara aus. »Miß Sara Sampson«*, die Lindane aus der »Schottländerin«* und die Pamela aus der »Pamela«*. Die kleineren Rollen, als eine Mariane im »Geizigen«, Lieschen in den »Drei Brüdern« und Nebenbuhlerin usw., die rechne ich gar nicht mit. Und dabei war ich munter, lustig und fröhlich, denn ich hoffte auf Gott, daß Mutter und Bruder würden wieder gesund werden. Hätten sie mich beide traurig gesehen, so würden sie gedacht haben, ich tue es nicht gerne. Und Gott weiß es, daß ich's von Herzen tat. Sie wurden auch besser.

Da in Cassel zuweilen einige Offiziere aufs Theater kamen, frugen sie mich einmal, warum man mich denn nirgends sehe? »Ja, wo soll ich hin? Kenne niemand.« »Ei, Sie müssen Cassel mehr kennen lernen.« »Das soll mir lieb sein, wenn es mit Anstand geschehen kann.«

Den Sonnabend darauf wurden wir eingeladen, meine Mutter, mein Bruder und ich, sowie auch Madame Ackermann, ihre älteste Tochter und noch eine Demoiselle Catharina. Wir fuhren nach dem Haus eines Herrn Majors, er lag mit seinen Husaren auf dem Lande. Aber wie stutzten wir, als wir in dem Saale alle hessischen Stabsoffiziere fanden, alles Hauptleute, Majors usw. So verlegen wir Frauenzimmer auch erst waren, so wurden wir bald munterer. Die Wohlerzogenheit und das edle Betragen, das jeder auf das strengste beobachtete, oh, wüßten's die Herren, wie gut ihnen das läßt, wie unendlich mehr sie gewinnen, als wenn welche so ausgelassen und ungezogen wild sind. Musik war auch da, und nun ging's ans Tanzen. Ich war warm geworden und trat nun an ein Fenster, um mich abzukühlen. Major Dalwig kam zu mir. »Nehmen Sie sich in acht, daß Sie nicht krank werden! Ich würde es mir sonst niemals vergeben. Sie verzeihen doch auch, daß ich diese kleine Lustbarkeit veranstaltet? Nur allein Ihretwegen – haben so viel Arbeit und gar keine Veränderung.« Ich antwortete dem Herrn Major auf dieses verbindliche Kompliment, wie ich glaubte, daß es sich schickte. Wir sprachen von sehr gleichgültigen Dingen und fanden doch so viel Vergnügen, einander zu fragen und zu antworten, daß wir noch länger so fort geschwatzt hätten, wenn nicht der Bediente gesagt hätte: »Das Essen steht auf dem Tisch.« Der Major führte mich zur Tafel, so wie jeder ein Frauenzimmer zur Tafel führte, und die Mahlzeit ging so munter fort, daß es eine Lust war zuzuhören. Wenn nur der Major mehr teil daran genommen, der der Stillste unter allen war. Nach der Tafel wurde getanzt bis des Morgens sechs Uhr. Nun wurden zum Frühstück eingemachte Hühner verzehrt, und alles freute sich, daß wir so gesund und wohl waren. Keiner müde oder schläfrig – und wer hätte da müde sein können? Um sieben Uhr fuhren wir alle nach Hause.

Den Montagmorgen ließ er sich nach meinem Befinden erkundigen. »Von Herzen wohl«, war die Antwort. Den Abend kam er aufs Theater; er bedankte sich bei uns, wir uns bei ihm, und indem er weggehen wollte, wendete er sich wieder um und sagte: »Bald hätte ich was vergessen. Einer meiner Freunde, der mit in der Gesellschaft war, ist verreist und hat mir für Sie ein Andenken dagelassen, weiß wahrhaftig nicht, was es ist, will's Ihnen aber morgen zuschicken.« Und damit ging er fort. Den andern Tag des Mittags brachte ein Bedienter einen großen Pack, legte solchen auf den Tisch und lief die Treppe hinunter. Ich sprang die Treppe hinunter zu Madame Ackermann und sagte: »Oh, kommen Sie doch geschwind zu mir herauf!« »Was gibt's?« »Ach kommen Sie doch nur, ich habe ein Präsent bekommen.« »Was ist's?« »Ja, das weiß ich selbst noch nicht. So kommen Sie doch nur!« Sie ging mit mir, und nun packte ich aus. Zu drei Kleidern Taft und Stoff, Brabanter Spitzen*, gestickte Manschetten, Band, Handschuhe und Gott weiß was alles. Die Ackermann freute sich mit mir. »Gönne es Ihnen, denn Sie verdienen es.«

Den Tag darauf kam er wieder aufs Theater, ich wollte ihm mein Kompliment machen, er aber sagte: »Mir ja nicht! Ich weiß von nichts, was mein Freund getan hat.« Einige Tage gingen vorbei, und wir sahen niemand. Darauf schickte er und ließ sich melden, ob wir ihm erlauben wollten, uns seine Aufwartung zu machen. Ich sagte: »Ja.« Er kam, doch sprach er wenig oder nichts. Sah mich nur zuweilen an – aber mit Blikken, daß mir angst und bange wurde. Oft stand er in tiefen Gedanken versunken, wischte sich eine Träne aus dem Auge, ergriff meine Hand, wollte sie küssen, ließ sie wieder fallen, bat um Vergebung und eilte fort. Solche Visiten bekam ich fast täglich von ihm, ich wußte oft nicht vor Angst, was ich anfangen sollte. Ich machte oft einen Spaß daraus, ob's mir gleich selbst nach und nach nicht spaßlich war und sagte: »Nun, schwärmen Sie einmal wieder?« Da wurde er böse, fing an, sich mit mir zu zanken und sagte: »Sie spotten meines Elends«, schwur, mich nie wiederzusehen, und war den andern Tag wieder da. Und dieselben Auftritte! Nur Furcht, Furcht für Liebe, als wenn's mir mein Herz zum voraus gesagt hätte: »Hüte dich für Liebe, sie macht dich unglücklich, wirst ihr Opfer«, die hielt mich.

Eines Morgens schickte er mir ein Billett, der Inhalt war ernsthaft. Mit dürren Worten sagte er mir: »Sie hassen mich und haben mich dadurch zu dem unglücklichsten Menschen gemacht. Nur aus Höflichkeit erlauben Sie mir den Zutritt zu Ihnen; Gott vergebe es Ihnen, aber er kann nicht.« Gott weiß es, wie mir war. Hassen? Ich? Dich? – Ach Gott, könntest du mein Herz sehen, wie es bebt zwischen Liebe und Furcht! Ich antwortete dem Major nicht.

Den anderen Tag kam er selbst. Da die Sache anfing, so ernsthaft zu werden, hörte ich auf zu scherzen. »Herr Major, was wollen, was denken Sie von mir? Und wenn ich Sie liebte, darf ich Sie lieben? Wo sind Sie? Und wo bin ich? Ich arm, nicht vom Stande, aber ehrlich, das einzige, was ich habe. Sie reich, von Adel –« »Lieben, lieben Sie mich, einzige Karoline? Sollen mein Weib, mein liebes Weib werden, nur jetzt noch nicht, nicht meiner Mutter wegen, nein, aber meiner Tante; von ihr hängt der größte Teil meines zeitlichen Glückes ab; sie ist in allem das Gegenteil meiner Mutter. Nie würde sie in unsere Verbindung willigen. Und gesetzt, ich wollte mich heimlich mit Ihnen trauen lassen, das darf ich nicht ohne Vorwissen des Landgrafen. Ein gemeiner Soldat, der es tut, dem steht darauf die Kugel vor den Kopf, und einem Offizier, daß er als ehrlos erklärt wird.« War das nun alles wahr, was der Major zu mir gesagt, so hatte er recht, doch ich nicht weniger. So sehr ich ihn von Herzen liebte, so sehr schauderte ich zurück vor dem Wort Mätresse. Nie haben wohl je ein paar Verliebte ihre Stunden, die sie sich sahen, so in einem immerwährenden

Gezänke hingebracht wie wir beide. Da saßen wir, sahen einander an und weinten.

Nun gingen neue Szenen an. »Aber«, sagte er zu mir, »wollen Sie denn allein für mich nichts, gar nichts tun?« »Ja, liebster Dalwig, hören Sie zu, was ich mich entschließen will. Lassen Sie mich reisen, verlassen Sie sich auf meine Treue, nie, nie, will ich sie brechen! Und sobald Sie möglich machen können, daß ich, ohne strafbar zu werden, ganz die Ihre werden kann, will ich kommen.« Dieses ging ihm nicht in den Kopf, denn er war eifersüchtig im höchsten Grade.

»Das kann ich nicht tun; ich will Sie nach Minden bringen, dort sollen Sie alles haben. Ich schwöre Ihnen, so wahr Gott mir helfen soll, ich will nicht aus meinen Grenzen schreiten, nicht einen Kuß, wenn Sie ihn mir nicht selbst geben wollen.« Vielleicht sagte er in diesem Augenblick die Wahrheit, aber konnte ich dieses auch für die Zukunft einem jungen Mann von 24 Jahren glauben? Meine Mutter wußte von allem. Sie hatte zu mir gesagt: »Du bist vernünftig und wirst wissen, was du zu tun hast.« Sie haßte ihn so wenig, als ich gewiß war, daß ich ihn liebte. Doch er warf einen Haß auf meine Mutter und glaubte, sie gäbe mir die Ratschläge. Denn ein Mädchen von noch nicht achtzehn Jahren, die ihm sagte, daß sie ihn liebe, konnte nach seiner Meinung keine solch ernsthafte Sprache führen. Nun sagte ich: »Wohlan, ich will nach Minden, aber meine Mutter muß bei mir sein.« Das wollte er durchaus nicht. Nun kamen wir wieder in einen heftigen Wortwechsel. Ich sagte ihm: »Ihren Rang, Ihr Vermögen liebe ich nicht, noch viel weniger den Titel, eine gnädige Frau zu heißen. Genug, daß Sie mir meine Ruhe geraubt; wollen Sie machen, daß ich die Pflichten einer Tochter vergessen soll? Vor der Leiche meines Vaters schwur ich ihr, daß sie, so lange Gott ihre Jahre fristen würde, nicht von mir kommen sollte. Wenn Sie mir auch so viel geben, daß meine Mutter im Überfluß lebte, so könnte ich sie nimmermehr so kränken, daß sie beständig vor der Schande ihrer Tochter zittern sollte. Doch Sie wollen sie nur deswegen von mir entfernen, weil Sie glauben, wenn ich allein ohne Schutz wäre, Sie desto leichter Ihren Sieg über meine Tugend erhalten würden.« Er fiel mir ins Wort: »O Himmel, was für ein verfluchter Mensch bin ich in Ihren Augen. Gut, ich will Ihnen meinen verhaßten Anblick entziehen. Quälen und plagen Sie sich immerfort, Sie wollen es nicht besser haben.« Darauf weinte er, Verzweiflung war in allen seinen Mienen und Gebärden, eilte aus meinem Zimmer, und so, so verließ er mich.

Nun war ich allein! Gott, welche Augenblicke! O Dalwig, Dalwig, meine Begriffe von Tugend waren zu strenge. Auch als deine Geliebte, selbst als deine Mätresse wär' ich glücklicher gewesen, als ich nach Jahren wurde, ich wär' nicht weniger tugendhaft geblieben. Wehe der Tugend, die nie einem Mann gelächelt, nie lächeln konnte.

Den Tag darauf kam wieder ein Brief von ihm. Mit zitternden Händen erbrach ich solchen und fand darin folgenden Inhalt: »Harte Karoline, hier in diesem Blatt nehme ich von Ihnen auf ewig Abschied. Weil Sie mich doch nicht lieben können, oh, so hassen Sie mich wenigstens nur nicht! Kann ich Ihnen jemals dienen, so werde ich bereit sein, werde nie aufhören, Ihr Freund zu sein. Sie sehen klar, daß ich mich jetzt nicht mit Ihnen verheiraten konnte, sonst hätte ich's wahrlich getan. Allein, ohne des Regiments Wissen darf ich es nicht tun, oder ich würde für infam erklärt. Und so wie Ihnen Ihre Ehre über alles ist, so geht sie auch mir über alles. Meinen Abschied bei dem Fürsten kann ich fordern. Der Erbschaft, die ich zu hoffen habe, würde ich Ihretwegen gern entsagt haben. Ja, selbst des Vermögens meiner Mutter. Da mir aber alles, Sie zu besitzen, fehlschlagen würde, kann ich Sie, darf ich Sie nicht wiedersehen. Leben Sie wohl und vergessen Sie Ihren durch Sie unglücklichen Dalwig!«

Mein Glück war, da ich dieses las, daß ich ganz allein war und den Bedienten vor der Tür warten ließ. Ich raffte mich zusammen und ging hinaus und fragte ihn: »Wo ist der Herr Major?« »Ich weiß es nicht, er gab mir den Brief an Sie und sagte, er wolle verreisen.«

Ich dachte, unsinnig zu werden über die Nachricht, lief ins Zimmer und schrieb ihm. Was ich schrieb, weiß ich selbst nicht mehr; doch so viel erinnere ich mich vom Hauptinhalt, daß ich ihn bat, er möchte wieder zurückkommen, ich hätte mich entschlossen, alles, was ich könnte, für ihn zu tun. Meine Ehre, meinen Namen, alles schlüge ich für ihn in die Luft. Er sollte mich nur noch ein einziges Mal sprechen. Ich hätte ihm noch etwas zu sagen, und dieses würde er billigen.

Mein Brief war ihm mit der Post nachgeschickt worden. Noch drei, drei lange Tage gingen hin. Ackermann kam auch, und wir sollten reisen. Wer je geliebt hat, so geliebt wie ich, kann sich meinen Zustand denken. Endlich, nachdem ich ihn in vier Tagen nicht gesehen hatte, trat er in mein Zimmer. Nur halb fröhlich und furchtsam war sein Blick. In mir war Freude – Angst, doch eilte ich ihm mit offenen Armen entgegen. Ohne es wehren zu können, lag er vor mir auf den Knien. »Hier bin ich«, sagte er, »um Leben oder Tod aus Ihrem Munde zu hören.« Ich hob ihn auf und schloß ihn in meine Arme. »Oh, mein Dalwig, mein wilder, wilder Dalwig, und so leicht können Sie Ihre Karoline verlassen!« Wir weinten beide, ich küßte seine Tränen, er die meinigen von den Wangen. Wir waren Kinder, Kinder der Liebe, der zärtlichsten Liebe. Er wollte sich anklagen, ich fiel ihm ins Wort: »Hören Sie mich, seien Sie ruhig! Sie haben meine beiden Vorschläge verworfen, nun will ich Ihnen den dritten tun. Ich spreche jetzt vor Ihnen, als ob ich vor Gott stünde. Ich liebe Sie, dies wissen Sie; doch machen Sie, daß ich Sie ohne Gewissensbisse lieben und mit Ihnen leben kann. Jetzt, wenn ich hier bliebe, würde es zu viel Aufsehen machen – will mit Ackermann bleiben, aber nicht länger als bis die Messe in Braunschweig währt; denn er selbst will nicht länger dableiben. Unter der Zeit bekommt er leicht jemand an meiner Stelle. Sie machen Anstalt, daß wir, es sei, wo es sei, in der Stille zusammengegeben werden. Nur meine Mutter soll es wissen, daß ich Ihre Gattin bin, sonst niemand. Mag mich alle Welt halten, für was sie will. Wenn ich nur vor Gott, vor meinem Gewissen rein bin, und, Dalwig, sollte sich je Ihr Herz ändern oder ich Ihrem Glück im Wege stehen, Sie mich nicht mehr lieben, oh, so will ich Ihnen an dem Tage, da Sie ganz der Meinige werden, durch den feierlichsten Eid zuschwören, mich nie der Rechte einer Gattin gegen Sie zu bedienen.« – Ich schwieg, er sah mich an und sagte endlich: »Und dies ist alles, was Sie noch tun können? Und glauben Sie, daß es so verschwiegen bleiben wird? Nein, das wird es nicht!« Wir stritten wieder gegeneinander, doch nicht so heftig wie vor vier Tagen.

Ich sagte: »Wohlan, weil Sie dieses auch verwerfen, so weiß ich, ohne daß Sie mir es eingestehen dürfen, alles, was Sie befürchten. Sie glauben, daß, wenn ich mit Ihnen verbunden wäre, ich den Namen einer . . . nicht würde ertragen können, ich vielleicht meinen Rang würde suchen zu behaupten, ich vielleicht auf Torheiten fallen würde. Wenn Sie das meinen, so können Sie auch nicht glauben, daß ich Sie liebe, sondern sehen mich für ein einbilderisches Mädchen an, die nur wünscht, gnädige Frau zu heißen. Nein, solche eigennützigen Absichten sind der Schulzen nicht würdig. Ich sehe also klar, wir müssen uns trennen. Doch denken Sie einmal, wenn Sie Ihre Augen auf eine eitle Puppe werfen, an die redliche und uneigennützige Schulze!«

Es wurde Abend, er wollte fort und frug mich: »Wie lange werden Sie wohl noch hierbleiben?« »Ich weiß es nicht recht, Herr Major, noch drei oder vier Tage.« »Ich werde Sie noch jeden Tag sehen.« – »Das hoffe ich, das wünsche ich.« Er ging fort und kam den andern Tag auch wieder. Nicht lange war er da, als er anfing: »Nun, liebe Karoline, ich bin entschlossen! Doch etwas müssen Sie mir versprechen.« »Lassen Sie hören!« »Sie müssen mich noch einmal besuchen.« »Ja, wie kommen Sie doch darauf? Von Herzen gern.« – »Ja, aber allein! – Ganz allein.« »Ich allein? Und warum, Herr Major?« »Daraus will ich schließen, ob Sie mich für redlich halten, denn noch weiß ich, gewiß trauen Sie mir nicht. Dieses soll der Beweis sein, ob Sie mich so sehr lieben, wie Sie sagen.« »Nein, Herr Major, das geschieht nicht, das wär wider allen Verstand.« Er schwur, doch alles half nichts. »Und wenn Sie sich Hände und Füße binden ließen, so geschähe es doch nicht. Denken Sie, was würden Ihre Bedienten denken? Und wenn Sie auch nicht aus den Schranken der Tugend wichen, so könnten doch die Leute sprechen, was sie wollten.« »Ich will alles entfernen.« »Desto schlimmer.« Nun war's wieder nicht recht, und war wieder ein Nachmittag wie so viele andere, von Klagen, von Beschwerden.

Den Tag darauf kam er wieder, nach wenigen gewechselten Worten frug er mich: »Nun, wie lange bleiben Sie wohl noch hier?« »Ich weiß es nicht recht.« Denn ich war seit jenem Verlangen von ihm, daß er mir den Antrag machen konnte, zu ihm allein hinauszukommen, sehr ernsthaft geworden. Er hatte es gemerkt und schien Reue zu fühlen. »O Gott, ist es denn nicht möglich, daß Sie hier bleiben können?« »Nein!« »O Karoline, nicht so ernsthaft! Liebe, nur noch eine Bitte gewähren Sie mir, oh, schlagen Sie mir solche nicht ab, einziges Geschöpf. Hier sind zwei Goldbörsen, wählen Sie sie, damit Sie an nichts Mangel leiden, und wenn Sie nicht genug haben, lassen Sie mich's wissen!« »Herr Major, Sie beleidigen mich, wem habe ich geklagt über Mangel? Ich bedarf nicht viel, drum brauch ich auch nicht viel. Sie wissen, daß ich Ihr Geld nicht achte, und haben schon Beweise. Behalten Sie alles! Wollte Gott, ich wär reich und Sie arm. Nichts habe ich von Ihnen genommen seit der Zeit, da ich wußte, daß Sie mich liebten, wie Sie mich glauben machen wollen. Ohne Sie zu beleidigen, kann ich Ihnen das, was ich von Ihnen habe, nicht zurückgeben. Sie wissen die Art, mit der Sie's mir zuschickten. Doch das ist vorbei! Behalten Sie das Ihrige, damit Sie nicht einmal sagen können oder nur denken können, ich war nur eine Buhlerin, die versucht hat, Sie zu betrügen.« »Ich will ja nur, daß es Ihnen an nichts mangele. O meine Karoline, meine –« Er sank zu meinen Füßen, sein Kopf lag auf meinem Schoß, meine beiden Hände benetzte er mit seinen Tränen. »Welch ein elender Mensch bin ich geworden! Bin ich noch Soldat? Da lieg' ich zu den Füßen eines Mädchens, die kein Mitleid, kein Erbarmen mit mir hat. Mich wie einen bösen Hund von sich stößt. Wer von meinen Kameraden würde den Major Dalwig noch kennen.« »Leide ich weniger wie Sie?«

Er hörte nicht, sah nicht. Ein kalter Todesschweiß wie Perlen stand auf seinem Gesicht und seinen Händen, ich warf ihn auf mein Bett, meine Mutter kam auf mein Geschrei. Ihr Schreck war nicht gering. Mein Geliebter kam nach vieler Mühe, die wir angewandt, nach einer langen Stunde erst wieder zu sich. Er sprach und ich den Nachmittag wenig. Darauf ging er fort. Es war an einem Donnerstag, und meine Mutter hatte gehört, daß wir den Sonnabend fortreisen würden. Freitag und Sonnabend hörte ich nichts von ihm. Er wußte nichts anderes, als daß wir den Sonnabend reisen würden; weil er mich also den Freitag nicht gesprochen, so ritt er den Sonnabend auf der Landstraße herum, mich einzuholen und noch ein Stück Wegs zu begleiten, wie ich später aus einem Brief erst erfuhr.

Wir reisten aber den Sonntag früh, ich mußte fort ohne Abschied. Wie mir war? Wie mir wurde, als ich sein Haus in der Ferne liegen sah? – So war ich noch nie gereist.

XIII.

Braunschweig, Hannover 1763/1764

Das war das erste Mal, wo ich gegen das Theaterleben einen Widerwillen fühlte.

Im Juli 1763 waren wir in Braunschweig angekommen. Die Gesellschaft bestand damals aus Herrn Ackermann und seiner Familie, Herrn und Madame Doebbelin, Herrn und Madame Schröter, Herrn Boeck und dem kranken Mylius. Noch ein junges Frauenzimmer, die aber nur tanzte, Herr Hensel nebst ein paar französischen Figuranten kamen dazu. Gute Stücke, die wenige Personen erforderten, wählte Herr Ackermann, und wir arbeiteten alle, alle mit gleichem Eifer. Wir ernteten Lob und Beifall. Damals war es noch gebräuchlich, daß, wenn das Stück nicht sehr lang war, nebst dem Ballett auch ein Nachspiel gegeben wurde. Ballett war alle Abende. Und so weiß ich, daß Herr Boeck oft an einem Abend zwei neue Rollen hatte, denn er mußte alle Rollen von Mylius übernehmen.

In Braunschweig angekommen, war mein erstes Geschäft, dem Major zu schreiben. Bald bekam ich Antwort, und wir wechselten noch einige Briefe. Alles, was ich von ihm so oft mündlich und schriftlich gehört hatte, wiederholte er aufs neue – und ich blieb bei meinem festen Entschluß. Er ward böse und antwortete nicht wieder. Ich schrieb ihm noch dreimal die freundschaftlichsten Briefe, obgleich nichts von Liebe mehr noch von Vorwürfen, aber ich erhielt keine Antwort.

Meine starke Arbeit, der innerliche Gram, machten mich zusehends abfallen. Ich fing an, Blut zu brechen, und dem ohngeachtet arbeitete ich fort, denn ich wollte mein Leiden, mein Leben enden.

Einen Geliebten sollte ich verlieren, aber eine Freundin wiederfinden. Ich war keine zwei Tage in Braunschweig, als ich mich nach meiner Demoiselle Günther erkundigte. Ich erfuhr, daß sie geheiratet hatte. Weil ich ihre Wohnung nicht wußte, wollte ich mich den ersten Tag, wenn keine Komödie war, hinführen lassen. Erst den fünften Tag wurde nicht gespielt. Ich kleidete mich also schon am Morgen besuchsmäßig an und ging zu Madame Ackermann zur Leseprobe. War kaum eine Stunde da, als ein Bedienter mir einen Brief überreichte, ich kannte gleich die Hand meiner Friederike: Die erste Freude, die ich seit langer Zeit wieder zu fühlen imstande war. Kurz, sie war in der Komödie gewesen, erinnerte sich meiner Züge, ließ sich erkundigen und hatte erfahren, daß ich dieselbe Schulze sei, die 1755 in Braunschweig gewesen. Nun ließ sie mich auch gleich bitten, sie den Nachmittag zu besuchen. Der Bediente holte mich ab, und ich ging nicht, ich flog nach ihrer Wohnung. Ein allerliebster Knabe von fünf Jahren stand auf der Gasse, und da er mich mit dem Bedienten sah, lief er in ein Haus und schrie: »Mama, Mama! Karlinchen, Karlinchen!« Die teuerste, beste Freundin stürzte mir schon auf der halben Treppe entgegen. Wir lagen einander um den Hals, konnten nichts sprechen; Tränen der Freude mischten sich in unsere Küsse. Oh, der seligen Empfindung! Oh, der freudigen, nie zu vergessenden Augenblicke! Wie wir uns denn so von dem ersten Wiedersehen erholt hatten und noch mehr Besuch kam, sagte meine Friederike zu mir: »Aber, Karolinchen, mich so ganz vergessen zu haben!« Ich sah sie an. »Ich, Sie vergessen? Hier ist meine Antwort«, und in dem Augenblick überreichte ich ihr ihre Adresse, die sie mir vor siebeneinhalb Jahr gegeben hatte. Da lag sie wieder an meiner Brust und weinte mit mir. Alles war bewegt.

Nun war Abrede genommen, daß, so oft Komödie wäre, sie keine würde vorbeigehen lassen. Und die Nachmittage, wenn nicht gespielt würde, sollte ich bei ihr oder ihrer Schwägerin sein. War auch sonst außer meiner Arbeit und einigen Aufwartungen, die ich bei Hof zu machen die Gnade hatte, für sonst niemand in Braunschweig.

Das Stück »Miß Sara Sampson« hatte sehr gefallen und mußte auf Befehl des Hofes wieder gegeben werden. Ich hatte mich schon einige Zeit nicht wohl befunden und fühlte einen Schmerz auf der Brust, hatte dabei einen fatalen Husten. In der Nacht von Montag auf Dienstag kam der Husten stärker und mit solchem ein Blutauswurf. Meine Angst, wie kann ich die schildern! Nicht um mich, das weiß Gott, nur wegen Ackermanns jammerte ich. Ach Gott, wenn ich morgen nicht spielen könnte! Das Stück von Ihrer Hoheit verlangt! Müssen froh sein, wenn wir ein Stück wiederholen können, da so wenige besetzt sind. Nach Hilfe wurde geschickt. Mir sollte eine Ader geschlagen werden. »Das geht nicht«, sagte ich, »sonst kann ich morgen nicht spielen und tanzen.« »Tanzen? Tanzen dürfen Sie gar nicht«, sagte der Medikus, »wenn Sie nur spielen können!«

Den Morgen eilte mein Bruder zu Herrn Ackermann und meldete den Vorfall. Herr Ackermann, sehr aufgebracht, sagte: »Das Stück muß sein und das Müllerballett« (für mich eins meiner fatigantesten Pas de deux). »Meine Schwester spielt, und wenn sie halbtot wäre, aber weiß Gott, sie kann und darf heute nicht tanzen.« Lange stritten sie, endlich drang mein Bruder durch, und es sollte ein Ballett ohne mich gegeben werden. Mein Bruder kam nach Hause. Tränen hatte er im Auge und sagte: »Weiß Gott, sie glauben es nicht, daß du krank bist. So habe ich mich noch nie geärgert wie heute.« »Laß gut sein, Karl. Werden es wohl sehen.« Ich raffte mich aus dem Bette, kleidete mich an, ließ mich nach dem Theater tragen und spielte. Bei dem Schluß des vierten Aktes, wo Sara die Marwood erkennt und ich nach der heftigen Rede abeilte, stürzte mir das Blut aus dem Halse. Herr Boeck trug mich in die Garderobe bei Herrn Ackermann vorbei, der seine Pfeife Tabak rauchte und jetzt sagte: »Ja, nun sehe ich's: tanzen hätte sie heute nicht können.« Herr Boeck sah meine Bewegung, die ich machte, und sagte: »Um Gottes willen, ärgern Sie sich nicht! Sie kennen ihn ja, es ist Ackermann.«

Ich dachte für Angst und Schmerzen, es wäre mein Ende da. Der Blutsturz ging vorüber. Ich schluckte meine Mixtur und nahm auf einmal, was mir zu drei Malen war verordnet worden. Ackermanns kümmerten sich um mich nicht weiter als nur insoweit, ob ich nicht bald den 5. Akt anfinge. Dafür aber hatte Ihre Hoheit die Gnade, mir sagen zu lassen, ich möchte mich schonen, und der 5. Akt sollte lieber nicht gespielt werden. Ihre Hoheit hätte meinetwegen viele Angst das Stück hindurch gehabt, wie ich die schwere Rolle aushalten könne. Denn trotz all der vielen weißen Schnupftücher, die ich mitgenommen, konnte ich's doch nicht so ganz verbergen, daß man es nicht hätte sehen sollen. Ich ließ Ihrer Hoheit in Untertänigkeit für die hohe Gnade danken und hoffte, noch die Rolle zu enden. Ich spielte meinen 5. sterbenden Akt ohne weiße Schminke gewiß nie so natürlich. Das Stück wurde aus. Herr Doebbelin half mir auf und sagte: »Wie ist's Ihnen, arme Schulzen?« Ich: »Schlimm, sehr schlimm.« Er: »Das sieht man.« Ich: »Es ist ja doch nur Verstellung.« Er: »Ha, es ist abscheulich!«

Das war das erste Mal, wo ich gegen das Theaterleben einen Widerwillen fühlte und in mir der sehnliche Wunsch rege wurde: »Ach, könntest du es verlassen! Bei dem Theater ist kein Dank zu verdienen.«

Elend kam ich nach Hause. Und noch denselben Abend wurde mir an beiden Armen zur Ader gelassen. Dieser für mich unvergeßliche Tag war der 7. September 1763. Den Tag darauf wurde nicht gespielt, aber am 9. stak ich schon wieder im Müllersack, tanzte, ohne daß man von Direktions wegen hätte fragen lassen, ob ich auch könnte.

Als ich wieder einmal bei meiner Freundin zu Gast war und mit ihr allein, sah diese gute Seele tief in mein Herz und sprach zu mir: »Kind, wenn ich Sie auf dem Theater tanzen oder eine muntere Rolle spielen sehe, so sind Sie ganz ein anderes Wesen als bei mir und in der Gesellschaft. Da bei mir denke ich Sie mir nur als eine Sara, Lindane, Pamela; alle Ihre Munterkeit ist Zwang. Oft leide ich viel mit Ihnen, wenn ich sehe, wie viel Gewalt Sie sich antun, es nicht merken und, wenn wir fröhlich sind, es uns nicht entgelten zu lassen. Ich würde es für Ihr Temperament halten, aber einmal, Kind, haben Sie sich verraten, daß ein innerer Gram Sie nagt. Als Sie das letzte Mal die Sara spielten, Blut spien, wo der ganze Hof und alle Ihre Freunde Todesangst um Sie ausstanden, und wie ich Ihnen einen zärtlichen Verweis gab, da man Sie so schwach und elend nach Hause trug. Sie sagten: ›Gottlob, vielleicht habe ich bald alles überstanden.‹ Tanzten den zweiten Tag wieder mit zwei verbundenen Armen so entsetzlich – trotz allen Bittens und Vorstellens des Doktors und Ihrer Freunde. Das ist nicht Eifer für Ihr Brot. Das ist aus Verzweiflung, sich das Leben zu kürzen. Oh, meine Karoline, kann ich Ihnen helfen?« »Sie nicht und kein Mensch, nur Gott, Gott allein, der mich rufen soll.« Ich fühlte wieder aufs neue, daß ich liebte, noch nicht von der tiefen Wunde, die diese Liebe meinem Herzen geschlagen, geheilt war. Ich schüttete dieses Herz ganz in den treuen Busen meiner Freundin. Sie teilte meinen Schmerz mit dem ihrigen; und ihrer zärtlichen Sorgfalt, ihren eifrigen Bemühungen hatte ich meine Ruhe zu verdanken.

Zeit, Nachdenken und der Vorsatz, nicht wieder zu lieben und der Freundschaft allein mein Herz zu weihen, brachten bald meine ehemalige Munterkeit wieder zurück. Doch leugne ich nicht, sein Bild lag lange Jahre noch tief in meinem Herzen und konnte nicht ganz verdrängt werden.

Jeder Tag in Braunschweig unter meinen Freunden verschwand mir kürzer als alle meine Tage, die ich von meinem Dasein an verlebt hatte. Doch auch dieses Vergnügen sollte ich mich gewöhnen zu verlieren, im Verluste noch mehr ertragen zu lernen. Im Oktober war unsere Reise nach Hannover angesetzt. Der Abschied von meinem Riekchen und den übrigen war traurig. Wir versprachen uns, durch fleißigen Briefwechsel den Verlust der Trennung erträglich zu machen, und so schieden wir.

Im Oktober 1763 reisten wir nach Hannover und spielten dort mit viel Glück und Beifall. Unsere Gage wurde durch eine Zulage von zwei Gulden auf vierzig erhöht. Ich war wieder munter und fröhlich und hüpfte so in Lachen und Scherzen meine Tage durch.

Der Briefwechsel mit meiner Friederike und ihren Freunden wurde nun ununterbrochen fortgesetzt, und wenn ich nicht am Tage zu schreiben die Zeit hatte, nahm ich die Nächte zu Hilfe.

Nicht lange war ich in Hannover, als ich in zwei Häusern Bekanntschaft erhielt. Die eine war in des Königlichen Leibchirurgus Bothe Haus und die andere bei einer Pastorswitwe, wo mein Bruder ihren Sohn und die Nichte im Tanzen informierte. Die erste Bekanntschaft kam auf eine drollige Art zustande. Ich kam von der Tanzprobe gegen Mittag lachend und springend, denn sachte wie andere Menschen konnte ich gar nicht auf der Straße gehen. Über jeden Rinnstein mußte ich hinüberspringen, schreiten konnte ich nicht, und das war mir nun einmal zur anderen Natur geworden. Wie ich also so hergesprungen kam, sah ich von ferne einen sehr alten Mann an dem einen Bach stehen, wie bekanntlich durch Hannover fast in allen Straßen Wasser fließt. Ich sah den Alten, der zwar sehr reinlich und ordentlich gekleidet war, doch für einen Hausarmen* an, und daß er wohl vor hohem Alter nicht über den sehr stark angelaufenen Bach schreiten könnte. Geschwinde griff ich nach meinem Beutel, nahm einen halben Taler heraus, wollte den Alten über den Bach leiten und ihm das Geld heimlich in die Hand drücken, als er mit eins meine Hand fest packte und zu mir sagte: »Weiß Sie wohl, daß ich Sie recht lieb habe?« »Ja, Herr!« schrie ich, riß mich los, sprang über den Bach und lief, was ich laufen konnte, ganz atemlos nach Hause. Ich erzählte es den Abend auf dem Theater. Sie lachten alle gewaltig; aber besonders Herr Ackermann fing an und sagte: »Ich wette, das war der alte Herr Bothe, der Leibchirurgus, und, Mädchen, dem wolltest du Almosen geben? Der Mann mit seiner Familie ist einer meiner besten Kunden, alle Abend auf dem ersten Platz und immer mit zehn, elf Personen.«

Etliche Tage darauf kam der Alte auf mich zu: »Sie muß mich besuchen, hab' große Töchter, sind mir schon über den Kopf gewachsen, aber wir haben Sie alle lieb, herzlich lieb. Nun, auf den Sonntagnachmittag sehe ich Sie in meinem Haus.« 83 Jahre war dieser liebenswürdige Greis alt. Er hatte zwei Töchter und einen Sohn. Der Sohn war Hofadvokat. Es schien, als ob die ganze Natur sich verschworen hätte gegen ihn, eine häßliche Gestalt hervorzubringen. Aber so ungestalt er war von Kopf bis auf den Fuß, so war er der Mann von dem besten Herzen, den rechtschaffensten Grundsätzen, voll Verstand. Wenn Gesellschaft auch zuweilen von jungen, liebenswürdig gestalteten Herrchen da war, so waren wenige Worte, die der junge Bothe sprach, mir lieber als all den süßen Herrchen ihr Geschwätz. Zum Glück, daß solche Gesellschaft nicht oft da war. Gewöhnlich waren es lauter alte Freunde von dem Hause: Knaben von 70, 60, 50 und in den vierziger Jahren. Auch seine Töchter hatten ihre Jahre und hätten meine Mütter sein können. Und in diesem Zirkel saß ich mit meinen 18 Jährchen mitten darunter, wir freuten uns und lachten und waren oft so lustig, daß die Nachbarn in den Fenstern lagen und die Leute auf der Straße stillstanden. Freilich hatten wir auch ernsthafte Stunden und Gespräche; denn ein immerwährendes Lachen kann so lästig werden wie beständiger Ernst. Ein für allemal hatte mir Gott die Gabe gegeben, lustig mit dem Lustigen und traurig mit dem Traurigen zu sein.

Doch ich sollte in diesen heitern Zeiten nicht vergessen lernen, daß auch noch trübe Tage und Augenblicke für mich bestimmt wären. Meine gute Mutter wurde krank und bekam heftige Blutstürzungen, die mich nach und nach an den Gedanken gewöhnen sollten: »Du wirst auch sie bald verlieren.« Keine Aufwartung, kein Geld, nichts wurde gespart, um ihr teures Leben für uns zu erhalten. Auch erholte sie sich wieder, so daß sie wieder ausgehen konnte.

Der Advent kam, und es wurde nicht gespielt. Ich wurde, wie gewöhnlich, an einem Sonntag in der Nacht von Bothes Haus nach dem meinigen getragen. Als ich ankam, sagte meine Mutter zu mir: »Heute abend ist jemand Fremdes dagewesen und hat nach dir gefragt. Er sagte, er müßte dich sprechen.« »Wenn's was Notwendiges ist, wird er schon wiederkommen.«

Acht Tage gingen hin, und ich war wieder bei Bothes. Wie gewöhnlich waren sie so gütig und bestellten eine Portechaise, die manche nur den verfluchten Kasten nannten. Doch der Kasten war mir bei den kalten und unangenehmen Wintertagen lieb. Wie ich zu meiner Mutter in die Stube trat, sagte sie zu mir: »Der Fremde war wieder da. Er war ganz vermummt, hatte eine weiße Kapuze auf dem Kopf, vor dem Mund zugeknöpft, daß nur so ein bißchen die Nase heraussteckte und man kaum die Augen sah. Hatte einen Mantelrock an, doch sah ich weiße seidene Strümpfe. Er hat einen Brief für dich dagelassen.« Der Brief war schwer, ich fühlte und fühlte. Nun wurde das Siegel von meiner Hand erbrochen, und ich fand ein paar englische Schuhschnallen in Silber gefaßt mit folgenden Zeilen:

> Mademoiselle, ich bitte, solche ohne Bedenken anzunehmen, da Sie niemals erfahren werden, woher oder von wem sie kommen. Es geschiehet dieses aus keiner anderen Ursache als in Ansehung der großen Approbation, welche Sie sich bei dem hiesigen Publico erwerben, auch wiederum etwas dazu beizutragen, daß dero hiesiger Aufenthalt Ihnen angenehm werden möge.
> Ich bin ein Ihnen stets Unbekannter.
> Hannover, den 11. Dez. 1763.

Selten verging eine Woche, wo nicht eine Schachtel kam, immer zu der Zeit an meine Mutter adressiert, wenn ich im Theater war. Jede Schachtel war immer reicher und reicher angefüllt; der Inhalt der Billette immer derselbe: daß sie mich in Gesellschaft gesehen oder gesprochen. Nur in dem einzigen war ich dieser großmütigen Gesellschaft ungehorsam, daß ich die Briefe nicht verbrannt habe. Mit der Zeit, wußte ich, würde ich alles auftragen und aufbrauchen. Doch von den Billetten konnte ich mich nicht trennen. Die verwahrte ich, und sie werden, so lange ich lebe, nicht aus meinen Händen kommen. Nun war ich auch instand gesetzt, die drei neuen Kleider verfertigen zu lassen, wozu ich in Cassel durch den Major die Zeuge erhalten. Und wer weiß, wie lange solche ungemacht hätten liegen müssen, wenn ich nicht die lieben Briefe von unbekannter Gesellschaft bekommen hätte.

Gleich nach Ostern 1764 kamen Herr Ekhof* und seine Frau nebst Demoiselle Schulz, nachherige Madame Boeck, zu uns. Das erste Stück, in dem ich mit Ekhof spielte, war das Lustspiel »Der Spieler«. Er war Vater, ich Angelique. Als das Stück aus war, kam Ekhof zu mir und sagte: »Mademoiselle Schulze, ich danke Ihnen für Ihr heutiges Spiel. Ich bin nicht der Mann, der Komplimente macht. Meine liebste Schauspielerin, mit der ich gespielt, war Madame S., aber so zufrieden war ich mit ihr nicht, als ich das *erste Mal* mit ihr spielte wie mit Ihnen.« Nach der Zeit, als Ekhof mich in verschiedenen Rollen gesehen hatte, sagte er oft zu mir: »Besser habe ich die Rolle nie spielen sehen.« Meine Antwort: »Was ist gut, Ekhof, das nicht noch besser gemacht werden kann? Stellen kann man unnachahmlich treffen, aber ganze Rollen?«

XIV.

Göttingen, Braunschweig 1764

> Lessings »Sara Sampson« wurde gegeben. Das Haus war zum Brechen voll. Und ich zweifle, ob je so eine allgemeine Stille, während wir spielten, in einer Kirche gewesen ist.

Wir blieben bis in den Juni 1764 in Hannover und sollten nun auf vier Wochen nach Göttingen. Dort spielten wir bei reicher Einnahme mit sehr viel Beifall. Wer weiß, was das sagen will, zu spielen auf einer Universität wie Göttingen, wo in so langer Zeit nicht gespielt worden war (Herr Ackermann hatte auch bloß wegen der guten Aufführung seiner Gesellschaft in Hannover die Erlaubnis erhalten), der wird wissen, daß Verstand und Talent erfordert werden, seine Rolle zu spielen, so gut auf dem Theater als außerhalb desselben, und lieber einem Tadel als Schauspielerin sich zu unterwerfen als dem einer guten Bürgerin. Ich nahm mir vor, bei meiner Flüchtigkeit und meinem munteren Wesen sehr auf der Hut zu sein, jeder Gelegenheit einer Bekanntschaft auszuweichen, und wenn es auch mit dem Gesittetsten der Universität gewesen wäre. Nie ging ich allein über die Gasse, mein Bruder mußte mir seinen Arm geben. Ich war ohne Affektation gegen den, der sehr einfach, wie gegen die, die reich gekleidet waren, gleich höflich und freundlich.

Alle möglichen Versuche wurden angestellt, mich zu sprechen in meinem Haus. Aber nie fand man mich, und oft war ich im Zimmer versteckt, daß mich keiner sah. Bald kamen sie um Komödienzettel, bald um Billette, bald frug man nach Herrn Ackermanns Wohnung, bald wollten sie die Stücke zum Durchlesen haben, die gespielt wurden, usw. Endlich, da das Kommen nicht aufhören wollte, sagte meine Mutter: »Meine Herren, ich bin gewiß, Sie wissen es besser, als ich's Ihnen sagen darf, daß hier bei mir weder Zettel, noch Billette, noch Bücher zu haben sind. Auch werden Sie besser wissen als ich, wo Herr Ackermann wohnt, weil ich es nicht weiß, da ich noch nicht in seinem Hause gewesen bin. Was Sie vielleicht hier suchen, werden Sie nicht finden. Wir haben alle mögliche Hochachtung für Sie. Aber Sie sind selbst alle zu vernünftig, um nicht selbst einzusehen, wie notwendig es ist, jedem Umgang und jeder Bekanntschaft auszuweichen. Verschonen Sie also meine Tochter und mich! Wie sehr würde es uns kränken, wenn wir Verdruß hier haben sollten! Und Sie sind gewiß alle zu sehr gesittet, um dieses zu wünschen.« Da standen sie alle, sahen einander an, wurden rot und lächelten. Endlich sagte einer: »Madame, Sie sind eine vortreffliche Frau. Sollen von uns allen, wie Ihre vortreffliche Mademoiselle Tochter, keinen Verdruß haben. Ich versichere Sie durch mich der Hochachtung der ganzen Universität. Keiner von uns wird es wieder wagen, Sie zu belästigen.« Sie verbeugten sich und gingen alle zum Zimmer hinaus und die Treppe hinunter, und ich kam unter dem Tisch hervor, wo ich immer versteckt war und mich keiner wegen des großen Teppichs, der herum war, sehen konnte. »Gott sei Lob und Dank!« sagte ich, »nun kann ich endlich einmal ruhig in meinem Zimmer sein.«

In der zweiten Woche wurde das »Türkenballett« gegeben, wo mein Bruder als Mohr tanzte. Das erforderte immer längere Zeit mit Auskleiden, ehe er die Schwärze vom Gesicht weggewischt hatte. Alle waren schon fort und wir noch nicht. Nun hörte ich einen ganzen Schwarm von den Herren Burschen aufs Theater kommen. Kein Winkel zum Verstecken war da. Ich lief zu dem ersten Vorhang und ließ mich mit dem Theatermeister in ein Gespräch ein, aber nur, um ihm zu sagen: »Lösche nicht alle Lichter aus, bis ich mit meinem Bruder fort bin.« Hinter mir war's wie ein Bienenschwarm; doch wollte ich durchaus nichts hören noch sehen, als einer anfing und sagte: »Guten Abend, Mademoiselle Schulze!« Ja, nun half's nichts. Ich wendete mich um und antwortete: »Guten Abend, meine Herren!« Da standen sie alle in einem Zirkel, die Hüte in den Händen. Und zwei von ihnen führten das Wort, die andern waren alle still. Sie überhäuften mich mit Komplimenten, sagten mir so viel Schönes und Artiges, das ich gewünscht hätte zu verdienen, und wie sie damit fertig waren, schwiegen sie stille und warteten auf meine Antwort.

»Aufrichtig, meine Herren, muß ich Ihnen gestehen, daß ich noch nie an einen Ort mit so viel Widerwillen hingereist bin wie hierher nach Göttingen.« »Warum, Mademoiselle?« frugen sie mich sehr hastig. »Will's Ihnen gestehen, man machte mir so

Angst; unter einer so großen Zahl von jungen Leuten wär's unmöglich, daß nicht auch einige Wilde und Unartige seien, die nur Verdruß machen würden, sich ungestüm im Theater betragen und Händel und Verdrießlichkeiten suchen würden. Nun aber kann ich Ihnen auch mit derselben Aufrichtigkeit gestehen, daß ich, ohngeachtet der kurzen Zeit, die ich hier bin, noch nie an einem Ort gespielt habe, wo ich so viel Sitte, solch eine Stille im Schauspielhaus erlebt habe wie hier. Welche Belohnung ist's dem Künstler, wenn er sieht, daß man Aufmerksamkeit für seine Arbeit hat! Dazustehen, zu spielen nicht für Pöbel, nein, für lauter Personen, die sich alle den schönen Künsten und Wissenschaften gewidmet haben. Von denen mit Beifall, mit gütiger Nachsicht beehrt zu werden, die wissen, daß nichts vollkommen ist oder sein kann, besonders bei unserem Stande. Bleiben Sie alle so ruhig, wie Sie bisher gewesen sind, so weiß ich gewiß, daß Göttingen, so lange ich leben werde, einer von den Orten sein wird, wo ich am liebsten gewesen bin.«

Nun schwieg ich stille, und Beifall erschallte aus aller Munde. Nun kam mein Bruder und sagte mir: »Karoline, ich bin fertig.« Ich verneigte mich gegen sie alle, wünschte ihnen, wohl zu leben, und sagte gute Nacht. Noch war ich kaum auf der Treppe, als sie ein dreimaliges Vivat auf dem Theater erschallen ließen. Ich dachte, ich wäre des Todes über den Lärm und eilte mit Karln nach Hause. Sie nun alle hinter uns beiden her, und wie wir zum Tor hinein waren – denn das Schauspielhaus stand vor dem Weender Tor –, liefen sie uns voraus und machten den großen Torweg vor meinem Hause auf. Ich wohnte bei einem Bäcker, und das Haus hatte einen Torweg, wo ein aufgeladener Wagen mit Mehlsäcken hineinfahren konnte, der aber nur zu diesem Gebrauch ganz aufgemacht wurde. Nein, für mich machten die Herren Burschen selbst beide Türen auf, stellten sich in einem halben Zirkel vor mein Haus, die Hüte in den Händen, verneigten sich tief, ich mich wieder vor ihnen, so tief wie ich konnte. Und wie ich im Zimmer war, erschallte wieder ein dreimaliges Vivat. Ich trat ans Fenster, machte ihnen ein stummes Kompliment, und nun wanderten sie alle fort. So schmeichelhaft es einer jeden anderen vielleicht gewesen wäre, so war es mir doch nicht. Denn immer war mir angst vor unangenehmen Folgen.

Den Tag darauf wurde Lessings »Sara Sampson« gegeben. Das Haus war zum Brechen voll. Und ich zweifle, ob je so eine allgemeine Stille, während wir spielten, in einer Kirche gewesen ist. Nachdem das Stück aus war, wollten sie wieder aufs Theater und sich bei mir bedanken, weil ich den Tag gewiß vorzüglich gut gespielt. Herr Ackermann hatte aber welche vor die Tür stellen lassen, und die Herren Burschen wurden abgewiesen. Mir mußte dabei am bängsten sein, denn stand ihnen nicht allen frei, zu denken, daß ich es Herrn Ackermann gesagt und ihn darum ersucht hätte? Wie leicht hätten sie gegen mich einen Burschenstreich ausüben können, und ich wäre doch unschuldig gewesen. Auch waren unter ihnen selbst Händel. Einige sagten, ich hätte hin und wieder zu viel, andere, nein, zu wenig Affekt gezeigt, und die dritte Partei sagte: »Sie hat gut gespielt.« Dieses Kompliment hatte mir selbst der große Ekhof gemacht, der in Hannover zu uns gekommen war. Dieser so sehr berühmte Schauspieler hatte zu mir gesagt: »Mademoiselle Schulze, ich bin nicht der Mann, der Komplimente macht. Bisher habe ich geglaubt, daß nur eine Starkin* zu der Rolle geboren wäre. Aber Sie übertreffen diese vortreffliche Frau.«

Wir spielten nun ruhig fort, und alle Abende hatte ich die gewöhnliche Begleitung und das dreimalige Vivat. Ja, wenn die Bäckerknechte vor dem Haus saßen, um sich abzukühlen von ihrem Backofen, und sie sahen den Zug von ferne, liefen sie von ihren Bänken und Steinen und machten die ganze Tür auf, den Herren die Mühe zu ersparen und mich hineingehen zu lassen. Als einmal ein neuer Rektor erwählt wurde, hatten sie einen feierlichen Zug. Auch bei meinem Hause mußten sie (ob's gleich nicht ihr Weg gewesen wäre) vorüberziehen, und ich bekam das zweite Vivat. Dann gingen sie erst nach den Häusern der Professoren und des alten Generals, der noch gesagt hat: »Haben recht getan. Hätt's ihnen übel genommen, wenn sie erst zu mir und dann zu dem lieben, braven Mädchen oder etwa gar nicht hingegangen wären.« Nun kam die letzte Komödie. Aber wie solche aus war und das Ballett, da ließen sie es sich nicht wehren und wurde ihnen auch nicht versagt, kamen alle aufs Theater, bedankten sich in kurzen Worten bei mir und küßten mir die Hände. Ich dachte, der Zug würde gar nicht alle werden. Spät war's in der Nacht, als ich erst vom Theater mit Karln nach Hause kam. Alle Burschen hatten sich in zwei Reihen vom Weender Tor an bis an mein Haus gestellt. Durch diese Gasse mußte ich durch. Jeder sagte: »Gute Nacht – leben Sie wohl!« Glückwünsche und Danksagung aus jedem Mund! Ich mußte weinen und kann sagen, daß ich gewiß ihre Güte und Liebe fühlte mit dem dankbarsten Herzen. Sobald sie Licht in meinem Zimmer sahen, donnerten sie wieder ihr dreimaliges: »Mademoiselle Schulz Vivat Hoch, und abermals Hoch!« daß man sie gewiß in ganz Göttingen gehört hatte und mir die Ohren gellten. Gott, bewahre, welch ein Lärm! Doch trat ich wieder ans Fenster, und alles zog stille fort.

Den Tag darauf zweifelte ich, ob noch ein Bursch in Göttingen übrig war, der nicht auf meinem Zimmer gewesen. Ich war bei dem Einpacken und konnte solche Besuche nicht vermuten. Ich tat nichts, als daß ich dastand, mit beiden ausgestreckten Händen, die einer nach dem andern küßte. Die meisten sagten nichts, kaum: »Leben Sie wohl!« Aber viele weinten, und ich kleiner Narr stand da und weinte, daß eine Träne die andere schlug. Und ob unter so vielen lieben, guten Jungens kein einziger war, der bei mir vorzüglicher wäre angesehen worden, möchte mancher vielleicht fragen wollen. Nein, gewiß nicht. Nicht einer, obgleich welche aussahen, daß Amor selbst nicht liebenswürdiger sein kann.

Noch herrschte der Major ganz in meiner Seele. Und ob es ihm gewiß gleichgültig geworden, weil ich nichts von ihm wußte, so freute ich mich selbst über meine Standhaftigkeit, wollte und wünschte noch immer, obgleich von ihm vergessen, ihm ewig treu zu bleiben. Den Morgen darauf verließen wir Göttingen und kamen wieder nach Braunschweig.

Meine Freundin Rieke überraschte mich und kam mir schon zwei Meilen weit entgegen. Ich stieg vom Wagen und fuhr mit ihr nach Braunschweig. Meine Mutter wollte nicht mit uns fahren der Sachen wegen.

Auf Verlangen des Hofes wurde mit der »Miß Sara Sampson« angefangen. Eben damals fanden wir eine Gesellschaft französischer Schauspieler. Alle die Herren Gelehrten und Freunde des deutschen Schauspiels verlangten, wünschten es, um den französischen Schauspielern durch Deutsche ein deutsches Trauerspiel zu zeigen, sonst würden wir nicht mit einem Stück angefangen haben, das wir das Jahr vorher schon zweimal gegeben. Als ich mit dem ersten Akt fertig war und in die Garderobe trat, um mich umzukleiden, frug ich nach meiner Mutter. Da hörte ich, daß sie sich nicht recht wohl befunden und nach Hause gegangen wäre. Ich schmeichelte mir mit der Hoffnung, daß es eben von keiner Bedeutung sein würde, und spielte meine Rolle ruhig fort. Aber, mein Gott, wie erschrak ich, als ich heimkam und hörte, daß sie alle gebeten, es mir nicht zu sagen, wie elend sie wäre! Sie hatte wieder ihre heftigen Blutstürzungen bekommen. Man hatte sie nach Hause getragen, und ich fand sie mehr tot wie lebendig. Ich eilte zu meiner Freundin, bat, sie möchte fortschicken nach dem Doktor. Der kam auch noch in der Nacht, und ich wich nicht von ihrem Bette.

Die Stunden, wo ich nicht zu Proben und Komödie mußte, gehörten alle meiner Mutter, nicht eine Minute hätte ich ihr rauben können. Der Doktor sprach meiner Mutter das Leben ab, und sie verlangte einen Priester, der ihr auch das heilige Abendmahl reichte. Mein Zustand war traurig.

Wir sollten in Braunschweig nicht länger bleiben als bis gegen das Ende von dem Monat August 1764. Meine Mutter, zu unserer aller Freude, erholte sich wieder, doch war sie so matt, daß wir sie in die Kutsche heben und tragen mußten. Unser Weg ging nach Hamburg. Meine liebe Mutter erholte sich auf der Reise zusehends, daß sie frisch und gesund wurde. Endlich stiegen wir in Harburg in ein Frachtschiff und mußten auf solchem bis vollends nach Hamburg auf der Elbe die Reise beschließen.

XV.

Hamburg, Bremen, Hamburg 1764/1765

»Hier in Hamburg kann man alles haben, Fische,
Fleisch, kurz, was man wünscht, im Überfluß.« –
»Auch ein vergnügtes Herz?«

Je näher ich Hamburg kam, je mehr fühlte ich in mir ein – ich weiß nicht was, das mich beunruhigte. Der Anblick des Hafens, wo die prächtigen Schiffe lagen und für so viele Fremde ebensoviel Augenweide ist, hatte für mich keinen Reiz. Alles machte mich beben. Alles zog und zerrte und preßte mein Herz zusammen. Ich selbst war mir ein unbegreifliches Wesen. Wir landeten an, und Herr Ackermann ließ Erfrischungen reichen; ich aber eilte aus dem Zimmer, setzte mich in die erste beste Stube, die ich leer von Menschen fand, und ließ meinen schmerzhaften Empfindungen ihren Lauf. Meine Mutter, die nicht wußte, wo ich hingekommen, suchte mich; endlich fand sie mich auch. Doch wie erschrak die gute Frau, als sie mich fast in Tränen schwimmend fand! »Was ist dir, Kind? Was hast du?« »Ach, meine beste Mutter! Ich weiß es nicht. Ach, lassen Sie uns forteilen, fort, weit fort von diesem abscheulichen Ort!« »Rasest du? Ort? Hast ihn ja noch nicht gesehen.« »Will, mag ihn nicht sehen. Hab schon an dem genug. Oh, Mutter, Mutter, wie komme ich von hier weg? Muß ich hier bleiben, so bin ich gewiß zu meinem Unglück hergekommen. Diese Ahnung meines Herzens trügt mich nicht. Haben Sie mich je so gesehen?«

Meine Mutter stand da, weinte und sagte: »Du bist mir unbegreiflich«, als Herr Ackermann zu uns ins Zimmer trat. »Wo, Teufel, steckt ihr? Aber was ist das? Was gibt's, was fehlt?« »Herr Ackermann, hier bleibe ich nicht bei Ihnen, wo Sie nicht machen, daß wir alle bald wieder fortreisen.« »Mädel, bist du närrisch geworden? Mach mir ja keinen Streich!« »Ja, Herr Ackermann, hier stehe ich Ihnen nicht dafür; denn hier kann ich nicht bleiben.« Madame Ackermann kam auch dazu, wollte mich aufmuntern; aber da war an kein Aufmuntern zu denken. Ich war und blieb in den tiefsten Gram versenkt. Nun führte mir Herr Ackermann einige Hamburger zu und wollte mich mit ihnen bekannt machen. Aber alle bekamen von mir sehr kurzen Bescheid; denn ich konnte mir nicht helfen, nicht Empfindungen lügen, und alle hatten das Glück oder Unglück, wie man's nehmen wollte, mir von Herzen zu mißfallen. Wir setzten uns in die Kutschen, die Herr Ackermann hatte kommen lassen, und fuhren in die Stadt. Das Gewirr erregte mir Ekel, kurz, ich blieb bei derselben Empfindung. Wir traten bei einem Bekannten von Ackermann ein. Die Leute mochten in ihrer Art gut sein, mir aber waren sie so hölzern wie möglich. Man setzte sich zu Tische. »Ach, Taschenkrebse, Taschenkrebse«, sagte Madame Ackermann am Tische, wie sie aufgetragen wurden. Ich fand keinen guten Bissen daran. Die gewöhnlichen Krebse sind mir lieber. »Ja, hier kann man alles haben.« »Auch ein vergnügtes Herz?« »Hier sind Fische, Fleisch, kurz, was man nur wünscht, im Überfluß; hier ist am besten leben in der ganzen Welt.« »Für die, die ihre Glückseligkeit im Magen haben, und da sitzt die meinige nun eben gar nicht.« Nun wurde eine Wohnung gesucht. Wir fanden solche ziemlich nach Wunsch, und nun saß ich darin wie in einem Kerker.

Den 6. September 1764 wurde die erste Komödie gegeben; wir gefielen alle, und besonders das Ballett, das rasend Lärm machte. Aber ich war und konnte nicht vergnügt werden. Nur der Trost blieb mir, daß unseres Dableibens von keiner langen Dauer sein sollte. Wir spielten am Dragonerstall in einem dazu eingerichteten Komödienhaus, wo immer auch vor uns deutsche Komödie war, und ein Tag wie den andern war immer dasselbe gleich voll. Nun kam der Advent heran, und wir machten die letzte Komödie. Da war ich denn wieder ganz dasselbe muntere, lustige und mutwillige Mädchen und was noch mehr. Es sollte wieder nach Hannover.

An einem Morgen stand ich und packte Kästchen ein. Herr Ekhof trat zu mir ins Zimmer: »Nun, so packen Sie nur wieder aus; wir reisen nicht.« »Nicht?! Ei was, Sie spaßen.« »Nein, nein, ich sage die Wahrheit. Ackermann läßt den Konzertsaal zurechtmachen. Darum fangen wir gleich nach dem Weihnachtsfest wieder an zu spielen.« »Nun, so wollte ich – – !« So aufgebracht war ich lange nicht. Ekhof machte ich alle möglichen Vorwürfe, denn der allein war schuld und dem war Hamburg an die Seele gewachsen. Ich war so aufgebracht, daß, wenn man mir in dem Augenblick einen anderen Kontrakt zu einem anderen Direkteur vorgelegt hätte, ich würde solchen ohne Bedenken unterschrieben haben.

Ekhof wollte wissen, was mir denn in Hamburg nicht anständig sei. »Alles! Menschen, Vieh, alle Elemente! Alles ist mir zuwider vom ersten Augenblick an. Ackermann hat uns hier zwei Gulden die Woche zugelegt, und bei unserer Haushaltung, die gewiß von jeher aufs sparsamste eingerichtet, kommen wir hier mit sechzehn Gulden die Woche nicht so weit, als wir sonst mit zwölf gekommen sind. Muß man nicht jeden Tropfen Wasser bezahlen? Hab' noch in meinem Leben nicht Wasser gekauft. Ja, hier muß man den Mist ins Haus und wieder heraus kaufen. Mag sein, für die hiesigen Einwohner, die das gewohnt sind und nicht besser verstehen, ja, die gewohnt sind, im Gelde zu wühlen. Mir kann's nicht gefallen. Hier setzt man zu, was man sich sauer und mühsam seit Jahren erspart hat.« »Ach was, schmähen Sie mir Hamburg nicht! Sie kennen es noch nicht.«

»Wenige Wochen war ich an anderen Orten und war bekannt in den ersten und besten Häusern in der Stadt. Dankt man oder vielmehr verstehen Eure Einwohner einem nur zu danken, wenn man auf der Straße geht und solche grüßt? Ich weiß gewiß, ich grüße keinen mehr und bleibe stehen, wenn sie mir in ihren vergüldeten Wagen vorbeirollen. Hier heißt es: ›Hat der Hund Geld?‹ Hat er das nicht, so achtet man einen nicht. Geld, heißt es, ist die Losung.« »Aber Sie sind ja noch nirgends gewesen!« »Ja, einmal in Harvestehude. Ich wollte nicht; die Hausleute überredeten mich. Wir kamen halb drei Uhr an. Nun gab man Kaffee, dann Tee. Eins wie das andere war nicht zu genießen; denn in allem war Salz. Wie die Stube endlich warm wurde, hieß es: ›Wir müssen machen, daß wir in die Stadt kommen.‹ ›Warum?‹ ›Ja, in den kurzen Wintertagen wird das Tor vier Uhr geschlossen.‹ ›So zahlt man Sperrgeld.‹ ›Nein, hier geht das nicht, hilft kein Sperrgeld, und wenn's ein Fürst wäre.‹ – Nun, die Angst noch, die vergeß' ich nicht. Des Nachts aus dem Hause zu sein, ohne meiner Mutter Wissen! Ich weiß, was ich lief, und kam noch so eben zur Stadt. Solch ein Spaziergang kann einem alle Spaziergänge verbittern.«

Herr Ekhof kam mit mir nicht aus mit seiner ganzen Beredsamkeit, ließ sich auch in 14 Tagen und länger bei uns nicht sehen. Und es war mir lieb; denn der Anblick von dem erregte nur meine Galle. Mein einziges, was ich hatte, war meine Korrespondenz. Sonst wäre ich unsinnig geworden; denn auch nicht einmal wußte ich, wo ich Bücher zum Lesen herbekommen sollte. Kannte niemand.

Kurz vor dem Weihnachtsfest ließ sich Herr Ekhof wieder sehen und brachte mir einen großen Brief. Ich brach auf und zog eine Ode an mich heraus, die ein Göttinger Student namens Schiebeler hatte drucken lassen; las solche zur Hälfte und ward rot, konnte nicht weiter lesen. Als Poesie betrachtet, war die Ode schön. Aber das Bild, das er entworfen, war ich nicht und wohl keine, die ich kenne, beim Theater. Es war zu sehr geschmeichelt. Zu Ekhof sagte ich:

»Er hat Ihnen ohne Zweifel auch ein Exemplar geschickt?« »Ja!« »Nun, so versprechen Sie mir, solches keinem zu zeigen! Man möchte denken, ich bildete mir was darauf ein, machte mich eitel oder stolz. Auch sagen Sie keinem was davon! So viel versichere ich Sie, daß das, was Sie mir gegeben, soll nicht einmal mein Bruder sehen.« Ekhof frug mich, ob ich in Göttingen denn nichts zugeschickt bekommen oder gelesen. »Ja«, sagte ich, »vieles. Doch weil es immer viele Kritik auf meine Mit- und Nebenkameraden war, habe ich alles verbrannt. Sollte nicht in unrechte Hände kommen. Mich freut kein Lob zum Nachteil meines Nächsten. Und jedem Ehrliebenden muß es wehe tun, sich auf Kosten anderer loben oder tadeln zu hören.« Ekhof versprach mir, einige, die ich vielleicht nicht gelesen, zu bringen, und er hielt Wort. Doch was half mir meine Bescheidenheit? Diese Ode gab zu dem bittersten Verdruß Anlaß. Hier will ich sie abschreiben von Wort zu Wort.

Wie wenn im Lenz der Welt, hoch aus des Himmels Chören
Sich ein Unsterblicher zur Erde nieder ließ,
Gesandt von dem, der schuf, die Sterblichen zu lehren,
Was ihnen seine Huld verhieß;
Noch lang um ihren Blick der Gottheit Bote schwebte,
Nachdem zum Himmel sich sein Flug zurückgewandt;

Noch lang in ihrem Ohr die sanfte Stimme bebte,
Daß ihre ganze Brust empfand:
Du, die zur Priesterin die Tugend sich gewählet,
So hör' ich immer noch der Stimme Silberschall,
Mit der Dein Mund Dir lehrt, Dir Deine Brust beseelet,
So folgt Dein Bild mir überall.
Bald meld't die Phantasey Dich mir, umringt von Schmerzen,
Mit unverwandtem Blick sieht dieses Heer auf Dich,
Und plötzlich stürzet es in Deiner Hörer Herzen
Auf einen Deiner Winke sich.
Sie stürzen sich dahin und martern und verwunden,
Und alles, alles weint und seufzet in Dein Leid.
Hier ist kein Schauplatz mehr, die Fabel ist verschwunden,
Hier ist vollkommene Wirklichkeit.
Bald führt sanftlächelnd Dich mit jugendlichen Tänzen
Der Scherze leichter Schwarm herauf vor meinen Blick.
Sie flattern um Dich her und werfen Dich mit Kränzen
Und fliehn und kehren schnell zurück.
Erschein im Fürstenschmuck und Lob muß Dich erheben.
Erschein im Hirtenkleid und Beifall folgt Dir nach.
So ist der Weise groß, wenn ihn Paläst' umgeben,
Und groß auch unterm Hüttendach.
Vor Dir legt die Kritik die scharfen Waffen nieder,
Zu loben zwingst Du sie, was sie zu tadeln kam.
Du gibst dem Gallier, Du gibst dem Briten wieder,
Was ihm ein Uebersetzer nahm.
Den Lorbeer, der die Stirn erhabner Dichter krönet,
Vortreffliche, den muß auch Dir die Ehre weihn.
Wenn, was ein Schlegel schrieb, von Deinen Lippen tönet,
So wird, was er geschrieben, Dein.
In welche Gegenden entreißt mich das Entzücken?
Eröffnet zeigt sich mir der Sitz des ew'gen Ruhms.
Wie strahlt Dein reizend Bild vor meinen trunknen Blicken
Im innern dieses Heiligthums.

Daniel Schiebeler.

Sind auf manche nach mir noch weit mehr übertriebene Lobeserhebungen gesagt worden und nahmen's mit mehr Zuversicht auf. Doch ich will fortfahren in meiner Erzählung.

Nach dem Weihnachtsfest gingen die Komödien an, und nach Neujahr 1765 wurden die Einnahmen von Tag zu Tag immer schlechter. Immer hatte ich Ackermann das beste Glück gewünscht und alles, was bei mir stand, mit beigetragen. Aber nun – ich gestehe es aufrichtig, denn meine Absicht ist es gewiß nicht, mich besser zu machen, als ich war – ich freute mich, und oft kam ich wie im Triumphe nach Hause und sagte: »Mama, heute war's wieder leer.« Mit jeder schlechten Einnahme wuchs meine Hoffnung, Hamburg bald verlassen zu können. Meinem Bruder gefiel es schon besser; der hatte Bekanntschaften die Menge.

Die Fasten war bereits da, wo nicht gespielt wurde. Mein Bruder wurde krank und lag sehr gefährlich. Das viele Schwärmen mochte wohl die größte Ursache seiner Krankheit sein. Auf einmal kam die fröhliche Nachricht, daß wir von Hamburg fort nach Bremen reisen sollten. Wer war nun glücklicher als ich? Freilich wußte ich zum voraus, daß wir würden wieder zurückkommen. Denn Herr Ackermann wurde Bürger in Hamburg, und der Grundstein zum neuen Komödienhaus*, das er auf seine Kosten wollte bauen lassen, war bereits gelegt. Mir war's Trost, doch nur auf einige Monate fortzukommen. »Und wer weiß, wann das Haus fertig wird«, dachte ich. »Dazu geht wohl ein Jahr hin.« Meine Mutter blieb bei meinem Bruder in Hamburg, es war das erste Mal, daß ich beide zugleich verlassen mußte.

An einem Dienstag des Morgens stiegen wir in ein Schiff und wollten zu Wasser bis Buxtehude und von da weiter mit Extrapost bis Bremen rollen. Um halbzehn fuhren wir von Hamburg aus auf der Elbe fort und kamen des Nachts halbelf nach Altona. Wer nicht weiß, wie weit das voneinander liegt, dem sage ich, daß ich in Zeit von drei Viertelstunden mit der größten Bequemlichkeit vom Hamburger Tor bis ans Altonaer zu Fuß gehen konnte. Alle Tage wurden wir von unserm Wirtshaus in Altona aufs Schiff geholt, ein-, auch wohl zweimal. Mit jeder Ebbe, mit jeder Flut sollte fortgesegelt werden, aber der Wind war und blieb konträr.

Auch regnete es und regnete fort, bis wir wieder ins Wirtshaus kamen, da wurde gut Wetter. So foppte uns das Wetter bis des Sonnabends, wo wir endlich unter dem heftigsten Sturm und Regenwetter in derselben Nacht gegen zehn Uhr in Buxtehude ankamen.

Vor Freude und Vergnügen sah und fühlte ich nichts von aller Gefahr, in der wir uns befanden. Wie ich lustig sein und essen konnte, war jedem unbegreiflich. Mir nicht. Erstens reiste ich von dem fatalen Hamburg, und zweitens freute ich mich, daß meine Mutter und mein Bruder nichts von all der Unbequemlichkeit fühlten. Welche Angst würde meine Mutter ausstehen, die ohnedies bei Wasserfahrten so ängstlich ist! So wie wir in Buxtehude in das Posthaus kamen, ward nun alles mit fröhlich. Wir wollten Punsch machen und es uns wohl sein lassen. Und wie ich so im besten Arbeiten bin, tritt der Postmeister mit einer sehr traurigen Miene zu uns ins Zimmer: »Danken Sie Gott insgesamt, daß Sie da sind! Eben kommt die Nachricht, daß das Postschiff mit 17 Personen vom Sturm umgeschlagen worden. Nur der Schaffner ist gerettet, 16 haben ertrinken müssen.« Still legte ich Zitronen und Messer weg, ließ alles, was zum Briefschreiben gehört, gleich auf mein Zimmer setzen und fing so an: »Liebe Mama! Wenn ich mit der Gesellschaft ersoffen wär', könnte ich ohnmöglich schreiben. Das Postschiff traf das Unglück. Wir kamen mit dem unsrigen gesund und glücklich in Buxtehude an« usw. Den Brief gab ich mit der besten Rekommandation dem Herrn Postmeister, fand noch Punsch, wir aßen und tranken und wurden fröhlich.

Den Morgen darauf war Palmsonntag. Es regnete die Tage nur einmal und das, bis wir nach Bremen kamen. Wohnung und Kost fand ich hier bei freundlichen Leuten, die sogar mit Fastenspeisen Rücksicht auf meinen katholischen Glauben nahmen, obgleich ich in diesem Punkte nicht skrupelös war. Nun befand ich mich außerordentlich wohl. In Bremen* schöpfte ich eine ganz andere Luft. Die Einwohner sahen uns auch für Menschen an, und es war eine Lust, über die Straßen zu gehen, denn man sah lauter freundliche und leutselige Gesichter. Als meine Mutter und mein Bruder aus Hamburg eingetroffen, erfuhren sie von meinen Hausleuten auch die größte Gastfreiheit, wofür wir uns mit Freibilletts erkenntlich zeigten. Manche von der Gesellschaft trafen es ebenso und gaben die Woche nicht einen Groschen von ihrer Gage aus. Eine Weinhändlersfrau, Madame Docen, überbot sich in Liebenswürdigkeit und führte mich und meine Mutter im Wagen in und um Bremen zu allem Sehenswerten.

Nun hieß es wieder: »Zurück nach Hamburg«, und bei dem Gedanken schauderte mich. Doch sollte ich erst noch durch folgenden Brief erfreut werden:

> Mademoiselle. Es ist mir von einigen Freunden des Theaters, von einigen Ihrer Bewunderer der beneidenswerte Auftrag geschehen, Ihnen in derselben Namen die heißesten Versicherungen von Hochachtung und Dankbarkeit zu geben. Wie sehr unzufrieden bin ich mit mir selbst, daß ich solches nicht mit aller der Stärke, mit dem Nachdruck verrichten kann, den diese schöne Pflicht verdient. Wie gerne schriebe ich jetzo so schön, so schön! (verzeihen Sie, wann ich Ihre Sittsamkeit beleidige), als Sie selbst sind. Allein, was könnte ich bei dieser Gelegenheit Außerordentliches sagen? Nichts, nichts, als was ein jeder, der das Glück hat, Sie zu sehen, Sie zu kennen, empfinden und sagen muß.
>
> Wie reizend wird die Tugend, wenn sie von einem schönen Munde gelehret wird. Welcher große Gedanke: Eine schöne Schauspielerin, eine Anbeterin, eine Lehrerin und eine Ausüberin der Tugend! Wie oft haben Sie uns über uns selbst erhöhet und unsere Seelen in die erhabenste Denkungsart versetzt! Wie oft hat durch Ihre Kunst sich eine angenehme Schwermut unserer Herzen bemeistert, welches unsere dankbaren Thränen bezeuget haben, und wie oft haben Sie die schwarze Traurigkeit von unserem Gesichte verjaget! Welches Stück haben Sie nicht verschönt, und wie viele matte Stellen sind in Ihrem Munde stark und rührend geworden. – Empfangen Sie mit der einnehmenden Freundlichkeit, die Sie so schön macht, die Opfer, die Ihnen gebühren, die Erkenntlichkeit unserer Herzen, unserer Hochachtung und unserer wahren Ergebenheit. Wie glücklich würden wir uns schätzen, wann

beigefügte Kleinigkeit nicht unwürdig geschätzet wird, von Ihnen geneigt aufgenommen zu werden!

Ich habe die Ehre vollkommen zu sein
Mademoiselle Dero
gehorsamer Diener

Bremen, d. 13 Juli 1765.

Die sogenannte beigefügte Kleinigkeit war eine vortrefflich ausgearbeitete, ziemlich schwere, silberne Tabaksdose, und in derselben lagen 18 Stück Dukaten. Daß ich mich sehr gefreut, wer kann es mir verdenken? Solche guten Menschen findet man nicht allerorten. Und was meine Freude noch verdoppelte, war, als ich zur Probe kam und hörte, daß Herrn Ekhof auch ein Brief mit 18, dem alten Herrn Schröter mit 12 und Herrn Boeck mit seiner Frau 10 Stück Dukaten zugesandt worden mit Briefen von derselben Art. Erst wie ich wieder ein ziemlich Weilchen in Hamburg war, schrieb mir Madame Docen, daß sie nun vernommen, von wem uns diese Geschenke zugeschickt worden waren. Die Ersten von der Stadt bringen einige Erholungsstunden nach ihrer Arbeit in dem Ratsweinkeller zu. Bald nach unserm Hinkommen sagten die Herren untereinander: »Wenn die Leute so gut bleiben in ihrer Arbeit und Aufführung, so sollen sie ein Andenken von Bremen mitnehmen, wenn sie einst fortreisen.« Bei jeder Zusammenkunft wurde zugelegt, bis zu unserer Abreise in den wenigen Wochen die Summe von 58 Dukaten ohne die Dose, die ich erhielt, beisammen war, eingeteilt und uns vieren zugeschickt wurde. Und das ging so geheimnisvoll zu, daß es auch keinem von uns im Schlafe eingefallen wäre.

Mit schwerem Herzen verließ ich Bremen. Meine liebe Docen war untröstlich, und ich zweifle, ob je eine Mannesperson gegen seine Geliebte so viele zärtliche Aufmerksamkeiten haben konnte wie die Gute gegen mich. Wie dankbar war ihr mein Herz.

Als wir dann endlich wieder in das berühmte Hamburg gekommen waren, wollten wir nicht wieder in unsere alte Wohnung, weil sie zu weit vom Theater war. Der Apotheker, wo wir unsere Medizin nahmen und was wir sonst brauchten, hatte uns eine bei einem Schuhmacher auf der kleinen Drehbahn gemietet.

XVI.

Hamburg 1765/1766

Und nun ging ich fort in mein lustiges Elend.

Meine Mutter wurde immer schwächer, und jeder Tag überzeugte mich mehr und mehr von der Gewißheit, daß ich sie nicht lange mehr haben würde. Den 6. Dezember 1765 war die letzte Komödie vor dem Advent, die mit einer Nachkomödie geschlossen werden sollte. Herr Schröder sagte zu mir: »Im Ballett sind Sie heute frei.« »Das ist schön«, sagte ich und wollte fort. »Ach«, sagte Madame Courtée, »ich werde froh sein, wenn es heute aus ist.« Sie war hochschwanger und hatte keine Stunde mehr vor sich. Das jammerte mich. »Sie haben ja heute nur zu figurieren.« »Ja.« »Nun, so geh'n Sie nach Hause, ich will für Sie figurieren und Ihre Figur geschwinde einlernen. Wenn ich einmal in Ihre Umstände kommen sollte, so mögen Sie einmal wieder für mich tanzen.« Wir lachten zusammen, und ich lernte die Figur. Da mein Bruder mit Herrn Schröder und seiner Schwester tanzte, sollte ich im Finale mit ihnen tanzen.

Alles ging den Abend vortrefflich. Das Haus war sehr voll und ich sehr aufgeräumt, da ich wußte, ich konnte nun im Advent bei meiner guten Mutter sein und die warten und pflegen. Das Finale vom Ballett geht an, ich tanze mit, wir machen alle vier die Volten* in einem Tempo, es geht auch vier- bis fünfmal gut – Patz! saß ich an der Erde. Mein Bruder hob mich auf, aber ich konnte nicht stehen und wurde von ihm vom Theater getragen. Der linke Fuß war aus dem Gelenk gefallen. Wurde eingerichtet unter den rasendsten Schmerzen. Der schwedische Gesandte kam aufs Theater, ließ seinen Wagen vorfahren und brachte mich nach meinem Haus.

Da lag ich, Schreck und Schmerz zogen mir ein heftiges Wundfieber zu. Bei diesem Unfall fingen an meine Augen aufzugehen. Kurz, ich sah, daß man auch in Hamburg Liebe für mich hatte. Das Geschicke aus der Stadt und Umgegend nach meinem Befinden nahm fast gar kein Ende. Die Bedienten und Dienstmädchen drängten sich untereinander.

Ich lag elend, und meine Mutter legte sich den 10. Dezember. Herr Doktor Dahl, unser Medikus, sagte zu mir: »Mademoiselle Schulz; Sie müssen sich von Ihrer Mutter betten, es ist nicht mehr ratsam, daß Sie bei ihr schlafen.« Da wurde mir denn ein Bettchen auf Stühlen gemacht. War ein wahres Lazarett bei uns im kleinen. An Ärgernis fehlte es mir auch nicht. Weil ich nicht wie ein Ochs hingeplumpst war, hieß es, ich wäre mit Willen gefallen, damit ich den ganzen Advent zu Hause bleiben und nicht zu Tanzproben gehen dürfte. An einem Sonntagmorgen kam Herr Ackermann zu uns. »Ach, Ihre Dienerin, Herr Ackermann, gelegener hätten Sie mir auch nicht kommen können, wie eben jetzt. Bin eben bei meinem Fußwaschen. Da, sehen Sie doch die Verstellung mit an.« Machte meinen Fuß von Bandagen los, der von der äußersten Spitze der Zehen bis ans Knie alle nur möglichen Farben hatte. »Mein Gott«, sagte Ackermann, »wie sieht der Fuß aus!« »Ist ja Verstellung, damit ich nicht zur Tanzprobe gehen darf.« – »Oh, Mademoiselle Schulze, ärgern Sie sich nicht, Sie wissen ja, was ich für Kanaillen mit bei der Gesellschaft habe.«

Den ersten Feiertag nach dem Christabend fuhr ich zum ersten Mal wieder in die Kirche. Als ich nach Hause kam, sah mein Nachbar, Herr Kummerfeld, ein Bankoschreiber, aus dem Fenster. Ich grüßte, er wollte mit mir reden, da ich aber hinkte und mir das Stehen sauer wurde, sagte ich: »Eine kleine Geduld, bis ich in meinem Zimmer bin.« Also sprachen wir zusammen aus dem Fenster gleichgültige Dinge in Fragen und Antworten, und ich machte nach einem Kompliment mein Fenster wieder zu.

1766, gleich nach Neujahr den ersten Sonntag, ließ Herr Kummerfeld mich und meinen Bruder zu sich bitten, er würde Gesellschaft von mehreren Herren und Damen haben. Ich ließ mich empfehlen, da meine Mutter täglich übler würde, könnte ich nicht kommen und müßte mir's verbitten. Karl wollte ohne mich auch nicht hinübergehen. So schickte Herr Kummerfeld zu verschiedenen Malen, aber immer kam dieselbe abschlägige Antwort.

Sonnabend und Sonntag waren die zwei einzigen Tage, da ich mir selbst leben konnte. Und mir selbst leben hieß, nicht einen

Augenblick von dem Krankenbett meiner Mutter sein. Durch den vielen Blutverlust, den sie seit Jahren gehabt, kam die Auszehrung und Wassersucht. Mit einer bewundernswürdigen Heiterkeit, der Heiterkeit einer Christin, sah sie ihr Ende nahen. Eines Tages sagte sie zu Karl und mir, es war des Mittags: »Kinder, warum weint ihr? Freut euch, daß Gott endlich mein Leiden enden will. Ich bin euch jetzt doch nur eine Last, kann nicht mehr arbeiten. Das weiß Gott, wie gern ich sterbe. Ja, wenn ihr noch kleine Kinder wäret! Wie zufrieden kann ich diese Welt verlassen! Ich laß euch gesund zurück, nicht reich, aber auch nicht arm. Ihr seid geliebt, geachtet in der Welt, habt was gelernt, um euch euer Brot zu verdienen, seid nicht lüderlich, nicht gottlos, habt keine Schulden. Glaubt, wenn ihr weint, so beneidet ihr mir mein Glück und macht mir das Herz schwer. Seid noch fröhlich mit mir die wenigen Tage, ich bitte euch!« Mein Bruder stand vom Tisch auf, legte seine Serviette hin und sagte zu mir: »Gib mir für jede Mahlzeit 100 Taler, ich esse nicht mehr zu Hause, das kann ich nicht aushalten.« »Oh, unsere Mama! Ich soll also allein für den Rest bleiben? Karl, tue es nicht!« »Wie du es aushalten kannst, weiß ich nicht; ich kann's nicht.« Weg war er. Nur Augenblicke ließ er sich sehen. Der Mutter war es empfindlich, und ich hatte meine ganze Beredsamkeit nötig, daß sie sein Betragen so nahm, wie sie es doch nehmen sollte. Er war zu weich.

Am 14. Februar stand es mit meiner Mutter schon recht schlimm. Trotzdem ermahnte sie mich, zur Probe zu gehen. Hatten den Tag noch dazu ein neues Stück. Ein Stück und eine Rolle, wovon ich auch von allem nichts, nichts wußte als die Namen. Wie und wann hätte ich lernen sollen? Als die Komödienprobe vorbei war, zog Ekhof seine Uhr aus der Tasche, sah darauf und sagte: »Das Stück spielt zu kurz, muß noch ein Nachspiel gegeben werden.« In solcher Rage hatte man mich wohl noch nie gesehen. »Muß ich heute auch noch tanzen, so – – (ich tat einen fürchterlichen Schwur) bin ich heute das letzte Mal hier auf dem Theater. Ihr kennt mich, nichts in der Welt kann und soll mich mehr halten. Meine Mutter stirbt, nun kann ich reisen. Ihretwegen litt ich manches, das zu leiden nicht meine Schuldigkeit gewesen wäre.« Schröder, der mich so noch nie sah, kam auf mich zu. »Beruhigen Sie sich, ich will ein Ballett geben, in welchem Sie nichts haben. Können ja geben, was wir wollen, da keins auf dem Zettel benannt ist.« Nun ging ich nach Hause.

Der Arzt gab mir wenig tröstlichen Bescheid; ich sank auf die Knie und weinte. Nachdem ich mich wieder aufgerafft, trat ich an das Bett meiner Mutter und empfing ihre Weisungen über das Begräbnis, bei dem aller Pomp vermieden werden sollte. Vor meinem Weggehen zum Theater trug ich unserem Hauswirt auf, in meiner Abwesenheit bei der Mutter zu sein. Eine etwaige Todesnachricht sollte man mir nicht ins Theater bringen. Die Stunde vier rief mich zu meiner Arbeit; gesprochen hatte ich nichts den Nachmittag. Nun trat ich an ihr Bett, küßte ihr Hand, Mund und Stirn und ging fort in mein lustiges Elend. Was ich gespielt, weiß ich nicht mehr. Das weiß ich, daß ich kein ander Wort sagte, als was ich aus dem Souffleurloch hörte. Staken ein paar die Köpfe zusammen und sahen mich dazu an, ach, so dachte ich, mein Hauswirt hätte nicht Wort gehalten und die Nachricht von ihrem Tode wäre bereits da. Endlich war ich fertig, und wie ich fortging an meinem Stocke, war das Ballett bereits angegangen. Karl sprang herum, und die Tränen rannen ihm über die Backen. Ein erbärmlich Tanzen und Lustigseinsollen! Je näher ich meiner Wohnung kam, je mehr nahm meine Angst zu. Zitternd und schwankend stieg ich die Treppe hinauf. Sachte klopfte ich an. Mein Wirt kommt und macht mir auf. Ich sehe ihn an und rufe laut: »Sie lebt – ja, sie lebt noch, ich seh's an seinem Gesicht.« »Ja, sie lebt auch«, antwortete er mir. Nun war alles vergessen, all mein Leiden. Oh, wie kann ich sagen, wie mir war? Als wenn sie mir von neuem wäre geschenkt worden. Ich warf meinen Pelz von mir, um nicht so viele Kälte ins Zimmer zu bringen, und eilte zu ihrem Bett, küßte sie mit Tränen der Freude. »Bist du da, liebe Line? Oh, das ist gut! Gelt, nun bleibst du auch bei mir?« »Ja, liebste Mama! Nun komme ich keinen Augenblick mehr von Ihnen.«

Meine gute Mutter traf noch Verfügung über die neun Gulden, die sie sich einzeln mit gelegentlicher Aushilfe beim Theater verdient hatte: Karl und ich sollten uns davon zum Andenken silberne Löffel machen lassen. Als meine Mutter immer schwächer wurde, ließ ich einen Geistlichen rufen, der ihr das

Abendmahl reichte. Karl weilte währenddessen noch immer auf dem Theater, was meine sterbende Mutter sehr bekümmerte. Endlich war das Ballett zu Ende, mein Bruder stürzte verzweifelt in die Stube, warf sich auf die Erde und weinte laut. Wir lagen zusammen auf den Knien vor der Mutter Bett. Ich lag mit meinem Gesicht an der Mutter Haupt gelehnt und betete, und Karl kniete zu den Füßen des Bettes und betete, vermischt mit Tränen, still mir nach. Meine Mutter segnete uns, ehe ihr schwacher Lebensfunken schließlich erlosch.

Die Uhr war vier am Sonntagmorgen, den 16. Februar 1766, da ich überzeugt war: »Nun ist sie bei ihrem Jesu.« Etwas nach sechs Uhr löschte ich das Licht und zog die Vorhänge von den Fenstern weg. Herr Kummerfeld zog auch seine Vorhänge auf, und wir sahen einander. Ich machte still mein Fenster auf und winkte ihm. Er öffnete das seinige, und nun sagte ich ihm, daß meine Mutter gestorben wäre. Der Mann hatte täglich geschickt und sich nach ihrem Befinden erkundigen lassen, mir Zitronen zugeschickt und, wenn er Freunde hatte und sich unter seinen Schüsseln ein Krankenessen mit befand, solches für meine Mutter mitgeschickt. Wer aus diesen Blättern nachgerade meinen Charakter hat kennen lernen, kann leicht den Schluß machen, wie verehrungswürdig mir der Mann geworden: der erste und einzige, der für mich in Hamburg den Namen *Mensch* hatte. Wie ich ihm den Tod angekündigt hatte, antwortete er zwar nichts, aber in seinem Gesicht stand alles. Ich machte mein Fenster zu, blieb aber stehen, um ihn zu beobachten. Denn ich beobachtete von jeher die Menschen dann am liebsten, wenn sie nicht dachten, beobachtet zu werden. Und wer das nicht tut, kann auch nicht sagen, er habe Menschen gesehen. Auch er machte sein Fenster zu, nahm sein Schnupftuch aus seinem Schlafrockärmel, setzte sich ans Fenster nieder und verhüllte, auf den Arm sich stützend, sein Gesicht.

Madame Ackermann kam den Abend selbst und bezeugte mir ihr Beileid. Sie zog mich an die Seite und sagte: »Kind, seien Sie aufrichtig! Brauchen Sie Geld, so sagen Sie es mir! Es würde mich kränken, wenn Sie von Fremden borgten. Solche Fälle kosten Geld.« Nochmals versicherte ich ihr meinen aufrichtigen Dank für ihre gütige Vorsorge, versicherte sie aber zugleich, daß ich Geld hätte und hinlänglich, hoffte ich.

Dienstag, den 18., des Abends sieben Uhr, wurde meine Mutter nach hamburgischem Gebrauch mit 14 brennenden Laternen, ohne weiteres Gefolge, fortgetragen. Wie gerne wären wir mitgegangen, aber wir durften nicht, ist ja dort so der Gebrauch. Nun kam mein alter Schuhmacher im langen Trauermantel mit weißglasurten Handschuhen in die Stube und berichtete, daß sie glücklich zur Erde gekommen, wünschte, uns auch bei freudigeren Vorfällen dienen zu können. Und wie er mit seiner Rede fertig war, hub er an: »Ja, Herr Schulze und Mamsell! Ich habe rechte Angst ausgestanden. Um Ihnen die großen Kosten zu ersparen – denn hat es doch nicht Geld genug gekostet? – gab ich die Mama für lutherisch aus, sonst wäre sie nicht auf den Kirchhof gekommen, und Sie hätten sie müssen nach Altona fahren lassen. Nun war unter allen Trägern und Laternenträgern kein einziger Lutheraner. Also begegneten uns verschiedene, die bei den Lutheranern die Laternen tragen, und die wollten mit uns Händel anfangen und sagten: ›Das ist eine katholische Leiche.‹ Wir stritten es ihnen aber ab, und der Totengräber wußte nicht, sollte er sie einsenken oder nicht. Ich drückte ihm aber geschwind noch eine Mark in die Hand, und nun sagte er: ›Was wollt Ihr? Ist eine lutherische Frau.‹ Und damit war's gut.« Mir bebten alle Knochen bei dem Gespräch. »Aber, Meister, ist er toll? Wenn sie mir die Mutter wieder ausgrüben! Nun, das fehlte mir noch in Hamburg.« »Sorgen Sie sich nicht; aber ich tat's aus Liebe zu Ihnen.« »Seine Liebe kann mir aber noch teuer zu stehen kommen.« Nun gab ich ihm die Mark wieder und zahlte ihm für seine Bemühungen, und er ging froher fort, als Karl und ich waren.

Wir wurden nach und nach heiterer, sagten oft: »Wenn das Mama noch gewußt hätte!« Und wie mich denn in allen Begebenheiten meines Lebens mein munteres Temperament nicht ganz verließ und ich immer alles sehen mußte, so sagte ich zu Karl, wie wir wieder ganz allein waren: »Karl, du weißt, Mama war so schön von Wuchs. Und nie müssen bei einem Leichenbegängnis so viele schiefe und bucklichte Leute beisammen gewesen sein wie heute. Des Schusters Tochter, ihre Mutter und die andere Trauerfrau, die bei dem Sarg waren den

Nachmittag, die drei, die zum Besuch bei uns waren, und die Hälfte der Laternenträger, doch alle schief und bucklicht!« »Hast wirklich recht!« und wir mußten lächeln. Von seinem und meinem Bette, das ich geborgt hatte, hatten wir uns des Abends eine Streu auf dem Fußboden in meinem Zimmer gemacht, und da schliefen wir zusammen.

XVII.

Hamburg 1766

Der unbillige Kritiker, der einen Schauspieler auf des andern Kosten lobt oder tadelt, verdiente öffentlich mit Ruten gestrichen zu werden.

Meine im Grunde zur Munterkeit geneigte Gemütsart kam auch wieder. Um etwas bequemer zu wohnen und näher bei dem Theater zu sein, zog ich aus meiner Wohnung. Die Gegenstände, die mich zu sehr an meinen Verlust erinnerten, und meine Gesundheit, die dadurch litt, das alles hatte mich dazu bewogen. Ich zog auf den Gänsemarkt und war da viel besser logiert.

Doch ich sollte in Hamburg nicht vergnügt sein, wenigstens nicht mehr ganz. Es kamen Schriften, Kritiken oder vielmehr Schmähschriften sowohl auf Ackermann wie auf seine ganze Gesellschaft heraus, wo wir doch an so vielen Orten Ackermanns Brot verdient hatten und alle zusammen in dem Ruf standen, daß die Ackermannsche Gesellschaft eine der ersten sei, wo gewiß in keiner Gesellschaft Deutschlands solcher Fleiß, Eifer und Unverdrossenheit herrschte und gewiß auch Einigkeit, solange Madame Hensel von Ackermann weg war, die nun einmal den Fehler hatte, daß neben ihr keiner gefallen sollte. Sie wollte allein glänzen, sie allein die Leute ins Theater bringen. Solch ein elendes Stück! Nicht selten zog ihr das Applaudissement anderer Mutterbeschwerden zu, so daß sehr oft andere Stücke mußten in Eile gegeben werden, weil Madame Hensel krank geworden. Einzig diese Aktrice wurde von den Pasquille verschont. Man hätte sehr kurzsichtig sein müssen, um nicht merken zu können, daß solche Kritiken von einem Freund von ihr geschrieben worden waren.

Oft hatte ich Lust zu sagen: »Herr Ackermann, sehen Sie sich für meine Stelle nach einer anderen um!« Doch weil ich mich besann, daß das eben der Wunsch von Madame Hensel gewesen wäre, wollte ich ihr nicht die Freude machen. Denn wäre ich nur mittelmäßig, nicht einmal schlecht gewesen, so würde sie ruhig und zufrieden gewesen sein. Da ich aber die einzige war, die ihr die Waagschale hielt, ja eher bei mir als bei ihr das Übergewicht lag, so mußte sie sich nach ihrem neidischen Herzen auch so gebärden.

Ja, diese Schauspielerin hat mich kopiert in der »Sara«. Eine Stelle, wo ihr der große Lessing in seiner Dramaturgie so ein großes Kompliment gemacht hat, in der Sterbeszene, ist von mir. Madame Hensel hat mich bestohlen.

Ich, die ich bei so vielen Sterbebetten war – nicht bei meinen Eltern allein, nein, schon in meiner frühen Jugend –, ich habe, um in meiner Kunst zu werden, was ich war, niemanden copiert, vielmehr alle Stände, alle Menschen, alle Auftritte, Leidenschaften, kurz, alles an andern studiert, nachgedacht und behandelt, sogar die Tollhäuser. Welchen Nutzen ich davon gehabt, beweist bei unparteiischen Kennern, wie weit ich es in meiner Kunst gebracht. Ich habe Menschen studiert, nicht auf dem Theater, nein, wie sie in der Natur waren, und solche verfeinert: Wie auf dem Theater auch ein Bauernmädchen seidene Schuhe und Strümpfe anhaben und nicht, wie auf dem wahren Dorfe, barfuß gehen darf.* Und Erfahrung hat mich gelehrt, daß nichts so gut ist, was nicht noch besser sein könnte, und nichts so schlecht ist, was nicht auch noch schlechter sein kann.

Jeder, der sich anmaßt, Theater und Schauspieler zu kritisieren, muß nicht allein gegründete Kenntnisse der Kunst haben, sondern von aller Parteilichkeit sich frei wissen. Tadelt, aber seid nicht boshaft, nicht hämisch! Ich kann nicht mich allein nennen, nein, ich könnte ganze Seiten voll Schauspielerinnen und Schauspieler mit Namen nennen, die unbillige Kritiken mehr in ihrer Kunst mißmutig gemacht als Lob und Beifall sie stolz gemacht oder sie glauben gemacht: »Ja, du bist das, was man von dir sagt.« Der unbillige Kritiker, der einen Schauspieler auf des andern Kosten lobt oder tadelt, verdiente öffentlich mit Ruten gestrichen zu werden. Macht gegeneinander gehässig! Bringt so manchen Rechtschaffenen um sein Brot.

Inzwischen kann man leicht denken, welch eine Gärung unter der ganzen Gesellschaft war. Wie alles sich Mühe gab, den Schurken von Kritiker zu entdecken, der das Zeugs so recht – nicht, um uns alle zu befreien, nein, uns zu kränken und zu beschimpfen – hingeschmiert hatte. Noch immer blieb er unentdeckt, kroch wie ein blinder Maulwurf umher und verwüstete Ackermanns Garten, an dem so lange mit so viel Fleiß und Kosten gearbeitet worden war. Mein Bruder und ich hatten unsern freundschaftlichen Zirkel zu uns geladen, zu dem außer befreundeten Ehepaaren auch Herr Kummerfeld zählte, und wir wollten zusammen lustig sein. Mein Essen, das ich den Abend haben wollte, ließ ich zum Teil außer Haus machen. Alle waren in meiner Stube fröhlich und vergnügt. Mein Essen wurde gebracht vom Koch. Wie ich die Schüsseln abnahm, hatte man, um die Servietten nicht fettig zu machen, Zeitungen auf den Braten gelegt. Gewohnheit oder Neugierde, was es war, Papiere, die gedruckt oder beschrieben waren, immer nachzusehen, was darauf stand, und wenn's auch noch so ein kleines Stückchen war, das mir auf die Art in die Hände kam, bewog mich auch damals zu lesen:

»Freye Nachrichten aus dem Reiche der Wissenschaften und der schönen Künste. Achtes Stück. Hamburg, den 21. Februar 1766.« »Triumph! Triumph!« kam ich ins Zimmer gesprungen mit der Zeitung, die durch die fetten Kapaune erst Fett und Salz bekommen und davon triefte. »Freut euch mit mir, da habe ich nun den Schurken unvermutet entdeckt.« »Wen?« »Den Kritikenschreiber. Da, da ist er.« »Wer schreibt die Zeitung? Wer gibt sie heraus?« »Wissen's nicht.« »Nicht? Fort, fort! Keiner bekommt eher einen Bissen zu essen. Das muß ich erst wissen.« Hurtig nimmt einer die Zeitung und damit fort, kommt wieder und sagt: »Löwe!«* »Oh, du infame Kanaille! Ist noch so ein Schuft auf Gottes Erdboden? Hab' ich dem Kerl je was zuleide getan?« Meine Freunde waren mir alle zugetan, und wir blieben fröhlich beisammen bis spät in die Nacht.

Den Morgen kam ich mit meiner Zeitung zur Tanzprobe und nannte nun öffentlich Löwe das, was er war. Er schlich herum, wie jeder schleicht, der kein gutes Gewissen hat, kurz, so gebückt und demütig auch vor dem Niedrigsten von uns, daß es nicht der Mühe wert gewesen wäre, den Wurm zu treten. Mit jedem schüchternen Blick, womit er den letzten Figuranten und den, der Briefe zu bringen hatte und Stühle auf dem Theater setzte, versah, las man auch die Worte: »Ja, ich bin der vorlaute Schurke, weiß das Unrecht, das ich euch angetan. Aber habt Erbarmen mit meinem ohnedies gebeugten

Rücken! Was tut man nicht ums Brot?« – Kurz, er kroch so, daß jeder sich selbst geschämt haben müßte, an den verzagten Bärenhäuter Hand anzulegen. Und es war sein Glück. Denn hätte er ein Wort, ja, nur eine Miene gemacht, er wäre so zugerichtet worden, daß ihn seine Frau auf dem Bette hätte zu Tode füttern müssen, wär's auch nur mit Kartoffeln gewesen. Auch hielt er sich gemeiniglich nur sehr nahe bei Madame Hensel auf, im Fall der Not es etwa Ohrfeigen oder Nasenstüber setzen möchte, sie seine Schutzwehr sein sollte, um sich hinter ihr zu verkriechen. Denn so ein Männchen wie das konnte sie leicht zudecken.

Acht Tage gingen vorbei. Am neunten hatte ich im Ballett zu tun, war auch dazu schon angezogen und saß und strickte an Strümpfen, als der arme Sünder, sehr gebeugt, es wagte, mich folgendermaßen anzureden: »Mademoiselle! Ich weiß, Sie sind aufgebracht wegen den vielen Kritiken, die geschrieben worden, und halten mich für den Verfasser; aber so wahr Gott le –« »Wollen Sie Ihre Zeitung leugnen? Kann sie Ihnen weisen, das Bratenfett ist noch daran zu sehen. So geht man mit Ihren Beurteilungen um.« »Ja, Mamsell, es steht in der Zeitung; aber ich bin nicht der Verfasser. Es ist mir durch einen Unbekannten zugeschickt worden.« »Herr, Sie müssen's fühlen, wie gottverworfen Sie da vor mir stehen. Was sind Sie für ein erbärmlicher Kerl!« Er wollte reden. Aber mit einem Blick, den ich ihm zuwarf, schwieg er mäuschenstill. »Nun Herr, stellen Sie sich an meine Stelle! Gesetzt, Sie wären das, was ich bin, und ich wäre so – – so – – so ein Zeitungsschreiber, wie Sie sind. Ein Unbekannter schickte mir was zu, zu Ihrem Nachteil in meinen Wisch zu setzen, das Ihnen auswärts, wo man Sie nicht kennt, an Ehre, Aufnahme und Brot schadete. Was würde ich getan haben? Hätte es dem Unbekannten zurückgeschickt mit den Worten: ›Der Mann verdient das nicht. Tut es nicht! Aber wollt Ihr's gegen meinen Willen doch tun, so setze ich's doch nicht in meine Zeitung.‹ Nun reden Sie!«

»Ja, Mademoiselle, da haben Sie recht.« »Nun gut, Herr! Die infame Kanaille, der größte Schurke, die weggeworfene, kriechende Bestie sind Sie, bleiben's, so lange Sie sich nicht legitimieren. Können Sie's, daß Sie an allem, was geschrieben worden, keinen Teil haben, so tue ich Ihnen eine öffentliche Ehrenerklärung, wo Sie wollen. Können Sie's nicht und finden sich beleidigt, so gehen Sie hin und verklagen mich. Das sage ich Ihnen hier, vor dem Richter noch mehr. Von dem bekommen Sie, notabene in Handschuhen, Nasenstüber. Und nun weg von mir, und hüten Sie sich, mir in Wurf zu kommen!«

Sollte man denken, daß der Kerl mit einer demütigen Verbeugung fortging, auch nicht ein Wort sagte, daß ich ihm den Leuchter oder sonst was hätte nachwerfen können? Ja, nicht einmal eine Miene, auf die ich lauerte. Kann man sich was Elenderes denken als so eine Memme? Und mußte man nicht vor ihm ausspucken? Das geschah denn auch. So oft er mir in den Weg kam – denn seine Rechtfertigung kam nicht – spie ich aus. Und so machte es jeder, bis auf die Hensel; auch Ekhofs und Boecks nicht; hatte aber seine Ursachen, die sich auch bald aufklärten. Herrn Ekhof hatte er in seinen Wischen auch gelobt. Ja, oft saß ich mit ausgestreckten Füßen da und hatte meine Lust, ihn anzusehen. Wenn er bei mir vorbei mußte und sich doch sorgfältig hütete, mich nicht anzustoßen, da kam er mir ebenso vor, wie mein Hund Allegro; wenn ich ihn nicht auf den Schoß nehmen wollte, stieg er auf den Tisch, sah sich schüchtern um, ging so behutsam bei Lichtern und Gläsern, Tellern oder was sonst noch darauf stand, vorbei, nahm sich in acht, daß er an nichts stieß und kam so zu mir und wartete, bis ich ihn nahm. Nur daß ich Löwe nicht so sanft in meine Arme genommen haben würde, wenn der über meine Füße gestolpert oder mir auf den Schoß gefallen wäre. Und verdient auch nicht ein Hund mehr Achtung als so eine Mißgeburt, so ein Scheusal? Doch leider, zur Schande der Menschheit sei's gesagt, gibt's noch mehrere.

Das Kritikenschreiben hörte nun etwas auf, denn man hatte an etwas Wichtigerem zu arbeiten. Die Directrice des Hamburger Theaters sollte von reichen Entrepreneuren* übernommen werden. Ackermann war es ohnehin sehr verleidet worden, und Schulden hatte er auch noch, und das war denn der Weg, auf einmal aus den Schulden und von der ganzen Last zu kommen. Entrepreneure wollten sein Herr Seyler, der der große Patron von Madame Hensel war, denn er war sehr reich, Herr Tyllemann, der Tapetenfabrikant Herr Bubbers, Löwe und seine Frau.

Nun dachte man, mir durch Kritiken den Mut zu benehmen, aus Hamburg zu weichen und glaubte, daß ich mir gern alles würde gefallen lassen, was man mir bieten würde, ja, noch dazu Gott danken, daß ich's nur annehmen konnte. – Ballette sollten nun nicht mehr sein; denn die gehörten auf kein regelmäßiges Theater.* Kurz, alles sollte ein Non plus ultra sein. Und, bei Gott, es wurde es auch. Habe manchen dumm zu Werke gehen sehen, aber so noch nicht. Kurz, sie machten Einrichtungen, daß sie das Geld nicht stückweis, nein, Hüte voll zum Fenster hinauswarfen. Die Sache sollte indessen noch ein Geheimnis sein, aber es kam heraus. Morgens, den 8. September 1766 bei der Probe zu dem Stück von Herrn Löwe »Ich habe alles beschlossen«, rief ich Herrn Ackermann, daß ich ihm was zu sagen hätte.

»Apropos, Herr Ackermann, gestern habe ich gehört, daß Sie gesonnen wären, auf die Fasten Ihr Theater aufzugeben. Kaufleute aus der Stadt wollen's übernehmen. Nun bin ich acht Jahre bei Ihnen, ohne aufgesagt zu haben. Wissen, wie ehrlich wir Sie behandelt. Hoffe nun gleiche Ehrlichkeit von Ihnen, daß Sie mir die Wahrheit sagen werden. Also, Herr Ackermann?« »Ja, es ist wahr. Haben mir und meiner Frau alles zum Ekel gemacht. Aber sie werden untereinander ankommen! Nur tun Sie mir den Gefallen und sagen noch niemandem was davon!« »Nein, Herr Ackermann, das verspreche ich Ihnen nicht und kann's nicht versprechen. Das Ballett soll eingehen. Sind welche hier, die nicht so geschwind wieder Brot haben könnten wie ich, sollen's wissen! Alle, heute noch!« Kaum konnte ich die Zeit erwarten, bis die Stückprobe aus war. Das Tänzerkorps kam. Schon sollte angefangen werden, als ich sagte: »Allons, alle her!« Nun stellte ich sie in eine Reihe. »Nun hört auf mich! Kund und zu wissen sei euch hiermit durch mich getan, daß ihr mit mir und meinem Bruder alle eurer Wege geht und hiermit auf die Fasten euern Abschied habt. Kaufleute aus der Stadt übernehmen das Theater, und der Kritikenschmierer Herr Sekretär Löwe wird Direkteur.« Das war nun wirklich eine Komödie, alle die Gesichter zu sehen. Doch keins sah betrübt. Und von nun an fing erst recht unsere Lust an. Ballett und Tanzproben waren die einzige Schadloshaltung; denn aus der Komödie machten wir uns wenig oder nichts mehr. Ich selbst verlor alle Lust zu spielen.

Herrn Koch* in Leipzig, dem ich mein Wort gegeben, bei der

ersten Gelegenheit, wenn ich Ackermanns Theater gesonnen sei zu verlassen, er der erste Direkteur sein würde, an den ich mich wenden würde, schrieb ich einen Brief. Verlangte nicht mehr Gehalt, als was ich mit Karl bei Ackermann hatte: 20 Gulden die Woche für mich für Agieren und Tanzen und für Karl für Tanzen allein. Es dauerte wenige Wochen, bis wir einig wurden, und ohngeachtet in Hamburg schwerer Geld war, als in Sachsen ist, rechnete ich nicht mehr und dachte: Wie ich's einnehme, muß ich's ausgeben. Nicht lange, als die Veränderung in der Theaterwelt laut wurde, bekam ich Briefe von Herrn Klemm* aus Wien, der mir 24 Gulden für meine Person allein bot, und Karl sollte auch Engagement haben. Doch Koch hatte mein Wort – ohne Kontrakt. Aber das Wort muß jedem Rechtschaffenen so heilig sein wie hundert Kontrakte. Kurz, es war das zweite Mal, wo ich Wien meines Wortes und redlichen Herzens wegen mußte aus den Händen gehen lassen.

Niemand wußte, ob ich schon Engagement hätte oder nicht. Nur meine Freunde, und die schwiegen. Ja, weil ich nicht prahlte mit meiner baldigen Versorgung, so standen viele in dem Wahn, ich wäre um Engagement verlegen. Sie freuten sich, und um ja jedes Interesse an mir zu nehmen, wurde nun in dem »Wandsbeker Boten« das Epigramm gegen mich abgedruckt, das auf Madame Hensels Putztisch so lange gelegen und von dem mir ihr Friseur den Inhalt gesagt hatte. Nun, dachte ich, wird's arg. »Rodogüne«* wurde gegeben, ich spielte darin die Rodogüne und die Hensel ihre berühmte Kleopatra. Ich suchte zum ersten Male in meinem ganzen Leben Händel. Als ich abgehe im ersten Akt, wird mir stark applaudiert. Ich sage, als ich in die Kulisse trete: »Ob man mir in Hamburg noch applaudiert oder ich klopfe mir selbst auf den Hintern, gilt mir gleich. Und mich wundert, daß man ›einer so elenden Aktrice, die der Tod doch bald wegraffen soll‹ – so stand's in dem Epigramm auf mich – noch applaudieren mag.« Und sah dabei der Hensel scharf in die Augen. Sie erhob ihre Stimme und sagte ganz im Tone der Kleopatra: »Ja, das muß sich jede Aktrice gefallen lassen, daß man sie kritisiert.« Nun hatte ich, was ich wollte. Die bekam nun von mir alles ins Gesicht gesagt, was ich ihr schon so lange zugedacht. Ohne mit niedrigen Schimpfworten zu kommen, hat ihr wohl schwerlich jemand weder vor noch nachher besser die Wahrheit gesagt wie ich. Sie knirschte vor Wut. Aber den Mut hatte sie nicht, ein Wort mir zu antworten. Und wer eine Hensel und ihr Maul kannte, wenn sie anfing, kann denken, wie ich sie in der Presse hatte, daß sie nicht muckte. Auch nicht eine Silbe! Den Friseur verriet ich nicht. Sagte ihr, welch ein elendes Geschöpf sie wäre, voll Niedrigkeit, Neid und Bosheit. Und wie sie noch an mich denken würde. Ohne mich an ihr zu rächen, würden's andere tun. »Wagen Sie es, den Mund gegen mich zu öffnen! Wagen Sie's, wenn Sie's können! Kuschen müssen Sie wie hier Ihr Handlanger!« Löwe saß neben ihr auf seinen Stock gelehnt.

Ich ging zu meinem Stuhl, und mein Bruder kam dazu. »Was gibt's?« Ich sagte es ihm. Karl geht auf Löwe los, nimmt solchen und packt ihn fest mit seiner linken Hand und schüttelt ihn bei seiner Halskrause, daß ihm die Zähne klappern, und sagt dazu: »Dem Hundsfott, dem Kritikenschreiber schlage ich noch Arm und Bein entzwei!« Der Kerl sitzt da, läßt sich von meinem Bruder schütteln und schimpfen, hat einen Stock in der Hand und wehrt sich nicht. Speit man und muß man vor so einem Kerl nicht ausspeien und »Pfui, Pfui des Elenden« sagen? Da er sich gar nicht rühren wollte, fasse ich Karl bei dem Arm und sage zu ihm: »Entehre deine Hände nicht, daß du sie an solch eine Memme legst! Ist er nicht verzagter als ein Weib? Längst hätte er ja von mir Ohrfeigen bekommen, wenn ich nicht wüßte, daß ich meine Hände entheiligte und solche dann keinem redlichen Menschen mehr reichen könnte, weil ich sie besudelt. Den muß der Henker züchtigen; denn der Scharfrichter ist noch ehrlich.« Nicht ein Wort sprach er. Aber von der Zeit kam er nicht wieder aufs Theater, und alle Schreiberei hörte auf. Nun hatte ich für mich meine Genugtuung, hatte gesagt, was ich noch sagen mußte. Viele standen auf dem Theater, die es angehört und gesehen hatten, und es breitete sich bald im ganzen Schauspielhaus aus. Ich spielte nun den Abend auch so, daß ich's fühlte, ich spielte gut.

Im letzten Akt, wo die Königin Kleopatra nun auf dem Punkt steht, daß alle ihre Laster sollten bekannt werden, und sie, um die Mordtat des Sohnes nicht sich aufbürden zu lassen, den Schein derselben auf Rodogüne wirft, antwortete ich der Königin in dem ganzen Tone der sich redlich Bewußten mit aller Gelassenheit:

»Aus Furcht, er hätte den Mörder ihm verraten.
Doch da sein Ausspruch nichts Entscheidendes enthält,
Willst du, daß der Verdacht nur auf uns beide fällt.
Gewiß! Wenn Sterbliche so sehr vom Laster brennen,
Wenn einer unter uns die Unschuld töten können,
So fällt zwar mein Verdacht, aus Ehrfurcht, nicht auf dich;
Doch du – !!!«

Nun machte ich eine Pause von einer starken Minute, sah die Königin Hensel vom Fuß bis zum Kopf an und maß sie, heftete meine Augen starr an die ihrigen und sagte in einem sehr tiefen, kalten, verächtlichen Ton, doch schnell, so recht hingeworfen:

»Du bist zum Mord weit fähiger wie ich.«

Unstreitig war das Applaudieren, das aus allen Logen und dem Parterre auf einmal erschallte, das stärkste, was den ganzen Abend gehört worden war. Die Königin Hensel stand da, als ob ihre Mutterbeschwerungen kommen wollten. Nun war's vorbei! Meine Rache hatte ich mir genommen. Weder sie, noch Löwe, noch alles, was zu ihnen gehörte, kam mehr in meinen Mund. Und die Hoffnung, bald einen Ort zu verlassen, in dem ich so viel Unangenehmes erlebt, trug zu meiner Zufriedenheit nicht wenig bei.

XVIII.

Hamburg, Leipzig 1766/1767

Mit welchem Vergnügen gehe ich auf das Theater! Hier in Leipzig kann ich sagen, daß ich das erste Mal mit meinem Stand zufrieden bin.

Billig muß ich nun auch, ehe ich mich ganz von Hamburg entferne, etwas zuverlässiger von Herrn Kummerfeld reden, diesem Mann, der so viel Anteil an meinem ganzen nachherigen Leben genommen hat. Er hieß Diederich Wilhelm Kummerfeld, war in Hamburg geboren den 2. Dezember 1723, ein Mann von dem besten Herzen, wahrer Gottesfurcht, die er mehr in seinen Handlungen als in scheinbarer Frömmigkeit zeigte. Kein Säufer, kein Spieler. Ordnung war in seinem ganzen Haus. Kein Verschwender und doch auch nicht geizig. Nicht gelehrt, aber mit hellem, gesundem Menschenverstand. Geehrt von jedem, der ihn kannte. So lernte ich ihn kennen, so hatte ich ein ganzes Jahr mit ihm Umgang, und wenn ich in dem ganzen Jahr nur einen Schein von Fehler an dem Mann bemerkt hätte, würde ich eine Lüge sagen. Sein edler Charakter, sein über alle Maßen tugendhaftes Betragen gaben ihm meine ganze Freundschaft und Hochachtung. Ich verehrte ihn wie eine Gottheit. Nie dachte ich, daß noch ein Mensch in der Welt sein könnte, der ihm gleiche. Er hatte mein ganzes Zutrauen. Ohne Scheu, ohne Furcht war ich oft halbe Tage, ja, bis spät in die Nacht in seinem Haus, er in dem meinen, und ohne von Liebe zu reden, ohne zu küssen, zu schäkern, wunderten wir uns oft, wie schnell die Stunden vergangen waren. Täglich sahen wir uns. Er war ebenso ein Freund vom Lesen wie ich. Auch mochte er mich gerne lesen hören. Ich las dann, auch spielten wir, wenn das Lesen zu stark meine Brust angriff, Piket. Dann schwatzten wir, hielten dann eine kleine Mahlzeit zusammen, und so war ein Tag wie der andere, ohne zu wissen, was das sagen will: »einförmig oder langweilig.« Ganz natürlich war es, daß unser täglicher Umgang in der Stadt Geschwätz hervorbrachte, als ob wir ein paar ineinander verliebte Leute wären. Mich kümmerte es wenig, hatte in Hamburg zu viel Unangenehmes erlebt, als daß ich eines albernen Geschwätzes wegen einen Umgang hätte aufgeben sollen, der so ganz nach meinem Geschmack war.

Eines Abends, der uns auch so schnell hinschwand, und wir beide sehr ernsthaft waren, sagte ich zu Herrn Kummerfeld: »Wie glücklich, lieber Kummerfeld, könnten die Menschen in der Welt sein, wenn sie's nur wollten. Wenn mehr Menschen in der Welt wären wie wir, wenn sie lebten, dächten, handelten wie wir, wie Sie gegen mich – ich gegen Sie, welch eine Welt wäre dann das!« »Sie haben recht, liebe Mademoiselle Schulze. Sie wissen, ich bin kein Freund von Gesellschaft, doch so die Tage, wo ich mit Ihnen meine Stunden verbringe, versichere ich Sie auf Ehre, sind mir noch die angenehmsten gewesen, die ich von jeher gehabt habe. Ich schwöre es Ihnen zu, ich kann gar nicht an den Abschied gedenken, weiß nicht, wie ich mich in Ihre Entfernung werde schicken können.« »Lassen Sie uns nicht traurig machen. Trennen müssen wir uns; doch wollen wir uns oft schreiben.« »Gut, also wie oft?« »Wird auf Sie ankommen.« »Einmal?« »Oh, das ist zu wenig!« »Also zwei Briefe?« »Ja, zweimal. Kummerfeld, ich muß noch lachen über die zwei Mädchen, die dachten, uns recht zu überraschen und unangemeldet durch zwei Türen zugleich eintraten. Wenn ich nun reise, wird alles Geschwätz mit einem Male vorbei sein. Ist's nicht entsetzlich, daß nicht zwei Personen von verschiedenem Geschlecht miteinander umgehen können, ohne daß die Leute glauben und sagen: ›Da geht was Böses vor‹, oder ›Sie sind ein Brautpaar‹! Wie lächerlich: Sie mich, ich Sie heiraten!« So machten wir uns beide über ein Gerücht lustig, wovon wir nie dachten, daß je etwas daraus werden könnte.

Kummerfeld wollte mir zum Abschied noch einen Ring schenken, den ich jedoch nicht annahm. In Zeiten der Not könnte ich in Versuchung kommen, ihn wegzugeben. Ich bat ihn aber darum, in solchen Zeiten mir ein Freund zu bleiben, an den ich mich um ein paar hundert Taler wenden könnte. Er war voll Freude damit einverstanden, und ein lange gehegter Herzenswunsch wurde mir dadurch erfüllt.

Den 6. März 1767 war die letzte Komödie, den 14. reiste ich mit meinem Bruder ab. Kummerfeld und unsere Freunde begleiteten uns noch bis nach dem Zollenspieker und dann noch bis über die Elbe. Der Abschied war sehr traurig.

Wir hatten Extrapost, fuhren ungeachtet des abscheulichsten Wetters Tag und Nacht fort und kamen des Abends den 18. März 1767 gesund und wohl in Leipzig an.

Gleich bei meiner Ankunft schickte ich zu Herrn Schiebeler, der nun in Leipzig studierte und mit dem ich in Briefwechsel gekommen. Er sagte mir, wie ganz Leipzig in einer ungeduldigen Erwartung nach mir sei, daß Herr Koch bereits alle Logen schon zum ersten Stück nach den Feiertagen vermietet hätte und keine mehr zu haben wären. »Das ist mir schmeichelhaft, und ich wünsche, daß ich der Leipziger Erwartung Genüge täte. Inzwischen bin ich froh, daß ich von Hamburg bin, meines Spiels wegen; ich wäre schlecht geworden, wenn ich dageblieben. Alle Lust war weg, denn wenn die Stunde kam, daß ich nach dem Theater sollte, so war's nicht anders, als wenn ich in meinen Tod sollte. Was hilft der Beifall, der einem im Schauspielhaus zugerufen wird, wenn dann ein Schurke sich hinsetzt und was gleich darauf in die Welt hineinschreibt. Gutgemeinte, ehrliche Kritik bessert, bösartige bestärkt in den Fehlern.« So schwatzten wir über manches. Zugleich erfuhren wir, daß Herr Koch seinen Ballettmeister entlassen werde. Darüber wunderten wir uns nicht wenig, da er uns nichts darüber geschrieben.

Herr Schiebeler versprach uns, den Morgen darauf wiederzukommen und uns zu Herrn Koch und seiner Frau zu begleiten. Schiebeler, den jeder in der Stadt kannte, als er mit uns fortging über die Straße, verursachte, daß alles an die Fenster lief und uns nachsah. Alles grüßte uns, und die Erinnerung an Göttingen, die mir einfiel, befahl mir, mit eben der freimütigen, doch bescheidenen Miene zu danken. Wir kamen dann endlich zu dem guten alten Vater Koch. Herzlich zufrieden schien er über unsere Ankunft und führte uns zu seiner Frau. Auch sie bewillkommnete uns artig, doch schien sie etwas stutzig zu sein, was mir zwar gleich auffiel, wo ich aber auch wieder dachte: »Das ist vielleicht der Frau ihre Art so.« Ich hatte wohl eine gute Stunde mit ihr geschwatzt, als sie endlich anfing: »Mademoiselle Schulze, Sie werden vielleicht an meinem Betragen etwas Sonderbares bemerkt haben und gewiß, ich bin auch in so einer besonderen Art von Verlegenheit. Daß Sie heute mich besuchen würden, wußte ich schon gestern, weil man gleich zu mir lief und sagte, Sie wären angekommen. Aber ich bin so verwundert, Sie nun selbst zu sehen, nach der Beschreibung, die man mir von Ihnen gemacht hat.« »Doch um des Himmels Willen nicht zu schön? Denn das bin ich nicht.« »Nein, Mamsell, das wahrhaftig nicht. Kein Affe kann so aussehen, als wie man Sie uns beschrieben. Klein wie ein Kind von 10 Jahren, aber so dick! Und dicker wie lang. Ich würde für Sie eine eigene Garderobe anschaffen müssen, weil wir unmöglich solch einen Wechselbalg noch bei unserer Gesellschaft haben würden. Kleine, schielende Augen, die so tief in dem Kopf liegen, daß man solche kaum sehe, einen großen, abscheulichen Mund mit starken, aufgeworfenen Lippen, schwarze, häßliche Zähne, eine eingedrückte Nase. Nein, Mamsell, es ist nicht möglich, Ihnen alles zu sagen. Was gibt es für abscheuliche Menschen!«

»Liebe Madame Koch, die kenne ich lange. Ich danke Ihnen, daß Sie mir das gesagt. Ärgern kann ich mich nun nicht darüber, denn ich bin hier und mache nun alle, die mich so allerliebst geschildert, zu Lügnern; denn so häßlich bin ich nicht. Und so, Madame, wie man Sie und Ihren Herrn in Ansehung meiner Bildung belogen hat, so werden Sie's auch finden in Ansehung meines Spiels. Oh, die Esel! Und dünken sich alle so klug und weise. Wider ihren Willen gereicht mir nun das, was mir schaden sollte, zu meinem größten Vorteil. Hätte man geschrieben, ich wäre schön wie ein Engel, ja, dann käme ich schlecht weg. Nun, in Ansehung des Agierens kommt's ebenso. Man erwartet von mir nichts und das Nichts ist noch unter dem Nichts. Madame, ich verstehe mein Metier. Verstand es gut. Darum drängte man mich, daß ich fort sollte aus Hamburg, wollten mir aber auch allen Ruf auf andern Theatern abschneiden. Da sie nun Wind hatten, daß ich bei Ihnen engagiert wäre trotz allen Kritiken, nun griffen sie meine Bildung und vielleicht auch wohl gar meinen moralischen Charakter an.« »Oh, Mamsell, Sie wissen, wie es geht. Doch von Ihnen nicht so sehr als von Ihrem Herrn Bruder, den man uns als einen grundliederlichen Menschen geschildert, der nie nüchtern aufs Theater käme, den Ackermann mehr als einmal mit der Wache habe aufs Theater bringen und so wieder wegführen lassen, der Händel suchte und allen Mutwillen ausübte.« »Gut, Madame, Sie müssen wissen, daß mir Herr Schiebeler das schon nach Hamburg geschrieben. Darf mir darum nicht bange sein, werden meine und meines Bruders Verleumder zu beschämen wissen.«

Nun war's gegen Mittag, und wir gingen in unsere Absteigewohnung, und dann besah ich mein für mich gemietetes Zimmer. Wer mich nicht gekannt oder gesehen hat, den will ich doch nun auch mit meiner Bildung bekannt machen: Groß von Person war ich nicht. Doch aber auch nicht von den ganz Kleinen. Inzwischen paßten sich alle gehörigen Gliedmaßen in gleichmäßigem Verhältnis zu meiner Länge. Mein Fuß war hübsch. Aber meine Beine, Waden und Lenden waren zu stark, doch so gerade gewachsen, wie man's sehr selten an Frauenzimmern wahrnimmt; meine Taille war nicht stärker als eine gewöhnliche kurze Elle, (man denke sich aber kein österreichisches oder bayerisches Maß), nicht zu kurz, nicht zu lang, wohl proportioniert mit den Schultern. Meine Hände waren sehr hübsch, so wie meine Arme, rund und zart, nicht blendend weiß wie bei einer Kranken, nein, ein gesundes Weiß. Mein Hals und meine Brust, ein Meisterstück der Natur! Schöner war gewiß keine mehr. Alles fand ich stückweise an andern Frauenzimmern schöner, nur die Höhe, die Fülle, ohne ekelhaft zu sein (denn eine zu starke Brust ist ekelhaft und will lieber eine magere sehen, wenigstens nach meinem Geschmack), und die feine, zarte Haut, wo die kleinste, blaueste Ader durchschimmert, nein, solch eine Brust sah ich nie! Kleine, sehr schön geformte Ohren. Dunkelbraunes, langes, starkes Haar, das mir bis an die Hälfte der Waden reichte, denn wenn ich mit aufgelösten Haaren kniete, lag es handbreit auf dem Fußboden. Mein Kopf war klein, die Stirn hoch und breit, die Augenbrauen nicht ganz regelmäßig, doch verstellten sie mich nicht; die Nase, was man ein Stumpfnäschen nennt. Die Augen blau und voll Feuer, aber nicht groß. Doch sagen konnten sie, was sie wollten. Der Mund nicht groß und nicht klein. Die Lippen nicht häßlich, aber zwei Reihen Zähne, die man schöner nicht sehen konnte. Übrigens zart im Gesicht, weiß und rot. Würde mich geschämt haben, auf der Straße geschminkt zu sein. Weiß auf dem Theater benutzte ich gar nicht, außer in einer Sterbeszene: um den Zuschauer täuschen zu können, mußte ich da wohl weiße Schminke auflegen. So sah ich aus. Und wenn ich nicht so ausgesehen hätte, würde ich mich nicht nach einer so langen Reihe von Jahren so erhalten haben, wo Mädchen von 20 Jahren neben mir aussahen, als wenn sie meine Mütter wären. Hübsch, ohne regelmäßig schön zu sein.

Wenige Tage nach unserer Ankunft mußten wir bei Herrn Koch abends speisen. Wurde natürlich von meinem Debüt gesprochen. Herr Koch hatte die »Cenie«* für mich gewählt. Ich bat ihn um eine Stückprobe, da für mich Schauspieler und Theater neu seien. Das wurde mir ohne Widerrede gewährt. Denn das hatte ich schon erfahren, daß sie untereinander etwas bequem waren und nicht gern alte Stücke probierten. Die zu tun hatten, erschienen alle. Ich machte ihnen mein Kompliment, und nach diesem sagte ich zu ihnen: »Meine Damen und Herren, heute habe ich zum ersten Male die Ehre, mit Ihnen zu spielen. Wir kennen uns also noch nicht, müssen uns aber kennenlernen. Bleiben wir gegeneinander zurückhaltend, so werden wir uns nie kennenlernen. Ein jedes hat seine Art und Weise, wie es spielt. Ich zum Exempel habe in einigen Rollen, worunter denn auch die heutige ist, einige Anmerkungen und Stellen, die vielleicht meine Vorgängerin, Madame Stark, nicht gemacht. Darf ich von ihnen hoffen, daß Sie mir beistehen werden, daß Sie mir es als der Jüngsten nicht übelnehmen werden, wenn ich Sie um eins und das andere bitte, es zu tun? Sie sind hier alle fest, ich nicht. Doch wünsche ich, mit der Zeit mir hier die Liebe zu erwerben, die Sie sich bereits erworben. Seien Sie von mir wieder versichert, daß – Sie mögen von mir verlangen eine Bewegung des Armes, der Hand, des Fußes oder der Miene – ich sie Ihnen gewiß in dem Augenblick bringen und entgegenkommen will, wann Sie es nur wünschen. Legen Sie mir aber meine Anmerkungen nicht für Stolz oder Eigendünkel aus! Finden Sie, daß ich unrecht habe, will ich mich gern eines Besseren belehren lassen.« – Anfänglich machte sie alle meine Anrede stutzig. Doch versicherten sie mir einmütig auf das freundlichste, daß ich ungehindert alles sagen könnte. Ja, es sollte ihnen lieb sein, wenn ich viele neue Stellen hätte, denn das Stück wäre ohnedies sehr alt. Nun probierten wir. Die Probe ging vortrefflich.

Einige Tage darauf wurde mein Bruder zu Herrn Koch allein berufen und wegen den Balletten gesprochen. Karl sagte: »Ja, warum nicht?« Koch legte nun Gage zu, so daß wir statt 20 Gulden 15 Reichstaler hatten. Karl war zu gut, denn Kochs abgegangener Ballettmeister hatte für seine Person allein mehr wie 15 Taler. Nun wurde im Namen meines Bruders Ballettprobe angesagt. Tänzer und Tänzerinnen kamen alle und bestanden aus sechs Frauenzimmern, fünf Herren und zwei Kindern, nämlich einem Knaben und einem Mädchen. Mein Bruder bat sie, sie möchten sich nach ihrem Rang stellen, indem er nicht wissen könne, wer von ihnen die ersten und letzten Figuren gehabt. Sie schwiegen alle still und sahen sich an; endlich sagten sie einstimmig, so wie sie mein Bruder stellen würde, wollten sie es sich gefallen lassen. Also nach Gutdünken wies er endlich einem jeden seine Stelle an. Nämlich sechs Herren und fünf Frauenzimmer, ich mit Karl und die zwei Kinder, so waren wir 15 Personen stark. Alles lernte gut, war aufmerksam und schmeichelte uns, daß wir Ehre davon haben würden. Voller Freude kamen wir nach Hause. Das weiß Gott, daß ich mich nicht erinnern konnte, so vergnügt von Proben weggegangen zu sein.

Der 22. April 1767 war für mich der große Tag. Das Haus war gedrängt voll. Zum ersten Akt waren die Zuschauer unruhig, denn es schien, als ob sie nicht den ersten Auftritt des zweiten Aktes erwarten könnten, bis ich kam. Ich trat auf. Eine allgemeine Stille herrschte. Den ganzen Auftritt aller Augen auf mich! Kein Wort ging verloren, und als ich abging, wie es die Rolle erforderte, folgte ein lautes Händegeklatsche nach. Nun kam mein zweiter Akt. Jede neue Stelle wurde bewundert und mit Beifall belohnt, und mein dritter ebenso. Bei der Erkennungsszene wollte das Applaudieren und Bravo-, Bravo-Rufen fast nicht aufhören. Im fünften Akt, wo ich nicht viel mehr hatte und das Stück zu Ende war, belohnten sie uns alle mit lautem Beifall. Alle wünschten mir Glück. Madame Koch kam aus ihrer Loge zu mir aufs Theater mit offenen Armen. »Oh, meine Schulze, meine liebe, liebe Schulze, brav, brav! Alle Ihre Feinde und Neider haben Sie heute beschämt.« Die

Tränen standen mir in den Augen. »Geduld, liebe Madame, sie sollen noch mehr beschämt werden. Aber nun lassen Sie mich zum Ballett umkleiden, ich laß die Zuschauer nicht gern warten.« Wie der Wind war ich fertig. Das Ballett hieß »Das Leben der Bauern«. Mein Bruder, der mit mir zu den Bauern gehörte, kam mit mir angewandert. Ich saß auf einem Esel, das war Löwe aus Hamburg, und hielt ihn bei den Ohren, hatte das Mädchen auf dem Schoß, und Karl führte den Esel. Er hing ein Schild auf, wo Geschichten darauf gemalt waren und teilte unsere Lieder aus. Es waren einige Verse, verfertigt von Herrn Schiebeler, zierlich in Kupfer gestochen. Sie sagten:

An das Publikum!

Stadt, wo in ihrem Heiligtum
Geschmack und Einsicht glänzen!
Wen du erhebst, krönt wahrer Ruhm
Mit ewig grünen Kränzen.
Laß deines Lobes Melodie,
Laß sie auch uns erschallen,
Süß wird der Fleiß und leicht die Müh',
Befeuert ihn, belohnet sie,
Das Glück, dir zu gefallen.
Karoline Schulze. Karl Schulze.

Wir wollten solche unter die Zuschauer auswerfen. Herr Koch aber fürchtete, es möchte zu Streit oder Händel Anlaß geben, also warteten wir, bis das Ballett aus war und gaben denen, die uns nach geendigtem Ballett alle begrüßten. Aber nun vom Ballett und von meinem und Karls Tanzen! Wären wir nicht so fest im Takt gewesen, wir hätten vor all dem Applaudieren und Bravo-Rufen keine Musik hören können. Keiner, auch die Ältesten vom Theater, konnten sich erinnern, je in Leipzig so einen einstimmigen, lauten, allgemeinen Beifall gehört zu haben. Alles nahm Teil daran: Herr Koch und seine rechtschaffene Frau, Akteure und Aktricen, Tänzer und Tänzerinnen, ja, gar die Theaterleute, alles hatte uns lieb gewonnen. Da sah man keine Verstellung, es kam von Herzen, keinen Neid, kein Naserümpfen. Kurz, wir waren unter Menschen gekommen!

Schiebeler speiste den Abend mit uns. Nun fing der erst an: »Ach, Mademoiselle Schulze, wüßten Sie, wie ich für Sie gezittert habe. Wissen Sie, daß heute unter der großen Menge von Menschen nicht fünf für Sie waren, alle gegen Sie? Nun haben Sie sich gar nirgends sehen lassen. Das bestärkte, daß Sie grundhäßlich sein müßten. Vom ersten Akt an konnte man kein Wort verstehen. Denn Sie waren der Inhalt von Parterre und Logen. Ich wußte gar nicht mehr, wo ich hin sollte. Wenn Sie alles gehört hätten! ›Sie kann nichts.‹ ›Nun, weinen wir nicht, so haben wir doch was zu lachen.‹ ›Wenn sie was nütz' wäre, man hätte sie gewiß nicht von Hamburg gelassen.‹ ›Wenn sie nur nicht gar zu häßlich ist!‹ ›Aber häßlich und nichts können, das ist zu toll!‹ ›Wenn doch der Akt aus wäre, daß wir Ihre besungene Aktrice sehen! Verstehen soll man sie auch nicht.‹ Kurz, ich schwitzte und ward bald wieder wie Eis. Endlich traten Sie auf. Noch hatten Sie kein Wort gesprochen, und alles zeigte Zufriedenheit in seinen Blicken. Sie gingen fort, und Lob und Beifall folgte Ihnen. Nun kamen Sie wieder. Alle rissen Sie hin. Alle glaubten, zum ersten Male ›Cenie‹ zu sehen. Alles fühlte mit Ihnen. Doch Sie sahen's. Sie hörten's. Nun wollte man mich fast ersticken mit Küssen und Umarmungen, daß ich Sie hierher gebracht.« »Das freut mich. Leipzig soll erfahren, ob mich ihr außerordentlicher Beifall verschlimmern wird. Ich hasse das Sprichwort: ›Neue Besen kehren gut.‹ Nein, lieber: ›Wie der Anfang, so das Ende‹, und ›Je länger, je lieber‹, das wird mein Bestreben, mein Fleiß sein.«

Ich glaubte mich gewiß nun auf einmal in eine ganz neue Welt versetzt. Die größte Ordnung herrschte auf Kochs Bühne. Zu meinem Bruder sagte ich: »Höre, Karl, sobald du etliche Ballette in Gang hast, sollst du welche ohne mich machen, so kann ich in einigen Balletten frei sein. Das wird mir Liebe und Freundschaft sowohl bei der Gesellschaft wie auch bei dem Publikum erhalten, wenn man sieht, daß ich nicht gern unterdrücke, nicht allein glänzen und alles machen will. Ich hasse alles, was Unterdrückung heißt.« Das geschah, mir war's Erleichterung, und ich erwarb mir dadurch die Achtung von jedem.

Meine achte Rolle, die ich in Leipzig spielte, war den 6. Mai 1767 die Julia, in »Romeo und Julia«.* Da wurde das Stück zum allerersten Male gegeben, noch im Manuskript. Mit dieser Rolle, die ich mit vielem Glück spielte, band ich alle Herzen in Leipzig vollends an mich. War mein voller Sieg über meine abwesenden Feinde, denn in Leipzig hatte ich keine. Denn wie war's möglich, mich zu hassen oder mir Feinde zu machen? Auch die kleinsten, unbedeutendsten Rollen spielte ich gern und mit allem möglichen Fleiß, zu vernünftig, von Herrn Koch zu verlangen, daß er mir nur allein alles geben sollte und diejenigen, die ihm so lange Jahre Brot verdienten, hintan zu setzen. Mein Koch war zu gerecht und ich zu billig, solches nur zu wünschen. So konnte kein Neid, keine Eifersucht statthaben. Jedes hatte seine Fächer, wo es gefallen konnte und mußte.

Nur das einzige von Herrn Koch war mir leid, daß er zu seinem eigenen Schaden einen unüberwindlichen Eigensinn hatte. Er gab zu viele alte Stücke und ließ wenige neue einlernen. An einigen neuen Stücken hatte er auszusetzen, daß sie in Versen waren – und kann was Schrecklicheres gedacht werden, wie die Reime sind? Gegen andere hatte er die Einwendung, daß sie in Dresden mit so vieler Pracht wären gegeben worden. Ungeachtet seine türkischen Kleider nicht schlecht waren, so waren sie ihm nicht gut genug, er scheute die Kosten. Doch worauf der Alte bestand, da bestand er darauf, und meist zu seinem eigenen Schaden. Mich dauerte es.

Wie bekannt, so wurde in Leipzig die Messe hindurch alle Woche sieben Mal gespielt. Wenn nun solche zum Schluß ging, so machte Koch an die Frauenzimmer sowohl zu Ostern wie Michaelis Meßgeschenke. Das bestand für jede Aktrice aus einem Louisdor und für die Figurantinnen aus einem Dukaten. Als nun die Ostermesse bald aus war, kam der alte Vater Koch und gab mir auch mein Papierchen. Ich bedankte mich und steckte es zu mir. Als ich nach Hause kam, fand ich in solchem zwei Louisdor statt einen. Das machte mich stutzig. Den Abend darauf nahm ich mein Papierchen mit dem doppelten Louisdor mit mir und sagte zu ihm: »Lieber Papa Koch, Sie haben sich gestern vergriffen.« »Wieso?« »Ja, ich weiß, Sie geben den Frauenzimmern jeder einen Louisdor. Mir gaben Sie zwei und wissen's nur nicht, und da könnte er Ihnen in der Rechnung mangeln, und Sie nicht wissen, wo solcher hingekommen. Da haben Sie ihn wieder. Geben mir nun einfachen, ich verlange nicht mehr wie die andern.« »Gutes Mädchen, ich weiß wohl, daß ich Ihnen zwei gegeben. Arbeiten Sie nicht auch für zwei?« »Tue nur meine Schuldigkeit, lieber Koch. Hab' ich mich nicht für beides engagiert, Ballett und Komödie? Doch danke ich Ihnen und werde Ihr gutes Herz nicht vergessen.« Auch mein Bruder bekam zwei Louisdor. Nicht des Louisdor's wegen; aber sind's nicht Zeichen eines erkenntlichen Herzens? Oh, wo sind noch solche Direkteurs? Ich hatte nun in drei Opern kleine Partien mitzusingen. Und auch die bezahlte Herr Koch an jeden extra.

Nicht gar lange war ich in Leipzig, so bekam ich Briefe aus Wien und aus Mainz. Ansehnliches Gehalt wurde mir geboten. Doch ich schrieb es ab. Koch hätte ich für kein Theater in der Welt vertauscht, und man hätte mir noch so viel bieten können, was denn auch geschah. In Wien sollte ich nur fordern, und Mainz bot mir allein 19 Taler. Ich sagte niemand was davon und war bei meinen siebeneinhalb Talern so glücklich, als ich nur wünschen konnte.

Auch erhielt ich aus Hamburg einen Brief, in dem mit den höflichsten Worten meine Entfernung von dem Hamburgischen Theater bedauert und meine Zurückkunft von den Entrepreneurs gewünscht wurde. Konnte ich noch mehr Revanche verlangen? Gaben sie mir solche nicht alle selbst, ohne daß ich sie suchte? Ich leugne nicht, ich tanzte mit dem Brief in der Stube herum. Wen konnten sie besser zum Briefschreiben in dieser Sache wählen, wie den Kommissionsrat, von dem ich gewiß wußte, daß mich der Mann nie beleidigt und immer mein Freund war, trotz der genauen Bekanntschaft, in der er mit den übrigen stand. Der Teufel müßte mich ganz gepackt haben in seine Klauen, wenn ich aus dem reizenden Lustgarten gewichen und mich nach Hamburg auf das Mistbeet gesetzt hätte. Nun antwortete ich:

Werter Freund!
Ich bin zu sehr von Ihrem rechtschaffenen Herzen gegen mich überzeugt, daß ich Ihnen sagen darf, wie angenehm

es mir ist, daß Sie mir Gelegenheit geben, ohne alle Verstellung mein Herz auszuschütten. – Ich leugne es nicht, daß ich anfänglich und durch das viele Zureden meiner Freunde gewünscht hatte, in Hamburg zu bleiben. Aber wenn ich alle Glückseligkeit dort hätte erwarten können, so hätte mir doch dieser Ort zum Ekel werden müssen. Denn geringschätzig kann ich mich nicht ansehen lassen, dazu bin ich zu stolz. Da habe ich es mir in meinem Leben zu sauer werden lassen und niemals das Theater zu einem Deckmantel gebraucht. Von einer gewissen Theater-Seuche, wovon der größte Teil unserer Theater-Helden und -Heldinnen angesteckt ist, und der in Neid der Rollen und des Putzes besteht, bin ich, dem Himmel sei Dank, niemals mit angesteckt worden.

Eine Rolle hatte ich mir zu der meinigen gewählt, nämlich die Mädchen, weil solche sich nicht allein mit meiner Sprache, sondern überhaupt zu meinem körperlichen Bau, kurz, sich am besten für mich schickten. Im übrigen ist mir auf dem Theater eines so lieb gewesen wie das andere und nie habe ich mich geweigert, neben dieser oder jener Aktrice zu spielen, wie es gemacht wird bei gewissen Rollen und dergleichen. Es wurde jedoch auf Recommendation geschrieben: ein junges, hübsches Weibchen verlangte man, die meine Stelle vollkommen besetzen könne. Vollkommen? Da ich nicht so stolz war noch bin, um zu denken, ich machte eine Szene vollkommen, viel weniger eine ganze Rolle. Das Weibchen kam nicht. Nun sollte ich der Notnagel sein, und das nicht allein: Ich sollte noch Gott danken, daß man mich würdigte, mich zu behalten. Deswegen schrieb und druckte man die infamsten Sachen, um an anderen Orten mir meinen Weg abzuschneiden. Weiter! Man wußte nicht, was man mit meinem Bruder anfangen sollte. Das war viel! Da man doch weit schlechtere, als er war, ansprach zu bleiben und Personen annahm, die noch gar nichts konnten. Ich weiß, daß mein Bruder aus dem Agieren nur ein Nebenwerk gemacht. Allein, oft verändern die Umstände die Sache, und wenn auch kein Ballett gewesen, er gewiß nicht den Schimpf auf sich genommen, er verdiene seine Gage nicht.

Von allen diesen Streichen wußte ich, und ich versichere Sie, daß ich mich eher auf die kümmerlichste Art hätte behelfen wollen, als in Hamburg zu bleiben. Wie ruhig lebe ich hier! Mit welchem Vergnügen gehe ich auf das Theater! Und wenn ich weggehe, ist es immer mit dem Wunsch, daß doch bald wieder der andere Abend da sein möchte! Hier bei Herrn Koch kann ich sagen, daß ich das erste Mal mit meinem Stand zufrieden bin und Gott danke, daß ich bin, was ich bin. Wenn es nicht an dem wäre, weswegen sollte ich es sagen? Und noch dazu, da ich mich in Ansehung der Gage verbessern könnte? In Hamburg würde man mir mehr geben. Nach Wien kann ich jeden Augenblick. Vor vier Tagen bekam ich von Herrn von Kurz aus Frankfurt Briefe, der mir mit dem Bruder 24 Gulden Gage bietet. Doch eine geldgierige Milwood bin ich nicht. Zufriedenheit und Ruhe kann man mit Geld nicht erkaufen. Die Gesellschaft liebt mich, ich sie wieder. Hier weiß man von keinem Neid! Und entweder außerordentliche Glücks- oder Unglücksfälle müssen mich von Herrn Koch bringen, sonst nichts!! Sollte ich mir selbst so verhaßt sein, und in eine solche Verwirrung zurückkehren, wie auf dem Hamburger Theater herrscht?

Vergeben Sie, daß mein Brief zu lang geworden! Doch Sie wissen, Mädchen in Komödien und auch außer derselben plaudern gern. Mein Bruder und ich, wir empfehlen uns den Herren Entrepreneurs und danken ihnen für die Ehre, die sie uns erzeigten. Leben Sie wohl, werter Freund! Glauben Sie, daß ich stets mit aller Hochachtung sein werde dero ergebenste K. Schulze.

Leipzig, d. 5. August 1767.

Meine Antwort machte, daß mancher heimlich lachte, mir recht gab. Auch bekam eine Person das Fieber, so hatte sie sich über den Inhalt geärgert, und jedes Wort war Wahrheit. So gewiß ist's, ich würde, wenn ich auch ohne Brot gewesen wäre, lieber den ersten besten Buden-Prinzipal wie die große Hamburger Entreprise gewählt haben, und wo mehr Ordnung gewesen sein würde, wie da war.

XIX.

Leipzig, Braunschweig 1767/1768

Ich habe kein Vermögen. Mein Reichtum ist meine Kunst.

Herr Kummerfeld, mit dem ich fleißig Briefe wechselte, stimmte nun dem zärtlich freundschaftlichen Ton den aufrichtig liebenden hinzu: »Mein Herz haben Sie längst, nehmen Sie auch meine Hand an.« Der Familie wegen wünschte er, daß ich solches noch geheim hielte, und setzte die Zeit unserer Vermählung auf die Ostern 1769. Den Antrag hatte ich nicht vermutet. Er setzte mich in ein tiefes Nachdenken. Trotz all des Suchens, all des Beifalls und der Liebe, die man mir zollte und von Jugend an gezollt hatte, so blieb doch mein Herz bei allen Schmeicheleien auf eine gewisse Art kalt. Alles Lob, das so manches junge Mädchen bei dem Theater stolz, übermütig, neidisch, hämisch und boshaft gegen ihre Gespielinnen gemacht hatte, verrückte nie meinen Kopf, noch vergiftete solches mein Herz. Die vielen Unglücke, die ich mit meinen Eltern in meiner Kindheit erlebt hatte, das Alter und die langen kränklichen Umstände meiner Mutter waren mir das sicherste Verwahrungsmittel, daß mich die allgemeine Theater-Seuche nie mit hinriß. Auch meine Mutter war schön, jung. Auch ihr band man Blumen- und Lorbeer-Kränze. Was wäre sie nun im Alter gewesen, wenn sie keine Kinder gehabt hätte? Die Ehe bei dem Theater? Ich hatte keine gesehen, die auf mein Herz Eindruck gemacht. Und nur sehr wenige hatten Kopf genug, ihr Los, das sie getroffen, mit Anstand zu tragen. Und die jungen Männer, die nicht beweibt waren, waren entweder zu wild und ungezogen oder auch zu ungeschickt in ihren theatralischen Künsten. Und ich weiß nicht, entweder müssen Mann und Weib beide Brot verdienen können, oder der Mann muß das Weib erhalten. Der Mann, der ein Weib nimmt, um sich von ihr nähren und erhalten zu lassen, ist mir eins von den geringsten, niedrigsten Geschöpfen. Kann keine Achtung vor ihm haben. Ja, ein anderes ist es, wenn er durch Krankheit oder Unglück unfähig wird, Brot zu schaffen oder nicht mehr fähig ist, allein seiner Familie ganz vorzustehen.

Der redliche Kummerfeld, der 22 Jahre älter war als ich, der – ohne schön zu sein, doch gefiel – der viele Tugenden hatte und Ansehen genoß, war mir wert geworden, hatte meine ganze Hochachtung und zärtlichste Freundschaft gewonnen. Und da ich nun mein Herz durchforschte, mußte ich mir gestehen, daß ich wahre Liebe für ihn empfand. Bei seinem Antrag hatte er jedoch vielleicht nicht alles recht bedacht, und so schrieb ich ihm:

> Ihr letztes Schreiben, mein wertester Freund, hat mich, ich gestehe es, in ein angenehmes Erstaunen gesetzt. Sie kennen mich. Sie wissen, wie hoch ich Sie schätze, wie zärtlich meine Freundschaft für Sie ist. Der Schritt zur Liebe liegt nah dabei. Und wenn ich Sie auch nicht in Hamburg geliebt hätte, so hätte ich Sie nun – entfernt – durch Ihre fortwährende Neigung zu mir lieben müssen. Sie schreiben mir, daß Sie nun – entfernt von mir – fühlen, daß ich Ihnen mehr geworden als eine Freundin, daß Sie sich nun erst selbst kennten und überzeugt wären, ohne mich nicht leben zu können. Schmeichelhaft für mich! Fast möchte ich stolz sein auf mich selbst, daß meine Denkungsart, meine Art zu handeln, mein Umgang mit Ihnen, fähig waren, ein Herz wie das Ihre zu rühren, was so viele weit schönere, liebenswürdigere und reichere Mädchen in Hamburg nicht über Sie vermocht. Denn welche Eltern in Hamburg würden Ihnen ihre Tochter versagen, und welches Mädchen von Verstand und Herz würde Ihre Hand ausschlagen? Weg also, liebster Freund, alle Verstellung! Ich liebe Sie, muß Sie lieben. Wer kann meine Liebe mehr verdienen wie Sie? Ihr Antrag macht mir Ehre und ist für mich ein Glück, das ich nie gehofft.
>
> Aber, Freund, haben Sie auch alles wohl überlegt? Eine ewige, unzertrennbare Verbindung mit Ihnen sehe ich zwar für das größte Glück an, das mir je begegnen könnte. Aber ich würde doch dieses Glück ausschlagen, wofern der geringste Zweifel in meiner Seele zurückbliebe, daß Sie mit mir und ich mit Ihnen bis zu dem Augenblick, da Gott uns voneinander trennt, gleich glücklich leben sollten.

Vier Punkte, lieber Freund, müssen Sie mir aufrichtig beantworten, damit keiner von uns beiden einst dem andern Vorwürfe machen kann. *Der erste ist die Religion.* Ungestört will ich in der meinigen leben und sterben; so wie ich Sie ungestört die Pflichten der Ihrigen werde erfüllen lassen. Keins darf das andere abhalten. Meine Religion sei mir das Meinige, so wie Ihnen die Ihrige das Ihrige ist. *Der zweite Punkt ist das Theater.* Sie wissen die Vorurteile, die die meisten dagegen haben. Fühlen Sie sich stark genug, über alle Vorwürfe, die man Ihnen einst machen kann und wird, hinauszusehen? Sie wissen, so wenig der Fürst zu seiner Geburt selbst etwas beigetragen, so wenig hab' ich's. Nicht um müßig, bequemer oder freier zu leben, bin ich auf dem Theater. Meine Eltern waren vor mir auf demselben und gaben mir bei dem Theater mein Dabeisein. Gereicht mir also zu keinem Vorwurf, und unglücklich wäre der oder die, die über mich die Nase rümpfen oder mir die Achtung versagen würden, die mir zukommt. Denn auch darin kennen Sie mich. Ich bin stolz und hitzig wie ein Mann. *Das Dritte ist: Ich habe kein Vermögen. Mein Reichtum ist meine Kunst.* Und wenn Gott mich gesund läßt und vor außerordentlichen Unglücksfällen beschützt, ja, so bin ich imstande, mir jetzt etwas zu sammeln bei meiner ordentlichen und wohleingerichteten Wirtschaft, daß ich nicht befürchten darf, im Alter zu darben. Noch habe ich mir durch die vielen Unglücksfälle, die mich betrafen, freilich keine Schätze sammeln können. Erst mußte ich in allem, meinem Stande nach, eingerichtet sein. Das bin ich. Bin frei von Schulden. Und nun kann ich bei der Lage, in der ich jetzt bin, auch nach und nach mir ein kleines Vermögen an Geld sammeln.

Nie, lieber Kummerfeld, habe ich mich um das Ihre bekümmert! Ich weiß nicht, wie reich oder wie nicht reich Sie sind. Wenngleich meine Art zu leben (von der ich auch als Ihre Frau nicht gesonnen bin abzugehen) von den Hamburger Damen weit entfernt ist, und die zum Teil entschuldigt werden können wegen dem Vermögen, so sie ihren Männern zugebracht, so wissen Sie doch selbst, daß dann allemal Ihre Ausgabe größer sein wird, als wenn Sie allein sind. Und wenn ich auch alles beobachte, was einer guten und aufmerksamen Hausfrau zukömmt, ich kann Ihnen doch unmöglich das erwirtschaften, was ich Ihnen koste. Also, Freund, bitte ich Sie bei Gott, bei all der Rechtschaffenheit, die ich Ihnen zutraue, überlegen Sie es! Sind Sie in der Situation, ein Mädchen zu heiraten ohne Vermögen? Und gesetzt, Sie können es jetzt vermöge Ihres Dienstes, sind Sie auch sicher, daß, wenn Gott Sie vor mir (das ich nicht wünsche) aus der Welt nehmen sollte, ich auch dann als Ihre gewesene Gattin mit Anstand werde leben können? Freilich so nicht, als ich leben konnte, als der tägliche Verdiener noch da war. Aber doch leben wie eine gute einsame Bürgerin ohne Nahrungssorgen? Kummerfeld, denken Sie, daß ich bloß Ihretwegen das Theater als meinen einzigen Stecken und Stab von mir lege. Bloß aus Liebe für Sie. Bloß als die einzige Hoffnung, im Alter versorgt zu sein. Gottlos, unverantwortlich wäre es von Ihnen, wenn Sie mich jetzt in der Blüte meiner Jugend, jetzt, wo ich ernten kann aufs Alter, jetzt mich aus meinem Brot, in meiner Jugend mich in Ruhe setzten und in meinem Alter hilflos mich zurückließen, daß ich wieder gezwungen wäre, mein Leben zu erhalten, bei dem Theater Schutz zu suchen, das Mitleid der Edlen und der Spott des gemeinen, niederträchtigen Auswurfes von Menschen würde! Sie sind kein Jüngling; Sie sind ein Mann. Weg also lieber jeden verliebten Gedanken! Als Mann will ich von Ihnen geliebt sein. Als Mann, der weiß, was zum täglichen Unterhalt erfordert wird. Nicht wie der unbesonnene Knabe mit seinem Mädchen, der nur den gegenwärtigen Augenblick vor Augen hat und für die Zukunft blind ist. Nein, lieber Kummerfeld, lieber wollen wir Freunde bleiben: ewige Freunde. Die Abwesenheit, ja, die Zeit wird Ihnen Ihre vorige Gemütsruhe wiedergeben. Und so, wie Sie ehemals ohne mich gelebt, werden Sie sich auch nach und nach wieder gewöhnen zu leben, ohne mich täglich zu sehen. Prüfen Sie sich! Ihre Freundin wird Sie segnen bis zum letzten Augenblick Ihres Lebens. Aber als betrogenes Weib würde ich Ihrer Asche im Grabe fluchen.

Der vierte Punkt ist, daß Ihre ganze Familie mich als Ihre

Frau erkenne und so mit mir umgehe. Sie wissen, daß ich keinen davon die Ehre habe, persönlich zu kennen. Nun, lieber Kummerfeld, ob ich gleich noch jung bin, so hab' ich doch vieles gesehen und erlebt, weiß, was am Ende für närrische Auftritte, ja, oft ganze Zerrüttungen der zärtlichsten Liebenden daraus entstanden, wenn ein Teil sich gegen den Willen und die Absicht der Anverwandten verheiratete. Ich will keine Uneinigkeit unter Ihren Anverwandten stiften. Lieber begebe ich mich der Ehre, je mit solchen verwandt zu werden.

Nun, Freund, überlegen Sie alles! Können Sie mir bürgen für die vier Punkte, so bin ich die Ihrige. Können Sie nicht, so bleiben wir Freunde. Überzeugen Sie mich aber durch Gründe, daß Sie selbst alles vorher überlegt und erwogen, so setzen Sie den Tag unserer Verbindung noch zwei oder sechs Jahre hinaus! Und erhält mich Gott am Leben, so gebe ich Ihnen hiermit mein Ehrenwort, daß, wenn sich auch mir noch so glänzende Aussichten anbieten sollten, ich gewiß nie eines anderen sein werde, sondern ganz die Ihrige.

K. S. 16. August 1767

Kummerfeld antwortete mir mit der ersten Post. Seine Erklärungen waren zufriedenstellend. Daß etwaige Kinder sollten evangelisch erzogen werden, damit war ich ganz einverstanden. Ich antwortete ihm:

Lieber Kummerfeld,
ich denke, daß wir so ganz einig denken werden. Aber ich habe, da wir doch von Kindern reden, noch einen Punkt, in dem wir nicht einig sind. Sie erinnern sich vielleicht noch, wie ich in dem Zirkel, wo so viele Ihrer Bekannten sind, gegen die schändliche, einreißende Hamburger Mode loszog, Kinder gleich an Ammen zu geben oder solche wohl gar fort aus dem Haus zu schicken, daß die Damen ja nicht aus ihrer Ruhe gestört und besser nach ihrem Wochenbette in Gesellschaft herumschwärmen können. Lieber, ich bitte Sie, nie zu vergessen, daß ich keine Hamburgerin bin. Das gewöhnliche Wort ist, daß diese teuren

Ehehälften zu ihren Herren sagen: »Ja, das hab' ich so bei Mama gesehen, das hat Mama auch bei Papa gehabt, das muß ich auch so haben.« Nun, Kummerfeld! Will auch so sagen. Aber denken Sie, daß meine Mutter ganz Mutter ihrer Kinder war, und so will ich, wenn Gott mich so glücklich werden läßt, Mutter mich zu nennen, auch ganz Mutter sein. Schande für die Menschheit, aber ein Vieh liebt mehr seine Jungen wie manche Mutter ihr Kind. Wenn man einem Hund seine Jungen nimmt, wie winselt er, wie gebärdet er sich? Also! Die Kinder werden evangelisch, aber ich bin ihre Amme, und die ersten Jahre sind sie ganz mein, bis es Zeit ist, ihnen Lehrer zu geben und ihnen die Begriffe der Religion und anderer Wissenschaften, die ich ihnen nicht geben kann, beizubringen. Doch immer unter Ihrer und meiner Aufsicht!

Im Advent soll ich kommen künftiges Jahr? Wie Sie wollen, ich bin's zufrieden. Aber, lieber Kummerfeld, noch etwas ist auf meinem Herzen, das ich Ihnen sagen muß. Und wenn mit diesem Geständnis ich Sie auch als meinen künftigen Gatten verlieren sollte, so müssen Sie es wissen. So wenig, wie ich Ihnen glauben würde, wenn Sie mir sagten, Sie hätten nie geliebt und ich wäre Ihre erste und einzige Liebschaft, eben so lächerlich wäre es, wenn ich Ihnen weismachen wollte, daß ich nun bald 22 Jahre gelebt und nie verliebt gewesen wäre. Nein, Sie müssen alles wissen. Durch beigelegte Briefe lernen Sie den Mann kennen, der mir lieb, sehr lieb war. Aus seinen Briefen können Sie sich meine Antwort darauf leicht erklären, die ich Ihnen nicht mitschicken kann; denn wer nimmt von Liebesbriefen eine Kopie? Solche Liebe wäre Geziere. Nur Aufrichtigkeit und gegenseitiges Vertrauen sind die Stützen einer glücklichen Ehe. Glücklich will ich werden oder lieber nie, nie heiraten. Über die Vorurteile einer alten Jungfer bin ich hinaus; und lieber eine alte Jungfer als ein unglücklich Weib!

Als der Hochzeitstermin auf die Fasten endgültig festgesetzt war, mußte ich Koch endlich davon in Kenntnis setzen. Die

Hälfte meiner noch übrigen Lebensjahre hätte ich dafür hingegeben, wenn ich zu gleicher Zeit Kummerfelds Gattin und bei Koch Schauspielerin hätte sein können.

Oft, wenn Madame Koch mich freundlich nach dem Grund meines stillen, schwermütigen Betragens fragte und mich in die Arme schloß, riß ich mich los und weinte laut. Mein Bruder, da er zufällig von meiner Verlobung erfuhr, entrüstete sich, daß er nicht in das Geheimnis einbezogen. Nachdem ich ihm versprochen, für sein weiteres Engagement bei Koch oder einem anderen Prinzipal zu sorgen, ließ er sich beruhigen. Gleichzeitig erhielt er von mir eine ziemliche Summe, um sich aus einem verdrießlichen Handel ziehen zu können und folgte meinen Vorstellungen und Ermahnungen und schwärmte nun einige Zeit weniger, als er bisher getan.

Schließlich hörte auch Papa Koch von meiner Verlobung. Tieftraurig fragte er mich eines Abends: »Ist's denn wahr? Soll ich meine Schulzen verlieren? Heute hat sie so viel zu tun. Aber morgen tanzt sie nur; da wollen wir miteinander sprechen.« Die ganze Nacht konnte ich kein Auge schließen und weinte. Die Briefe meines Kummerfeld, seine Liebe, die Aussicht auf ein ruhiges Alter mußten das laute Geschrei in meinem Herzen stillen. So bereitete ich mich nach und nach vor, um mit Herrn Koch in der gehörigen Fassung sprechen zu können. Viele Briefe hatte ich angefangen und wollte es ihm erst schriftlich sagen. Doch meine Tränen ließen mich keinen vollenden. Ja, ich kann sagen, lange hatte ich nicht so eine qualvolle Nacht durchwacht. Der Morgen und Mittag waren nicht viel besser. Endlich kam die Stunde, um nach dem Theater zu gehen. Als ich zum Ballett angekleidet war, wartete bereits der gute Alte auf mich. Wir gingen abseits, daß uns niemand hören konnte, und mit bebender Stimme frug ich ihn: »Nun, lieber Herr Koch, was haben Sie mir zu sagen?« »Alles sagt mir, ich soll Sie wieder verlieren. Einige behaupten, Sie gingen auf die Fasten nach Wien; andere sagen, zu Herrn Kurz nach Mainz, wieder welche nach Hamburg aufs Theater zu der neuen Direktion und endlich noch andere, daß Sie sich in Hamburg verheiraten würden. Was ist nun von den vier Aussagen die wahre?« »Die letzte!« »Ach Gott«, sagte der Alte, lehnte sich an die Mauer und blieb mit herunterhängenden, gefalteten

Händen vor mir stehen. Tränen stürzten aus meinen Augen, und eine gute Zeit lang sprach keiner von uns ein Wort. Starr sah er mir endlich in die Augen und sagte: »Sie hintergehen mich doch nicht?« »Herr Koch, welch ein Argwohn! Können Sie sagen, daß, so lange ich bei Ihnen bin, Sie von mir eine Unwahrheit gehört? Ich sollte Sie hintergehen?« Ich setzte ihm nun alles auseinander. Er billigte meinen Schritt um so mehr, als er Kummerfeld und seine Rechtschaffenheit kannte. Wir verabredeten, daß von meinem Ausscheiden aus der Gesellschaft nicht gesprochen werden sollte. Das war am 10. September 1767. Mein Bruder wurde von Koch mit einer Zulage von neuem engagiert.

So gingen nun verschiedene Wochen fort in einem abwechselnden Taumel von Freude und Betrübnis. Ich arbeitete fleißig an meiner Aussteuer und wollte mich in allem so gut und vollständig einrichten, daß ich wenigstens in den ersten Jahren meinem Mann auch keine Kosten für ein Paar Schuhe zu machen brauchte. Geld brauchte er ja von mir nicht. Ich ließ mir von weißem Mantuaner Taft ein neues Kleid machen. Als ich ins Garnieren kam, fiel solches hübscher aus, als ich selbst anfänglich gedacht hatte. Es gefiel mir auch so wohl, daß ich meinem Wilhelm schrieb, wenn's für seine Braut nicht zu schlecht wäre, so sollte es mein Brautkleid werden. Ich wüßte zwar wohl, daß die Hamburger Bräute an ihrem Ehrentage schwere Kleider anhätten. Auch wäre meine Kasse wohl imstande, solches zu bezahlen. Doch wollte ich es reichen Bräuten nicht nachmachen noch zuvortun. Nur diesen Schimpf wollte ich nicht haben, daß es hieß, sein Mädchen hätte nicht einmal ein Bett mitgebracht. Auch das würde ich in Leipzig machen lassen und mitbringen. Kummerfeld antwortete mir, wenn mir mein Kleid gefiele, so solle es ihm recht sein. Das Bett solle ich jedoch wegen der Transportkosten nicht mitbringen. Dafür wollte ich auf eigene Kosten reisen. Überhaupt wollte ich meinem Kummerfeld Ausgaben für mich nach Möglichkeit ersparen.

Gegen Advent breitete sich nun allgemein die Nachricht von meinem Weggehen aus, und wenn ich es auch noch nicht gewußt hätte, wie sehr man mich in Leipzig geliebt und wie ungern man mich verlor, so mußte ich nun vollständig davon überzeugt werden. Herr Professor Oeser* bestand darauf, mich zu malen als Julia in »Romeo und Julia«. Er wählte die Stelle im dritten Akt, letzte Szene, wo Julia sagt: »Mit dem Romeo!« und im Begriff ist, mit den Worten den Schlaftrunk auszutrinken. Ich war damals mit Herrn Professor Oeser nicht einerlei Meinung, und weil ich doch einmal in einer Stelle aus dem Monolog sollte gemalt werden, wünschte ich, er sollte diese wählen: »Komm, glücklicher Trank, du sollst mich mit dem Romeo vereinigen!« Weit leichter würde es mir gewesen sein, mich in der Stellung zu erhalten (als bei den abgebrochenen Worten: »Mit dem Romeo!«), die einen Blick voll Entzücken haben muß. Doch weil nun einmal ein jeder so viel Wahres in gewiß einer der schönsten Stellen finden wollte, so blieb er dabei, und auch ich ließ es mir gefallen. Sollte in Kupfer gestochen werden. Damals waren die deutschen Aktricen noch nicht so häufig in Kupferstichen heraus. Nun, da es so allgemein wurde, freute ich mich, daß es Herr Oeser nicht getan und meinen Bitten nachgab.

Endlich kam das für mich so wichtige Jahr 1768. Jeder Posttag brachte mir zärtlichere und vertrautere Briefe von meinem teuren Wilhelm. Da war nichts Romantisches, nichts von Schwärmerei. Manchem Mädchen, dessen Kopf und Herz schwindelig geworden von Empfindeleien, Gezier und phantastischen Einbildungen, wären freilich diese Briefe nicht nach Geschmack gewesen. Mein Mann sollte mich lieben, nicht anbeten und vergöttern. Inzwischen hatte er unsere Verlobung auch seiner Familie kundgetan. Natürlich hatte sie gestutzt: ein Mädchen vom Theater, ohne Vermögen, dazu katholisch und das bei seinem Alter. Aber er müsse sie ja kennen.

Den 10. Februar 1768 spielte ich zum letzten Mal die Sara in Lessings Trauerspiel. Das Haus war den Abend sehr voll, denn man wußte es allgemein, daß die Schulzen zum letzten Male mitspielen würde, und jeder wollte sie noch zuletzt sehen. War's die Stimmung, in der ich den Abend war? Aber jeder sagte, so oft ich auch die Sara in Leipzig gemacht, so wäre sie mir doch so noch nie gelungen wie den letzten Abend. Besonders der letzte Akt. Alles weinte um mich her, und diese aufrichtigen Tränen, die ich um mich fließen sah, waren meinem Herzen mehr empfindlich als der laute Beifall, den man von so vielen Händen mir zuklatschte. Den 18. Februar spielte ich nicht mehr mit. Das Ballett war »Die Blumenhochzeit«, und als ich als Braut, mit Kränzen und Bändern geschmückt, in der Reihe folgte, schrie alles und applaudierte: »Die Braut, die Braut, unsere Schulze, unsere Schulze!« Der 19. Februar war dann der letzte Abend, daß ich auf dem mir ewig unvergeßlichen Leipziger Theater im Ballett auftreten sollte. Herr Koch hatte noch so eine volle Einnahme, daß man nichts sah wie Kopf an Kopf. Schon als ich in meinem Wolkenwagen noch in der Höhe schwebte, erschallte die letzte Ehre, die man mir hatte beweisen wollen. Gott weiß es, ich nicht, wie ich den Abend noch so, so mit aller Stärke habe tanzen können. Als ich mit meinem Bruder im Finale das Minor fast zum Schluß hatte, blieb ich stehen und wies durch Pantomime, daß ich nun aufhörte, mit ihm zu tanzen. Mein Bruder drückte seinen Verlust aus durch eine wehmütige Stellung. Ich trat nun vor, neigte mich gegen das Parterre, alle Logen und die Galerie. Mein Blick sagte, was ich fühlte: Tränen, die mit Macht aus meinen Augen stürzten, mehr, weit mehr, als Worte hätten sagen können. Wenn ich auch wirklich, wie es der Wunsch von so vielen war, eine Abschiedsrede hätte halten wollen, ich würde nicht drei Worte haben vernehmlich herausbringen können. Mein Bruder, als ich den stummen Abschied genommen hatte, stand wie außer sich da, fiel mir um den Hals und küßte mich. Alles weinte laut, nicht ein Auge im ganzen Schauspielhaus blieb trocken. Man schrie, man schlug in die Hände und rief: »Vivat, lebe wohl, lebe glücklich, sei Dank! Dank dir!« Ein Abschied wie dieser war wohl nie erlebt worden – und wird nie wieder erlebt werden. Noch hatte ich etwas weniges zu tanzen, aber ich konnte nicht, ich schwankte nur hin und her und konnte keinen ordentlichen Pas mehr machen. Auch alle übrigen Tänzer und Tänzerinnen nicht, denn sie weinten; ja, sogar die geringsten, die Theaterleute, reichten mir, als alles aus war, ihre treuherzigen Hände und sagten: »Gott laß es Ihnen doch wohl gehen! Sie waren immer so gut, auch gegen uns, und haben keinem eine böse Miene gemacht, viel weniger ein unfreundliches Wort gesagt.« Spät war's, als ich den Abend nach Hause kam, weil so viele, die ich nie gesprochen noch gekannt hatte, alle nach dem Ballett auf das Theater gestürzt kamen, um Abschied zu nehmen.

Am letzten Abend in Leipzig wurde mir zu Ehren ein Souper gegeben. Alles, was in Leipzig Ansehen hatte und geachtet war, Kaufleute und Gelehrte, von Adel und bürgerlichem Stand, kurz, jeder bezeigte mir noch zu guter Letzt seine Aufmerksamkeit und versicherte mir, daß ich mit Achtung der ganzen Stadt Leipzig verließe.

Gegen neun Uhr setzten wir uns zur Tafel. Einige 80 Personen waren wir zu Tisch. Man setzte mich als Braut oben an. Auf dem Tafelaufsatz war ein kleiner Amor, der mir die Devise entgegenreichte:

An Mademoiselle Schulze!
Zur Ehre des Geschmacks, zum Ruhm der deutschen Bühne,
Bewundert und geliebt, leb' unsere Karoline.

Gegen 12 Uhr, wir saßen noch an der Tafel, kamen noch alle, die vor der Tafel nicht kommen konnten. Es kam auch die Frau Hofrätin Langin mit ihrem Gemahl, ein paar alte, so ehrwürdige Personen. »Wo ist meine Schulze?« mit den Worten trat sie in den Saal. – »Nun, da ist sie!« »Weg, alle weg, ihr habt sie nun lange genug gehabt, nun muß ich sie auch haben!« Da fiel sie mir um den Hals, küßte mich und drückte mich an ihre Brust. Nun setzte sie sich mir zur rechten, ihr Gemahl zur linken Seite. Jeder von ihnen hielt eine meiner Hände in die ihrigen geschlossen. »Daß Sie als ein junges, hübsches Mädchen allen jungen Leuten gefallen mußten, das war keine Kunst bei Ihren Talenten. Aber so, wie meinen Mann und mich in Sie verliebt zu machen, dazu gehört mehr. Wir sahen Sie nicht allein mit tausend Freuden gern agieren und tanzen; nein, wir lieben und schätzen Sie besonders Ihrer vortrefflichen Aufführung, Ihres edlen Charakters wegen, und das mußte ich Ihnen sagen, und wenn's noch später in der Nacht gewesen wäre. Wir weinen ja alle um Sie. Aber sollen wir nicht weinen? Haben noch keine Schulze gehabt und bekommen keine wieder.« Reden konnte ich nicht. Ich lag an ihrem Busen und weinte Tränen des Dankes. Nach einer allgemeinen Stille überreichte mir Herr Professor Clodius ein Blatt, das ein Epigramm auf meinen Abschied war und das er hatte drucken lassen; es enthielt die Worte:

An Mademoiselle Karoline Schulze, den 24. Februar 1768.
O Freundin, mit dem Reiz Melpomenes geschmückt,
Nie hörst du auf, das Herz zu rühren.
Jüngst weinten wir, von deiner Kunst entzückt,
Jetzt weinen wir, dich zu verlieren.

Ich konnte nicht mehr länger am Tisch bleiben, sprang auf in der äußersten Bewegung. »Sie töten mich durch Ihre Güte.« Tief in mich selbst gehüllt, saß ich da, ich wußte kaum mehr, was vorging; endlich brachte man mich wieder an die Tafel, und ich bat alle, bei der Liebe, die sie gegen mich hätten, nun nichts mehr von Abschied zu sprechen.

Die Uhr war schon nach zwei, als ich sagte: »Es muß sein. Leben Sie alle wohl!« Ich umarmte alle mit Tränen, und sprachlos ging ich fort und ließ mich nach Hause tragen. Eine große Anzahl von den Herren waren meinem Sessel gefolgt und begleiteten mit meinem Bruder solchen. Sollte noch einen Sturm auf mein Herz vor meinem Hause aushalten. – Es schien, als ob es ihnen unmöglich wäre, mich nun auf immer zu verlieren; man schrie und schluchzte. Ich versprach ihnen, daß, wenn ich's möglich machen könnte, ich in ein oder mehr Jahren gewiß mit meinem Liebsten nach Leipzig zum Besuch kommen werde. Dieses hatte ich schon einmal an der Tafel versprochen und gesagt, mein Kummerfeld sollte sich als mein Ehemann noch bedanken für die Liebe und Ehre, die man seiner Frau als Braut bezeigt hätte. Nun verließen sie mich, und ich ging mit Karl nach unserm Zimmer. Wir sprachen beide nichts, und er ging mit einem stummen Kuß, den er mir gab, zu Bett.

Ich packte nun vollends alles ein, um den Morgen nichts mehr zu tun zu haben. Warf mich auf mein Bett im Reisekleid; schlafen konnte ich nicht. Gegen fünf Uhr weckte ich meinen Bruder, halb sechs Uhr kam noch der größte Teil von der Gesellschaft und wollte mich abfahren sehen. Gegen sechs Uhr kam mein Wagen. »Kinder, um Gottes willen, schont mich, bleibt ruhig! Lebt, lebt wohl!« Ich küßte alle, riß mich aus ihren Armen und warf mich in den Wagen. Durch die Straßen, wo ich durchfuhr, lag alles in den Fenstern und rief mir noch »Glückliche Reise!« nach. Ich hatte die Gläser vom Wagen auf beiden Seiten niedergelassen und sah von einem zum andern hinaus. Ein Freund und mein Bruder begleiteten mich zu Pferde; ich hatte einen alten, treuen Markthelfer, mit Namen Christian, gedungen, der mir unterwegs zur Aufwartung sein sollte, nebst dem Kutscher und seinem Knecht als Vorreiter, denn ich fuhr mit sechs Pferden. Kein Wunder, daß alles, was ja noch hätte schlafen können, von dem Gerassel wach wurde. So verließ ich den 24. Februar 1768 mein geliebtes Leipzig.

Ich setzte meine Reise in einer Art Betäubung fort, aber doch in der angenehmsten Weise versorgt durch meine Lieben, die mir Proviant und sechs Flaschen guten Weins mitgegeben hatten. Am 28. Februar kam ich in Braunschweig an, um einige Tage bei meiner Freundin Rieke zu bleiben, die darüber sehr glücklich war.

Am nächsten Tag gingen wir zusammen in die französische Komödie. Daß ich als Zuschauerin im Schauspielhaus wäre, breitete sich bald aus. Herr Lessing bewillkommnete mich im Parkett. Der durchlauchtigste Herzog ging aus der großen Loge und kam in die kleine, rechts am Theater. Meine Freundin sah es zuerst und sagte zu mir: »Karolinchen, sieh dich um, da ist der Herzog, ich wette, er ist deinetwegen in die Loge gekommen.« Ich sah hinauf, und noch ehe ich aufgestanden, winkte der gnädigste Herr mir mit beiden Händen den gnädigsten, herablassendsten, freundlichsten und leutseligsten Willkommen zu. Mit vieler Aufmerksamkeit sah ich dem Stück zu, und ich mußte den Schauspielern die Gerechtigkeit widerfahren lassen, daß die meisten sehr gut spielten. Sie rissen mich auch so hin, daß ich aufstand, »Bravo, Bravo«, rief und in die Hände schlug und mir die Tränen über die Backen rollten. So hatten sie mich mich selbst vergessen machen, daß ich nicht daran dachte, daß niemand in Braunschweig eher anfängt zu applaudieren, als bis der Herzog selbst seinen Beifall bezeigt. Doch nahm's der ganze Hof sehr wohl auf und applaudierte mit und alles übrige, was Hände hatte. Lessing sagte: »Unsere Franzosen strengten sich heute besonders an, müssen wissen, daß die Schulze da ist.«

Tags darauf erhielt ich bis gegen Abend verschiedenen Besuch. Selbst der durchlauchtigste Herzog ließ mir zu meiner Heirat gratulieren und eine glückliche Reise wünschen. Hätte ich nur ein Kleid in meinem Koffer gehabt, so wäre ich selbst nach Hofe gegangen, aber im Amazonenkleid fand ich's nicht für schicklich.

XX.

Hamburg 1768/1769

Bin ich heute wirklich verheiratet worden, oder
spiele ich nur eine Komödie?

In Braunschweig erhielt ich Wilhelms 110. Brief und außerdem zehn frische Dörsche, herrlich schmeckende Fische, die auf seine Gesundheit verzehrt wurden. Ich fuhr nun weiter nach Lüneburg und fort in Richtung Hamburg. Mit jeder Stunde klopfte mein Herz bänger und bänger. Es schien mir, als ob es nicht von der Stelle ginge. »Nun, Kutscher, fahr zu, fahr zu!« Der Kerl gehorchte, und mein Wagen flog.

Bald sah ich vor Hamburg das Haus, wo Wilhelm mit unseren Freunden sein mußte. »Kutscher, fahr doch zu!« Nun sah ich aus dem Haus meinen Wilhelm eilen im grünen Kleide, die Kutschentür aufreißen, aus dem Wagen springen und meinem Wilhelm in die Arme fallen, war nur ein Augenblick. Sprechen noch denken konnte ich nichts, nur sehen und fühlen, daß ich in Wilhelms, in meines Wilhelms Armen lag.

Bei schönstem Wetter fuhren wir mit einem Schiff über die Elbe nach Zollenspieker, von da ging es weiter nach Bergedorf, wo wir übernachteten, und am nächsten Tag erst nachmittags nach Hamburg zu Wilhelms ältester Schwester, wo ein Riesenschwarm von Verwandten und Freunden uns erwartete. Nachdem ich mich gegen jeden stumm verneigt und alle Damen geküßt hatte, bat ich meinen Wilhelm, mich vorzustellen. Er aber stand da, als wenn er's Fieber hätte, blaß von Gesicht und klappernd mit den Zähnen, Tränen in den Augen, wollte er reden, konnte aber nicht. Ein anwesender Professor, der einzige, den ich kannte, übernahm darum das Vorstellen. Bei Tisch geriet die angeblich so friedliebende Familie in einen wüsten Streit darüber, ob es besser wäre, vom Schlage gerührt, Knall und Fall zu sterben oder durch eine Krankheit gewarnt. Es gelang mir, durch irgendeine Geschichte das Gespräch in ein ruhiges Fahrwasser zu leiten, denn es wäre fast so weit gewesen, daß sie sich Schurken nannten und sich Flaschen und Teller an die Köpfe warfen.

Nach Mitternacht fuhren die Gäste alle fort, nach hamburgischem Brauch wollten mir Schwägerin und Nichte beim Ausziehen der Schuhe und Strümpfe helfen, ich bestand jedoch darauf, mich alleine auszukleiden.

Endlich kamen auch meine Koffer und wurden nach Kummerfelds Haus gebracht. Ich packte aus und brachte nur so obenhin einiges in Ordnung. Acht Kleider, die zur Jahreszeit schicklich waren, nahm ich heraus; denn 24 hatte ich vollständig und gut, daß keine Dame sich hätte schämen müssen, solche anzuziehen. Auch an Wäsche war kein Mangel, und was noch nicht verarbeitet war, lag zugeschnitten in Stücken neuer Leinwand. Mein Silber machte auch Aufsehen; ich hatte einen guten Vorrat, denn ich hatte meinen Theaterstaat abgelegt und diesen verwandt für Silbergeschirr. Auch meine Singe- und Meßgeschenke von Koch wurden daran verwendet. Daher kam's, daß ich manches Stück neu mitbrachte. Auch hatte ich in Leipzig einige Geschenke von Silber in meine künftige Haushaltung bekommen. Ich hatte ein vollständiges Kaffee- und Teeservice, zwei Leuchter, Lichtscheren und Teller dazu, auch gewisse notwendige Stücke zur Tafel, kurz, nichts überflüssig, aber auch alles bis auf die geringste Kleinigkeit vollständig und ordentlich. Jedes Stück war mit den Anfangsbuchstaben meines Namens bezeichnet.

Nun freuten sich die Verwandten, da sie hörten, daß Kummerfelds Braut, wenn sie gleich keine Kapitalien hätte, doch so eingerichtet wäre, daß sie vor jedermann sich könnte sehen lassen. Besonders gefiel ihnen das Reelle der Wäsche. Denn sie hatten sich eine Idee gemacht, daß, wenn Aktricen nur Blumen, Band, Flor und Blonden hätten, könnte das übrige beschaffen sein, wie es wolle. Daß meine Kleider nicht neu vom Schneider gekommen, konnten sie sehen. Aber sie sahen doch auch an keinem Stück Schmutz oder Flecke. Daraus schlossen sie, wie richtig zu schließen war, daß ich das Meinige schonte und eine gute Wirtin sein mußte. Und Gott sei noch mein Zeuge, daß ich mich nie genauer beholfen als damals in Leipzig. War mir am Mittag nichts von meinem Essen übriggeblieben, so speiste ich des Abends ein Stückchen trockenes Brot, keine Butter noch Käse. Ja, den ganzen Sommer, Herbst und Winter habe ich nicht einen Groschen für Obst ausgegeben. Denn wenn ich nicht so sehr genau für mich gelebt hätte, hätte ich freilich so große Kosten und Ausgaben nicht bestreiten können. Wie viele würden bei dem Gedanken eines reichen Bräutigams so gedacht haben?

Der Tag der Vermählung war auf den 12. April festgesetzt worden; mein Bräutigam wollte mich reich geschmückt sehen, anders wäre es für ihn ein Schimpf gewesen. Meinen einfachen Goldreif sollte ich mit einem Juwelenring vertauschen, ich ließ aber nur eine Reihe von Rosetten um meinen Ring herumsetzen. Es widerstrebte mir, in geborgtem Schmuck zu prangen wie die Hamburger Bräute, die sich für den Hochzeitstag echten Schmuck liehen von Juwelieren.

Das veränderte Betragen meines Wilhelm versetzte mich in tiefes Nachdenken und Betrübnis; ich fragte ihn, warum sein Verhalten, sogar sein Kuß Kälte und Zwang verrieten. Bereue er die Verlobung, so solle er mich freigeben. Ich sei nichts halb. Ich sei ganz Tochter, ganz Schwester, ganz Freundin, ganz Liebhaberin gewesen und müsse ganz Gattin werden können. Kummerfeld beruhigte mich, ihm seien die gesellschaftlichen Verpflichtungen und die Beeinträchtigungen der ihm so notwendigen Nachtruhe lästig und verdrießlich. Wir küßten uns und söhnten uns wieder aus. Ach, man beruhigt sich so leicht über das, was man wünscht. Inzwischen leugnete ich es nicht, daß mir selbst alle die steifen Besuche schon zum Ekel geworden waren. Niemand kannte ich genau. Wurde ich denn mit allem nur erdenklichen Zeremoniell in ein neues Haus eingeführt, da standen obenan zwei große Armstühle. In die durfte sich keine alte würdige Matrone oder kein Greis setzen. Nein, die gehörten für das Brautpaar. Wie oft raunte ich Wilhelm ins Ohr: »Hat der Teufel da schon wieder so ein paar Stühle!« Und wenn man dann nachdachte: »Heute sitzt du obenan, und den Tag nach der Hochzeit als die jüngste Frau ganz unten« – das stimmte mit meinen Gesinnungen so wenig überein. Ich, die ich lieber stieg als fiel oder doch gern in einer gewissen Mitte blieb, wo man nicht steigt noch fällt.

Und was man mich hier mit dem vielen Gesundheitzutrinken mortifiziert hat. Wie konnte ich dreißig und mehr Menschen bei einem Glase Wein nennen. Immer einen Tropfen hinunterschlucken und wieder einen nennen, bis die Reihe rum war? Da brach mir der Angstschweiß aus. Sollte ich das närrische Zeug meine ganze Lebzeit mitmachen? Nein, wahrlich nicht! Lieber sollte man mich jetzt entweder für unwissend oder für ein Mädchen ohne Lebensart halten, als daß man nachher sagte: »Sie hat sich die erste Zeit verstellt.« Man mußte mich gewohnt werden. Am Ende würde es heißen: »Es ist die Kummerfeld, sie tut's nicht anders«, – so wie es bisher geheißen hat: »Es ist die Schulzin, sie ist nun nicht anders.«

In der Nacht vor dem Hochzeitstag warf ich mich in unruhevollen Gedanken von einer Seite auf die andere. Vielleicht sollte mit dem morgenden Tag all meine Freude ein Ende haben. Die Uhr war halb sechs, als ich aufstand. Ich erschrak vor mir selbst, als ich in den Spiegel sah. Mein ganzes Gesicht hatte eine Todesblässe. Gleich nach sechs Uhr kam der Friseur, kam deswegen so zeitig, weil er den Tag mehr Bräute aufzusetzen hatte. Ich ließ in die Haare Myrten mit ihren Blüten hineinstekken. Weil damals in Hamburg nicht mehr Mode war, daß Bräute einen Kranz oder eine Krone auf dem Kopf trugen, so wählte ich bloß einzelne Myrten und Perlen ins Haar geflochten. Wir speisten den Mittag vor 12 Uhr; aber wie ich mich hingesetzt hatte, stand ich auf. Ich konnte nicht essen und war in einer schrecklichen Angst.

Unten stand der Bräutigam im aschgrauen Seiden-Moiré-Kleid mit kleinen weißen Blümchen; die Weste war ganz weißer Moiré mit silbernen Tressen. Er war so blaß von Gesicht, wie ich zitterte. Er reichte mir seine eiskalte Hand, ich fühlte die Kälte durch seine Handschuhe. Die ganze Straße war voll Menschen, und an allen Fenstern war Kopf an Kopf. Ich grüßte sie alle, so weit ich sie mit den Augen erreichen konnte und erntete damit das Lob, ich sei eine freundliche, gar nicht stolze Braut. Der Wagen fuhr ganz langsam, so recht staatsgemäß, und wir hatten uns beide viel zu verneigen und zu danken nach allen Seiten. Die Trauung geschah im Hause meines Bräutigams durch einen Pastor. Das Hochzeitsmahl fand bei Wilhelms Bruder Hinrich statt.

Ich tat mir sehr viel Gewalt an, lustig zu sein, ja ich schäkerte sogar und lief mehr, als ich ging, nach dem Saal zu. »Kommen Sie, lieber Wilhelm, ich bin recht hungrig, habe alles für heute abend verspart.« Aber Himmel, sowie ich in den Saal hineintrat und der Frauenzimmer ansichtig wurde, war ich doch mit einem Male so satt, als wenn mir zehn Pfund hartes Rindfleisch im Magen lägen. Das waren Gesichter! Alle wollten freundlich sein, und keine war's. Einige sahen blaßgelb aus wie holländischer Käse. Andere glühten braunrot, einige Gesichter waren gestreift. Ich glaubte, daß ein böser Dämon alle verzaubert hätte. Wie ich geworden, mag der Himmel wissen. Doch neue Farben konnte den Tag mein Gesicht wohl nicht mehr annehmen, denn es hatte solches den ganzen Tag über alle Schattierungen durchgemacht. Die meisten Augen hatten geweint, viel geweint, das konnte ich sehen, aber warum? Weswegen? Das blieb mir auch bei allem möglichen Nachsinnen ein unerklärbares Rätsel. Bei Tische hoffte ich, vielleicht es aufzulösen. Hinrich ließ viel und kräftig auftragen, aber ich will des Todes sein, weiß ich, was ich den Tag gegessen habe. Man wollte gerne munter werden, aber alles war versteinert. Mein Bräutigam küßte mir oft mit viel zärtlicher Ehrerbietung die Hand, sah mir freundlich in die Augen und sagte: »Oh, wie ich dich liebe! Bist mein alles.« Das fühlte ich warm ans Herz klingen, blickte seitwärts und wurde gewahr, daß Wilhelms Schwester, Madame Abendroth, Tränen verbergen wollte, die voll in ihren Augen waren. Doch trank sie solche in einem Glas Wein, vermengt mit Wasser, ganz langsam in ihren Magen. Ihr Mann blickte sie einige Male an mit einem Gesicht, das viel sagte, nur nichts, das angenehm gewesen wäre. Darauf lächelte sie, und es war ein Lächeln wie das eines Kindes, das man blutig gehauen und von dem man nun verlangt, es solle mit Lächeln die Rute küssen, die ihm so weh getan. Ich wußte nicht, sollte ich wünschen: »Ach, wärst du schon in deinem Haus« oder nicht. Kurz, dessen bin ich gewiß, daß ich an solche hochzeitlichen Empfindungen gewiß nie gedacht, noch sie mir hätte so vorstellen können. Endlich war die Glocke nach halb eins, und es wurde gemeldet, daß unser Wagen vorgefahren wäre. Nun wurde es laut, ich fühlte von allem nichts, was mir gesagt wurde, teils im Scherz, teils im Ernst.

Und nun rollte der Wagen mit uns fort. Wir saßen alle beide stumm da. Der Weg, den wir beide nach unserm Haus auf der kleinen Drehbahn hatten, war weit. Endlich faßte mein Bräutigam mit seiner Hand nach der meinen und sagte: »Du bist ja so still!« »Was ich bin, weiß ich selbst nicht. Ist's wirklich so, oder ist's ein Irrtum? Bin ich heute wirklich verheiratet worden oder spiele ich nur eine Komödie? Gott weiß es, ich nicht, wie mir ist.« »Nein, ist keine Komödie, bist von heute an meine Frau.« »Mir ist nicht so«, sagte ich, und damit war unser Gespräch am Ende. Mein Wilhelm behielt meine Hand fest in die seine geschlossen, und so kamen wir, ohne ein Wort weiter gesprochen zu haben, in unserm Haus an. Das Mädchen kam mit Licht, öffnete den Wagen, »Guten Abend, Madame!« Mit auflachendem Ton dankte ich ein »Guten Abend!« her und dachte: »Die Närrin! Madame!« Mich verdroß das Wort, als wenn sie mich geschimpft hätte. Im Augenblick besann ich mich und dachte: »Bist du nicht selbst eine Närrin, wird dich nicht von morgen an jeder ›Madame‹ nennen.« Ich kam in mein Zimmer und legte die mürrische Miene schon vor der Stubentür ab. Sie kleidete mich aus, und ich legte mein weißes Nachtkleid an, alles gebunden mit blauen Schleifen, kroch in meine blauatlassenen Pantöffelchen und wickelte mich in ein weißes Musselinen-Salopp. Drei kleine Zimmer gingen in eins herum.

Ich nahm das Licht und ging ins Nebenzimmer, setzte mich in einen Lehnstuhl an den Tisch. Wenige Augenblicke darauf kam mein Wilhelm und setzte sich gleichfalls in einen Lehnstuhl mir gegenüber an den Tisch. Die Uhr hatte längst eins geschlagen. Erst war zwischen uns beiden eine lange Pause. Nun faltete Kummerfeld die Hände wie zum Gebet, schlug die Augen voll von Tränen in die Höhe und rief mit einer Stimme, die meine ganze Seele erschütterte, aus: »Bin ich nicht der unglücklichste Mann? Oh mein Gott, mein Gott. Wo soll ich Ruhe finden?! Nein, für mich ist keine Ruhe mehr. Mein Gott, wie hast du mich gestraft, für mich ist alles aus. Keine Freude, keine Glückseligkeit mehr auf dieser Welt, ich bin der Elendeste von allen Menschen, wo soll ich Ruhe suchen?! Wo finden?! Mein Gott, mein Gott, erbarme dich meiner!« Wäre ich in meinem Leben zu Ohnmachten geneigt gewesen, gewiß wäre ich in solche gesunken. Hätte auch darin sterben können, mein Bräutigam wär's nicht gewahr geworden. Einige Male machte ich einen Versuch zu reden oder aufzustehen, aber ich konnte eines so wenig wie das andere. Das weiß ich, daß mir die Zunge ganz dick im Munde schien, der Hals wie zugeschnürt, das Herz zum Springen, und daß sich alles wie ein Kreisel in meinem Kopf herumdrehte. Kalt ward mir, wie der Tod selbst nicht kälter sein kann. Wie lange mein Wilhelm so fortdeklamiert hat, weiß ich auch nicht.

Gott gab mir endlich die Macht der Tränen, die größte Wohltat der Menschen. Ich weinte, weinte so laut, daß ich schluchzte, aber mein Kummerfeld, der von Herzen auch weinte und schluchzte, blieb dabei, daß er nie wieder glücklich sein würde. Natürlich, daß mir mein lange herumgeschleppter Zweifel wieder in den Sinn kam und ich nun anfing: »Aber Kummerfeld, was habe ich Ihnen noch gestern morgen gesagt? Warum entließen Sie mich nicht Ihres und meines Wortes? Warum mußten wir heute getraut werden? Konnten wir nicht Freunde bleiben, warum Liebende? Warum Trauung? Was habe ich Ihnen getan? Warum hassen Sie mich?« Das Wort weckte ihn, denn es schien, als ob er alles andere nicht gehört hätte. »Ach Gott, nein, ich dich hassen, ich liebe dich unaussprechlich.« »Sie lieben mich, und dann so ein Betragen?! Heute, heute! Was ist Ihnen? Um Gottes willen, beruhigen Sie mich! Wodurch habe ich Ihr Zutrauen verloren? Gegen wen wollen Sie Zutrauen haben, wenn ich nicht die Vertraute all Ihres Kummers sein soll?«

Schließlich bekam ich mit viel Mühe heraus, daß nicht ich die Ursache seines Kummers wäre, sondern ihn die üble Behandlung seiner Schwester durch Abendroth so betrübe. Er hätte diese junge Ehe auf dem Gewissen. Das Gespräch dauerte bis zum Morgengrauen um vier Uhr, wo ich dann, vor Kälte mit den Zähnen klappernd, endlich zu Bett gehen konnte. Am nächsten Morgen nach neun Uhr kamen Bediente und Mädchen von allen Verwandten, um sich nach unserem Befinden zu erkundigen. Ich fertigte jeden selbst ab und ließ ihnen danken, wir befänden uns recht wohl. Wir scherzten und mein Männchen schien über alle Maße vergnügt.

In Wahrheit jedoch hielt sich die Liebe meines Kummerfeld bei aller Freundlichkeit mehr in Schranken, als jemand ahnen konnte und durfte, und das auf lange Zeit.

Wenn ich nun an meine Freunde schrieb, so stellte ich mich glücklich und fing verräterische Tränen mit dem Schnupftuch auf, daß sie nicht aufs Papier fielen. Meinen neuen Namen mochte und konnte ich jedoch nicht darunter setzen, es war ein ängstlicher, gramvoller Name, ein großes, unübersehbares Feld, bepflanzt mit Kummer. Wenn ich meinem Männchen nach Tisch muntere Gedichte vorlas, schlief er ein, was nie geschehen war, als ich noch Mamsell Schulze war. Sein Pfeifchen Tabak, eine Partie Domino oder Piket, ein rechtzeitig gedeckter Tisch waren jetzt die Freuden, die ihm genügten. Was war ihm, was hatte er gegen mich? Ein Mädchen, wie ich war, gesund, so äußerst propper bis zur Übertreibung, wie es oft meine Mutter genannt hatte. Meine Jugend, mein warmes Blut! Das Gefühl, so uns die Natur gab, es forderte Gerechtigkeit. Wie oft weinte ich ganze Nächte durch! Wie oft war mein Kopfkissen so naß von Tränen, daß ich still aufstand, mir ein Tuch zu holen und solches überbreitete. Ihn fragen? Mich beklagen? Nein, das konnte ich nicht. Ist's wirklich Abneigung, ist's Abneigung? Ich stellte mich, als ob ich fest schliefe und im Schlaf meinen Arm auf seine Brust gelegt hätte. Er benahm sich darauf sehr zart, aber zugleich kühl. Ich wollte auf und davon laufen.

Von dieser Zeit an war ich jeden Morgen eher auf wie er. Inzwischen bekam ich so ein kränkliches Aussehen, als ob ich wirklich eine junge Frau gewesen wäre. Man scherzte darüber in Gesellschaft: H. i. K., die in Hamburg gewöhnliche Gesundheit, die heißt: »Hänschen im Keller«, darauf wurde oft getrunken. Mein Männchen nahm's als bekannt an und bezeugte sich so froh dabei, daß jeder hätte schwören sollen, es wäre wahr und daß bald nach Neujahr ein junger Kummerfeld würde angezappelt kommen. Wie mir dann dabei zumute war, läßt sich leicht erraten. Ich, die ich nie zur Eifersucht den geringsten Hang hatte, fühlte nun sich so was in mir regen. Genau beobachtete ich ihn in Gesellschaft mit anderen Damen. Wenn die Gesellschaften auseinandergingen, er der einen freundlicher sein Kompliment machte als der anderen, wenn er jeder in den Wagen half, nur mir nicht mehr, weder beim Ein- noch Aussteigen, oh Gott, so wünschte ich mir oft das Ende meiner Tage. Alles fraß ich in mich und beobachtete gegen ihn die größte Aufmerksamkeit. Wie den ersten Freitag nach unserer Trauung, ging ich ihm jedesmal, so oft ich ihn nach Hause kommen hörte, entgegen. Auch das wurde ihm lästig. »Was soll das? Laß mich! Werde mich schon allein auskleiden. Kann das Gezier und Kosen nicht leiden.«

Schließlich mochte ich keinen Menschen mehr sehen, ging auch Herrn Kummerfeld aus dem Wege und saß Tage und Nächte hindurch in meinen Schmerz gehüllt. Nun wollte ich nur noch seine erste Haushälterin und Magd sein. Als er einmal besonders ungezogen gegen mich war, sprach ich ihm in einem langen Brief das ganze Herzeleid einer ungeliebten Ehefrau aus. Es kam zu einer Aussprache, in deren Folge wir vereinbarten, daß zwischen uns ein reines Freundschaftsverhältnis bestehen sollte.

Es kam aber nachher alles anders, so daß wir in der Folge ein Kind erwarten konnten. Aber durch die Folgen eines albernen Scherzes in einer Gesellschaft wurde ich um das Glück, Mutter zu werden, für immer gebracht. Ich lebte nicht nach der Mode und kannte nicht allerlei Narrheiten, so daß mich eine gedrehte Schlange, die mein Tischnachbar an mir vorbeispringen ließ, über alle Maßen erschreckte. Ich fühlte einen gewaltigen Schmerz an der linken Seite und mußte dann schleunigst nach Hause gefahren werden, wo ich dann unter rasenden Schmerzen lange mit dem Tode rang. Mein Retter war der Arzt Dr. Dahl, der schon mein Medikus bei Ackermann gewesen.

Soviel ich ausgestanden hatte und so nahe am Rande des Grabes ich stand, so erholte ich mich vermöge meiner guten, gesunden Natur bald wieder. Ich ging zu Ende des November 1768 schon wieder in meinem Haushalt herum. Auf die Angst, die mein lieber Mann mit mir ausgestanden, wollte ich ihm nun auch eine unvermutete Freude, und das zu seinem Geburtstag machen, der bald einfallen sollte. Ohne ihn daran zu erinnern, lud ich einige von unseren Bekannten ein. Des Abends kamen meine Herren. Wir freuten uns alle, was mein Mann sagen würde, eine Gesellschaft von sechs Herren bei mir anzutreffen. Mein Mädchen im Haus hatte meine Befehle, und daß er nichts argwohnen sollte, so ließ ich die Speisen außer dem Haus verfertigen. Gleich nach sechs Uhr kam denn mein Wilhelm. Mein Mann, trotzdem er sich zwang, kam's ihm doch seltsam vor und gab mir einige Male einen Blick, mich gern allein zu sprechen. Endlich, da das Winken von Kummerfeld nicht aufhören wollte, ging ich zum Zimmer hinaus, und er folgte mir. Kaum war er mit mir allein, so sagte er: »Sage mir nur, Liebe, wo kommen die alle heute hierher?« »Ja, da fragst du mich zu viel; aber das fügt sich manchmal so.«

Gegen neun Uhr gab mir mein Mädchen das verabredete Zeichen, daß alles in Ordnung war. Wir gingen hinunter, und da stand die Tafel in vollkommener Ordnung. Mein Kummerfeld stutzte. »Was heute meine Frau vorhat? Muß sie wohl gewähren lassen, obwohl ich nichts begreife.« Wir wurden munter. Nur mein Mann sann und sann hin und wieder und blieb in Gedanken. Wir alle machten uns darüber in Mienen lustig. Nun endlich, wie er den Braten zerlegte, eilte ich und steckte mit meinem Mädchen die 18 Wachslichter an, die auf den Armleuchtern an der Wand waren. Nun wurde es mit einemmal um so viel heller, er sah auf, und nun trank ich ihm eine Gesundheit zu, die ich auf eine bekannte Melodie gemacht hatte. Kaum daß ich zu Ende singen konnte, so war ich gerührt. Mit Tränen fiel er mir um den Hals und küßte mich und dankte mir. Freude war allgemein. Hatte gar nicht an seinen Geburtstag gedacht.

Bis gegen drei Uhr in der Nacht waren wir beisammen, mein lieber Mann voll Dank gegen mich und unsere Freunde. Wie glücklich ich war, meinen Wilhelm so glücklich zu wissen! Nie glaubte weder das eine noch das andere von uns, daß je unsere wahre Zufriedenheit abzunehmen imstande sei.

Wir schlossen das alte Jahr und traten ins neue 1769 in einer so glücklichen Verfassung, daß wir nicht Ursache hatten, die Vornehmsten und Reichsten in Hamburg zu beneiden. Die Maskenbälle, die angefangen hatten, mußte ich alle mitmachen. Mein Mann begleitete mich auf alle und war oft unwillig, wenn ich nicht alle englischen Tänze mittanzte. Doch wie hätte ich auch in größtem Zirkel Vergnügen ohne ihn haben können, da er nicht tanzte? Merkwürdiges begegnete uns nichts, und wir hatten Tage, Wochen und Monate, wo wir uns immer die liebste Gesellschaft waren und blieben. Mein Mann klagte nicht über mich, ich nicht über ihn.

XXI.

Hamburg, Reise nach Weimar, Hamburg 1769–1773

Nie soll mich mein Glück stolz machen, so wie
mich Armut nie erniedrigen soll.

Ackermann hatte das Theater in Hamburg* wieder übernommen. Mit seinem Haus sowohl als verschiedenen von der Gesellschaft hatten wir Umgang. Ich sagte zu meinem Mann: »Wenn ich keinen Umgang mit ihnen unterhielte, könnte man mir den Vorwurf machen, ich hätte vergessen, daß auch ich sonst bei dem Theater war. Das wünschte ich doch nicht. Nie soll mich mein Glück stolz machen, so wie mich Armut nie erniedrigen soll.« Ackermanns, so oft es ihre Zeit oder die Zeit ihrer zwei Töchter erlaubte, waren bei mir, und ich suchte ihnen so gut wie möglich Freude und Vergnügen zu schaffen. Herr und Madame Ackermann bestanden darauf, daß sowohl mein Mann wie ich freien Eintritt in ihr Schauspielhaus haben sollten. Kummerfeld wollte nicht. Ackermann sagte: »Wenn Sie es nicht annehmen, so komme ich mit meinen Kindern nie wieder in Ihr Haus. Bin Ihrer Frau von alters her vielen Dank schuldig. Nehmen Sie also nun das zur Wiedervergeltung an!« Also, wir nahmen's. Für mich war's angenehm und der einzige öffentliche Ort, wo ich allein hinging, aber wo mein Kummerfeld mich auch jedesmal des Abends abholte.

Ich war jetzt glücklich. Wegen meiner Munterkeit nannte man mich bald Madame Freudenfeld. Auch verbesserten sich unsere finanziellen Verhältnisse, so daß wir Anfang des Jahres 1770 ein neues Haus kaufen konnten. Aber auch in den neuen Verhältnissen ließ ich mir mit keiner Stafette aus Frankreich Pasteten holen; auch wurden keine indianischen Vogelnester verzehrt noch Ragouts von Karpfenzungen und mehr dergleichen Ingredienzen, die dazu kamen, bei den berühmtesten Köchen bestellt. Die Mode in Kleidung mußte bequem sein und mir nicht zur Last fallen, wenn ich sie mitmachen sollte. Das war von jeher meine Meinung bei der Kleidung, die ich außerhalb des Theaters trug. Die wenigen Kleider, die ich mir während meiner Ehe machen ließ, waren alle nur von Taft, die ich kehren konnte, wenn sie alt wurden. Meinen Schmuck, der nur Granaten in Gold gefaßt war, hatte mir mein Mann heimlich machen lassen.

Den weiten Kirchgang machte ich auch bei schlechtestem Wetter zu Fuß. Sogar bei Staatswochenbettenvisiten benutzte ich keinen Wagen, und das war ein starkes Stück gegen die Etikette. Wenn man sich wunderte, daß ich nicht mehr fuhr, so zeigte ich wohl mein blechernes Kästchen mit den Perlen, das mich an die trübsten Stunden meines Lebens erinnerte und vor Übermut schützte. Auch das sehr beliebte Hazardspiel duldete ich nicht gern in meinem Hause. Die Vergnügungen nach meinem Geschmack waren anderer Art. Da wollte ich an einem gewissen Tag des Juni meinen Kummerfeld überraschen, hatte mir ein neues blaues Kleid machen lassen und fuhr ihm entgegen. Dort nahm ich ihn samt seinem Begleiter in Arrest. Und weil das Wetter so schön war, hatte ich ein Fahrzeug auf dem Wasser bestellt. Da hielten wir nun unter dem angenehmsten Abendhimmel ein Freudenmahl.

Auch anderen machte ich gerne eine Freude. Bei der Einfahrt zu Ackermanns Theater wurde ich, die ich zu Fuß und ohne Schirm gekommen, vom Platzregen überrascht in eines der kleinen Häuserchen gescheucht. Da fand ich bei einer Faßbinderswitwe mit fünf Kinderchen die bitterste Armut. Von dem Jammer erschüttert, gab ich meine ganze Barschaft. Daß Kummerfeld das nachher billigte, als er mich in der Theaterloge abholte, brachte mir mein oft grilliges Männchen wieder besonders nahe.

Im August 1771 starb mein Freund Dr. Schiebeler, dessen Tod meinem Mann und mir sehr nahe ging. Auch Herr Ackermann starb im November dieses Jahres. Ich mußte Ackermann manche Zähre nachweinen, hatte ihn so lange gekannt, er mich, sah ihn wie meinen Vater an und als ob einer meiner nächsten Verwandten gestorben wäre. Gewiß hätte ich Trauerkleider anziehen mögen, wenn es sich geschickt hätte.

In dieser Zeit sollte ich mit meinem Wilhelm noch auf eine besondere Weise verbunden werden. Von Kindheit an fromm und mit Gedanken über Bestimmung, Endzweck, Fortgang und Bestand der Welt sowie über Gottes Allmacht beschäftigt, war ich den Freimaurern nähergetreten. Man hatte mich geprüft und würdig befunden, Schwester zu heißen. Diesen heiligen Namen hätte ich um keinen fürstlichen Titel vertauschen mögen. Ganz in den heiligen Tempel konnte ich freilich als Frau nicht eintreten. Als nun zwei Damen aus Hannover auf der Durchreise meine Gäste waren, erfuhr ich von ihnen, daß jene geheimnisvollen Geschenke damals von den Herren der Loge, also von meinen lieben Brüdern stammten. Mein Mann, der durch mich viel Gutes von der Loge gehört hatte, trat zu meiner großen Freude im Herbst 1771 ein.

Ein Brief von meinem Bruder Karl war angekommen. Er war von Koch abgegangen und wollte, bis er ein neues Engagement hätte, zu mir nach Hamburg zu Besuch kommen. Meine Freude war groß. Ich fuhr ihm mit meinem Mann entgegen. Drei Jahre hatten wir uns nicht gesehen. Er wohnte bei uns im Hause und wurde zu allen Anverwandten geführt, die ihm alle die Aufmerksamkeit erzeigten, ihn zu sich ins Haus zu laden, so daß ich vollkommen zufrieden sein konnte. Im Oktober reiste er wieder ab, da er als Ballettmeister bei Herrn Seyler* engagiert war, der in Weimar an dem herzoglichen Hofe war. Der Abschied von Karl ging mir sehr nahe.

Nach einiger Zeit überraschte mich Karl von Weimar aus mit einem sehr angenehmen Geschenk: Es war das Porträt der durchlauchtigsten Herzogin von Weimar* und sein Bildnis. Er schrieb mir, daß man bei Hofe erfahren, daß er sich malen ließe. Die durchlauchtigste Herzogin hätte ihn gefragt, für wen es sein sollte: »Für meine Schwester.« »Nun, wo das ist, so sollen Sie ihr das meinige mitsenden. Wenn Ihre Schwester das Porträt von mir sieht, vielleicht wird sie dann neugierig, das Original einmal wieder zu sehen. Grüßen Sie sie von mir!« Die Gnade der vortrefflichen Fürstin entzückte mich. Ich sage es meinem Mann, und er versprach, mit mir eine Reise nach Weimar zu unternehmen. Das weiß der Himmel, daß ich jeden Tag froh war, wenn er zurückgelegt, jeder brachte mich dem Winter näher. Doch weil immer etwas sein sollte, wurde ich den Winter wieder krank. Jeder Winter, den ich erlebte, warf mich einige Wochen hin und immer gefährlich, so daß ich daran dachte, mein Testament zu machen.

Wie fröhlich sah ich das neue Jahr. Denn in diesem Jahr 1773 sollte ich noch nach Weimar reisen. Weil ich denn doch immer bei jeder Lustbarkeit auch auf die Sparsamkeit sah, so bemühte ich mich um einen Wagen, der meinen Mann nichts kosten sollte, und war auch so glücklich, durch die Vermittlung einer Freundin von mir solchen zu bekommen. Meinem Mann war's ebenso lieb und er mußte mir gestehen, wenn sich seine Frau etwas vornähme, sie es auch immer durchzusetzen wisse. Am 18. März reiste ich mit meinem Mann ganz allein von Hamburg fort. Die Bediensteten blieben alle in meinem Hause zurück.

Wir fuhren bei dem schönsten Wetter aus. Des Nachmittags drei Uhr waren wir schon in Lüneburg. Die Wolken zogen sich zusammen, wurden trübe und verkündigten uns ein nahes Gewitter. Ich bat mein Männchen, weil ich wußte, daß er bei dem Gewitter furchtsam war, lieber die Nacht in Lüneburg zu bleiben, aber er wollte nicht. Kurz, sobald die Postpferde angespannt waren, so ging's weiter. Des Abends kam ein Wetter, als wenn Himmel und Erde ihre Endschaft erreichen würden. Mir war mehr angst um meinen Mann als vor dem Gewitter und um mich selbst – froh war ich, daß mein Mann endlich in den Schlaf kam. Aber was mir mehr wie angst machte, war, daß der Postillon so fest schlief, und wären seine Pferde nicht vorsichtiger und wacher als er gewesen, wir würden zehnmal um und um gefallen sein. Der Kerl sagte, als ich ihm immer mit meines Mannes Stock oft ziemlich stark in die Rippen stieß: »Ach, Madame, weil nun die Meßleute kommen, sind wir gar zu stark geplagt. Ist heute die sechste Nacht, daß ich fahre und in kein Bett gekommen bin.« Der arme Teufel!

Den 19. März des Nachts kamen wir in Braunschweig an. Meine Freundin bewohnte nicht mehr ihr eigen Haus. Viele Unglücksfälle, die ihren rechtschaffenen Mann ohne sein Verschulden getroffen, hatten diese würdigen Menschen in große Widerwärtigkeiten gestürzt. Reich oder arm, mir blieben sie immer die Lieblinge meines Herzens. Aus dieser Ursache traten wir in einem Wirtshaus ab. Wir waren keine halbe Viertelstunde da, so kam mein Riekchen in Begleitung ihres Mannes. Oh, Gott Dank des wonnevollsten Augenblicks! Wie vieles hatten wir uns zu sagen!! Und so reisten wir auch erst wieder den 21. März am Morgen weiter.

Von allen meinen Reisen, die ich in meinem Leben gemacht, verschaffte mir keine so viel Vergnügen wie diese – trotz der elenden und gefährlichen Wege über den Harz –, eine Reise mit herrlichen, mannigfaltigen, recht feenmäßigen Aussichten und Gegenden, in der besten Jahreszeit und mit gutem Wetter! Da der Wagen wegen der Felsen und ungebahnten Wege oft langsam fahren mußte, gingen wir manche Stunde zu Fuß. Oft blieben wir Hand in Hand still stehen in süßen Betrachtungen, Tränen zitterten in unseren Augen, drückten uns sanft unsere Hände. Keiner konnte sprechen. Dann, wie aus einem Traum erwachend, sahen wir uns an, sagten, gestimmt vom gleichen Gefühl: »Ach, fühlst du denn auch so ganz – so ganz, wie himmlisch es ist?« Wenn dann mein lieber Wilhelm mir oft, sehr oft sagte: »Oh, wie gut, daß du mich zu dieser Reise beredet, nie war ich noch so vergnügt, nie gab ich Geld aus, was mir so viele Freude verschafft«, da war ich recht froh, und freilich mußte es auf ihn noch viel mehr Eindruck machen, da er nie weiter von Hamburg gereist wie nach Lübeck. Unsere Postillone wurden oft ungeduldig und riefen uns zu, ob wir denn nicht wieder in den Wagen steigen wollten, die Wege würden besser. In einer der folgenden Nächte blieben wir in Duderstadt. Der Postmeister sagte, des Nachts zu fahren, könnten wir leicht ein Unglück haben, weil die Wege zu elend wären. Wir ließen uns gern überreden und blieben.

Unmöglich kann ich umhin und muß einige Betrachtungen anmerken, die wir zusammen auf dieser Reise Gelegenheit gehabt zu machen. Wir kamen durch verschiedener Herrschaften Land, fanden aber sehr wenige glückliche Untertanen. Da durch die 1771er großen Überschwemmungen und die darauf folgende Mißernte und die teure Zeit viele Untertanen großen Schaden gelitten, so fanden wir fast auf dem ganzen Wege noch allgemeine Not vor. Wenn wir ersuchten um baldigen frischen Vorspann, ja, da hieß es: »Müssen sich gedulden. Vor Jahren haben die Pferde freilich immer in den Ställen gestanden, aber wo nun hernehmen? Wir brauchen unsere Postpferde mit zum

Pflug, um unser Land zu bauen. Werden dadurch eher stumpf und unbrauchbar; aber wie sollen wir es machen, um nicht zu verhungern?« Wenn sie dann hörten, daß wir nach Weimar reisten, riefen sie voll Entzücken aus: »In welch glücklich Land reisen Sie! Zu der besten Landesfrau! Zu der guten Mutter ihrer Untertanen. Das einzige Land, das von der allgemeinen Not nichts gefühlt hat. Oh, wie sie gesorgt, daß ihre Untertanen keinen Mangel litten. Gott muß die gute, liebe Frau Herzogin segnen. – Ja, wenn wir's auch so gut gehabt hätten! – Man verlangt, wir sollen für unsere Herrschaften beten. Können's nicht. Gott weiß, wir können's nicht! Denken, wir sind Hunde und keine Menschen. Da, da fuhren sie gestern noch unseren Schweiß, unser Blut zum Tor hinaus. Müssen's geben. Ist kein Erbarmen, wenn wir auch mit unsern Kindern kaum zweimal die Woche ein wenig Suppe haben essen können. Glauben's unsere Herren und Frauen an ihren vollen Tischen, daß sie sich sättigen mit unserem Mark und unseren Tränen? Gottlob, daß ihr Regiment nicht auch in der Ewigkeit gilt. Da wird einer sein, der sie wie uns richtet, und dann wehe, wehe ihnen! – Besser wär's, wenn sie ihre Soldaten ins Land schickten und uns mit Weib und Kind niedersäbeln ließen, so wären wir doch mit einemmal von unserem Jammer. – Beten sollen wir, verlangt unser Pastor! Gott straf uns, wenn wir beten. Wir tun's nicht. Betet der Pastor im Kirchengebet für die Landesherrschaft, möchten wir alle lieber laut fluchen. Nun, da sich das doch in der Kirche nicht schickt, so schweigen wir still und lassen den Pastor allein beten. Einer hustet, der andere schneuzt sich, jeder macht dann was anderes, bis es vorbei ist. – Wir kamen um vor Hunger, unser Vieh fiel, mußten's totschlagen oder weit unter dem Wert verkaufen, denn wie sollten wir's erhalten? Reitet der Teufel unsere Landesmutter, daß die nach R. reist und dem P. ein Paar Pantoffeln von einem unerhörten Wert zum Geschenk macht? Wie vielen Hunderten hätte sie mit dem Geld, was die Reise und die Sapperments-Pantoffeln gekostet, nicht das Leben retten können! – Nein, sie ließ uns lieber verschmachten.«

Wer wollte bei solchen Klagen Fürst, Regent sein?! Gewiß war's, daß wir, ohne zu fragen, immer aus den verschiedenen Klagen wußten, in welches Herrn Gebiet wir traten. Je näher wir nun ins Weimarische Land kamen, je heiterere, zufriedenere, gesundere Menschengesichter trafen wir an. Wie verändert war die Sprache! Sie weinten auch. Aber welcher Unterschied von Tränen! Dankvolle, heilige, bittende Tränen für Gesundheit, langes Leben der besten Landesmutter. Und nun bald, bald sollte ich diesen Engel sehen. Wieder sehen. Dachte sie mir, wie ich noch ein Kind war. Wie mir das Herz schlug bei den Gedanken.

Früh noch am Morgen des 23. März kamen wir auf die letzte Station vor Weimar: Weißensee. Bis dahin wollte uns mein Bruder entgegenkommen. Wir hofften, ihn schon zu treffen, aber noch war er nicht da. Unsere Stube war hoch im zweiten Stock, und weil das Haus auch sehr hoch lag, so daß wir gerade auf die Landstraße, die nach Weimar geht, sehen konnten, wich ich mit meinem Perspektiv nicht mehr vom Fenster. Endlich entdeckte ich ein Gewölke von Staub. Ich wehte mit einem weißen Tuch zum Fenster heraus und war schwach genug zu glauben, daß das Karl über eine halbe Stunde weit im Reiten ebenso sehen mußte wie ich durch mein Glas. Wozu verleitet uns nicht die Freude? Endlich brauchte ich mein Glas nicht mehr und konnte ihn mit meinen Augen erreichen. Kummerfeld und ich wehten mit weißen Tüchern. Endlich sahen wir ein Hutabziehen und ebenfalls Karls Schnupftuch. Mein Mann sagte: »Falle mir nur nicht zum Fenster hinaus, bald wird mir angst. Was bist du für ein Weib! In der Freude wie im Leid gleich heftig!« »O laß mich, Lieber! Laß mich sein, was ich bin. Alles *ganz*. Was sind die Mitteldinger, die nichts fühlen können, für erbärmliche Menschen!« »Aber deine Gesundheit leidet.« »Laß sie, will lieber zehn Jahre früher sterben, als ein alltägliches Menschengesicht sein.« Karl kam nun näher. Nun ärgerte ich mich, daß der Weg nicht gerade über die Häuser weg ging. Kurz, ich mußte es mir aber doch gefallen lassen, daß Karl erst durch das Städtchen durch zu uns kommen mußte. Endlich, als wir ihn eintreffen hörten, eilten wir ihm entgegen. Noch waren wir gegen vier Meilen von Weimar entfernt. Die Glocke war zehn Uhr des Morgens. Karl war scharf geritten, und um den Weg nicht zu verfehlen, weil er niemals an dem Ort war, hatte er einen Begleiter mit sich genommen. Wir hielten Mittag. Des Nachmittags erst nach drei Uhr fuhren wir fort, die Hitze des Tages zog ein großes Gewitter heran. Wir hielten uns einige Stunden in einer Mühle auf. Dieses verursachte, daß wir erst des Nachts gegen 11 Uhr in Weimar ankamen.

Wir wohnten bei meinem Bruder im Haus, und alles war zu unserer Aufnahme gerichtet. Müde von der Reise, mit Auspacken, Visiten, die uns bewillkommneten: so verging der folgende Tag. Den Abend gingen wir in die Komödie. Den 26. März hatten wir die erste Audienz bei der durchlauchtigsten Herzogin, die uns voll Huld und Gnade aufnahm. Wer konnte die große Frau sehen und nicht ganz von ihr hingerissen werden?! Je länger man mit derselben sprach, je mehr mußte man sie lieben. Über zwei Stunden waren wir bei derselben im Zimmer. Sie entließ uns endlich, wünschte, daß es uns in Weimar recht wohl gefallen möge, und sagte: »Muß Sie noch öfter bei mir sehen.« Jeden Tag waren wir aus, heute hier, morgen da, teils in Gesellschaften, teils an Lustorten, in der Komödie und im Konzert. In letzterem spielte sie selbst mit ihren herrlichen Prinzen ein Konzert.

Den 2. Juni des Morgens hatte ich das Glück, der großen Frau ganz allein aufzuwarten. Welch ein Herz, welche Seele, welchen Charakter lernte ich in ihr kennen! Wie einen Gott hätte ich sie anbeten mögen. Oh, daß sie in mein Herz sehen, in meinen Augen lesen könnte, welche Ehrfurcht sie mir einflößte. Wie groß, wie erhaben sie vor mir stand! Wie wahr, wie unwidersprechlich gewiß ist's, daß der Große dann am größten ist, wenn er es gar nicht zu sein scheint. Nie habe ich zu den Füßen eines Fürsten oder einer Fürstin gelegen, aber hundertmal hätte ich vor ihr hinstürzen mögen und ausrufen: »Laß mich dich anbeten Engel!« Wie hielt ich an mich! Ach! Der Gedanke: Große sind nur mit Schmeichlern umgeben – nur das hielt mich zurück. Unser Gespräch war ernsthaft, sehr ernsthaft. Himmlische Tränen glänzten in der Schönsten Augen. Sie sagte: »Die Großen haben die wenigsten Freunde. Wie kann man es jedem recht machen, auch bei den besten Wünschen alle glücklich wissen?« Nun konnte ich nicht länger an mich halten. Ich wiederholte jedes Wort, das ich auf meiner Reise bis Weimar von ihr und andern sprechen gehört. »Zählen Sie mich auch mit unter die Schmeichler, daß ich Ihnen dieses sage, etwa sage, weil ich die Gnade habe, mit Ihnen allein zu sein? Können Sie das von mir glauben, tut es mir weh. Habe noch keinem Menschen geschmeichelt.« Und weiter: »Eurer Durchlaucht Untertanen haben nur einen einzigen Wunsch.« »Nun?« sprach sie lächelnd, »und der ist?« »Daß der durchlauchtigste Erbprinz einst, wenn er zur Regierung kommt, in die Fußstapfen unserer lieben Mutter (wie sie allgemein Ihro Untertanen nennen) tritt.« – Mit einem Blick, oh, wer kann den beschreiben, mit einem Ton, so ganz aus der Fülle des Herzens gesprochen, sagte sie: »Wir wollen hoffen; noch ist er jung, an mir soll's nicht fehlen, auch nicht an seiner Erziehung.« Sah bisher viele große Frauen, viele. Aber das weiß Gott, noch keine Herzogin von Weimar.

Den 12. Juni des Morgens war ich wieder bei der durchlauchtigsten Herzogin, und zwar das letzte Mal. Sie gab mir zum Andenken einen Ring und eine Tabaksdose. Nicht der Wert beider war's, was mir solche angenehm machte, wahrlich nicht! Sondern weil solches von ihrer Hand kam. Mir würde irgendein Band, ja die geringste Kleinigkeit ebenso schätzbar gewesen sein, wenn solches von ihr gewesen. Der Abschied hatte für mich viel Schmerzhaftes. Gewiß ist das weimarische Land ein kleines Paradies für mich gewesen. Wie viele der anmutigsten Gegenden, der Lustschlösser! Das weiß der Himmel, würde es gern um Hamburg vertauscht haben, wenn auch die Einkünfte meines Mannes weniger gewesen. Würden mit weniger Geld mehr Freude gehabt haben.

Der 13. Juni war zur Abreise festgesetzt. Die gütige Fürstin wollte nicht, daß wir denselben Weg wieder zurücklegen sollten, weil solcher so gefährlich wäre, und befahl, daß man uns die Reiseroute gebe, die sie mit ihren Prinzen einige Jahre vorher nach Braunschweig gemacht: »Die erste Nacht sollen Sie auf dem Schloß in Altstädt zubringen, ist mein Witwensitz, und so sind Sie doch noch eine Nacht länger im Weimarer Gebiete.« Gegen den Abend kamen wir auf dem Schloß zu Altstädt an. Der Sekretär empfing uns und bestrebte sich recht, uns so viel Vergnügen zu machen, als es nur immer die kurze Zeit unseres Aufenthalts gestatten konnte. Das Schloß liegt hoch außer der Stadt und verursacht dadurch die herrlichste Aussicht. Er führte uns in alle Zimmer des Schlosses. Für mich hatte es vielen Reiz, weil ich mich immer über die edle, alte Einfalt mehr freuen konnte, als über alles neumodische, moderne Gezier. Die Genügsamkeit der Alten hat für mich so was Ehrwürdiges. Kurz, ich bin nun einmal so, wie ich bin. Des Abends wurden wir trefflich bewirtet. Ohngeachtet wir des Morgens früh fort sollten, so war's doch schon nach 12 Uhr, ehe wir zu Bett kamen. Doch schliefen wir recht gut, aber ich war wohl die erste, die des Morgens aufgestanden.

Kaum hatte es drei Uhr geschlagen, trat ich ans Fenster, wollte die Sonne aufgehen sehen. Noch nie hatte ich auf einer so großen Anhöhe die Nacht zugebracht, dachte auch nicht, daß es je wieder geschehen würde. Mithin wollte ich auch alles genießen, alles sehen, alles durchfühlen. Hab's auch gewiß. Wäre gerne einige Tage dageblieben. Aber das konnte nun nicht sein. Halb sieben Uhr waren die Postpferde bestellt, und die kamen.

Nun reisten wir fort über Eisleben, Harkerothe, Quedlinburg, Blankenburg, Wolfenbüttel nach Braunschweig. Die Wege waren um vieles besser, auch die Gegenden schön. Doch so schön nicht wie die über Hasselfelde, Nordhausen usw.

Den 15. gegen den Abend kamen wir glücklich in Braunschweig an. Was meine Freunde sich freuten! Den 16. besahen wir des Vormittags die Kirchen und die herzogliche Gruft. Des Abends waren wir in der Komödie. Der gute Herr, der Herzog, als er uns erblickte, kam aus der großen Loge in die kleine und hatte die Gnade, mich und meinen Mann ebenso freundlich zu grüßen wie damals vor fünf Jahren, als ich als Braut durchgereist. Mancher reiche Bürger oder Edelmann hat mehr Stolz, würde wunder meinen, was er sich von seiner Würde benähme, wenn er sich weniger dünkte. Und gewiß ist, daß ich oft in meinem Leben große Herren und Frauen herablassender und leutseliger gefunden wie manchen Bürger und sein Weib, die wußten: »Wir sind reich.«

O wie gerne wäre ich noch einige Tage in Braunschweig geblieben! Doch mein Mann wollte nun wieder nach Hamburg. So behutsam er es auch einfädelte, so dachte ich doch, ich sollte in Ohnmacht sinken. Ich gab nach und mußte nachgeben, denn ich kannte ihn zu genau. Und so gut er auch war, so war er unausstehlich in Laune, wenn nicht geschah, was er sich einmal in den Kopf gesetzt hatte. Der Abschied hatte für mich ganz etwas Entsetzliches. Meine Freundin nicht mehr glücklich, und ich nun auf immer nach Hamburg zurück! Nach Hamburg! Wo ich zwar alles und im Grunde doch nichts hatte, denn ein gewisses Etwas blieb in mir, das ich unmöglich aufzulösen imstande war.

XXII.

Hamburg, Reise nach Leipzig, Hamburg 1773–1777

Tränen? – Die Wohltat gewährte mir mein
Unglück nicht.

Nach unserer Rückkehr nach Hamburg am 20. Juni 1773 starb ein naher Verwandter von Kummerfeld. Alles war nun in Trauer versetzt, Herrschaft und Bediente, Wassereimer und Marktkörbe, Teetisch und alle Schlösser an den Schränken und Türen, am Haus und auf der Diele, im Zimmer, wo der Sarg stand, der prächtig war, mit vollem zinnernen Beschlag, daß nur hin und wieder das schwarze Tuch, womit er behangen war, durchschimmerte. Das Kissen und das Laken waren von weißem Atlas. Der Tote selbst hatte ein Sterbekleid von weißem, geblümtem Moiré an, und das alles war garniert mit weißen Chenillienblonden. Übrigens war auch das Kleid mit vielen Dutzenden weißen, italienischen Naturellblümchen besetzt. Zweifle, ob je ein großer Monarch prächtiger im Tode dalag, hätte der müssen in Gold oder Silberstoff liegen und Geschmeide an sich gehabt haben. Vier Pferde zogen den besten Himmelwagen, und reitende Diener, wie man sie nannte, folgten. Übertrieben war's immer.

Es ist in Hamburg gebräuchlich, daß, sobald in einer Familie Trauer einfällt, jeder Verwandte die Fensterladen zumachen muß. Ich hatte das auch tun lassen und erkundigte mich, wann ich solche wieder wegnehmen dürfte. »Sobald die Zuckerhüte im Hause sind.« Das geschah denn den Morgen nach dem Leichenbegängnis. In Trauerwagen kamen die Dienstmädchen in tiefer Trauer angefahren, hatten auf großen Schüsseln in einer Torte einen Hut Zucker stehen mit vielem Konfekt belegt, sehr künstlich in eine Serviette gesteckt und setzten eine solche Schüssel ab. »Was für Moden«, dachte ich, »die nur Verschwendung sind!«

Mein Kummerfeld wurde nun immer reizbarer. Zehnmal am Tage fing er Zank und Streit an, und ebensooft bat er wieder um Vergebung. Hassen konnte ich ihn aber nicht. Hätte ich alles vorher gewußt, ich wäre früher zum Theater zurückgekehrt. In den ersten Wochen des Jahres 1776 bekam ich von Professor Oeser aus Leipzig Briefe mit Silhouetten von ihm, seiner Frau und seinen Kindern. Auf Veranlassung meines Mannes reiste ich darauf mit Kaufleuten zur Ostermesse nach Leipzig, wohin auch gerade Karl mit der Seylerschen Truppe von Dresden herübergekommen war. Am 13. April reiste ich ab, Kummerfeld gab mir noch das Geleite. Von da ab reiste ich, alle traurigen Gedanken hinter mir lassend, vergnügt weiter. Zwölfmal hatten die Kaufleute die Reise zusammen gemacht, aber so lustig wie dieses Mal noch nie.

Im lieben Leipzig verlebte ich himmlische Tage. Bald aber kamen mit bebender Hand geschriebene Briefe von meinem Kummerfeld, die gänzlich konfus waren. Ich beruhigte mich jedoch wieder und ließ mir mit Karl und meinen Freunden die 400 Stück Austern, die mein Männchen geschickt hatte, schmecken. Am 15. Mai verließ ich mein Leipzig und reiste nach Hamburg ab, wo ich Kummerfeld in aufgeregtem Zustand vorfand. Er war jedoch glücklich, mich wieder zu haben, hatte er doch gefürchtet, ich wollte überhaupt nicht wiederkommen.

Der Gedanke an die liebe Verwandtschaft hatte mir die Heimkehr auch besonders schwer gemacht. Denn Schlimmes hatte ich erlebt, Schlimmeres stand mir noch bevor. Besonders die häßlichen Erfahrungen mit meinem Schwager Abendroth hatten mir die Tage meiner Ehe verbittert. So hatte er mich einmal an einem Augustmorgen gebeten, den Mittag auf seinem Garten zu speisen. Die Beköstigung bestand aber aus gänzlich verdorbenem Schweinefleisch, das er im vergangenen November eingekauft. Die Luft war so verpestet, daß alle Prisen Tabak, die ich nahm, nichts halfen. Niemand aß außer dem Hausherrn, der mit vollen Backen kaute. Nachher hörte ich aber von seiner Frau, daß diese eine Kalbskarbonade hatte holen wollen. »Untersteh' dich!« hatte es aber da geheißen. »Will die Kummerfeld das nicht fressen, so kann sie es bleiben lassen. Gebe keinen Schilling für sie aus.«

Nach Kräften hatte er auch sonst gegen mich gehetzt. Von Verführerinnen vom Theater hatte er gesprochen, die den Frieden ganzer Familien störten, und die sein junges Weib verführen könnten; man wisse ja, wie die seien.

1777, den 18. Januar, schickte nun mein Herr Schwager Abendroth und ließ mir sagen, ich möchte zu ihm hinkommen. Aber mein Mann dürfte es ja nicht wissen. Ich konnte den Tag nicht und versprach, den folgenden des Morgens zu kommen. »Was wird es wieder sein? Sicher hat dein Mann wieder einen Streich gemacht, den du in Ordnung bringen sollst. Nun, wir werden es ja erfahren«. Sonntag morgen, den 19. Januar, sagte ich, ich ginge nach der Kirche, ging aber zum ersten Male in meinem ganzen Leben mit einer Lüge vorbei und zu Herrn Abendroth. Kaum hatte ich einen guten Morgen gesagt, mußte sich seine Frau entfernen, und er schrie ihr nach: »Ich bin für keinen Menschen zu Hause!« »Nun, was soll das werden«, dachte ich und war noch in der ruhigsten Verfassung. Herr Abendroth, mit dem ganzen Gesicht und Ton, als ob er einen Dieb, Straßenräuber und Mörder in der Inquisition hätte, hub an: »Frau Schwester, was fehlt Ihrem Mann?« Ich, mit dem ganzen Bewußtsein der Wahrheit, antwortete: »Das weiß ich nicht. Das mag Gott wissen.« Herr Abendroth: »Sie wissen's nicht? Wissen Sie denn nicht, daß er um seinen Dienst kommen soll, daß er so viele Fehler macht, daß keiner mehr von seinen Kollegen es neben ihm aushalten kann? – Wissen Sie denn nicht, daß er – –, daß er – –, daß er – –, daß –, daß –, daß – – –«. Über alles das »Wissen Sie nicht« und die folgenden »daß, daß« ziehe ich einen Vorhang. Aber es waren so viele herzdurchbohrende »Wissen Sie nicht« dabei, daß ich dachte, der Schlag würde mich auf der Stelle treffen. Tränen? – Oh, die hatte ich nicht. Die Wohltat gewährte mir mein Unglück nicht. Auch war's zu groß, um weinen zu können. Wäre ich in Ohnmacht hingesunken, vielleicht wär's besser gewesen mit mir. Mein Hals war trocken, meine Zunge klebte am Gaumen an. Mein Herz schlug nicht; es lag wie tot. Mein ganzer Körper Eis. Das erste, das ich sprechen konnte, war: »Halten Sie ein – warten Sie –, nicht so schnell – – ich, ich ersticke. Oh, geben Sie mir ein Scheibchen Zitrone oder nur einen einzigen Tropfen Wasser. Ich bitte Sie um Gottes willen, nur einen Tropfen Wasser!« Er gab mir keinen! Mir nicht.

Ich ging fort um die Zeit. Oder vielmehr er sagte: »Nun ist's Zeit, daß Sie gehen, damit es Ihr Mann nicht merkt, daß Sie nicht in der Kirche waren.« *Wie* ich ging, *wie* ich nach Hause kam?! Das weiß ich nicht. Nur, das erfuhr ich nach der Zeit, daß die Leute, die mir begegnet und die mich gekannt hatten, gesagt: »Schade um die Kummerfeld! War doch eine brave Frau. Aber die Streiche ihres Mannes müssen sie zum Trunk gebracht haben. Wir sind ihr begegnet, und sie war besoffen.«

Ich verkroch mich, wollte niemanden sehen. Den Tag darauf kamen zwei Freundinnen von mir angefahren mit dem festen Vorsatz, das ganze Haus nach mir abzusuchen, bis sie mich fänden, sich nicht, ohne mich zu sehen, abweisen zu lassen. Sie fanden mich im dunkeln Zimmer, alle Vorhänge zu, starr auf einen Fleck sehend. »Ach Gott!« schrien die Weiber, »ist das unsere Kummerfeld?« Auch mein guter, rechtschaffener Doktor Dahl kam, der Mann, der der Medikus meiner Mutter und meines Bruders gewesen, der die kleine Schulzen gekannt, auch die reiche Kummerfeld, die so beneidet worden ihres Glücks wegen, das sie in Hamburg gemacht. Mit Tränen im Auge hatte Herr Dr. Dahl den guten Frauen gesagt: »Unsere Kummerfeld ist hin. Mit ihrem Verstand ist es vorbei. Nichts kann sie retten als eben so eine Erschütterung wie die, die sie gehabt. Entweder sie stirbt, oder sie bekommt ihre Sinne wieder.« Ich sollte sie wieder haben. Denn mein Mann verlor den Rest seines Verstandes und stieg des Morgens zum Fenster hinaus. Weg war er, und ich wußte nicht, wo er hingekommen. Dieser neue Schlag brachte das zu Eis gewordene Blut wieder in Wallung. Die dreistündige Todesangst, in der ich um seinetwillen war, machte mich wieder zur Kummerfeld.

Ich wußte nun seit dem 31. Januar 1777, daß mein Mann raste. Oft waren wir alle unseres Lebens nicht sicher. Einmal war die Raserei so heftig, daß er sich alle Kleider vom Leibe riß und nackend im Zimmer herumlief. Schaudervolle Auftritte hatten wir. Was war meine Ruhe vom 19. Januar bis zum 27.? Und von dem 27. Januar bis zu dem 17. Februar war mein Jammerrock, wie ich ihn nannte, nicht von meinem Leibe gekommen. Keine reine Wäsche! Geschlafen, ruhig, fest geschlafen in diesen 23 Tagen hatte ich mehr nicht wie neun Stunden. Denn meine Freundinnen sperrten mich dreimal dazu ein. Diese zwei Freundinnen hielten abwechselnd Tag und Nacht bei mir aus. Und du, mein treues Mädchen, mein Gretchen, nie vergesse ich dich! Nie, wie du des Nachts meine Hand ergriffst, mit deinen Tränen sie benetztest und sagtest: »Will mich denn Madame auch nicht behalten? Ich bleibe bei Ihnen.« Hätte ich nicht auch so gute Menschen gefunden, so lebte ich nicht mehr. Ich hätte mir längst das Gehirn zerschmettert.

Noch hoffte ich auf seine Genesung. Die fortwährenden Unruhen, die Tag und Nacht in meinem Hause waren, machten meine Nachbarn unwillig. Mir wurde es endlich von meinen Freundinnen gesagt, gegen ihren Willen, weil sie mich schonen wollten. Endlich mußten sie mir sagen, die Nachbarn murrten zu sehr, ein Wahnsinniger gehöre auf den Pesthof (den Ort, wo dergleichen Unglückliche hingebracht werden). Ich antwortete, ich bedauerte meine Nachbarn. »Bestehen sie darauf, und es wird nicht anders, wohl, so muß ich Anstalt machen. Ich lasse meinen Mann auf den Pesthof bringen, aber ich gehe mit. Ich weiche nicht von ihm. Ich vertraue meinen Mann keinen fremden Händen an.«

Die Nachbarn ließen daraufhin Mitleid walten. Sie mußten nicht lange sich in Geduld üben, denn am 19. Februar nahmen die Unruhen und Schrecken mit Kummerfelds Tod ein jähes Ende. Ich, Karoline Schulze-Kummerfeld, war nun Witwe. Ich fühlte ganz das Schreckliche dieses Wortes. Unmittelbar vor seinem Ende hatte mein Gatte noch auf ein paar Stunden seinen Verstand wieder bekommen und für seine Beleidigungen und sein leichtsinniges Wirtschaften meine Verzeihung erflehen können. Wie er die Worte wimmerte: »Ach, wenn nur meine arme Frau versorgt wäre!« Wenn ich nur noch mehr, nur recht viel hätte zu vergeben gehabt! Oh, wäre ich damals in diesem Gefühl mit ihm gestorben!

Warum verdrängte sich dieses Gefühl? Warum gab es Stunden, da mir sein Andenken gleichgültig ward? Warum mußte ich diese Stunden oft noch haben? Der Mensch bleibt Mensch. Augenblicke, Stunden können ihn in eine höhere Sphäre versetzen, können ihn selbst Engeln gleich machen. Aber darinnen erhalten kann er sich nicht. Ich nicht!

XXIII.
Hamburg 1777

Es muß nach meinem Kopf gehen, und wenn sie alle des Henkers werden.

Ich war nun eine arme Witwe mit vielen Schulden. Denn ich wollte und mußte für alles aufkommen. Vor allem wollte ich eine große Summe decken, die mein Bruder seinerzeit Herrn Kummerfeld anvertraut hatte und die nun spurlos verschwunden war. Karl sollte meinen Gatten keinen Schurken nennen dürfen. Alles wurde nun versiegelt bis auf das, was ich seinerzeit in die Ehe gebracht und was mein Mann mir zum Geschenk gemacht hatte.

Wie noch lange nicht die ersten sogenannten vier Ruhewochen um waren, erschienen die Herren Verwandten nebst dem dazugehörigen Gefolge und präsentierten mir in meinem Zimmer mit nur allem möglichen Respekt einen Armstuhl zum Sitzen und, da ich mich auf solchen niedergelassen, frugen sie: »Madame, wie viele Röcke haben Sie auf dem Leibe an?« Ich zählte ganz kalt: »Eins, zwei, drei.« Die Zahl »drei« sagte ich mit einem Gesicht, das verdient hätte, in Kupfer gestochen zu werden, glaube ich. Ein Schreiber, der hinsah, ob ich auch richtig zählte, sagte: »Einen Rock müssen Sie zur Trauer haben. Also« diktierte er den anderen, »zwei Röcke am Leibe!«

Ich dachte nun über meine Lage nach, in die ich geraten und wie ich für mich werde leben können. Nach und nach faßte ich die folgenden zwei Entschlüsse:

»Fremde sind immer in Hamburg. Ich vermiete meine Zimmer, nehme Kostgänger, schicke Essen aus dem Haus, arbeite. Bist Bürgerin, hast das große Bürgerrecht, kannst Nahrung vertreiben, welche du kannst und willst. Gott wird dich segnen, wird dir beistehen. Machst zu Geld alles, was du nicht brauchst, und bezahlst so nach und nach.

Machen sie dir's aber zu bunt, dann – Gott steh mir bei! – dann mußt du wieder aufs Theater. Dann bleibt dir kein anderer Weg. Doch wissen sollen sie es jetzt noch nicht. Sprichst du vom Theater, so könnten sie denken, du willst ihnen nur wie den Kindern mit der Rute drohen, ohne sie zu schlagen. Dessen glauben sie dich nicht fähig, daß du imstande bist, wieder aufs Theater zu gehen.«

Madame Ackermann besuchte mich bald darauf und bezeigte mir aufrichtigen Anteil an meinem Unglück. Ich entdeckte mich ihr, denn ich war von ihrer Verschwiegenheit versichert. »Madame, bleibt mir kein anderer Ausweg, muß ich wieder aufs Theater, aber es muß hier in Hamburg sein. Meine ganze Ehre verlangt es, und wenn ich hier nur ein oder zwei Mal spiele. Genug, hier muß es sein, damit man, wenn ich mich nachher auswärts engagiere, nicht sagen kann: ›Es muß doch nicht ganz richtig mit ihr gewesen sein. Denn hätte sie nicht mit schuld an dem Bankrott ihres Mannes gehabt, warum ging sie denn nicht in Hamburg aufs Theater? Sie muß sich gefürchtet haben.‹ Das darf man nicht sagen, nicht denken! Glauben Sie und Ihr Sohn, Herr Schröder*, daß ich noch nicht alles verlernt, so sagen Sie es mir, engagieren mich und geben mir Gage, so viel Sie wollen. Kann ich nicht damit in der Länge auskommen, so sage ich zu Ihnen, ich nähme es jetzt vorderhand und bin damit zufrieden, und wenn es noch so wenig ist. Bin ich aber erst Ihrem Werke brauchbarer, dann werden Sie mir schon von selbst zulegen, wie Sie es immer getan haben, ohne daß wir es forderten. Erhalte ich so viel, daß ich auch in Zukunft auskommen kann, oh, Madame, so bin ich, wenn's möglich ist, noch 50 Jahre bei Ihnen. Nie will ich mehr fordern. Will ganz als Kummerfeld das bei Ihnen sein, was ich als Schulzen war. Aber Madame, geht es nicht, so sagen Sie es mir auch gerade heraus: ›Kummerfeld, ich wollte Sie gern engagieren, aber es geht hier nicht mit Ihnen auf meinem Theater.‹ So ist es mir auch recht. Nur aufrichtig, liebe Madame Ackermann! Nur keine Falschheit! Ich richte dann meine Sachen anders ein. Wenn Sie mich auch nicht engagieren, wir bleiben Freunde. Auch verlange ich nichts für mein Spielen, wenn Sie mich nicht behalten. Auch gestehe ich Ihnen, ich habe hier wenig Mut. Neun Jahre bin ich weg vom Theater. Denken Sie, was habe ich gelitten! Und hauptsächlich mein Kopf! Weiß nicht, ob ich noch studieren und was auswendig werde lernen können. Doch bin ich hier nur ein paar Mal aufgetreten, ist mir erst die Bahn gebrochen, an einem anderen Ort wird es gewiß schon besser gehen.«

Madame Ackermann fand es gut. Ja, sie sagte selbst: »Sie können es mir bei meinen großen Ausgaben nicht verdenken, wenn ich Sie nicht engagiere, so gern ich es wünschte.« Ich antwortete: »Nein, Madame, das sollen Sie auch nicht. Ja nicht! Nur zwei von meinen alten Rollen will ich spielen, nur daß es den Namen hat, ich bin hier wieder zum ersten Male aufgetreten. Ich würde es auch nicht ertragen, das fünfte Rad am Wagen zu sein, nicht aushalten würde ich es können zu wissen, ich wäre Ihnen eine Last. Nein, ganz wollen wir bei der Abrede bleiben. Sie mögen mich engagieren oder nicht, wir bleiben Freunde. Hier, meine Hand darauf!« »Da«, sagte sie, »die meinige! Und«, setzte sie hinzu, »wenn doch alle Menschen so aufrichtig handelten!«

Von meinem Bruder hatte ich Briefe, daß ich zu ihm kommen sollte. Wie ich ihm schrieb: »Dein Geld muß gerettet werden und sollte es mich meinen letzten Rock kosten«, – so antwortete er mir: »Nein, lieber will ich nichts haben, als daß es dich deinen letzten Rock kosten sollte.« Auch von Herrn und Madame Seyler bekam ich folgende Briefe:

Liebste Freundin!
Schon längst habe ich Ihnen schreiben wollen, allein, ich habe gefürchtet, Ihnen in der ersten Zeit beschwerlich zu fallen. Ich habe es also verschoben. Wie nahe mir Ihre Umstände gegangen sind, kann ich Ihnen nicht beschreiben. So wie die Sache steht, wie ich sie seit einiger Zeit erfahren, hat die Vorsicht Ihnen eine große Gnade erzeigt, daß sie Ihren Mann so bald zu sich genommen hat. Erstlich haben Sie nicht so lange mit leiden dürfen; und endlich weil Sie jetzt noch in den Jahren sind, wo Sie noch auf angenehme Tage hoffen dürfen. Und wenn ich Ihnen etwas raten darf, so wählen Sie Ihren vorigen Stand wieder; ich weiß, Sie lieben ihn noch. Und in Ihrem Alter können Sie noch lange der Schaubühne nützlich sein, noch lange eine große Rolle darauf spielen. Sie sind noch überall in frischem Andenken und werden im Triumph und mit Ehren wieder empfangen werden. Darf ich noch etwas hinzusetzen? Kommen Sie zu uns, liebste Freundin! Ja, Sie sollen nicht allein als eine gute Schauspielerin, sondern als

unsere Freundin, als unsere Tochter aufgenommen und angesehen werden. Wir haben jetzt nach so mannigfaltigen Unruhen und Beschwerden ein festes Engagement an dem Mannheimer Hof, wie Sie von Ihrem Herrn Bruder schon werden erfahren haben. Dazu kommt noch, daß der Kurfürst denen, die diese Zeit dort aushalten und sich Mühe für die Kunst geben, Pensionen verspricht. Noch nie hat das deutsche Schauspiel solche Aussichten gehabt.

Leben Sie wohl, liebste Freundin, und seien Sie versichert, daß ich mit dem wärmsten Herzen und den redlichsten Gesinnungen bin und immer sein werde
Ihre wahre und ergebenste Freundin
Friederike Seyler.

Auch von mir ein paar Worte, liebe Freundin! Von ganzem Herzen bedauere ich die Unruhe, in die Sie jetzt verwickelt sind. Schaffen Sie sich solche so bald möglich vom Halse und bedenken Sie, daß das Leben kurz ist! Seien Sie wieder, was Sie sonst waren, eine Zierde unserer deutschen Theater! Ich umarme Sie von ganzer Seele
als dero Ergebenster Ihrer Freunde
U. Seyler
Leipzig, den 23ten März 1777.

Auch mein Schwager, Herr von Brunian, der meine Halbschwester zur Frau hatte, schrieb mir von Prag, ich sollte kommen. Nicht genug, auch meine auswärtigen Freunde trugen mir bei ihnen Aufenthalt und Kredit an. Allen, allen dankte ich, wie ich's fühlte. Aber aus Hamburg weiche ich nicht eher, bis die Sache entschieden, und sollte es mich hier auch noch mein Leben kosten. Ich bleibe, will ihn austrinken, den mir voll eingeschenkten herben Trank, bis auf den letzten Tropfen. Es muß nach *meinem* Kopf gehen, und wenn sie alle des Henkers werden.

So standen meine Sachen, und ruhig wollte ich abwarten, wozu sich die Familie Kummerfelds entschließen würde. Aber, mein Gott, was war der 16. März 1777 für mich für ein Tag des Schreckens! Ich bekam eine Abschrift von einem Schreiben, das die Familie gegen mich beim Rate der Stadt eingegeben. Es stand darinnen, die Schuldforderung meines Bruders wäre eine Lüge, ich wollte die Erben betrügen, hätte nach der Versiegelung einen Diebstahl an ihnen begangen und Sachen versetzt, folglich heimlicherweise die Erbschaft angegriffen. Erben und Creditores kämen durch mich um das ihrige. Man sollte also einem Weibe, wie ich wäre, alles wegnehmen, damit ich keine Gelegenheit mehr hätte, sie zu bestehlen, mir in dem Hause eine Kammer anweisen und mir nichts lassen, als was ich zur höchsten Notdurft brauchte, alle Zimmer und übrigen Sachen gerichtlich versiegeln. Und bei der Schrift lag ein Zettelchen, daß, wenn ich nicht in Zeit von acht Tagen die Schrift beantwortete und mich gegen die Anklage rechtfertigte, man die Exekution an mir vollstrecken würde.

Da hatte ich also einen Prozeß am Halse und wußte nicht, wie ich dazu kam. Ich war fast rasend. Ich und Betrug! Die Kummerfeld und Betrug! Wäre einer von der Familie in dem Augenblick zu mir gekommen, Mord und Totschlag wären geschehen. Um weniger als eine Stecknadel war mir mein Leben feil gewesen.

Gott, wenn ich die Menschen nicht gehabt hätte, die Guten, ich hätte in meinem Jammer verzweifeln müssen. Mein Gretchen mußte fort zu meinem Kurator Hüffel, zu meinem Lizentiaten Greilich. Mein Greilich war mein Schutzengel. Er kam gleich selbst zu mir gefahren: »Ruhig, meine liebe Kummerfeld! So geschwind geht das nicht. Was die acht Tage anlangt, das will nichts sagen. Wenn das in vier, in sechs Wochen erst beantwortet wird, ist zeitig genug. Sie verstehen das nur nicht.«

Nun ward ich ruhig. Ich setzte nun einige Punkte auf, die mein Kurator wissen mußte wegen meines Bruders Geld. Sie waren wichtig. Auf diese Schrift, die die Verwandten nun verdauen mußten, antworteten sie, ja, mit dem Geld hätte es seine Richtigkeit, und sie hätten sich geirrt und es vergessen. Aus Irrtum und Vergessenheit Bruder und Schwester zu Falsche-Obligationen-Schmieden zu machen! Zu Spitzbubengesindel!

Ich ersuchte nun um Audienz bei dem Kaiserlichen Gesandten, der ein Landsmann war von mir aus Wien, und bat ihn, sich meiner anzunehmen. Da mein Schwager Abendroth jedoch davon erfahren hatte, setzte er alles daran, mir die in Aussicht gestellte Audienz zu vereiteln. Meine Verwandten waren inzwischen zu der Auffassung gelangt, daß sie nur erben wollten, wenn mehr Vermögen wie Schulden da wäre, mein Vermögen mit dazu gerechnet. Nun war mein Entschluß gefaßt: »Geh' wieder aufs Theater!«

Nun war die Frage: welche Rolle zum Debüt? Ich wußte es nicht. Ich wollte nach meiner Art nirgends anstoßen. Herr Schröder schlug mir selbst im »Romeo« die Julia vor und sagte dabei: »Haben in derselben viel Lärm gemacht.« »Ja, gemacht! Aber so lange vom Theater! Und meine Situation! Wenn ich sie nur aushalte. Gewünscht hätte ich, das erste Mal aufzutreten in einer Rolle, wo ich in Trauer und Schwarz gekleidet sein könnte, und weiß keine, die ich gemacht.« Herr Schröder: »Ja, nehmen Sie die Julia! Meine Schwester macht sich ohnedies nichts mehr aus der Rolle, weil die Oper ›Romeo und Julia‹* gemacht wird. Dann wird das Stück ohnedies nicht mehr gegeben.« Ich: »Ich dächte im ›Herrenrecht‹* die Collette. Das Stück ist besetzt, glaube ich, bis auf *die* Rolle. Hab' sonst darinnen gefallen. Auch ist die Collette kein ganz junges Mädchen.« Herr Schröder: »Gut, Das ›Herrenrecht‹!« Ich: »Und nun noch etwas, lieber Herr Schröder! Die zwei Rollen, wenn ich wieder aufs Theater gehen muß, spiele ich hintereinander. Glauben Sie dann, daß es wieder mit mir geht, und ich werde bei Madame Ackermann wieder engagiert, oh, so bitte ich Sie, lassen Sie mich nur von Anfang an oft hintereinander spielen! Nicht verlange ich gute Rollen. Nein, Sie sollen keiner was entziehen! Geben Sie mir die kleinsten! Aber nur oft lassen Sie mich spielen, daß ich wieder das Theater und das Publikum mich gewohnt wird. Oh, die Gewohnheit tut viel, das wissen Sie.« Herr Schröder gab mir recht und sagte, er wolle es schon machen.

Mein Debüt wurde nun auf Freitag, den 11. Julius 1777 festgelegt, mein zweites Auftreten auf den 14. Nun, so war's denn beschlossen. Donnerstag bat ich mir Probe aus. Wollte es nicht wagen, bei meiner durch so vielen Gram sehr zerrütteten Gesundheit, Probe und Stück an einem Tage herzusagen. Den 11. des Morgens hatte ich einen Trost. Herr Doktor Dahl kam zu mir und sagte: »Sie haben gestern Probe gehabt? Herr Schröder hat mir gesagt, er wäre mit Ihnen zufrieden gewesen. Sie hätten alles sehr richtig und mit vieler Einsicht gesagt.« – Das war Trost, aber noch nicht fähig, das aus meiner Seele zu wischen, was darinnen lag.

Das Haus war ganz voll. Da saß ich, und der Vorhang rollte in die Höhe. Erst war alles still, dann erscholl ein lautes Händegeklatsche. Ob ich gedankt, weiß ich nicht. Ich sah auf und sah viele weiße Schnupftücher im Parterre und in den Logen, wo man sich über mein erstes Hervorkommen die Tränen abtrocknete. Ich hatte keine. Wie ich gespielt? Was ich gespielt? Ich weiß es nicht. Ich war nach meinem Gefühl nichts. Erst wie ich in dem Sarg lag, rollten sanft meine Zähren. Ich lag da in einem Gefühl, daß, wenn man zu mir gesagt hätte: »Du bleibst nun in dem Sarg, stirbst jetzt« – oh, ich würde lächelnd ausgerufen haben: »Gott sei Dank, so haben endlich alle meine Leiden ein Ende.«

Das Stück war aus. Herr Schröder sagte mit einem freundlichen Gesicht: »Nun, sind Sie müde?« »Ein bißchen. Ich weiß selbst nicht, wie mir ist.« Madame Mecour* kam freudig zu mir mit einem Gesicht, das ich kannte, wenn sie etwas herzlich gut meinte, drückte mir die Hände und sagte so recht innig: »Ich freue mich.« Da ich nach Hause fahren wollte, stand Madame Ackermann in ihrer Haustür und erwartete mich: »Brav, Kind, brav! Haben's recht gut gemacht! Ich freue mich! Ach, ich habe meine Schulzen wieder.« Ich: »Schulzen? Oh, das noch lange nicht!« Madame Ackermann: »Nun, Kummerfeld, auch gut. Habe ich Sie doch nun wieder. Ging recht gut, recht brav. Fassen Sie Mut. Kommen Sie den Sonntag zu mir und essen mit mir eine Suppe! Hören Sie! Vergessen Sie es nicht! Ich schicke nicht wieder. Gute Nacht, liebe Kummerfeld!«

Den anderen Tag hatte ich Besuch von meinen Freunden und Bekannten. Alle wünschten mir Glück und nahmen teil, daß es so gut gegangen. Ich zweifelte; denn mein Mißtrauen in mich selbst war zu groß. Sie versicherten mich, daß man mir recht applaudiert hätte unter dem Spiel und bei jedem Abgang. Aber Gott weiß es, daß ich es noch bis diesen Augenblick nicht weiß. Aber das ist gewiß, wäre ich schuld an meinem Unglück gewesen, hätte ich Kummerfelds Vermögen mit durchgebracht, mit faulen Zitronen hätte man mich beworfen, und man hätte recht gehabt.

Sonntag besuchte ich Madame Ackermann. Sie war freundlich, sprach mir Mut zu und konnte mir nicht lebhaft genug ihre Freude bezeugen, daß sie wieder eine von ihren Alten hätte, von der sie versichert wäre durch so viele Proben, daß sie's ehrlich mit ihr meinte. Des Nachmittags sagte sie zu mir, indem sie mir ein versiegeltes Päckchen mit Geld in die Hand drückte: »Da, liebes Kind, haben Sie Ihre Gage! Ist es nicht genug, sind Sie nicht damit zufrieden, so fordern Sie mehr!« Ich: »Nein, Madame Ackermann, das ist gegen unsere Abrede. Lassen Sie mich morgen erst noch die Rolle spielen! Dann entschließen Sie sich mit Herrn Schröder bis auf den Sonnabend! Wenn Sie mich dann noch behalten wollen und können, will ich mit Dank Gage nehmen. Ach, ich habe erst einmal gespielt.« Wir stritten lange, endlich sagte sie: »Wahrhaftig, ich werde böse, wenn Sie sie nicht nehmen. Haben sie verdient! Ach, ich bin so froh, daß ich Sie wieder habe.« Ich nahm die Gage, nahm sie mit Dank.

Den Abend, da ich erst spät von ihr nach Hause kam und das Päckchen entsiegelte, wie erstaunte ich, da ich zählte zehn Taler. Ich wollte es gar nicht glauben und zählte solche drei-, viermal. – Zehn Taler die Woche, gleich nach der ersten Rolle! Hast du denn wirklich so gut gespielt? Mußt es besser gemacht haben, als du es denken kannst.

Meine zweite Rolle spielte ich munterer und wurde in keinem Gesicht der Zuschauer Mißfallen gewahr. Auch spielte ich in demselben Monat noch dreimal: die Braitfort in der »Neuesten Frauenschule«* und zweimal die Hedwig im »Argwöhnischen Ehemann«*, zwei schöne Rollen. Auch hörte ich über nichts klagen, als daß mein Kleid zur letzten Rolle so gar schlecht gewesen. Madame Ackermann blieb gut. Herr Schröder sagte mir nichts, sprach nichts, das mich ermuntern konnte, tat aber auch nichts, das mir den wenigen Mut hätte benehmen können. Madame Schröder war die gute Frau damals selbst, und alle in Gage stehenden Frauenzimmer waren gegen mich artig und freundlich und hatten mich lieb.

Im August spielte ich nur ein einziges Mal die Hedwig und in demselben Kleide, das man nicht an mir sehen wollte. Und das zu wissen und in Hamburg zu spielen, kann nur der fühlen, der neun Jahre Zuschauer war wie ich. Mein Mut fiel mit jeder Stunde. Zehn Taler die Woche konnten mir ihn nicht geben.

Doch wünschte ich oft, mehr zu tun zu haben, um mich zu zerstreuen. Die grausame Verfassung bei meinem kränklichen Körper und dabei die schwärzeste Melancholie! Die oft so weit gegangen, daß ich geglaubt, mein gutes Gretchen, wenn sie ins Zimmer kam, wollte mich schlagen. Wenn dann meine Freundinnen mich oft so überraschten – »Ei«, so hieß es, »was soll das vorstellen? Das geht nicht.« Wider meinen Willen, denn ich war dann wie ein widerspenstiges Kind, kleideten sie mich an und schleppten mich zum Hause hinaus. Oh, welche Geduld hatten meine Freunde mit mir! Man lasse sie reden! Sie lernten ordentlich meine Krankheit der Seele.

Seit meiner Rückkehr zum Theater wußten die Verwandten nun, wovon ich leben wollte, sie hatten keinen Grund mehr, mir Betrug und Diebstahl zuzutrauen. Nun erfuhr ich aber zu meinem Unglück, daß nicht einmal ein Ehekontrakt vorhanden sei, ich daher auch keinen Anspruch auf die Präsente haben könnte, die mir Kummerfeld im Lauf der Ehe und davor gemacht. Nur was ich an meinem Hochzeitstage auf dem Leib getragen, durfte ich an mich nehmen. Hätte ich das gewußt, oh, so hätten damals alle meine Kleider, Wäsche, Leinen und das Silber in einem Sack an mir hängen sollen. So habe ich also nur gesorgt für gierige Verwandte?! Dafür hatte ich mir also in Leipzig keine Butter zu meinem Brot gegönnt und keinen Apfel und nach meiner schweren Arbeit nur ein Stück Rettich gefressen. Auch gut!

Aber ohne meine Unterschrift waren dann auch alle Verpflichtungen meines Mannes ungültig. Ich bat nun den Syndikus, das einem Hochedlen, Hochweisen Rat anzuzeigen. Sonst täte ich, was noch kein Weib in Hamburg getan, und erschiene selbst in der Ratsstube. Dann könne man mich zwar aus der Stube hinauswerfen; aber man könne ja selbst den Kaiser sprechen, warum nicht auch einen Hochweisen Rat in Hamburg.

Indessen wurde ich von Krankheit, wütenden Schmerzen und Sorgen doch so sehr gequält, daß ich einmal schon von meinem Bett aus nach einem Werkzeug gegriffen, um Selbstmord zu begehen. Mein gutes Gretchen trat herein, erschrak bei meinem Anblick, wild hingen meine langen Haare mir um den Kopf, ich war darin eingehüllt wie in einen Mantel. In diesem Zustand fand mich auch der Schreiber von Abendroth, der bat, vorgelassen zu werden. Er taumelte zurück, lehnte sich an die Wand, Tränen kamen in des Mannes Augen, gewiß die ersten seit langer Zeit. Daraufhin ließ Abendroth mich wissen, er und die Familie träten die Erbschaft ab an mich, von hoher Hand hatte man ihnen auch zu verstehen gegeben, sie sollten sich nicht länger mehr prostituieren. Ich wäre ja wieder auf dem Theater, wo ich Brot hätte. Freuen konnte ich mich nun nicht mehr darüber, aber ich fühlte mich doch dadurch sehr gestärkt.

Obgleich die Schuldenlast durch die Erbschaft so bedeutend war, daß mir der Kopf schwindelte, übernahm ich noch einen Teil der Prozeßkosten. Bei Fremden und Freunden fand ich jedoch so viel Mitleid, Liebe und Vertrauen, daß die Schulden auf ein erträgliches Maß zusammenschmolzen und ich ihre Bezahlung besser auf die Folgezeit verteilen konnte. So schloß das Jahr mit den drei bösen Sieben ab.

XXIV.

Hamburg, Gotha 1778/1779

Mein Wort war mein Kontrakt.

Hamburger Taler war ich schuldig, und mit Hamburger Geld erhielt ich meine zehn Taler Gage. Mein Bruder schrieb mir: »Du hältst es jetzt nicht mehr aus; denke an die alten, vergangenen Zeiten«, und er bat mich, zu ihm zu kommen. Zwar fühlte ich schon selbst seine Besorgnis, meiner Konvenienz wegen wünschte ich jedoch, wenn es nur halbwegs auszuhalten wäre, in Hamburg zu bleiben. Denn fünf Taler in Leipzig und in Dresden waren oft hier nicht mehr wie vier Taler acht Groschen, in Mainz und Frankfurt gar sechs Taler. Wieviel mußte ich zulegen, ehe ich fünf Hamburger Taler herausbekam!

Aber hier so ganz das fünfte Rad am Wagen zu sein, das wird gar nicht gehen! Zum Teil hatte ich hübsche Rollen, keine schlechten, aber auch keine, wodurch man sich, wenn man sie glücklich spielte, Ruhm erwerben konnte. 17 Rollen hatte ich in einem runden Jahr bekommen. Vier bis fünf Wochen ging ich oft müßig. Wenn mir die Gage geschickt wurde, wurde ich immer rot und schämte mich, solche zu nehmen. Nahm sie oft mit Tränen und sah sie an als ein Almosen, das der beglückte Reiche dem edel sich fühlenden Ärmeren gibt. Oft versteckte ich mich, und mein Mädchen mußte sie in Empfang nehmen. Ich konnte das Publikum unter solchen Umständen nie gewohnt werden und mich das Publikum nicht; denn mit Vorurteil gegen dasselbe und gegen mich trat ich auf.

Schmeicheln konnte ich nicht, mich schmiegen und kriechen noch weniger. Nun kam noch dazu, daß man nicht glaubte, daß mir die Not auf dem Theater zu bleiben befahl, weil meine auswärtigen Schulden auch meinen besten Freunden ein Geheimnis blieben. Ich konnte nie klagen. Kann's noch nicht, so lange ich nicht unter der Last zu erliegen glaube. Doch auch das, daß meine Glücksumstände besser schienen, als sie waren, hätte mir noch nicht ganz schaden können, hätte ich nur einmal eine recht gute, vorzüglich gute, sogenannte dankbare Rolle haben können.

Oh, es ist ein großer Unterschied von nicht gefallen wollen und nicht gefallen sollen. Mit Ruhm hatte ich gespielt da, wo man mich hat wollen spielen lassen; aber in Hamburg waren Sollen und Wollen gegen mich. Satt hatte ich's. Noch hatte ich an kein anderes Theater geschrieben; denn auch das war mir zu klein, zu niedrig, den Stuhl vor die Tür zu setzen, wenn man schon weiß, ob man sich nach Osten oder Süden zu wenden hat.

Den 26. August 1778, gerade an dem Tage, da es 20 Jahre waren, daß ich Madame Ackermann zum ersten Male gesehen hatte in Zurzach in der Schweiz, schickte ich ihr einen Brief und bat um meine Entlassung; denn das hielte ich nicht aus, wenn es nicht anders ins Künftige sein könnte. Und wenn solche auf der Stelle erfolgt wäre, mir wär's recht gewesen. Herr Schröder antwortete mir, daß das Publikum nach dem Advent, wie die »Gunst der Fürsten«* gegeben worden, sich nach der ersten Vorstellung (bei der Rolle der Nottingham) fast allgemein gegen mich erklärt. »Man tadelte zwei Fehler.« Und fügte hinzu: »Denn gegen die Richtigkeit Ihres Spiels und Ihrer Akzentuation habe ich und vermutlich keiner das mindeste zu sagen.«

Es wurde mir schwer, aber ich versuchte, auch einmal politisch zu sein, und es gelang mir. Ich schrieb an Herrn Schröder und bat, da Madame Mecour nicht mehr bei der Gesellschaft war, um die Rolle der Roxelane*. Sie hatte sie gespielt. Ich hoffte auf die Neugierde der Hamburger, daß das Haus voll würde, wenn ich die Rolle wieder spielte. Denn der Gedanke war mir der allerschwerste, so viel Gage bezogen und solche nicht auch wieder eingebracht zu haben. So aber hoffte ich: »Bekommst du die Roxelane zu spielen, so hast du mit deiner ersten Rolle und mit dieser dann den Schaden und was du der Ackermann gekostet, wieder ersetzt.« Herr Schröder sagte ja. Oh, so glücklich war ich lange nicht gewesen. Das ganze Haus war voll, und ich war zum ersten Male wieder mit ganzer Seele dabei; auch merkte ich nicht an dem Beifall, den man mir schenkte, daß mein Spiel gealtert.

Den Abend nach der Komödie traktierte ich mich auch mit 25 der schönsten Austern und trank ein paar Gläser alten Rheinweins aufs Wohl von allen, die heute Abend in der Komödie waren.

Nun, gute Nacht, Hamburg! Gott vergebe es allen! Seid bei eurem vielen Gelde, seid bei eurem reichen Privatstande glücklich, wenn ihr's könnt. Wohin, daß ich nicht reisen könnte? Nach Berlin oder Gotha. Hätte ich's gemacht wie viele, und wäre nach Berlin gereist, ich wäre noch da! So aber schrieb ich an Herrn Doebbelin, und da ließ er denn freilich bei der Menge von Leuten, die er hatte, keine neuen dazukommen. Wer aber angereist kam, da erlaubte es ihm sein gutes Herz nicht, die wieder gehen zu lassen. Und mich hätte er gewiß nicht wieder reisen lassen.

Nun schrieb ich nach Gotha an Herrn Boeck*, der als Regisseur bei dem Hoftheater angestellt war. Herr Boeck hatte mich bei seiner Reise durch Hamburg gleich den Sommer, da ich wieder aufs Theater gegangen, spielen gesehen. Vom Gothaer Hoftheater hatte ich viel Gutes gehört, von Pensionen, die die Schauspieler bekämen, wenn sie sich gut aufführten und einige Zeit dagewesen, kurz, eine Versorgung auf die ganze Lebenszeit. Wer sollte da nicht Lust haben hinzugehen? Bald bekam ich Antwort. Nur wenige Briefe wurden gewechselt. Ich sollte nur sieben Taler Gage die Woche haben und einige Klafter Holz. Sieben Taler die Woche war nicht viel, um noch Schulden davon zu bezahlen. Doch ich hätte fünf genommen und gern solche mit den mir blutsauren und mit so manchen Tränen benetzten zehn Ackermannschen Talern vertauscht: die Hoffnung auf Pension, zeitlebens an einem Ort, das war meine Überlegung. Kurz, ich gab mein Wort, und alles war richtig.

Ich machte nun Anstalt und verkaufte nach und nach ein Stück ums andere und richtete meine Bagage ein. Den 9. Dezember 1778 reiste ich von Hamburg ab. An einem Haus meiner Verwandten, an dem ich vorüberfuhr, konnte ich es nicht unterlassen, das Fenster zu öffnen und auszuspucken.

Den 18. Dezember kam ich nach Gotha. Den 22. erhielt ich die Gnade, der Durchlauchtigsten Herzogin meine Aufwartung zu machen. Auch der gnädigste Herzog kam in das Zimmer seiner Fürstlichen Gemahlin. Ich sprach wenig, aber fühlte ganz die Gnade, mit der man mich gewürdiget, mich aufzunehmen. Den 28. Dezember spielte ich zum ersten Male in den »Holländern«* die Sara. Das Urteil, das der Durchlauchtigste Herzog nach meinem ersten Auftreten über mich fällte, war:

»Die Frau ist auf dem Theater bekannt und wie zu Hause.« Wie das Stück zu Ende ging, kamen Seine Durchlaucht der Herzog in die linke Seitenloge nahe am Theater, und wie es aus war, nickte derselbe mir seinen hohen Beifall zu. »Das hat, so lange wir hier sind, unser gnädigster Herzog noch nicht getan«, sagten die Herren Schauspieler. Wer war glücklicher wie ich? Meine zweite Rolle war die Roxelane, ein Stück, das nicht den Beifall des gnädigsten Herzogs gehabt *der* Roxelane wegen, die vor mir die Rolle gespielt und nicht mehr in Gotha war. Es wurde zum zweiten Male gegeben mit demselben Beifall, den es hatte, als ich das erste Mal darinnen gespielt. Die dritte Rolle, die ich spielte, war in Lessings »Freigeist«* die Henriette. Ich spielte und hatte das Glück zu gefallen. Ich spielte mit Lust, und wer hätte es nicht sollen? Oh mein Gott, wie glücklich schätzte ich mich! Hier lebst du, hier stirbst du.

Ich hatte mich von Hamburg aus in Gotha engagiert, ohne zu wissen, daß man einen Kontrakt haben müßte. Herr Boeck schrieb mir nichts davon, und ich dachte auch nicht daran; denn nie hatte ich einen Kontrakt gehabt, noch unterschrieben. Herr Boeck sagte mir, als ich einige Wochen da war: »Sie müssen einen Kontrakt unterschreiben.« »Nur her damit, wenn es sein muß!« Nun dachte ich erst nach: »Siehe, das hättest du schon in Hamburg tun müssen. Gesetzt, du hättest nicht gefallen!« Aber freilich, so war ich. Mein Wort war mir immer Kontrakt.

Endlich überbrachte mir der Herr Bibliothekar am 24. Februar 1779 den Kontrakt selbst auf mein Zimmer. Ich las ihn durch und stutzte, daß er nur auf zwei Jahre war. Denn ich hätte solchen gern auf die ganze übrige Zeit meines Lebens gemacht. Das war *ein* Punkt. Der zweite und noch härtere Punkt war der, daß wenn der Hof in den zwei Jahren Ursache hätte, jemanden zu verabschieden, er solches tun könnte bei einer halbjährigen Vorheraufkündigung, der Schauspieler aber nicht.

Ich: »Hören Sie, Herr Bibliothekar, das sind zwei harte Punkte. Ich glaubte auf längere Zeit als auf zwei Jahre.« Herr Bibliothekar: »Der ganzen Gesellschaft ihre Kontrakte sind nicht länger als bis nach Verlauf von zwei Jahren. Dann werden wieder neue Kontrakte gemacht, wenn der Hof Theater behält.« Ich: »Gut, denn sehen Sie, ich bin mit der vielen Fracht nicht hergekommen, um so bald wieder zu gehen. Ich dachte und wußte auch nur, daß, wenn man sich gut aufführe – und gefiele, versteht sich –, Hoffnung hätte, zeitlebens zu bleiben. Aber der zweite Punkt ist gar zu hart.« Herr Bibliothekar: »Auch dazu war der Hof gezwungen, daß man solche Punkte hinsetzen mußte. Sie wissen, wie es oft geht.« Ich: »Jawohl! Dachten vielleicht manche: ›Habe ich meinen Kontrakt, so kann ich tun, was ich will. Will mich der Hof entlassen, nun, so bezahle er mir die Gage auf die ganze Zeit meines Kontrakts, und ich gehe‹.« »Ja, das war es eben und eben deswegen solchen Punkt! Aber eine Frau wie Sie, eine Kummerfeld, riskiert dabei nichts.« Ich: »Nun sehen Sie, lieber Herr Bibliothekar, auf Ihr Wort! Und daß ich noch einen Taler Zulage die Woche bekomme, dafür, hoffe ich, werden Sie sorgen.« Herr Bibliothekar: »Auch der wird Ihnen nicht entgehen, und Sie werden ihn bekommen.«

Mit Lächeln nahm ich die Feder, im Lächeln sagte ich: »Auf Ihr Wort!« Ich unterschrieb, und der Herr Bibliothekar sagte, während ich schrieb: »Unterschreiben Sie nur! Sie haben das gewiß nicht zu befürchten.«

Wie vergnügt lebte ich in meinem Gotha. Auch lernte ich so manche guten, freundschaftlichen Menschen kennen und hatte das Glück, daß sie mich ihres Umganges nicht unwert schätzten. Kurz, ich lebte ganz wieder auf. Schuldig war ich noch 550 Taler. Aber ich dachte: Hast du gottlob so viel bezahlt, die sollen auch noch zusammenkommen. Man mahnt dich nicht; man drückt dich nicht. Sparst, so gut du kannst, und trägst deinem Versprechen gemäß auf Neujahr wieder einen Posten ab. Trotz hätte ich dem geboten, der gesagt, er wäre glücklicher wie ich – bis den 18. März. Den Morgen kommt ein Theaterbedienter und bringt auf einem offenen Bogen Papier den Abschied der ganzen Gesellschaft, daß sie auf Michaeli hingehen könnte, wohin sie wollte. Alle sollten den Bogen unterschreiben. Ich unterschrieb nicht; denn ich hatte ihn ja gesehen.

Dies war also die Hoffnung, zeitlebens hier zu bleiben! In welche Kosten hatte ich mich gesteckt! Lauter neue Mobilien angeschafft, manches mitgenommen, das ich in Hamburg besser hätte verkaufen können, um meine Fracht zu erleichtern!

Mein Quartier in Hamburg, weil ich nach Martini wegreiste, habe ich bis Himmelfahrt mit 20 Talern bezahlen müssen, in Gotha mein Quartier auf ein Jahr genommen, weil der Hauswirt unter keiner anderen Bedingung es wollte neu tapezieren und ganz nach meinem Verlangen einrichten lassen, folglich auch von Michaeli bis Weihnachten eine Vierteljahresmiete, das waren acht Taler 18 Groschen zum Fenster hinausgeworfen. Denn konnte ich meinem Wirt mein Wort brechen, weil ich abgedankt worden?

Schwerlich bekommen es Schauspieler je wieder so gut, wie sie es in Gotha gehabt. Dreimal wurde nur in der Woche gespielt. Wenig zu studieren; denn wie oft wurde ein Stück, das gefiel, wiederholt! Zu Proben wie zur Komödie wurden wir gefahren. Im Winter das warme Theater ohne Zugluft! Die prächtige Garderobe, in der alles, alles war bis auf die geringste Kleinigkeit eines Fächers! Denn alles, was die gnädigste Herzogin ablegte, kam in die Garderobe. Die Achtung, mit welcher jedem begegnet wurde! Nur *ein* Stück wurde an einem Abend gegeben. Wie oft fuhren wir im Sommer vom Theater, und die liebe Sonne stand noch am Himmel, daß wir nach einem Garten gehen und fröhlich sein konnten. Dann die großen, ansehnlichsten Präsente, die die Schauspieler bekommen haben! Und doch, doch konnten sie nicht zufrieden sein, machten so viel Verdruß dem Herrn, daß er es überdrüssig werden mußte. Verdenken konnte ich's dem Herzog nicht, daß er das Theater eingehen ließ.

Den 27. September spielten wir zuletzt. War noch eine Benefiz-Komödie für uns. Da kamen auf meinen Teil sieben Taler, 17 Groschen, sechs Pfennige. Wie ich Abschied nahm bei dem Herrn Baron von Lenthe, so sagte er: »Ihretwegen wäre gewiß das Theater nie abgedankt worden, wären von jeher alle so ruhig gewesen wie Sie. Ihretwegen hätte keiner eine Klage noch Verdruß gehabt.« Ich dankte. Hätte es mir nur auch was geholfen! Aber nicht um einen Groschen wurden meine 550 Taler Schulden weniger.

XXV.

Mannheim, Innsbruck, Augsburg 1779/1780

Sind das eben und dieselben Menschen? Nein,
das sind nur Komödianten.

Mit Schaden hatte ich wieder die Mobilien und andere Sachen verkauft und reiste den 28. September 1779 von Gotha mit denen, die mit mir engagiert worden waren, nach Mannheim zu dem Hoftheater, das der Freiherr Baron von Dahlberg* errichtet hatte und an dem Herr Seyler als Direkteur angestellt war. Um keinen Zank und Streit mit den übrigen Damen bei dem Theater zu haben, hatte ich mich hauptsächlich für die ersten Mädchenrollen engagiert. Freilich bei einem Theater, das erst eingerichtet werden sollte, konnte nicht leicht ein jeder nur ein Fach oder ein paar Fächer, ohne auch andere Rollen mitspielen zu müssen, verlangen. War mir auch recht.

Man wünschte mit dem Stück »Geschwind, ehe es jemand erfährt«* anzufangen und ersuchte mich, darin die Rolle des Mädchens Christinchen zu spielen. Und nun hieß es: »Wenn nur der Kummerfeld die Rolle nicht zu schlecht ist?« Doch sagte ich »Ja!«; an der Rolle ist wenig, aber ich hoffte, es werde alsdann die Reihe auch an mich kommen mit guten Rollen. Ich hatte zum Studieren nicht mehr wie zwei Tage Zeit. Meine zweite Rolle war die Minette im »Argwöhnischen Ehemann«, die dritte die Kolombine in der »Verstellten Kranken«*. Endlich wurde die »Neueste Frauenschule« unter dem schon in Gotha umgeänderten Titel »Die Schule der Damen« gegeben, und ich spielte die Braitfort. Ich wurde in der ersten Szene dreimal allgemein applaudiert. Das war das Signal, daß ich nun nichts mehr haben sollte, wenigstens keine Rolle, in der was konnte applaudiert werden.

Wenn ich meine Talente verloren haben sollte, ja, warum scheute man, warum war man in Furcht vor mir? Das alles sah ich, hörte ich, und doch war ich still, machte keine Unruhe, fraß den Ärger in mich hinein und hoffte auf Änderung. Wenn bei einer Direktion keine Parteilichkeit herrschen würde, wenn nicht einer oder ein paar alles, was gut ist, an sich reißen wollten, so könnte jeder zufrieden gestellt werden. Warum war denn kein Rollenzank bei dem Vater Koch?

Und was hatte Madame Seyler in Mannheim für Nutzen, daß sie mich gar nicht in guten Rollen spielen ließ? Kabale war gegen sie. Sie sollte bei allen ihren Verdiensten nicht gefallen. Hier ein Beweis! »Richard der Dritte« wurde in Mannheim den 18. November 1779 gegeben. Ich sah das Stück im Parterre mit an. Madame Seyler spielte ihre Königin meisterhaft, Madame Brandes gab die Prinzessin. All das Spektakel, das diese machte, wurde beklatscht, bewundert. Wogegen für Madame Seyler keine Hand geregt wurde. Den Auftritt von einer Seyler zu sehen, wenn sie von den gemordeten Söhnen kommt, wie meisterhaft, wie unnachahmlich schön! Verdient hätte sie, von dem größten Künstler gezeichnet und in Kupfer gestochen zu werden, nicht einmal, nein, von jeder Periode zu Periode. Ich bewunderte sie, ich fühlte keinen Neid. Und ich ärgerte mich über das Mannheimer Publikum.

Auch im Parterre war ich Kummerfeld und schwieg nicht still, sobald ich Ungerechtigkeit sah, die man gegen andere hat, und wenn die anderen auch meine Freunde nicht sind. Ich sagte: »Das begreife ich nicht, wie alles so still, so unempfindlich bei dem meisterhaften Spiel von der Seylern bleiben kann.« Ein Herr: »Ja, spielen tut sie gut, aber applaudiert wird sie nicht.« Ich: »Ist das recht? Gott bewahre, wie geht es hier zu!« Der Herr: »Ja, die Seylern hat's hier verdorben, weil sie keine will aufkommen lassen.« Kurz, Madame Seyler bekam nicht den kleinsten Beifall.

Ich ging, nachdem's aus war, in die Garderobe. Nahe stand ihr Ankleidetisch bei dem von Madame Brandes. Auch jetzt war ich Kummerfeld. Ich trat zu Madame Seyler, sagte ihr jedes Wort, was ich geschrieben von und über ihr Spiel, aber nichts von meinem Gespräch mit dem Herrn. Laut sagte ich's ihr, die anderen hörten jedes Wort und schwiegen still. Madame Seyler antwortete mir: »Das von Ihnen zu hören, ist mir lieber als aller Beifall, den mir die Mannheimer hätten geben können. Ich bin überzeugt, daß ich gut gespielt haben muß, weil *Sie* es sagen. Sie heucheln nicht.« Freilich, wäre ich in meinem Leben Komödiantin gewesen, würde ich die andere, Madame Brandes, geküßt und gesagt haben: »Ach, wie schön haben Sie heute gespielt!« Das hätte ich müssen tun. Aber, nein, jedem sein Recht! Und als Komödiantin hätte ich mich freuen müssen, daß eine Seyler nicht mit Beifall belohnt worden ist.

Ich bekam Briefe von Herrn Seipp aus Innsbruck, um auf dem dortigen Hoftheater* zu spielen. Die Anträge waren nicht zu verwerfen. Ich sprach mit dem Herrn Baron von Dahlberg: »Meine Rollen, die ich hier habe, können die Schülerinnen, die Madame Seyler unterrichtet, spielen. Was keine spielen würde, gibt man mir. Noch würde ich nichts sagen und die Anträge, die man mir gemacht, ausschlagen. Wenn nur nicht die Namen auf den Zetteln stünden, und die schikken unsere Schauspieler fort. Da steht mein Name immer bei den schlechtesten Rollen. Muß man nicht denken, ich kann nichts, ich wäre die Schlechteste? Also, auf die Fasten gehe ich, aber ich muß meine Rollen haben, für die ich engagiert bin.«

Baron von Dahlberg: »Soll ich die Beste von meinen Schauspielerinnen verlieren?« Ich: »Ich bin zu bescheiden, das auf die Kunst des Spiels zu wenden, sondern glaube, Sie sagen es meines Charakters wegen. Aber wenn Sie mich für Ihre Beste halten, so ändern Sie es, daß ich bleiben kann.« Herr Baron von Dahlberg: »Ach, ich habe gar zu böse Weiber darunter; ich kann nicht.« Ich: »Ja, wenn Sie sich vor den bösen Weibern fürchten, ich fürchte sie nicht. Und so habe ich weiter nichts zu sagen, als daß ich das Engagement nach Innsbruck annehme und auf die Fasten abgehe.« Wenn ich die Mannheimische Rollenverteilung zu dem Brief halte, den mir beide, Herr und Madame Seyler, nach Hamburg geschickt hatten, Freundschaft und Freundschaft auf so vielen Zeilen – sind das eben und dieselben Menschen? Nein, das sind nur Komödianten.

Ich machte mein Engagement nun richtig und bekam mein Reisegeld. Ich fing wieder an zu verkaufen: Wäsche, Silber, ein Bett, Bücher usw. Kurz alles, was nur zu entbehren war, mußte fort, um meine Schulden vollends zu bezahlen. Hätte sich das Engagement nach Innsbruck nicht gefunden, ich wäre freilich dageblieben und wäre vielleicht noch da. Aber als ein geduldiges Schaf hätten sie mich vielleicht auch immer dahin gestellt, wo sich keine andere hinstellen ließ. Vielleicht wär's besser gewesen, vielleicht auch nicht. Aber auszuhalten, sobald man ein ander Brot hatte, war es nicht.

Den 3. März 1780 reiste ich fort. Ohngeachtet der noch rauhen Jahreszeit hatte ich eine sehr glückliche Reise. Es ging Tag und Nacht fort; nur in Augsburg mußte ich mich der Post wegen 24 Stunden aufhalten. Herr Seipp und Herr Bulla waren mir entgegengefahren. Ich gestehe es, die Aufmerksamkeit gefiel mir. Glücklich, gesund und wohl kam ich den 11. März in Innsbruck an. Oh, das schöne Innsbruck! Oh, die herrliche Gegend! Wenn die Menschen so sind wie ihr Land, so bist du in deinem Element.

Die Gesellschaft wurde erst errichtet, alle Mitglieder waren neu. Herr Seipp* und Herr Bulla* standen in Kompagnie. Der Herr Graf von Ferraris führte die Oberdirektion. Das Militär war abonniert. Aufrichtig gesagt, nie habe ich mich erkundigt, was und wieviel Herr Seipp und Herr Bulla hatten. Ich wußte sonst von weiter nichts als das: Wenn nicht so viel einkäme, wie die Ausgabe wäre, es die Noblesse aus ihren Mitteln ersetzte. Sehr selten soll Innsbruck ohne Theater gewesen sein. Sie haben sowohl große italienische Oper wie deutsches Theater gehabt. Wieviel mußte es der Noblesse in den Fasten gekostet haben?! Aber auch entsetzlich muß die Wirtschaft gewesen sein. Man sah es an der Garderobe. Von allem war *etwas* da, das andere war weg. Ich konnte nicht umhin, dem Herrn Grafen von Ferraris zu sagen, wie ich zum ersten Male die Garderobe sah: »Bei *der* Garderobe fällt mir die Unterredung des Wirts mit Just in der ›Minna von Barnhelm‹ ein. Von der *einen* Seite wäre das Zimmer des Majors noch tapeziert, und ehe der Nachbar die Aussicht verbaut, solche vortrefflich gewesen.« Für Frauenzimmer waren sechs Robenleibchen da, aber nur eine Schleppe und kein Rock mehr dazu.

Zu einem neuen Stück hatten sie unter anderen Kleidern auch ein schwarzsamtenes Mannskleid mit rosa Atlas gefüttert und mit sehr hübschen Knöpfen von venezianischem Schmuck machen lassen. Prächtig muß das Kleid ausgesehen haben. Nun hatte der ganze Rock nur noch sechs Knöpfe. Und auch die verloren sich nach und nach. Den letzten Knopf, den der Rock hatte, bat ich mir vom Herrn Grafen von Ferraris aus zum Andenken, und ich habe ihn noch.

Der Herr Graf erzählte mir, daß, wenn ein gutes, neues Stück zu einem festlichen Tage wäre gegeben worden, auch alles neu dazu gemacht wurde für Schauspieler und Ballett, sogar Flor, Blumen, Schmuck, Band, Federn – kurz: alles. So wurde einmal auch ein großes Türkenballett gegeben. Die Tänzer sollten auch türkisch beschuht sein. Einmal war's gemacht worden. Da man es wiederholen wollte, hatten nur noch der Ballettmeister und die erste Tänzerin ihre türkischen Tanzschuhe; alle übrigen Tänzer und Tänzerinnen hatten sie zu Pantoffeln im Hause aufgetragen. Nun mache man sich einen Begriff von dem Ganzen der Garderobe, die so viele Tausende muß gekostet haben. Die Gesellschaften, die da waren, reisten immer im Sommer auf einige Monate weg, und da wurde die Garderobe mitgegeben. *Nie* kamen die Mitglieder der Gesellschaft *alle* wieder zurück. Die Aufseher der Garderobe waren nicht aufmerksam genug. Und dann, was sollte der Schneider einwenden, wenn die Frauenzimmer sagten: »Das Kleid gehört *mir,* das hat mir der oder der Herr Graf auf meinen Leib machen lassen und mir geschenkt.« »So kamen wir um unsere Garderobe, die uns so viel Geld gekostet hat.« So sagten mir der Herr Graf von Ferraris und mehrere. Und zweifeln konnte ich nicht an der Wahrheit.

Das ganze Personal zu Komödie und Ballett war 18 Personen stark. Unter diesen 18 war es beschaffen wie bei jedem Theater. Es waren gute, mittelmäßige, schlechte; doch der letzteren nur wenige. Dafür aber fand ich Madame Paartl* wie ich sie noch auf keinem Theater gesehen. Ihr Hauptfach waren die komischen Mütterrollen. Wenn die Frau zuweilen aufmerksamer in ihrer Akzentuation gewesen wäre, besser wie sie hätte keine wieder nach ihr werden können. So viel Natur, Gewandtheit, nicht ein Schatten von Übertreibung. Kurz, ich sah noch bis jetzt, da ich dieses schreibe, keine Paartl in komischen Alten-Rollen. Sie war noch eine hübsche Frau. Um komisch sein zu wollen, hatte sie nicht nötig, ihr Gesicht zu beschmieren, das bei mancher komisch sein wollenden Schauspielerin oft aussieht, als wenn sie aus dem Schornstein gekrochen und der Zuschauer sich dabei Runzeln denken soll. Hohes oder blasses Rot auf den Backen und sehr blondes Haar und dazu: schwarze Augenbrauen, das war ihre ganze Malerei. Und Pech klebte sie auf einige ihrer schönen Zähne, daß es aussah wie Zahnlücken. Das war ihre ganze Veränderung, die sie mit ihrem Gesicht vornahm. Nun konnte sie aber sicher sein, daß sie mit diesem Gesicht machen konnte, was sie wollte. Auch in ihren ernsthaften Müttern und jungen Weibern war sie gut. Gern mußte man mit ihr spielen. Sie verdarb einem nichts, es mochte komisch oder ernsthaft sein. Und wie schade, daß die Frau, die über manches Feine, das oft in einer Rolle liegt, so leicht wegglitt, nicht mehr Aufmerksamkeit auf den wahren Sinn des Wortes legte. Dann würde man sie als Künstlerin mit Recht groß haben nennen können. Den österreichischen Dialekt, ja, den hatte sie; inzwischen ist der nicht so auffallend, wenn mehrere so sprechen, als wenn er einzeln dasteht. Und ich weiß Beispiele, wo man auch den einzelnen in acht Tagen gewohnt war. – Herr Seipp spielte manche Rolle sehr gut, wußte, wie jede Rolle *sollte* gespielt werden, übernahm aber keine (es hätte ihn denn die höchste Not treiben müssen), von der er wußte, sie kleidete ihn nicht. Auch die Tänzer waren gut, Madame Simoni vorzüglich. Kurz, dem Ganzen fehlte insoweit nichts, als daß die Schauspieler sich zusammen recht einspielen mußten. Lust war bei allen, Fleiß nicht minder, und wir waren vergnügt. Habe ich sie auch nicht so gut gefunden, so habe ich sie doch nicht schlechter gefunden wie bei manchem großen Theater.

Und das Publikum? Oh, es gibt überall Kenner. Den Innsbruckern, Augsburgern und Linzern, da ich mich in diesen drei Städten drei Jahre aufgehalten, muß ich's zur Gerechtigkeit nachsagen: von Kabalen wußten sie nichts. Sie hoben nicht *einen* Schauspieler, nicht eine Schauspielerin hervor, und wenn es auch ihr Liebling war, um den Nebenschauspieler zu stürzen oder Gelegenheit zu geben, daß sie sich des vorzüglichen Beifalls wegen hassen mußten. Kurz, nie waren Schauspielerinnen friedfertiger und einiger zusammen.

Ich war engagiert für die ersten Rollen im Lust- und Trauerspiel. Wir spielten in Innsbruck vom 27. März bis zum 25. Juni 1780. In dieser Zeit habe ich geliefert 32 neue Rollen und acht von meinen alten, die ich in Leipzig, Hamburg und Gotha einstudiert hatte. Auch wir machten eine Sommerreise und nahmen die Garderoben mit, denn wir sollten den Herbst wieder nach Innsbruck zurück. Die Reise war mir lieb, um in etwas mich zu erholen. Denn ich war nie gewohnt, nach dem Souffleur zu spielen. Eher extemporierte ich in leichten Lustspielen und wendete mein Gedächtnis auf Stücke von Wichtigkeit. Ich mußte meine Rolle und das ganze Stück wissen, um meinen Charakter ganz zu treffen, jedes Wort, das von mir in dem Stück gesagt wurde.

Den 26. Juni reisten wir von Innsbruck und kamen den 29. glücklich in Augsburg an. Wir bekamen Herrn Starke* zur Gesellschaft. Ob Lust zum Schauspiel oder zerrüttete Glücksumstände ihn bewogen, Schauspieler zu werden, weiß ich nicht. Doch ich glaube eher das erste wie das letzte. Er war ein Mann von entschieden großen Verdiensten; seine Sprachkenntnisse waren das wenigste. Herr Seipp gewann durch ihn wie wir alle, denn wir hatten durch ihn einen guten Schaupieler mehr.

Den ersten Juli fingen wir mit dem Stück »Die Reue nach der Tat«* an. Für eine so große Stadt und reiche Einwohner stutzten wir alle nicht wenig, daß das Haus beim ersten Male nicht voller war. Wir spielten, und es wurde nicht viel besser. Wir frugen, und es hieß, ja, man wollte erst von denen, die uns spielen sähen, hören, ob was an uns wäre oder nicht. Wir spielten fort, und von dem zwar nicht zahlreichen Publikum hatten wir Beifall. Alles lobte uns in der Stadt, und doch war das Haus oft leer. Der Ursachen des Nichtkommens waren viele. Endlich hieß es, man würde sich zahlreicher einstellen, wenn wir den Winter da blieben. Ich konnte den Aufenthalt in Augsburg mit zweien, die ich schon bei dem Theater erlebt hatte, vergleichen: Bei Doebbelin in Düsseldorf und bei Ackermann in Kolmar. Auch da spielten wir mit Beifall – vor leeren Bänken. Was gaben wir uns jetzt alle für Mühe! Nun hieß es, ja, warum man in die Komödie gehen sollte, bei dem guten Wetter, das ohnedies bald vorbei wäre, da wir den Winter blieben.

Wenn Direkteurs nichts zuzusetzen haben, sich kein Freund findet, der eine Summe wagen will, um ihnen aufzuhelfen, ja, dann gerät die ganze Maschine ins Stocken. Wenn die Woche keine richtige Gage mehr fällt, so fällt der Mut. Und doch arbeiteten wir alle und dachten: »Wir wollen's erzwingen.« Aber es erzwang sich nichts. Jetzt wollte man Opern haben, Ballette wollte man missen. Herr Bulla trennte sich von Herrn Seipp und nahm das ganze Ballett mit, reiste mit solchem nach Linz. Herr Seipp war ein Mann von vielem Kopf, und durch seinen Kopf erhielt er die Gesellschaft auch so lange beisammen. Seine liebe, gute Frau jammerte mich; denn das war so ein herzensgutes Weibchen, wie ich wenige bei dem Theater gekannt. Noch gestehe ich es, es war schade, daß die Gesellschaft zu Trümmern ging, so wie wir alle im Anfang beisammen waren. Lange waren die Schauspieler geduldig, wie ich bei so traurigen Umständen noch wenige gesehen.

XXVI.

München, Augsburg, Innsbruck, Linz 1781/1782

Ich leugne es nicht, hätte ich stille, friedfertige Schauspieler gefunden, ich hätte die Direktion übernommen.

Den 10. Februar 1781 reiste ich nach München. Ich machte den 11. dem Herrn Grafen von Seeau* meine Aufwartung. »Herr Graf, meine Absicht ist nicht, mich jetzt hier bei Ihrem Theater zu engagieren. Auch könnte ich nicht, weil ich mich verbindlich gemacht, nach Innsbruck zu kommen, wenn das neue Theater zustande käme. Ich weiß aber, wie es bei dem Theater zugeht. Vielleicht ist es wieder nicht von Bestand. Ich wünschte also, hier drei Gastrollen zu spielen. Man kann nicht wissen, nach einigen Jahren, welche Veränderungen bei Ihrem Theater vorgehen. Nun, denke ich, werden Sie doch lieber heute oder morgen eine Person engagieren wollen, die Sie im voraus kennen, als eine andere, die Sie nicht kennen, und an die Sie Reisegeld und Vorschuß wagen müssen. Letzteren, hoffe ich, werde ich nie brauchen. Auch denken Sie nicht, Herr Graf, daß Sie mir für die drei Rollen, die ich spielen will, ein Geschenk machen sollen! Ich verlange und nehme nichts. Auch ohne hier zu spielen, hatte ich mir vorgenommen, nach München zu reisen, weil es so nahe bei Augsburg ist, und ich die erste fremde Stadt, die ich in meiner Kindheit sah, wiedersehen wollte.«

Der Herr Graf versicherte mich seiner Hochachtung und sagte, wenn das mein Ernst wäre, sei er es zufrieden. Ich versicherte ihn, daß eine Frau wie ich, die reell dächte, nur auf die Zukunft hinaus sähe, daß ich wünschte, nach einigen Jahren einen Ort zu finden, wo ich Hoffnung haben könnte, zeitlebens zu bleiben, daß München dafür bekannt sei und daß ich gegenwärtig auch gar kein anderes Interesse hätte als die Zukunft. Der Herr Graf sagte, daß ihm meine Art zu denken gefiele, und da ich nicht für gegenwärtig wolle engagiert sein, auch für meine Rollen zu spielen nichts haben wollte, so sollte ich drei Rollen spielen. Nun wurden Komödienzettel geholt und Stükke ausgesucht. Endlich, nach vielem Hinundwiederdenken, wurde bestimmt: zum ersten die Gräfin Orsina in »Emilia Galotti«*, als zweite Rolle Minna von Barnhelm*, als dritte, mehr durch den Herrn Grafen wie durch mich, die Juliane von Lindorak*.

Ich war und konnte nicht anders, als mit der Aufnahme des Herrn Grafen zufrieden sein. Meiner Schuldigkeit gemäß wollte ich nun auch den Damen vom Theater meine Besuche abstatten. Einige waren artig, andern war's aber nicht gelegen, mich vor sich kommen zu lassen. Nicht so Madame Urban*. Sie war so ganz gerade wie die Menschen, wenn ich Liebe und Freundschaft für sie fühlen soll, sein müssen. Ich übergehe vieles mit Stillschweigen; nur daß man sogar Schwierigkeiten machte und kein Kleid für mich in der Garderobe wäre, denn die Damen trügen meist ihre eigenen Kleider. Ich hätte mich nicht unterstanden, von meinen paar Kleiderchens welche mitzunehmen. Und zudem wußte ich ja nicht, ob ich zum Spielen kommen würde und nicht, in welchen Rollen. Ja, ich hatte nicht einmal mein Negligé, das ich zur Minna pflegte anzuziehen, bei mir, weil ich auf diese Rolle nicht gerechnet. Eine Freundin, die ich in Augsburg kennengelernt, wollte mich aus der Verlegenheit bringen und mir einen Morgenanzug von ihrer Herrschaft verschaffen. Kurz, der Herr Graf mußte mit Ernst befehlen, und nun führte mich der Schneider nach der Garderobe. Hier war gewiß kein Mangel, ein Kleid schöner und prächtiger als das andere. Die Wahl fiel schwer. Der Schneider: »Sie können aussuchen; sie gehören dem Grafen.« Ich: »Und doch sagte man mir, es wäre kein Kleid für mich da.« Der Schneider: »Oh, was sagen die nicht!« Ich suchte also drei Kleider, zwei reiche und ein ganz einfach taftenes zur Juliane. Der Schneider: »Das zieht nur Madame M. an.« Ich: »Oh, das muß mir passen wie auf meinen Leib gemacht.« Ach, und das war freilich auch mit ein unverzeihliches Verbrechen, daß das Kleid mir auf den Leib passen mußte.

Endlich und endlich nach so vielen Schwierigkeiten, bei denen sich der Herr Graf nicht wenig geärgert, hieß es: Juliane von Lindorak. Ich sagte: »Herr Graf, das ist nicht die Abrede.« Warum ich die Juliane nicht als die erste Rolle spielen wollte? Alle die Frauenzimmer, die in München waren, das wußte ich, waren zum Teil schön, ja, auch die nicht schönen doch hübscher und jünger wie ich. Aber nach der Rolle der Orsina konnte ich Minna und Juliane in München machen, das wußte ich. Und da bei dem Grafen auch die Wände Ohren hatten, so hatte man erfahren, wie ich mich gegen die Juliane als erste Rolle gesperrt, und darum mußte die zuerst gegeben werden.

Ich spielte, und an der Stille, wenn ich sprach, und an dem lauten Beifall, den ich hatte, wenn ich abging, merkte man nicht, daß ich mißfallen, auch nicht an den Tränen, die ich mancher Dame in den Logen und im Parterre durch mein Spiel entlockte. Ich habe gespielt und würde noch besser gespielt haben, wenn mein Hals ganz gesund und ich nicht etwas heiser gewesen wäre, so daß ich nicht alle Töne so in meiner Macht hatte wie dann, wenn ich ganz wohl war. Mit Madame Urban wollte ich nach Hause fahren. Im Weggehen begegnete mir bei dem Logengang ein Kavalier. Dieser sagte: »Ha! Madame Kummerfeld! Brav; recht brav! Wir sehen Sie doch noch öfter spielen?« »Ich hoffe es.« »Wie gesagt, wir waren alle recht sehr zufrieden. Gute Nacht!« Und damit war derselbe fort. Madame Urban: »Nun gratuliere ich Ihnen. Nun haben Sie gewonnen an Spiel. Das war der Prinz R. R.« Ich: »Der Prinz?! Ich wußte es nicht.« Madame Urban: »Ja, auf den kommt viel an. Hätten Sie ihm *nicht* gefallen, so hätte er kein Wort zu Ihnen gesagt, wäre stillschweigend an Ihnen vorbeigegangen.«

Dreimal hatte man »Minna von Barnhelm« abgesetzt – sie wurde nicht gegeben. So lange haben sie gearbeitet, bis sie endlich durchgedrungen, daß ich nicht wieder zum Spielen kam. Und die Ursache wurde auf eben *den* Prinzen geschoben; *diesem* hätte ich mißfallen. Ich wollte dem Herrn Grafen meinen zweiten und letzten Besuch machen, aber ich kam nicht vor. Aber seine Schwester hatte ich durch Madame Urban die Ehre zu sprechen. Eine vortreffliche Dame. Ich leugne nicht, daß ich weinte über die Bosheit der Menschen. Die Gräfin von Seeau sagte zu mir: »Sie haben gefallen, das weiß ich. Denn hätten Sie nicht gefallen, so hätten sie es Ihnen gemacht, wie der –«, sie nannte mir eine Schauspielerin, deren Namen ich vergessen. »Die mußte mein Bruder öfter spielen lassen, damit sie sie auslachen konnten.«

Was haben sie nun alle davon gehabt? Ich blieb ja nicht und wollte nicht bleiben. Ich hätte sie alle ausstechen wollen? Wie lächerlich! Wann kam je so ein Gedanke in meinen Sinn? Hatten sie nicht alle ihre Verdienste? Konnte ich sie um ihr festes Engagement bringen? Hatten sie nicht alle ihr Brot? Oh, die Gräfin hatte recht. Sie sagte: »Nein, Madame, es ist gut, daß Sie nicht mehr unter diesen Leuten spielen; sie wären imstande gewesen, es anzustellen, daß man Sie auspfiff oder so etwas, und wer weiß, was mein Bruder gemerkt hat und Sie eben deswegen nicht mehr spielen lassen will und Ihnen sein Wort nicht hält.«

In München machten sie es zu plump, und ich will wünschen, daß sie da alle leben und sterben, damit ihnen nicht anderwärts mit dem Maß gemessen werde, womit sie andere messen.

Ich bekam Briefe mit einem Kontrakt für das neue Theater in Innsbruck auf ein Jahr mit 12 Kaisergulden die Woche Gage auf die Stelle der ersten Rollen. Ich ließ es mir in München noch recht wohl gefallen, war in Gesellschaft und auf einem Ball und Souper, sah Schloß und Bildergalerie, die reiche Kapelle, die Kirchen usw. Kurz, für Geld und gute Worte kam man überall hin. Denn trotz der 88 Gulden, die ich in Augsburg bei der Seippschen Direktion verloren, ohne die letzten Wochen die ich nicht mitgespielt, stand sich meine Kasse doch nicht schlimm. Ich lebte und wohnte in Innsbruck wie in Augsburg für ein Spottgeld, war keinem Menschen mehr was schuldig. Ich konnte also mit Recht zu mir sagen: »Den Rock, das Hemd, das du trägst, hast du dir nach deines Mannes Tode selbst verdient. Gott sei Dank! Niemand was schuldig!«

Den 28. Februar reiste ich von München weg und kam den Abend in Augsburg wieder an. Die ganze Gesellschaft war fort bis auf Madame Paartl und Herrn Betge*, die mit nach Innsbruck gingen. Ich war in Augsburg einmal in Gesellschaft, und da sagte ich, mir wär's unbegreiflich, warum, nachdem wir bei Herrn Seipp so viele Stücke gegeben, die doch so sehr, so allgemein gefallen, doch keine Leute gekommen sind. »Ja, das wollen wir Ihnen sagen. Hier in Augsburg ist man gewohnt, daß der Prinzipal oder die Prinzipalin selbst die Komödienzettel in die Häuser der Vornehmen bringen und solche invitieren. Aber Madame und Herr Seipp ließen sich nirgends sehen, und da hielt man sie für stolz. Alle Prinzipale und Prinzipalinnen, die sonst hier waren, haben das getan.« »O schade, daß ich das nicht gewußt habe. Die gute Seipp war zu sehr Hausmutter, konnte nicht von ihren kleinen Kindern, und er konnte das gar nicht. Aber hätte ich das nur vor sechs oder sieben Monaten gewußt. Zettel hätte ich nicht gebracht, aber weiß Gott, um das Ganze zu erhalten, hätte ich mich in einen Wagen gesetzt, wäre herumgefahren und hätte invitiert in die Komödie. Das hätte mir viel Freude machen sollen. Wer hätte das denken können? Das war die Ursache, daß die Gesellschaft mußte auseinandergehen.«

Den 27. März 1781 reisten wir fort nach Innsbruck. Neue Leute waren in Augsburg zu uns gekommen, so Herr Krenzin*. Wir kamen alle gesund und wohl den 29. März an. Die Herrschaften hatten das Schauspielhaus sehr verschönern lassen. Wir waren 17 Personen stark mit dem Ballett, und die Gesellschaft war an guten Schauspielern reicher als das Jahr vorher. Auch die Garderobe war gewiß recht hübsch, so konnte jedes Stück gemacht werden. Man war auch mit allem zufrieden, nur ein Liebhaber fehlte noch. Herr von Wibmer*, der mit der Direktion des Theaters in Kompagnie getreten, entschloß sich also, selbst mitzuspielen. Er war ein schöner Mann von Bildung und Person und gewiß noch keine 30 Jahre alt, ein Mann von vielen Talenten, der viele große Theater bei seinen Reisen in England und Frankreich, auch in Deutschland, gesehen. Die erste Rolle, die er spielte, war in der »Agnes Bernauerin«* der Herzog Albrecht. Er leistete alles in der Rolle, was man von einem Mann verlangen kann, der zum ersten Male als Schauspieler auftritt. – Auch kann ich nicht umhin, etwas von Herrn Krenzin zu sagen, und dieses ist: Er war Schauspieler. Er spielte mit so vieler Feinheit und Einsicht, arbeitete manche Rolle so aus, wie ich sie nie besser spielen sah. Unvergeßlich wird mir sein Orest* bleiben. Nie sah ich den Mann Leidenschaften in Fetzen zerreißen; stets blieb er der Natur getreu.

Wie hätten wir vergnügt sein können, wenn nur der böse Neid und die Zwietracht nicht gewesen wären! O Theater, Schauspieler und Neid! Warum kann keins ohne letzteren sein? Wenn in einem jeden Stand die Kollegen sich so untereinander verfolgen sollten wie die Schauspieler, welcher würde bestehen? Herr von Wibmer war im Wege; andere wollten herrschen und dirigieren, damit sie Rollen spielen konnten, welche sie wollten. Wibmer war ein Mann von Ehre und ohne Parteilichkeit; er wurde mißhandelt auf die unverantwortlichste Weise. Man machte, daß er für immer abreiste. Ungerechtigkeiten sind wir in unseren jetzigen traurigen Zeiten mehr zu hören gewohnt. Aber damals war noch keine Revolution in Frankreich, folglich waren diese ungewohnter. An die Stelle von Herrn von Wibmer kam Herr von Very*. Aber nun ging der Spektakel erst recht an. Den Mann hatte der Zorn des Himmels zum Direkteur einer Schauspielergesellschaft gemacht. Wenige Wochen war er da, und man konnte sicher rechnen, daß des Freitags Händel sein würden, denn es war der Gagetag, und keiner wollte oder konnte ihm eine Woche borgen. Nun dankte er die Gesellschaft auf ein paar Stunden ab. Die hatten dann zu laufen, bis er Anstalt machte und auszahlte. Herr B. blieb dabei, er gehe mit keinem Fuß mehr aufs Theater, wenn er nicht noch heute vor der Komödie seine Gage hätte. Wir waren den Abend alle auf dem Theater, und der Herr B. fehlte. Es hieß, er käme nicht, denn er hätte noch nicht seine Gage bekommen. Ich kannte ihn zu gut von jeher, daß er in dergleichen Punkten Wort hielt. Die höchste Zeit war's; denn alle waren fast angekleidet. Ich schrieb mit Bleistift auf einen leeren Stecknadelbrief Herrn von Very etliche Zeilen, warum er dem Herrn B. nicht seine Gage bezahle. Da antwortete mir Herr von Very: »Ich danke Ihnen, liebste Freundin, daß Sie mich daran erinnert. Ich hatte es vergessen.« Immer hatte es der Mann vergessen. Das war und blieb seine Entschuldigung.

Das Haus war den Abend voll, auch waren fremde Herrschaften aus Wien da. Ein volles Haus und der Gedanke: »Hast heute wieder eine gute Tat getan«, machte mich so recht zum Spielen aufgelegt. Ohngeachtet der Verwirrung am Morgen und auch ohne Probe ging das Stück gut. Warum soll ich's nicht sagen, was die Wiener Herrschaften von mir gesprochen? »Warum geht die Frau nicht nach Wien?« Der erste Präsident, Herr Graf von Heister, antwortete: »Ja, aber wir wollen hier auch was Gutes haben.«

Es kamen gute Einnahmen, auch ging es ziemlich ruhig bis auf den nächsten Freitag. Da sagte Herr von Very wieder, er könnte keine Gage geben. Er mußte nun eine Niederschrift machen, wieviel und was er allen schuldig, und der vom Adel eingesetzte Verwalter des Theaters schickte jedem, was er zu fordern hatte. Herrn von Very wurde nun die ganze Direktion genommen. Er ging von Innsbruck weg, Gott weiß, wo der Mann hingekommen. Möchte er der letzte gewesen sein, der eine Schauspieldirektion übernommen, ohne solche zu verstehen! Die Schauspielergesellschaft wurde nun noch bis an den Aschermittwoch behalten. Jeder sollte bis dahin seine Gage haben, wofür er engagiert war. Aber wer seine Schuldigkeit nicht tat oder Händel und Zänkereien anfing, sollte entlassen werden.

Gewünscht hätte ich, daß der Adel wieder selbst ein Theater errichtete. Aber bei so vielen Unruhen?! Und doch war es nicht leicht möglich nach der damaligen Einrichtung, daß ein fremder Direkteur ohne Schaden bestehen konnte. Das Logengeld war zu gering. Immer kostete es dem Adel sehr viel, aber der Direkteur hatte doch davon keinen Nutzen. Der Hof gab 800 Gulden. Jede adlige Familie vom ersten Rang hatte ihre eigene Loge und einen Sitz im Parterre, der aber fest angeschlossen war. Die Person zahlte im ersten Rang 21 Kreuzer, sie waren nicht abonniert; folglich zahlten sie nur, wenn sie kamen. Zwei Regimenter lagen da, alle Herren Offiziere waren abonniert, sie mochten kommen oder nicht. Wieviel das eintrug, weiß ich nicht mehr. Der zweite Platz kostete für die Person die Hälfte des ersten und die Galerie die Person zwei Kreuzer. Jede adlige Familie zahlte ansehnliche Summen für ihre Loge, gab auch die Beleuchtung mit Wachslichtern in derselben. Diese Summe aber fiel in die Theaterkasse. Von dem Geld wurde das Schauspielhaus unterhalten, Dekorationen gemacht, auch Kleider usw.

Ich leugne es nicht, hätte ich stille, friedfertige Schauspieler gefunden, ich hätte die Direktion in der Fasten übernommen. Vielleicht, bei einer vernünftigen Sparsamkeit und Einrichtung, wär's gegangen. Mich frug einmal bei Gelegenheit der Herr Graf von Heister, ob ich die Gesellschaft übernehmen wollte. »Ja, Herr Graf! Aber ich kann rechnen.« »So«, sagte er und lächelte.

Welch' Vergnügen wäre es mir gewesen! Wie würde ich gearbeitet, gesorgt und gewacht haben, um einem Häuflein guter

Menschen ein ruhiges Brot zu geben! Wir hätten es alle in Innsbruck finden können.

Wir spielten nun in Innsbruck ruhig und friedlich fort. Bis zum 12. Februar. Wir haben in der Zeit gespielt 172mal; gegeben sind worden 16 Trauerspiele, 81 Dramen und Lustspiele, 32 Nachspiele. Ich habe mitgespielt 123mal ohne die Ballette, bei denen, wenn eine in Wochen lag, ich eintrat, oder indem ich bei einem großen, festlichen Ballett, wo es mehr auf Pantomime als auf Tanzen ankam, eine pantomimische Partie übernahm. Rollen habe ich geliefert 84, darunter waren 56 ganz neue. Ich glaube, daß das alles Mögliche ist, was man leisten und liefern kann, wenn man will.

Gleich zu Anfang des Jahres 1782 kam Herr Borchers* und suchte Schauspieler nach Linz. Er hatte Order von dem Herrn Grafen von Rosenberg, der eine neue Gesellschaft einrichten wollte, von der Herr Borchers Direkteur wurde. Ich schloß mit ihm einen Kontrakt auf ein Jahr.

Ich hatte das Gefühl, so manche gute, vortreffliche Menschen in Innsbruck kennenzulernen; man machte mir so manchen vergnügten Tag; man begegnete mir mit so viel ausgezeichneter Ehre: Unvergeßlich wird mir der letzte Maskenball sein. Der Herr Graf von Heister sagte: »Da ist unsere liebe Kummerfeld! Wir sehen sie heute zum letzten Male hier, und da müssen wir auch noch alle mit ihr tanzen.« Und das geschah; ich tanzte fort fast bis zum Morgen.

Nie werde ich Innsbruck wiedersehen. Aber wie oft war schon meine ganze Seele da! Nie habe ich gelernt, bei der glücklichen Bekanntschaft mit neueren Freunden die alten zu vergessen. Mein Herz ist groß, es hat Raum für viele, kann viele in sich schließen. Dann die schönen Gegenden! Die mit Schnee bedeckten, ehrwürdigen Gebirge, die mit Blumen bedeckten Wiesen an dem Innstrom! Wenn ich des Morgens vor Sonnenaufgang so ganz allein die steilsten Berge erkletterte, ein Plätzchen fand und zu mir sagte: »Ach, wie ist es hier schön«, an meinen Bruder, an alle meine Freunde dachte! Oh, daß ihr alle in dem Augenblick um mich her versammelt wäret, mit mir sehen, mit mir fühlen, mit mir euch freuen könntet! Da fiel manche sanfte Träne, da schnitzte ich wenigstens eure Namen in die Bäume, küßte sie und glaubte euch bei mir.

Den 15. Februar reisten wir fort. Es war eine fürchterliche Reise, doch hatten wir kein Unglück. Überhaupt weiß ich nicht und kann auch Gott nicht genug dafür danken, wie er mich immer auf so vielen gefahrvollen Reisen so gnädiglich beschützt.

XXVII.

Linz, Frankfurt a. M., Bonn 1782/1783

Ein kalter Angstschweiß konnte mir auf die Stirn kommen, wenn ich dachte: »Mußt du mit einer komischen alten Mutterrolle anfangen, so bist du verloren.«

Den 20. Februar 1782 kamen wir in Linz an. Die Gesellschaft wurde 22 Personen stark. Herr Borchers gab sich sehr viele Mühe, daß mit der Zeit ein gutes Ganzes daraus werden möchte. Wie sehr wünschte ich es mir. Eine Schauspielerin und Figurantin war ihrer Entbindung nahe, und eine Tänzerin war noch nicht eingetreten. Ich wurde von dem Ballettmeister Herrn Simoni ersucht, mitzufigurieren, denn man sagte, es wären nur vier Frauenzimmer, die fünfte nur ein kleines Kind, das nicht gerechnet werden könnte. Was tat ich nicht von jeher fürs Ganze! Weder zum Tanzen noch zum Figurieren kam mir in den Sinn, mich zu engagieren. Ich sagte also nur aus Gefälligkeit ja.

Wir kamen zur Tanzprobe, und das ganz kleine Kind war ein Mädchen von 10 bis 11 Jahren, das sehr gut figurierte und schon kleine Solos tanzte. Das hätte ich wissen sollen. Im zweiten Ballett hatte eine Tänzerin frei, im dritten blieb eine andere weg. Ich sollte wieder figurieren und war nicht dafür engagiert. So werden der gute Wille und die Höflichkeit mißbraucht. Ich war keine Tänzerin mehr, würde ohne Widerrede in großen Balletten mitfiguriert haben, aber foppen ließ ich mich nicht. Und zudem litt meine Brust zu stark, weil ich nicht selten Blut auswarf. Ich mußte mich in acht nehmen. Ich ersuchte also mit aller Höflichkeit die Herren Ballettmeister, einige Ballette zu machen, wo ich frei wäre; denn wenn erst die Komödie anfangen würde, würde ich nach einer großen Rolle gar nicht tanzen.

Solch einen Wirrwarr wie auf dem Linzer Theater konnte man sich gar nicht denken. Da war's in Innsbruck goldene Zeit. Es müssen vorher schreckliche Menschen und zum Teil wahres Gesindel darunter gewesen sein. Das sah man an der Respektlosigkeit der Theaterleute und Statisten. Wenn Herr

Borchers mit dem Herrn Grafen von Stücken sprach, die gegeben werden sollten, stellte sich der alte Theatermeister zu ihnen hin mit der Mütze auf dem Kopf und sagte: »Na schauen's. Dös missen's nit geben. Dös bringt ka Göld ein.« Er nannte Stücke. Die Statisten tranken in unserer Garderobe Bier und spaßten ziemlich laut untereinander. Wer an nichts teilnahm, galt als stolz. Nie habe ich gedacht, daß Schauspieler so gemein sein könnten. Nicht alle waren so; saßen an ihren Tischen so still wie ich. Herr Borchers und ich sahen uns nur zuweilen an und hatten wohl einerlei Gedanken.

Was für einen Ekel bekam ich nun noch mehr und mehr vor dem Theaterleben! Wie konnte mich der Beifall freuen, den ich hatte? Denn ohne Eigenliebe, in meiner Kunst war ich als Kummerfeld mehr, als da ich noch Schulzen war. Man sagte zu Herrn Borchers: »Wie hat die Kummerfeld schön gespielt!« »Schön?! So habe ich nie spielen sehen. So hat vor ihr hier gewiß noch keine Schauspielerin gespielt, und so wird nach ihr keine hier wieder spielen.«

Im »Französischen Hausvater«* spielte ich die Cecilie. Herr Borchers sah mich an und sagte: »Kummerfeld, was machen Sie aus der Rolle! Sie haben solche zu einer Debütrolle gemacht und können mit solcher auf dem größten Theater debütieren.« »Minna von Barnhelm« war ein altes Stück; ich machte es zu einem neuen. Denn laut wurde gesagt: »Heute sahen wir das Stück zum ersten Male.«

Und nie hatte ich mit Herrn Borchers nur ein Mißverständnis noch viel weniger einen Streit. Um ihm keinen Verdruß zu machen, nahm ich manche Rolle, die schlechter war als die, die ich bereits in Innsbruck in eben und demselben Stück gespielt, wenn er sagte: »Die und die will die Rolle machen. Ich gäbe sie lieber Ihnen.« Das sagte ich: »Geben Sie sie ihr!« Dann machte sich auch wohl Herr Borchers in dem Stück frei oder nahm eine Nebenrolle.

Meine Maladie und dabei ein anhaltender Blutauswurf matteten mich sehr ab. So krank ich mich oft fühlte, spielte ich doch. Es war kurz vor Michaeli. Ich freute mich, daß ich in den fünf Tagen nichts zu tun haben würde, als der Herr Graf von Rosenberg einen Bedienten schickte. Der Bediente, da er in die Stube trat und mich sah, erschrak und sagte, ohne mir vorher seinen Auftrag zu sagen: »Ach, Herr Jesus! Madame, wie sehen Sie aus!« »Ich bin die letzte Nacht sehr krank gewesen, bin es noch. Wird wohl bis zum Dienstag besser werden. Was will Er?« Der Bediente: »Der Herr Graf von Rosenberg schickt mich. Er läßt Ihnen seine Empfehlung machen, und Sie möchten doch so gut sein und zur Tanzprobe kommen. Sollen mittanzen in einem neuen großen Ballett.« Ich: »Mein liebes Kind, sage Er dem Herrn Grafen, was Er gesagt, wie Er jetzt zu mir in die Stube trat: ›Herr Jesus, Madame, wie sehen Sie aus!‹ Dies sei Zeuge, daß ich weder zur Tanzprobe gehen noch mittanzen kann.«

Dies, oder weil es die Umstände nicht anders mit sich brachten, veranlaßte den Herrn Grafen, mir gleich nach Michaeli sagen zu lassen, daß die Unternehmer des Theaters darauf sehen müßten, Schauspieler und Schauspielerinnen zu haben, die zugleich mittanzten. Wollte ich mich dazu entschließen wie die andern, so wäre es ihnen lieb, wenn ich bliebe; wo nicht, so könnten sie mich nicht länger behalten. Ich wählte das letztere: meinen Abschied auf die Fasten. Meine Gesundheit erlaubte es nicht anders. Und wäre ich auch wirklich noch das Weib gewesen, wie ich das Mädchen vor 15 Jahren war, bei den Tanzproben hätte ich die Schwind- und Gallsucht und alle möglichen Suchten an den Hals bekommen.

Daß man in der Komödie alles leistete und mehr tat, als die Schuldigkeit war, daß man seine eigene Garderobe trug, wovon kein Wort im Kontrakt stand – und es war kein ordentliches Frauenzimmerkleid in der ganzen Garderobe –, das ward für nichts gerechnet. Die Stadt und Gegend gefiel mir, sie sind angenehm; auch hatte ich Bekanntschaft in ein paar Häusern, wo es mir wohl gefiel. Auch war es nicht teuer zu leben, und hätte ich nicht das Unglück gehabt, daß man mir aus meinem verschlossenen Zimmer, ohne das französische Schloß an der Tür zu beschädigen, den 18. April des Abends zwischen sieben und acht Uhr, wie ich die Julia im »Romeo« spielte, zwei Uhren, eine goldene und eine silberne, nebst einer silbernen Tabaksdose gestohlen, so würde ich keinen Schaden gehabt haben. Verschiedene Monate darauf wurde auch Herr Borchers bestohlen. Nun sagte man mir, jetzt glaube man, daß mir meine Uhren und Dose wären gestohlen worden; man hätte gedacht, ich hätte es nur so gesagt, in der Hoffnung, ein Präsent zu bekommen, weil den Abend »Romeo und Julia« war. Auch hätte ich nicht geweint und wäre nicht traurig genug um solchen Verlust gewesen. Die haben mich und meinen Charakter recht gekannt! – Herr Borchers entdeckte seine Diebin, ich aber war nicht so glücklich, meinen Dieb zu entdecken. Er konnte sich aus seinem zertrennten Rock noch einen Frack machen lassen und aus den abgeschnittenen Vorhängen Schnupftücher. Ich aber mußte mir ein neues Petschaft stechen lassen und einen Uhrschlüssel kaufen an meine Uhr, die sie mir ließen, weil ich sie zur Julia bei mir hatte.

Ich blieb lange unschlüssig, was ich tun sollte. Kochs Theater, das mein letztes gewesen war, hatte ich immer vor Augen schweben. Die Ordnung, die Ruhe, der Respekt, die Achtung untereinander, ach, all das Vortreffliche ist mit Koch zu Grabe gegangen. Wohl war mein neunjähriger Privatstand zwar mit manchen trüben Wolken vermischt, aber so ein Hottentotten- und Zigeunerleben?! Wenn man sich auch zurückzieht, wenn man sich in acht genommen, mit keinem einen Zank gehabt, wer kann sich so verleugnen, daß er zeitlebens blind, taub, stumm und unempfindlich bleiben soll?! Und das muß jetzt der Gutdenkende bei dem Theaterleben sein, wenn er Ruhe haben will. Schade um noch manchen guten, gesitteten Menschen, den sein Schicksal zwingt, dabei zu bleiben. Ich entschloß mich, ganz davon abzugehen, noch eher, als ich es im Sinn gehabt hatte.

In Hamburg hatte ich damals, 1777, an meine vertrautesten Freunde geschrieben: »Wenn es Gottes Wille ist, länger als zehn Jahre bleibe ich nicht auf dem Theater. So lange wünschte ich, bei solchem zu arbeiten, mir eine kleine Summe Geldes zu ersparen und mich dann zur Ruhe zu setzen; freilich nicht, um von meinen Interessen leben zu können, dazu gehört viel, nein, auch zu erwerben im Privatstand mit Handarbeit. Wenn ich nur soviel gewiß habe an Einkünften, daß ich nicht für Miete, Feuerung und Wäscherlohn sorgen muß. Soviel ich zu meiner Lebensnahrung brauche, verdiene ich gewiß mit meinen Händen.«

Nach Frankfurt am Main hatte ich mein Augenmerk gerichtet, weil mein Bruder dort als Tanzmeister sein gutes Auskommen hatte und bald drei Jahre da war. Ich hoffte auf Vermittlung seiner Freunde, die ihn so rechtschaffen unterstützten. Mein Bruder schrieb mir, ich sollte kommen. Mit frohem Herzen nahm ich Abschied. Herr Borchers allein ging mir nahe. Er sagte, als ich zu ihm hinkam, indem er von meinen Rollen eine nach der andern in die Hände nahm: »Wem werde ich nun, wenn Sie weg sind, meine Weiber geben?«

Den 4. März 1783 spielte ich das letzte Mal. 200mal ist in dem Jahr gespielt worden. 120mal habe ich mitgespielt, ohne die Ballette. Ich hatte 63 Rollen und neu einstudiert 39. Ich glaube, ich bin auch in Linz fleißig gewesen. Den 25. März reiste ich von Linz ab und kam den 2. April in Frankfurt gesund und wohl an.

Mein Lieblingsprojekt, ganz ein ruhiges Leben fern vom Theater zu führen, scheiterte in Sturm, Donner und Hagelwetter auf die allerschmerzlichste Art im Hause meines Bruders durch meine Schwägerin. Doch darüber breite ich Stillschweigen. Ich mußte wieder aufs Theater.

Ich war in einer Lage, daß ich mich in die Hölle, und wenn ein Teufel Direkteur gewesen wäre, engagiert hätte; so hätte ich doch nur mit einem zu tun gehabt; denn jetzt hatte ich hundert Teufel in einer einzigen Gestalt vor mir. In der Situation, in prima furia, wie man zu sagen pflegt, schrieb ich an Herrn Direkteur Großmann*. Zu ihm hatte ich zwar kein Vertrauen, aber er unterhielt zwei Theater, eins in Frankfurt und Mainz, das andere in Bonn. Herr Großmann antwortete mir, er würde bald selbst nach Frankfurt kommen, und wenn ich's wagen wollte, eine Rolle zu spielen, dann ließe sich das weitere verabreden. Er kam und ich besuchte ihn. Ich sollte *eine* Rolle spielen, und die sollte entscheiden, ob ich als Kummerfeld nicht vergessen, was die Schulze gewußt.

Den 16. August 1783 wurde »Jeanette«* gegeben. Wenn ich eine Beschreibung machen wollte von dem, was ich den Tag zuvor erleben mußte, welch eine Nacht das gewesen, mein ärgster Feind würde zu mir gesagt haben: »Kummerfeld, spielt nicht, laßt Euch krank melden und legt Euch zu Bette!« Neues Theater, neues Publikum, neue Gesellschaft, wo ich noch mit keinem einzigen gespielt, in fünf Monaten kein Theater betreten, und das zerrissene blutende Herz, das in mir lag! Rotverweinte Augen; ich, die schuld an dem Kind meines Bruders wäre, daß es so krank sei. Da man mich bei der Probe frug, was mir wäre. Und ich spielte. Spielte mit Beifall. Denn sonst hätte mir Herr Großmann nicht nach der einen Rolle Engagement und zehn Taler Gage die Woche bewilligt. Mich dünkt, das ist Beweis genug, daß ich wieder Schauspielerin geworden, meine Kunst in den neun Jahren nicht vergessen und mit dem Neueren auch fortgeschritten war.

Engagiert war ich für Bonn, nicht für Frankfurt. Wenn wir reisten, sollte meine Gage erst angehen. Ich war's zufrieden. Wenn es aber möglich wäre, wollte ich schon jetzt mitspielen, um in der Übung zu bleiben und wollte nichts dafür haben. Ich sprach mit Herrn Großmann davon, und unter anderem sagte ich auch: »Sie haben meist lauter junge schöne Frauenzimmer, ich verlange keine jugendlichen Rollen. Lassen Sie mich nur anfänglich Rollen spielen, die sich für mein Aussehen und meine Figur schicken. Nur nicht gleich im Anfang komische Mütter! Nie habe ich noch in dem Fach gespielt. Ich muß jetzt nachgerade hinein; ich wünsche es selbst, mich nach und nach hineinzuarbeiten. Aber nur wünschte ich's dann erst, wenn ich einige andere Rollen gemacht, wodurch ich mir den Beifall des Publikums erworben. Mißlingt mir dann auch anfänglich so eine komische Alte, nun, so übersieht man es mir eher, wenn man weiß, ich habe vorher Rollen gespielt, in denen ich gefallen.«

Wir reisten den 12. Oktober 1783 alle ab und kamen den 15. in Bonn an. Herr Großmann war bei der Frankfurter und Mainzer Gesellschaft geblieben. Madame Großmann aber mit ihren Kindern war bei uns in Bonn. Ich mietete mir ein kleines Quartier, das wohlfeilste, das beste. Denn 100 Gulden hatte mich meine Reise von Linz gekostet, 31 Wochen hatte ich keinen Heller eingenommen, in Frankfurt viele Ausgaben gehabt, also mußte ich sparen.

Es dauerte lange, bis wir zum Spielen kamen. Ein kalter Angstschweiß konnte mir auf die Stirn kommen, wenn ich dachte: »Mußt du mit einer komischen alten Mutterrolle anfangen, so bist du verloren.« Ich hatte so ein paar Geschöpfe zum Studieren. Madame Paartl schwebte mir vor Augen, deren

Körperbau und Natur, das Natürliche ihres Spiels solcher Art Rollen entgegenkam, bei mir dagegen war alles Zwang und Mißtrauen gegen mich selbst. Nun wurde gewählt, und was? »Doktor Guldenschmidt«!* Das war ein Stück, womit sich eine neue Gesellschaft empfehlen sollte bei einem Publikum, das »Hamlet«, »Otto von Wittelsbach«* und »Fiesco« gewohnt war zu sehen. Meine Rolle war die Frau von Schernburg; ich lernte diese Art Rollen nie spielen. Wenn ich noch hätte wegstreichen dürfen! Ich hätte gestrichen! Aber das durfte man nicht, weil Seine Kurfürstliche Gnaden alle Stücke in seiner Loge nachlasen. Da mußte man solche bis aufs »und« sagen. Auch das erfuhr ich zum voraus. Nun hieß es recht: »Friß Vogel oder stirb!« An der Rolle fraß ich mir noch nicht ganz den Tod. Es war nur die erste Anzeige von dem langsam tötenden Gift, das man für mich, lebend tot zu sein, zubereitet hatte. Ein junger Mensch, der gereist kam, hatte nicht Lust, sich mit uns zu prostituieren und war fortgereist, ohne Abschied zu nehmen. Er hätte sich doch wenigstens für die Gnade bedanken müssen, daß er zur Gastrolle kommen sollte. Einige nannten den Streich schlecht, ich aber klug, und wäre gern mitgereist.

Herrn Jüttner, einen guten Mann, der vielleicht Rollen gehabt hatte, wo er erträglich hatte sein können, traf das Unglück der Hauptrolle. Der war also zum Doktor Guldenschmidt gemacht worden. Verstand kein Wort Latein! Mich jammerte der Mann, als er mich fragte: »Liebe Madame Kummerfeld, was ist denn *›aequinoctio‹?«* Hätte ich doch mehr Latein verstanden, um es ihm sagen zu können! »Todesangst stehe ich mit der Rolle aus. Ich habe in meinem ganzen Leben keine solche gespielt.« »Ich auch nicht, lieber Herr Jüttner! Trösten Sie sich mit mir.«

Über des Doktors Angst vergaß ich meine eigene der Rolle wegen und war, wenn ich mit ihm spielte, mehr die teilnehmende Kummerfeld wie eine Frau von Schernburg. Und leider hatte ich mit ihm die meisten Auftritte. Vom deutschen Teil der Rolle verkehrte er das Hinterste nach vorn, wie sträflich muß es erst mit dem Latein ausgesehen haben für die, die es verstehen konnten! Weinen hätte ich können; denn wenn so ein lateinischer Brocken kam, drückte er mir allemal krampfhaft die Hände, daß ich laut hätte schreien mögen: »Ach ja, ich weiß es ja, armer Herr Jüttner! Aber ich verstehe ja selbst kein Wort davon.« »Ach, wäre alles nur *aequinoctium*!« Das sagte er allein mit ganzer Zuversicht. Nein, so lange ich lebe, vergesse ich dies erste Stück von Hofschauspielern nicht.

Das zweite Stück, mit dem wir uns zu skandalisieren hatten, war »Der verschriebene Bräutigam«*. Ich als Madame Hertha, kam dabei vom Regen in die Traufe. Ich war mir selbst zum Ekel und unausstehlich. Was muß ich nicht erst den Zuschauern gewesen sein. Vorher wurde die Oper gegeben »Die Reue vor der Tat«*, die nicht gefiel. Hätte ich's doch dem ganzen Publikum inspirieren können, daß ich auch Reue vor der Tat fühlte. Wahrlich, sie hätten mich der harten Geburt entlassen, eine Frau Hertha zu gebären. Mit der dritten Rolle konnte ich wohl nicht ersetzen, was ich mit den zwei ersten hatte verlieren müssen: es war in der »Schönen Rosette«* die Madame Freymuth.

Nun hatte ich zehn Tage Ruhe, wieder zu mir selbst zu kommen. – Pflicht und Schuldigkeit ist es von jeder Direktion, wenn der Schauspieler Gast- oder Debütrollen spielt, ihm die zu geben, die er verlangt. Will man das nicht, gut, man lasse ihn, wo er ist, oder erlaube ihm nicht zu spielen und sage: »Es ist bei unserm Theater nicht der Brauch, Gastrollen spielen zu lassen.« So blamieren sich wenigstens nicht die Direktion und die Schauspieler, die bei solcher Direktion sind. Seit manchen Jahren hatte Herr Großmann das vortreffliche Engagement in Bonn, hatte in den Jahren gute, verdienstvolle und brave Schauspieler, die alle Stücke, auch die schwersten, mit Ehre vorstellen konnten. Nun wurden wir hingeschleppt wie zur Marterbank. Die alten, guten Leute mußten Rollen spielen, wo sie sich selbst untereinander bei Proben und vor der Komödie und während der Komödie auslachten. Diesen allen tat es keinen Schaden; denn das Publikum wußte es, sie hatten ihre Fächer, wo sie sich mit jedem messen konnten. Sie hatten sich also gut foppen. Aber die Neuen? Mit vielen Kosten wurden sie verschrieben, ansehnliche Gagen gegeben. – Und nein! Sie sollten nicht gefallen, ebensowenig wie ich, die ich 15 Gulden die Woche hatte.

Ich hatte 12 Rollen und 13mal mitgespielt, nebst ein paar Statistenauftritten; dies alles kostete den Herrn Kurfürsten 315

Gulden. Ich konnte nichts dafür, daß ich so das Geld aus der Schatulle mußte mitstehlen helfen. Hätte mich der gute Herr gekannt, er hätte mir meiner Geduld wegen noch 315 Gulden dazu geschenkt. So aber schätzte er mich nur nach den Rollen und dem Wert, nach denen er mich kennenlernen sollte und mußte.

Die zwölfte und beste unter all dem Schofel und Auswurf von Rollen, die ich hatte, war in der »Juliane von Lindorak« die Marianne. Was man aus der Rolle machen konnte, machte ich. Der Beifall des Kurfürsten und des ganzen Publikums bewies es. Keiner erlangte den Abend ein so allgemeines Applaudissement wie ich. Und solchen Beifall von einem Publikum, dem mich die Großmannsche Direktion zum Ekel und Abscheu gemacht haben mußte. Das beweist, daß ich trotz der niederträchtigen Großmannschen Behandlung Schauspielerin war.

Nun hieß es also, ich hätte nicht gefallen. Die Worte des Herrn Schröder mußte ich in Bonn zum ersten Male wieder hören, die er mir in Hamburg geschrieben hatte, ich wäre nicht in den neun Jahren, die ich von dem Theater fort gewesen, mit demselben fortgeschritten –, und hören von so einem Männlein wie Großmann, nachdem ich schon wieder über sechs Jahre dabei war. So kann man durch ein Wort dem Menschen nach vielen Jahren Schmähung antun, wenn ein Großmann in der Welt ist, der Gebrauch davon macht.

XXVIII.

Eisenach, Erfurt, Weimar 1784/1785

Der Winter wird in Weimar zugebracht.

Nach meiner Entlassung schrieb ich an meine Freunde den neuen Unfall, der mir zugestoßen, gewiß wieder ohne mein Verschulden. Unter diesen war auch Freund Gotter*, dem ich's nach Gotha schrieb. Er, der mich kannte mit und ohne meine Fehler, schrieb mir von Herrn Bellomo*, der mit seiner Gesellschaft in Gotha jetzt auf dem Rathaus spielte und der den Sommer sich in Eisenach und Erfurt aufhalten würde. Der Winter aber würde in Weimar zugebracht. Wollte mir bei ihm Engagement anraten und verschaffen. Nie hatte ich in meinem Leben von einem Herrn Bellomo gehört. Aber die Worte »der Winter wird in Weimar zugebracht«, brachten in mir eine Art von guter Vorahnung hervor in demselben Grade, wie die schreckliche war, da ich die Spitzen von Hamburgs Türmen sah. Ich schrieb Freund Gotter »Ja« und meine Bedingung: hauptsächlich dem Fach der ersten, ernsthaften Mütter mich zu widmen. Wäre dieses Vorgefühl bei dem Satz »der Winter wird in Weimar zugebracht« nicht gewesen, nie hätte ich mich für die jämmerliche Gage, fünf Taler die Woche, engagiert. Daß ich meine 315 Gulden, die ich in Bonn eingenommen, nicht verzehrt, kann man denken. Geld hatte ich und war gesonnen, eine Reise in die Welt zu machen, hatte auch schon meine Orte, die ich besuchen wollte, im Sinn. Aber nun? Nach Weimar! Ja, nach Weimar!

Den 18. Mai 1784 reiste ich von Bonn ab und kam den 26. in Eisenach an. Wie ich durch Frankfurt reiste, ging ich, weil ich mich der Post wegen einige Tage dort aufhalten mußte, zum Theater. Wie ich sagte, ich ginge zu Herrn Bellomo, so sagte Herr N. zu mir: »Um Gottes willen, Madame, tun Sie das nicht! Sie verlieren Ihr ganzes Ansehen bei allen Theatern.«

Ein kalter Schauer überfiel mich, und ich mußte mich fassen, um bei dem Donnerwort meine Ehre zu retten. Auch sagte ich keine ganze Lüge: »Der Winter wird in Weimar zugebracht, ich bin bei dem Hof in Weimar engagiert und« – ich stotterte die Worte – »nicht bei Bellomo«. Himmel, dachte ich, was ist das? Man verliert sein ganzes Ansehen und seine Theaterreputation, wenn man sich bei Bellomo engagiert? Alles spekulierte ich denselben Abend noch durch und hielt einen Monolog an die tapezierten Wände meines Zimmers in dem »Wirtshaus zum Schwan«.

Ich war also in Eisenach. Herr Bellomo war just den Tag allein dort der Einrichtung des Schauspielhauses wegen. Die Gesellschaft spielte diese Woche zuletzt in Gotha, dann käme sie auch nach Eisenach, solange der Hof sich dort aufhielte. Wie ich Herrn Bellomo das erste Mal sah, so dachte ich: »Wenn jeder nach seiner Art solch eine Figur spielt wie er, so weiß ich nicht, was Herr N. wollte.«

Die Gesellschaft kam, den 4. Juni wurde zum ersten Male gespielt. Meine erste Rolle war in »Emilia Galotti« die Claudia*. Zum ersten Male spielte ich so eine Art Rolle und war mit meinem Debüt vollkommen zufrieden. Der große Beifall des Publikums, wovon mich noch keiner spielen gesehen, machte mich alle Großmannsche Ungerechtigkeit vergessen. Bestellt konnte ich's auch nicht haben, denn ich hatte nicht die Ehre, einen einzigen zu kennen.

Wenige Reden im dritten Aufzug in der Szene mit Marinelli sagte ich, die nicht auch alle lauten Beifall erhielten. Und was man selten sieht, selbst die Schauspieler standen in den Szenen mit Tränen in den Augen. Falschheit war es nicht, was sie mir sagten. Wir spielten in Eisenach bis zum 6. August.

Nachdem der Hof erst weg war, war die Einnahme sehr wenig. Man wollte es zwingen mit ein paar Balletten. Ich, doch wieder die gutwillige Närrin, tanzte mit und hatte Linz vergessen. – Eisenach gefiel mir sehr wohl. Ich hatte wieder Berge vor mir, die Wartburg, die Hohe Sonne und von da nach dem Wilhelmstal. Oh, was war das für mich für eine Lust! An jedem müßigen Tage machte ich mir's zunutze. Ich war so zufrieden, wie ich's keinen Tag in Bonn gewesen. Und doch! Wären wir nur schon in Weimar!

Wir reisten den 9. August ab, weil es nach Weimar zu gehen noch nicht die bestimmte Zeit war, so blieben wir in Erfurt und gaben den 11. zuerst eine Oper. Auch in Erfurt tanzte ich einmal und hatte das Unglück, daß mir der Schuh platzte. Ich tanzte mit Todesangst und getraute mich nicht mehr, den Fuß mit dem ausgerissenen Schuh hart auf den Boden zu bringen. Herr Bellomo kam, es wäre recht gegangen. »Ja, wenn mein Schuh mir nicht den Streich gespielt.« Er lachte darüber recht herzlich. Ich versicherte ihn aber, mir wär's nicht lächerlich gewesen.

Leider erfuhr ich nicht rechtzeitig, daß das Ballett am übernächsten Tag wiederholt werden sollte. Über den Sonntag bekam ich keine Schuhe gemacht. Anders war's früher, da lagen in meinem Theaterkorb immer ein paar Reserveschuhe. Jetzt hatte ich nur noch zum Tanzen unbrauchbare Schuhe mit hohen Absätzen.

Herrn Bellomo ging es wie dem Geizigen: Geld wollte er einnehmen, aber es sollte ihn nichts kosten. Die Nachtstücke waren seine Lieblingsstücke. Wenn im dritten Aufzuge Nacht wurde, so blieb es Nacht auch noch die zwei letzten. Wären nur Leute genug bei der Gesellschaft gewesen, so hätte ich ihm gerne »Die zwei schlaflosen Nächte« von Gozzi gegeben. Wenn es einem auch eingefallen wäre, Tag zu machen, so war der Kasten mit den Lichtern schon nach Hause geschickt worden. Alle Herren hatten, um sich aus- und anzukleiden, hinter dem Theater ein oder zwei Stumpfen Lichte, die Frauenzimmer oft gar keine. Die sollten von dem Nachtschein des Theaters sehen. So was fordern? Oder gar darum zanken? Bewahre der Himmel! Da brachte ich mir einen Wachsstock mit und brannte diesen.

Der erste Liebhaber, der in der Oper wie in der Komödie spielte, war in Erfurt abgegangen. Nun war Not an allen Enden. Wo einen Liebhaber hernehmen, der sowohl entbehren als haben und nicht haben mußte? Diese drei Eigenschaften mußte der erste Liebhaber haben. Denn entbehren mußte er Vorschuß und Reisegeld und große Gage. Haben mußte er: eine eigene Garderobe, um als erster Liebhaber wenigstens den Rock zu haben; denn in der Garderobe war gar nichts. Nicht haben: ein anderes Engagement, um ja gleich kommen zu können. Welch Glück, diese Eigenschaften hatte alle Herr Kunst*, dem auch von Herrn Großmann aufgesagt worden war und da er ohne Engagement war, mir geschrieben hatte, ob für ihn nicht ein Platz bei dem Bellomoschen Theater sei. Ich sprach mit Herrn

Bellomo und vergaß auch nicht zu sagen, Herr Kunst sei ein ordentlicher, fleißiger Mann, kein Säufer, nicht liederlich, kein Zänker oder Kabalenmacher. So kannte ich ihn und nicht anders in Bonn, und so kam er nach Weimar.

Im ganzen war die Gesellschaft besser wie den Winter vorher. Das sagte jeder. Wie glücklich hatte es Bellomo getroffen. Hätte er nicht die Hoffnung gehabt, nach Weimar kommen zu dürfen, in Erfurt hätte seine Gesellschaft wieder auseinandergehen müssen. Weimar allein verdankte er sein Glück, so lange Direkteur zu sein; Weimar allein, daß sich so mancher gute Schauspieler bei ihm engagierte, daß seine Gesellschaft auch einen Namen bekam, daß er es wagen konnte, an anderen Orten zu spielen, ja, daß man ihn bis Grätz berief. Weimars Gnade allein, die die Geduld hatte, sein Spektakel den ersten Winter auszuhalten, ihm den zweiten Winter auch noch zu kommen erlaubte, und er nach und nach zu dem kam, was er hatte.

Den 5. Oktober 1784 gaben wir das erste Stück in Weimar: »Verbrechen und Ehrsucht«*, und es gefiel. Es wurden noch einige Stücke gegeben, die auch nicht mißfielen; man hatte Geduld und nahm den Willen für die Tat.

Hatten wir ein und das andere Stück gegeben, das gefallen, so war's nicht möglich, daß es Herr Bellomo lassen konnte: er mußte eins von seinen Lieblingsstücken mit einmengen, seinen »Jost von Bremen«* unter anderen. Da konnte er in der Kulisse lachen, daß er sich den Bauch hielt und die Tränen ihm über die Backen liefen, besonders wenn der Jost den Hering in den Kaffee titschte und verzehrte, die Szene des Übelwerdens wurde so natürlich gespielt, daß mir schon in Eisenach im Parterre Angst wurde, ich würde in natura das tun, was pro forma dargestellt wurde, und ich keinen Blick mehr aufs Theater wandte; wie das Stück aus war, kam ich aufs Theater zu Herrn Bellomo und sagte: »Um Gottes willen, Herr Bellomo, was ist das für ein infames Stück! Das gehört auf den Zahnarztenstand, nicht aber auf ein regelmäßiges Theater.« Er sagte zu mir: »Still, sagen Sie das ja nicht laut! Es ist dem Herzog und dem Hof in Weimar sein Lieblingsstück.« »Das?? Unmöglich!« Er behauptete es.

In Weimar erkundigte ich mich. Und so ist der Zusammenhang: Wie Herr Bellomo den ersten Winter in Weimar war, vergriff er sich einige Male an Stücken, besonders an Trauerspielen. Weil die nun gar nicht anzusehen waren, so hieß es, er möchte bei seinen »Trunkenbolden in der Hölle«, »Eingebildeten Philosophen«, »Lahmen Husaren«, »Jost von Bremen« usw. bleiben. Das ist: »Schuster, bleib' bei deinen Leisten.« Das war aber dem Mann zu hoch, zu fein, zu unverständlich, weil es höflich und verblümt gesagt wurde, und er glaubte daher: »Das ist vortrefflich! Weimar hat auch deinen Geschmack!«

Man wird vielleicht denken, wie es möglich gewesen, bei so einem Mann zu bleiben. Auch darauf kann ich antworten. Weimar war zu sehr fürs Schauspiel eingenommen. Manche vom Adel habe ich spielen sehen, wo Schauspieler hätten müssen in die Schule gehen.* Ich, und vielleicht viele mit mir, dachten: »Vielleicht wird Bellomo ein Damm gelegt, ihm nur die Oberherrschaft genommen, so daß wir noch ganz in Weimarischen Sold kommen können, und vielleicht wird ihm selbst ein Vormund gesetzt, ohne dessen Zulassung er keinen albernen Streich mehr spielen kann.« Das hoffte ich.

Endlich, endlich kam »Emilia Galotti« zum Vorschein. Was gab ich mir für Mühe! Madame Regglen*, die so ganz die Emilia vorstellen konnte, der es aber an einer Freundin gebrach, die sie zurechtwies, weiß es: Ich nahm sie vor und gewiß, sie sagte kein Wort anders, als sie's sagen mußte. Nicht alle Männer, und wenn sie noch so viele Talente haben, sind imstande, Schauspielerinnen zu bilden, zu unterrichten. Auch Herrn Kunst überhörte ich seine Rolle, machte ihn aufmerksam auf jede Schönheit, die in der Rolle liegt, und die ich oft so meisterhaft spielen sah: »So, so nahm Herr Brockmann* die Rolle, so sagte er dies, so sagte er jenes.« Kurz, ich wünschte, daß ein einziges Mal ein gutes Stück gut gegeben würde von der Bellomoschen Gesellschaft.

Nicht so gut wie in Eisenach hatte ich zu meiner Claudia alle Töne in meiner Gewalt. Denn das Durchgehen der Rollen mit der Emilia und dem Prinzen hatte mich so angegriffen, daß ich (noch nach der Hauptprobe im Theater) in meinem Zimmer sagte: »Nun kann und darf ich nicht ein Wort mehr reden. Oder ich selbst kann heute kein Wort sagen. Was tut mir meine Brust weh!«

Es war den 19. Dezember 1784. Nie waren die Weimaraner,

solange unter der Bellomoschen Direktion gespielt worden, zufriedener weggegangen wie den Abend. Ich war auch vor Freude außer mir und sagte zu Herrn Bellomo: »Nun, wie steht's? Ich dachte, in Weimar liebt man keine Trauerspiele? Wollen keine sehen? Ist noch, solange wir hier sind, der Beifall so groß, so einstimmig gewesen wie heute?«

Das Stück, trotz allem Wünschen und Verlangen des Publikums und der vollen Einnahme, die Herr Bellomo gewiß gehabt hätte, blieb liegen bis den 9. Juni 1785. Und er gab statt dessen die »Schöne Weimaranerin«, den »Bettelstudenten«, die »Irrungen«*, »Fürst und Bauer« und »Tod, Teufel und Schildwache«, daß er sich einmal wieder satt lachen konnte.

So kam das Jahr 1785 heran. Ich bekam Briefe aus Hamburg mit der Nachricht, daß Herr Schröder von Wien abginge und selbst in Hamburg das Theater wieder übernehmen würde; ich hatte es in der Garderobe gesagt. Herr Kunst kam zu mir und sagte, wie er wünschte, bei Herrn Schröder engagiert zu werden. Was er unter solch einem Manne lernen könnte! Wollte gern Verzicht auf all die guten Rollen bei Bellomo tun, wenn er da ein Plätzchen haben könnte. Bat mich um alles in der Welt, ich möchte seinetwegen schreiben. Ich tat es nicht gerne und wollte Herrn Bellomo, so wenig er sich auch um mich verdient gemacht, doch nichts vorsätzlich zuleide tun. Auch sagte Herr Kunst: »Meine Zeit halte ich aus bei Bellomo.« Unter Zeitaushalten verstand ich immer ein rundes Jahr wenigstens.

Ich schrieb; jedes Wort konnte ich verantworten. In Hamburg kannte man Herrn Kunst von Person. Er hatte schon da gespielt. Folglich schrieb ich, er wäre besser geworden. Herr Kunst kam, und ich gab ihm mit folgenden Worten den versiegelten Brief in die Hand: »Hier, empfangen Sie aus meiner Hand Ihr Engagement bei Herrn Schröder und zugleich meinen Abschied bei Bellomo.« Das wollte Herr Kunst nicht glauben. Es kam aber Antwort zurück, und Herr Kunst war engagiert und sollte bald nach Hamburg kommen. Aber ich wünschte, daß er noch bis Michaeli bleiben möchte. – Wie er es gemacht, weiß ich nicht; denn er und Herr Bellomo kamen bis aufs Prügeln zusammen. Letzterer schalt ihn nach seiner Art einen Esel. Herr Kunst fing das Wort auf und sagte: »Ein Esel kann nicht mehr auf Ihrem Theater spielen«, und so ging er Knall auf Fall ab. – Und in 14 Tagen darauf hatte denn auch ich meine Entlassung von Herrn Bellomo, die mir denn gar nicht unerwartet kam.

Im stillen hatte ich schon lange wieder an meinem Lieblingsprojekt gebrütet. Das war: Ganz fort von dem Theater! »Die wenigen guten Menschen können dich für die Brut, die bei den Theatern ist, nicht schadlos halten. Ich tauge ja nicht unter diese Menschen, diese Menschen nicht für mich. Weimar ist der Ort, sonst keiner. Hier ist wohlfeil leben. Du hast Freunde, sie lassen dich nicht. Was du bittest, kann man dir gewähren: Du bittest um Schutz, bittest um die Gnade, hier leben zu dürfen, bittest um Arbeit. Ja, wann bittet das Kind den Vater um Brot, und er reicht ihm einen Stein?«

Ich machte einen Überschlag: »Arbeite! Du bist fleißig, kannst es sein. Deinen Mund bringst du durch. Nur soviel Verdienst, als die kleinen, tagtäglichen Ausgaben erfordern, nur Gesundheit, so kannst du hier bleiben, sagst Theater, Rollen, Beifall, Nichtbeifall, sagst allem gute Nacht.« Fest und unerschütterlich stand er vor mir, mein Entschluß, so fest wie er immer vor mir stand, wenn ich was mit Überlegung beschlossen hatte.

Voll Vertrauen auf Gott und gute Menschen wagte ich's an einem Morgen und machte unserer Durchlauchtigsten Herzogin-Mutter meine untertänigste Aufwartung, machte deroselben meinen Entschluß wissen und die Ursache, warum ich es tat. Voll Huld und Gnade gab mir diese große Fürstin recht, versicherte mich ihres hohen Schutzes. Wer war glücklicher wie ich? Noch denselben Nachmittag ging ich zu den Kammerfrauen an dem regierenden Hof. Ich fand die guten, lieben Demoiselles nicht zu Hause. Sie erfuhren, ich wäre da gewesen und schickten den andern Tag schon, ich möchte hinkommen. Ich kam, sagte dasselbe, was ich den Morgen vorher an dem Hof der gnädigsten Frau Herzogin-Mutter gesprochen. Oh, die guten lieben, vortrefflichen Kammerfrauen! Wie freuten sie sich meines Entschlusses und versprachen mir Arbeit!

Den 31. Mai 1785 erhielt ich schon die erste. Nie habe ich eine Arbeit vorher mit so frohem Herzen gemacht, nie bei dem

Durchlesen der schönsten Rolle, wo ich mir eine höhere Staffel des Ruhms als Künstlerin zu bauen gewiß war, das gefühlt, was ich bei dem Puder-Mantel für unsere Durchlauchtigste Herzogin Louise empfand. Ich schämte mich nicht, solchen selbst den Kammerfrauen zu überbringen. Und die Zufriedenheit, die sie mir über meine Arbeit zeigten, war mir lieber als das Herausrufen in Innsbruck nach der Rolle der Minna und Elfriede – wo ich nicht kam. Manche hundert Gulden hatte ich eingenommen in meinem Leben. Aber die Freude machten sie mir nicht wie dieser Gulden, den ich für meine Arbeit bekam.

Dieser Arbeit folgte bald mehr. So saß ich denn schon und nähte für Geld, da Herr Bellomo schickte, ich möchte die Rolle der Claudia abgeben. Oh, von Herzen gern! Jetzt wurde »Emilia Galotti« zum ersten Male wiederholt. Oh, nehmt die, nehmt alle! Ich hatte den frommen Wunsch, sie möchten so vergnügt bei ihren Rollen sein wie ich bei meiner Arbeit.

Den 14. Juni wurde »Graf Walltron«* gegeben. Zum zweiten Male. Der Tag war außerordentlich schön, aber auch sehr heiße Witterung. Wenige Zuschauer waren da; anfänglich wollte Herr Bellomo gar nicht spielen. Man spaßte darüber in der Garderobe, endlich hieß es doch, daß gespielt werden sollte. Es waren wenige Zuschauer da. Mithin spielten die meisten untereinander so, wie ich mich erinnere, daß, wenn Direkteure ein elendes Stück gaben, dann die Schauspieler sagten: »Heute spielen wir für uns.« Sie sagten, was ihnen in den Mund kam. Denn einer nahm des andern Rede weg. Der kam zu früh, jener zu spät. Und wie sie sich darüber foppten oder vielmehr die Zuschauer! Ich sah den Unfug und sagte einmal wieder zu mir selbst: »Kummerfeld, sehe nichts, höre nichts! Halte den einen Gedanken fest, du spielst heute zum letzten Male. Gehe als Kummerfeld vom Theater! Was können die Zuschauer dafür, daß das Haus nicht voller ist? Haben die, die da sind, ihr Geld nicht hingegeben? Sind sie hereingekommen, sich narren zu lassen? Spiel' und nimm an nichts Anteil, was außer deiner Rolle vorgeht!« Mit dieser meiner Festigkeit im Entschluß trat ich auf.

Schon in Innsbruck, wo ich die Rolle der Gräfin zuerst gespielt, hatte ich sie sehr gestrichen. Weg mit den vielen Verwünschungen und mit den vielen Vergleichungen, mit all den

Wiederholungen, die dem aufmerksamen Zuschauer Ekel machen müssen. So wie ich die Gräfin Walltron zugestutzt hatte, war es erst eine schöne Rolle geworden. Ich gehörte nicht zu den gern spektakelmachenden Aktricen. Die wenigen Zuschauer, die da waren – oh, mir waren sie viel! – Ich erreichte meinen Zweck und meinen Triumph. Die Tränen, die man meinem Spiel zollte, die Aufmerksamkeit, der laute Beifall während meines Spiels und bei jedem Abgang, der vertrieb auf der Galerie dem bestellten Burschen, der niesen mußte, gerade in dem Augenblick, wo die Gräfin erfährt, ihr Mann sei im Arrest, den Schnupfen. Und doch wollte außer den Schauspielern selbst keiner von den Zuschauern lachen. Das sind Komödiantenstreiche, wer kennt die nicht?

Noch zweimal stand ich auf den Brettern: In meiner Lieblingsrolle als Königin Gertraude im »Hamlet« und im letzten Stück, das noch einstudiert wurde, in »Gianetta Montaldi«* hatte ich die Rolle der Marchese und spielte den 22. Juni 1785 zum letzten Mal. Die Einnahmen waren für die Schauspieler.

Von dem Theater war ich nun zum zweiten Male ab und überließ mich ganz meiner häuslichen Ruhe. Ein hübsches Quartier hatte ich schon den 10. Juni bezogen. Ich richtete solches nach und nach, nicht prächtig, aber doch ordentlich ein. Ich bedurfte keiner Marmortische, keiner Stühle bezogen mit Damast und Samt. Oh, ich habe geweint auf seidenen Stühlen, ich habe geweint auf einem Holzstuhl. Die Tränen auf weicher Seide waren so bitter wie die auf Holz. Ich habe gelernt, fröhlich zu sein bei dem Champagner wie bei dem Glas Wasser. Und wäre die Frage, ob ich nicht öfter mehr von Herzen bei meinem Glas Wasser gelacht wie bei dem Champagner. Ich war nun in meinem Weimar, und mein Vorgefühl, das ich in Bonn hatte, hat mich bis jetzt, da ich dieses niederschreibe, noch ebensowenig getäuscht wie damals, als ich Hamburg sah.

Meine Arbeit fand Beifall. Die guten Mütter hier sprachen unter sich: »An einer solchen Person fehlt es uns hier in Weimar, die unsere Kinder im Nähen unterrichten kann. Unsere Kinder gewinnen doppelt; denn die Kummerfeld ist eine rechtschaffene Frau.« Man sprach davon mit mir, und mit tausend Freuden sagte ich ja. Der Preis, den ich das Quartal für ein

Kind setzte, war so billig wie möglich. Doch ungeachtet des Vorteils, der mir dadurch zuwuchs, wußte ich meine Schuldigkeit, meine Pflicht. Nicht eher wollte ich meine Schule halten, bis ich auch die Erlaubnis von dem Durchlauchtigsten gnädigen Vater Seines Volks, Weimars geliebtem Herzog*, hätte. Ich kam zwar nicht dazu, meine Aufwartung zu machen, wurde aber durch den Bescheid beglückt, Seine Durchlaucht freue mein Entschluß, hier zu bleiben. Am 22. August 1785 war der erste Schultag. Mit vier Kindern wurde angefangen. Doch wurden es bald mehr. Nicht durch mein Künstlertum, weder als alt- noch als neumodische Aktrice, hatte ich das Vertrauen der Eltern gewonnen, sondern hier allein durch meine Rechtschaffenheit.

Gesetzt den Fall einer schweren Krankheit! Einzelne Beispiele sind mir bekannt, daß man sich der kranken Schauspieler angenommen: Bekannt dafür war Madame Ackermann in Hamburg, die viel, viel an kranken und sterbenden Schauspielern getan; auch Herr Schröder, auch Herr Doebbelin; und Berlin erwarb sich den Ruhm. Aber wie viel mehr Liebe ist mir in Weimar zuteil geworden, da ich zweimal so schwer, so nahe am Rande des Grabes danieder lag!

Es blieb nicht allein bei dem Schicken und Erkundigenlassen, wie ich mich befände. Nein, man erquickte mich, man dachte, man sann recht darauf, womit man mich laben könnte. Ich bin allein, habe keinen Verwandten, der für mich Sorge trüge. Und ich als eine Fremde, wie wurde ich gepflegt, gewartet! Da kamen meine Kinder, meine Schülerinnen, rangen ihre Hände, weinten um ihre Kummerfeld, die Eltern konnten sie kaum in ihren Häusern trösten. Wie ich mich in etwas wieder zu erholen anfing, wie ersuchten sie mich, die guten Eltern, ja nicht Schule zu halten, mich zu schonen, mich nicht zu früh mit Arbeit anzugreifen! Keines zog mir was von dem Quartalgeld ab. Wie ich nach meiner Krankheit das erste Mal ausging, redeten mich gute, ehrliche Bürger und Bürgerinnen, die ich nicht kannte, auf der Straße an und wünschten mir Glück, freuten sich, mich wiederhergestellt zu sehen. Welch' Gefühl für ein Herz wie das meinige! Solches Gefühl konnte mir keine der besten noch der größten Rollen geben. Hier hieß es nun nicht, ich sollte mittanzen, auch nicht: »Es ist Verstellung, weil sie einige Zeit keine Schule halten will.« Hier kam kein theatralisches Nachtragen zum Vorschein von Eigennutz begleitet; nicht aus Liebe zur Kranken, nicht um zu wissen, ob es sich bessert, oh nein, ob sie bald wieder mitspielen kann, damit man ihr die Gage nicht umsonst gäbe: Das war sonst der Grund für den Besuch bei der Kranken. Wo man ihr Rollen schickt, daß die Schauspielerin wenigstens studieren soll, wenn sie schon nicht mitspielt. Was muß nach der Besserung manche für Vorwürfe leiden, wenn man glaubt, sie hätte das Geringste versehen!

Wenn mich besonders meine erste Nervenkrankheit (die eine Folge des schrecklichen 19. Januar 1777 war, da man mich für betrunken hielt) an einem ganz fremden Ort betroffen hätte und ich unter keinen so ehrlichen Menschen gewesen, wie ich sie hier in Weimar an meinem Hausherrn und seiner Frau hatte und an meinen Freunden, – zur Bettlerin hätte man mich machen können. Ich, die ich von mir in so vielen Tagen nichts wußte, nur eine einzige Ohnmacht hatte, wie hätte man mich betrügen können! Wie hätte ich wissen können, wer bei mir war? Und nicht eine Nadel fehlte bei meinem Erwachen.

Und daß ich wieder erwachte, daß ich jetzt diese Gesundheit genieße, wem verdanke ich's? Gott, ja, dem verdankt man alles. Aber man verdankt Gott auch den Arzt. Dieser mir unvergeßliche Mann, dieser zum Arzt geschaffene Herr Hofmedikus Hufeland! Nie werde ich den Blick, den Ton, die Teilnahme vergessen, womit der unermüdliche, liebevolle Mann eines Morgens, die Hände faltend, rief: »Oh, Gott sei Lob und Dank! Sie haben Ihr Gedächtnis wieder.«

Zwischen dem Arzt und dem Schauspieler ist eine große Ähnlichkeit. Ein Arzt mag 99 Menschen das Leben gerettet haben: Ein Todesfall unter seinen Patienten kann ihm den ganzen Ruf verderben. Der Schauspieler erwerbe sich in 50 Städten Ruhm; er komme an einen Ort, da ihn Neid, Kabale oder Rache nicht aufkommen lassen, alles wird vergessen.

Mein Büchlein, das ich nur schreiben wollte, ist nach den vielen Bogen, die ich beschrieben, herangewachsen zu einem Buch. Daß solches einer Feilung von mir bedürfte, glaube ich gern. Ich mache ja aber keinen Anspruch, ein gelehrtes Frauenzimmer zu sein, das sich durch ihr Talent als Schriftstellerin berühmt machen will, und wünsche, daß dieses, mein dreistes Kind, das so ganz ungerufen in die Welt tritt, allein bleibe, ohne ihm noch einen Bruder oder eine Schwester geben zu müssen. Ich lebe meinen Kindern und meiner Arbeit und bin ängstlich genug, daß ich seit vier Monaten – solange ich an diesen Blättern geschrieben und nun noch abzuschreiben habe –, muß meine Kunden auf ihre mir zugeschickte Arbeit länger warten lassen, als es sonst meine Gewohnheit ist. Ganz und voll im Vertrauen auf ihre Güte, hoffe ich, werden sie mich entschuldigen, wenn ihnen die Ursache bekannt wird. Hätte also ein gelehrigerer Kopf als der meinige, eine geübtere Feder als die meinige vieles besser gesagt als ich, hätte ich nichts dagegen. Schöner, besser hätte er's sagen können, aber nicht wahrer, nicht so ganz aus dem Herzen wie ich.

Bald werden es neun Jahre, daß ich in Weimar bin, und nahe an acht Jahre, daß ich mich von meiner Hände Fleiß und meiner Schule zu erhalten so glücklich bin. Diese letzten acht Jahre sind mir die kürzesten geworden, die ich gelebt, folglich kann ich niemals zufriedener gewesen sein. Und wem verdanke ich's. Den Guten, den unzähligen Guten, die an mich gedacht, diese mit Arbeit, jene durch die Zuschickung ihrer Kinder. Ich versprach und habe nicht mehr versprochen, als was ich leisten, was ich halten konnte. Die Zahl meiner Schülerinnen ist bis jetzt 85 gewesen. Von den vornehmsten bis zu den geringsten sind sie mir alle gleich lieb geworden.

Ich habe mich selbst in diesem Buch dargestellt, so lange bis der barbarische, wütende Zahn der Zeit solches zerstört und es der Würz- und Käsekrämer zerreißt. Wäre doch schade um dieses, mein erstes, einziges Kind, zu dem ich so ganz Vater und Mutter bin.

Ich mußte als Kunstverständige sprechen, weil ich mich nicht, wie andere Künstler in den Werken ihrer Kunst, anschaulich in meinen Rollen auf die Nachwelt habe machen können. Und ich habe die Regeln nicht einen Augenblick außer acht gelassen, daß Wahrheit die Pflicht des Geschichtsschreibers sei, und wenn diese fehlt, solche gar nichts wert ist.

Hier in diesen Blättern ist Wahrheit ohne Schmuck, ohne Wortgesuche, so wie ich im Leben sprach und handelte und wie man mit mir sprach und mich behandelte. Kommen keine

Ordensbänder und Sterne zum Vorschein, die ich spazieren geschickt. Was nicht ganz laut wurde, will ich auch nicht laut machen. Hier ist Wahrheit! Die fehlt denn endlich meinem Kinde nicht. Und so hoffe ich getrost, daß es einigen Wert haben wird.

ANMERKUNGEN ZUR EINLEITUNG

1 Siehe dazu Editorische Notiz: zur Geschichte der Veröffentlichung der *Lebenserinnerungen;* mir lagen Mikrofiche-Aufnahmen von der Handschrift vor, die mir die Handschriftenabteilung der Staats- und Universitätsbibliothek Hamburg zur Verfügung gestellt hat. Das Original liegt derzeit in Ostberlin.

2 *Lebenserinnerungen der Karoline Schulze-Kummerfeld,* hg. und erläutert von Emil Benezé Bd. I und II (Berlin 1915).

3 Siehe dazu meine Publikation »Am Abend Ruhm, am Tage Tränen. Wenn Schauspielerinnen über die Kunst und ihr Leben schreiben«, in: *Frauenleben. Lebensmöglichkeiten und -schwierigkeiten von Frauen in der bürgerlichen Gesellschaft,* hg. v. Inge Buck, Helga Grubitzsch, Annegret Pelz, Sabine Reineke (Bremen 1982).

4 *Ein fahrendes Frauenzimmer.* Die Lebenserinnerungen der Komödiantin Karoline Schulze-Kummerfeld, hg. von Inge Buck (Berlin, 1988).

5 Siehe dazu Sophie von La Roche, *Geschichte des Fräuleins von Sternheim* (München, 1985).

6 Hans Knudsen, *Deutsche Theatergeschichte* (Stuttgart, 1955), S. 228.

7 *Schreiben ist ein monologisches Medium,* Dialoge mit und über Peter-Paul Zahl, hg. von Ralf Schnell (Berlin, 1979).

8 *Ein fahrendes Frauenzimmer* (wie Anm. 4)

9 Karoline Schulze-Kummerfeld bezieht sich in ihren Lebenserinnerungen nirgends auf die Lektüre von Schriftstellerinnen ihrer Zeit (etwa Anna Louisa Karsch, 1722–1791).

10 *Ein fahrendes Frauenzimmer* (wie Anm. 4)

11 Ebd.

12 Ebd.

13 Ebd.

14 Barbara Becker-Cantarino, »Leben als Text«. Briefe als Ausdrucks- und Verständigungsmittel in der Briefkultur und Literatur des 18. Jahrhunderts«, in: *Frauen Literatur Geschichte. Schreibende Frauen vom Mittelalter bis zur Gegenwart,* hg. von Hiltrud Gnüg und Renate Möhrmann (Stuttgart, 1985), S. 81 ff.

15 *Ein fahrendes Frauenzimmer* (wie Anm. 4)

16 Ebd.

17 Siehe dazu Bernhard A. Bauer, *Komödiantin – Dirne?* Der Künstlerin Leben und Lieben im Lichte der Wahrheit (Wien und Leipzig, 1927).

18 Siehe dazu Hildegard Weinberger, *Die Frau als Schauspielerin im 19. Jahrhundert* (Wien 1948), S. 3.

19 *Ein fahrendes Frauenzimmer* (wie Anm. 4)

20 Siehe dazu *Sind das noch Damen?* Vom gelehrten Frauenzimmer-Journal zum feministischen Journalismus, hg. von Ruth-Esther Geiger und Sigrid Weigel (München, 1981), S. 15 ff.

21 Siehe dazu Herbert A. Frenzel, *Geschichte des Theaters* (München, 1979), S. 235.
22 *Ein fahrendes Frauenzimmer* (wie Anm. 4)
23 Ebd.
24 Siehe dazu Gisela Schwanbeck, *Sozialprobleme der Schauspielerin im Ablauf dreier Jahrhunderte* (Berlin 1957), S. 23.
25 *Ein fahrendes Frauenzimmer* (wie Anm. 4)
26 Ebd.
27 Ebd.
28 Siehe dazu Gisela Schwanbeck (wie Anm. 24), S. 74.
29 *Ein fahrendes Frauenzimmer* (wie Anm. 4)
30 Ebd.
31 Ebd.
32 Ebd.
33 Nach Mitteilungen von Frau Dr. Christa-Maria Dreißiger, Leipzig, belegt in: Alphons Dürr, *Adam Friedrich Oeser.* Ein Beitrag zur Kunstgeschichte des 18. Jahrhunderts (Leipzig, 1879) und Gerhard Nestler, *Adam Friedrich Oeser.* Eine Monographie (Leipzig, 1926). Siehe auch Titelbild von *»Ein fahrendes Frauenzimmer«.*
34 *Ein fahrendes Frauenzimmer* (wie Anm. 4)
35 Siehe dazu Arnold Hauser, *Sozialgeschichte der Kunst und Literatur* (München, 1973), S. 599.
36 Siehe dazu *Ein fahrendes Frauenzimmer* (wie Anm. 4)
37 Siehe dazu Herbert A. Frenzel (wie Anm. 21), S. 232f.
38 *Ein fahrendes Frauenzimmer* (wie Anm. 4)
39 Siehe dazu Brigitte Wormbs, *Über den Umgang mit Natur* (Frankfurt, 1975), S. 8f.
40 Helmut Schneider »Naturerfahrung und Idylle in der deutschen Aufklärung«, in: *Erforschung der deutschen Aufklärung,* hg. von Peter Pütz (Königstein, 1980), S. 289ff.
41 *Ein fahrendes Frauenzimmer* (wie Anm. 4)
42 Carlo Goldoni, *Meine Helden sind Menschen.* Memoiren. Aus dem Französischen von Eva Schumann (Frankfurt, 1987).
43 Siehe dazu Arnold Hauser (wie Anm. 35), S. 604f.
44 Siehe dazu Michel Foucault, *Wahnsinn und Gesellschaft* (Frankfurt, 1973), S. 391ff.
45 *Ein fahrendes Frauenzimmer* (wie Anm. 4)
46 Siehe dazu Philippe Ariès, *Geschichte des Todes* (München, 1987[3] S. 30.
47 *Ein fahrendes Frauenzimmer* (wie Anm. 4)
48 Ebd.
49 Ebd.
50 Ebd.

ANMERKUNGEN ZUM TEXT

I. Wien 1745

29 *Podagra:* Gicht, Fußgicht

31 *Kaiserlich Königliches Theater in Wien:* Kärntnertortheater, dessen Aufführungen – unter der Wiener Schauspieldirektion von Selliers – auch im Hoftheater Maria Theresias (1740–1780) gezeigt werden durften.

32 *»Esop in der Stadt«:* von Boursault
Pantalone: Pantalone-Darsteller Leinhaas, Mitglied des Wiener Stegreifensembles, komische Typenfigur in der Tradition der italienischen Commedia dell'arte; Typ des geizigen, mißtrauischen, ewig geprellten alten Liebhabers im traditionellen Kostüm mit eng anliegenden roten Hosen und roter Jacke, weitem Mantel, Schnabelschuhen und Ziegenbart.
Prehauser: Hans Wurst-Darsteller, virtuoser Stegreifspieler und Verwandlungskünstler, der in der Nachfolge von Josef Stranitzky am Kärntnertortheater (und in der Tradition der Commedia dell'arte) eine eigenständige komische Figur des Wiener Volkstheaters schuf.

II. München . . . 1749/1750

34 *Allongeperücke* (allonger = verlängern): Männerperücke mit langen Locken im 17. und 18. Jahrhundert, von Amtspersonen getragen.

IV. Passau . . . 1751–1756

49 *italienische Schauspieler:* seit 1496 zogen italienische Spielleute, Springer und Komödianten über die Alpen. Seit Mitte des 16. Jahrhunderts traten sie an österreichischen und süddeutschen Höfen auf, wo die italienische Sprache als Konversationssprache gepflegt wurde. Vor breiten Publikumskreisen traten diese Commedia dell'arte-Spieler dagegen nicht auf, diese Virtuosen eines Stegreiftheaters, in dem es keinen feststehenden Text gab; vielmehr extemporierten sie auf der Grundlage von Scenarien (Canevas). Die Spielhandlungen dieses Commedia dell'arte-Theaters basieren auf feststehenden Typenmasken, deren Charakterisierung in der regionalen Besonderheit der italienischen Provinzen verankert ist: So ist der Pantalone ein venezianischer Kaufmann; der Dottore ein Rechtsgelehrter aus Bologna; die Zanni, die beiden Diener – Arlecchino, der Tölpel, und Brighella, der Schlaufuchs – kommen aus Bergamo; Capitano, das Großmaul, ist spanischer Offizier; die beiden Verliebten und die Zofe ergänzen das Ensemble der italienischen Commedia dell'arte-Spieler, deren Spieltraditionen in den Händen von Schauspielerfamilien lagen. Scenarien und Spielstil der Italiener haben die Darstellungsweise der deutschen Wandertruppen beeinflußt, die diese immer auch als Konkurrenten, u. a. an den Fürstenhöfen erlebt haben.

52 *Brunianische Gesellschaft:* Wandertruppe unter dem aus Böhmen kommenden Johann Joseph von Brunian, der u. a. die Variante des »galanten Hanswurst« kreierte und der später, am deutschsprachigen Theater in Prag, mit

seiner »Hamlet-Aufführung« (1776) die Shakespeare-Rezeption auf dem deutschsprachigen Theater entscheidend anregte.

53 *welsche Oper unter Locatelli:* italienische Opernaufführungen unter dem aus Mailand stammenden Impresario und Librettisten Giovanni Battista Locatelli seit 1748/49 in Prag.

54 *Die Welschen:* »wälsche Komödianten« oder »wällische Truppen« werden die italienischen Schauspieler am Wiener Hof genannt (vgl. A. v. Weilen, Geschichte des Wiener Theaterwesens von den ältesten Zeiten bis zu den Anfängen der Hoftheater, Wien 1899).

Schuch: Franz Schuch, Prinzipal einer deutschen Wandertruppe mit bis zu zeitweilig 30 Ensemble-Mitgliedern, spielte seit 1754 fast ein Jahrzehnt lang in Berlin; neben Harlekinaden im Stil des Stegreiftheaters umfaßte sein Spielplan auch die sog. regelmäßige Dramatik, etwa Molière, Racine, Corneille.

V. Dresden 1756/1757

57 *Der Krieg nahm seinen Anfang:* Beginn des Siebenjährigen Krieges (1756–1763) Friedrich II, des Großen, mit Österreich, Rußland, Frankreich, Kursachsen um Schlesien. Im August 1756, kurz nach Ankunft der Familie Schulze in Dresden, hatte die preußische Armee Sachsen besetzt.

»Der Blinde Ehemann«: von Joh. Chr. Krüger

58 *»Der getreuen Prinzessin Bellamire ...«:* von August Bohse unter dem Namen Talander, Verfasser einer Menge zum Teil schlüpfriger Romane. Die »Bellamire«, Leipzig 1698, 1715.

59 *»Karneval zu Venedig«:* aus »Teutsche Arien, Welche auf dem Kayserlich-privilegierten Wienerischen Teatro in unterschiedlich producirten Comoedien, deren Titul hier jedesmal beygedrucket, gesungen wurden.«

VI. Freiberg 1757

67 *Frieseln:* Hautausschlag, Hitzepocken mit Fieber

71 *Leichenbitterfrau:* Leid- oder Begräbnisbitter, analog zu Hochzeitbitter (und Kindtaufbitter), der die Gäste zur Hochzeit (zur Kindtaufe) bittet. Hier im Text kann es sich jedoch nicht um diese Wortbedeutung im engeren Sinne handeln; gemeint ist vielmehr eine Frau, die die praktischen Arbeiten zur Vorbereitung für das Begräbnis des Vaters übernimmt.

VII. Erfurt ... 1757/1758

76 *Doebbelin:* Karl Theophil Doebbelin war 1757, als die Familie Christian Schulze zu ihm kam, gerade 30 Jahre alt und hatte kurz zuvor eine eigene Truppe gegründet. Seine Theaterlaufbahn begann der ehemalige Student der Rechte in der Truppe der Neuberin, später spielte er in der Ackermannschen Truppe. Obwohl hemmungsloser Glücksspieler und Komödiant von undisziplinierter Schludrigkeit, gelang es ihm nach Kochs Tod in Berlin (1775), das dortige Theaterprivileg zu erwerben. In diese Ära Doebbelins fallen dann auch theatergeschichtlich so bedeutsame Ereignisse wie etwa das Hamlet-Gastspiel von Brockmann (1778), das der Maler Chodowiecki in seinen berühmten Radierungen festgehalten hat.

80 *Ackermann:* Konrad Ackermann, Schauspieler, Sänger, Tänzer, Fechter, Choreograph, Maler, Zeichner, Theaterprinzipal, der auch aus der Schule der Neuberin hervorgegangen war. Als Theaterprinzipal bereiste er mit seiner Truppe, der zeitweise die wichtigsten Bühnenkünstler seiner Zeit angehörten (etwa Ekhof, Iffland, Sophie Charlotte Schröder) Nord-, Mittel- und Südwestdeutschland, ein Theaterspiel führte ihn bis nach Rußland; vor dem Siebenjährigen Krieg wich er mit seiner Truppe in die Schweiz aus, in dieser Zeit kam Karoline Schulze mit Mutter und Bruder zu der Ackermannschen Truppe. Sein Repertoire umfaßte nicht nur klassizistisch-französisches Theater, sondern auch deutsche Bearbeitungen englischer, dänischer, italienischer Dramatik (etwa Goldoni). Entscheidend wurde der Spielstil der Ackermannschen Truppe – der Realismus einer »natürlichen« Darstellungsweise – durch die Aufführung der Lessingschen Dramen geprägt.

82 *Iphigenia:* gleichnamiges Stück von Racine in der Übersetzung von Gottsched.

VIII. Schweiz ... 1758/1759

87 *»Das Kätzchen«:* Schäferspiel von Joh. Sig. Scholze. Zu Ackermanns Repertoire gehörten Schäfernachspiele im Geist des Rokoko.

»Rodrich und Chimene«: gemeint ist die Tragikomödie »Cid« von Corneille mit den beiden Protagonisten Don Rodrigue, genannt der Cid, und seiner Geliebten Chimène.

Natur: Gleichzeitig mit der Veränderung des Welt- und Menschenbildes um die Mitte des 18. Jahrhunderts in Philosophie (Empirismus) und Dramatik (bürgerliches Drama) verändert sich auch die Diskussion um die Ästhetik theatralischer Ausdrucksformen. Der Wandel von der Flachkulisse zu plastischen Bühnenaufbauten (England, Loutherbourg), von der Maske zum lebendigen Mienenspiel (Italien, Goldoni), vom rezitierenden Pathos zu einer »natürlichen« Sprechweise und einem Gebärdenspiel, das sich aus den Spielkonventionen des Hofpathos befreit (Ekhofs »Grammatik der Schauspielkunst«), sind Ausdruck eines Aufbruchs, in dem das bürgerliche Individuum und damit neue soziale Aspekte ins Blickfeld geraten.

89 *Posamentierer:* stellt Textilerzeugnisse wie Borten, Fransen, Quasten, Zierknöpfe, Schnallen, Schnüre etc. zum Verzieren von Polstermöbeln, Trachten, Uniformen etc. her.

IX. Strassburg ... 1759–1761

95 *schwanger:* bei unehelicher Schwangerschaft konnte die Schauspielerin fristlos entlassen werden; bei einer ehelichen durfte sie generell im Engagement bleiben, wurde aber oft genug dennoch gekündigt. (Vgl. Schwanbeck, 1957, S. 77.)

XI. Mainz ... 1762/1763

105 *Weißkern:* Friedrich Wilhelm Weiskern (auch in dieser Schreibweise) war vielseitiger Schauspieler – vorwiegend in der Rolle des »komischen Al-

ten« – im Stegreifensemble des Kärntnertortheaters und verfaßte über 100 Spielvorlagen (Canevas) für Stegreifspiele. Gleichzeitig setzte er sich aber auch für die Pflege der »regelmäßigen« Stücke ein, so lud er z. B. Caroline Neuber als Repräsentantin der Theaterreform zu einem Gastspiel ein (1753). Nach dem Brand des Kärntnertortheaters (1761) und nach dessen Wiederaufbau wurde dort vorwiegend das deutschsprachige Theater gepflegt, während am Burgtheater französisches Theater gegeben wurde. Insofern unterschreibt Weiskern den Brief an Karoline als »Director der deutschen Comödien«.

Da in seiner Person und unter seiner Spielleitung Stegreiftheater und literarisches Theater sich verbanden und ergänzten, mußte ihm eine Schauspielerin wie Karoline Schulze – die auch aus dieser doppelten Tradition kam – als geeignete Ergänzung seines Ensembles gelten. Hätte sie 1762 das Engagement nach Wien angenommen, ihre künstlerische Entwicklung wäre zweifellos anders verlaufen.

Durazzo: Wiener Diplomat und ehemaliger Botschafter der Republik Genua, seit 1754 Direktion der Schauspiele in Wien. Kenner und Liebhaber der französischen und italienischen Literatur (besonders Goldoni).

106 *Friede in Europa:* 1763, Ende des Siebenjährigen Krieges.

107 *Hessen:* Auf der Seite Preußens waren nur Großbritannien, Hannover, Hessen-Kassel, Braunschweig und Gotha.

XII. Cassel 1763

113 *Madame Hensel:* Sophie Friederike Hensel-Seyler, geb. 1738, spielte die Rollen der Ersten Liebhaberin. Ihr Engagement bei Weiskern in Wien dauerte nicht lange, sie kehrte zurück zur Ackermannschen Truppe und war in Hamburg, v. a. seit der Gründung des Hamburgischen Nationaltheaters (1767) erfolgreiche Tragödin, nicht zuletzt auch durch ihre Liaison mit dem Kaufmann Abel Seyler, einem der Entrepreneure des neugegründeten Theaterunternehmens, mit dem sie später eine eigene Truppe gründete.

»Miß Sara Sampson«: von G. E. Lessing

»Die Schottländerin«: »Die Schottländerin oder Das Kaffeehaus« von Voltaire/Bode

»Pamela«: von Nivelle de la Chaussee

114 *Brabanter Spitzen:* Brüsseler Spitzen

XIII. Braunschweig ... 1763/1764

127 *Hausarme:* Im Unterschied zu Hilfsbedürftigen, die – da ohne unterstützungswillige Verwandte oder Herrschaften – in Armenhäusern untergebracht waren, lebten Hausarme nicht in der Anstalt, sondern in ihrem jeweiligen Wohngebiet. (Vgl. R. Landwehr, Geschichte der Sozialarbeit, 1983, S. 12ff.)

129 *Ekhof:* Konrad Ekhof (1720–1778) stammte aus bürgerlichen Verhältnissen, begann seine Theaterlaufbahn als Zwanzigjähriger in der Wandertruppe von Schönemann, die bereits 1753 in Schwerin eine vom Hof subventionierte Bühne einrichten konnte. Hier entwickelte Ekhof theore-

tisch und praktisch seine »Schauspielerakademie«, mit der er nicht nur das gesellschaftliche Ansehen des Schauspielerstandes heben wollte, sondern vor allem auch künstlerisch einen Weg suchte: einerseits die deutschen Wanderschauspieler von der Nachahmung der Konventionen des französischen Hoftheaters zu befreien, andererseits ihren Darstellungsstil zu differenzieren und zu individualisieren im Unterschied zum typisierenden Stegreifspiel. Seine Auseinandersetzung mit den ästhetischen Schriften Lessings führte dann zur praktischen Zusammenarbeit zwischen dem Dramaturgen Lessing und dem Schauspieler-Regisseur Ekhof am Hamburgischen Nationaltheater (1767) – eine Korrespondenz, die auch ihren Ausdruck gefunden hat in der Veröffentlichung der Lessingschen »Hamburgischen Dramaturgie«.

XIV. Göttingen . . . 1764

133 *Starkin:* Johanna Christiane Starke, Schauspielerin in der Truppe von Schönemann zusammen mit Ekhof. Sie spielte in dieser Zeit im Rollenfach der »Naiven« und »Ersten Liebhaberin«.

XV. Hamburg . . . 1764/1765

141 *Der Grundstein zum neuen Komödienhaus:* an der Stelle des früheren Opernhauses – das nach jahrzehntelanger Benutzung abgerissen wurde – errichtete Ackermann auf eigene Kosten ein neues Schauspielhaus am Hamburger Gänsemarkt. Während das Ensemble in Bremen gastierte, wurde das neue Gebäude, ein Holzbau, in aller Eile fertiggestellt, was allerdings in der Folgezeit Riesensummen an Reparaturen verschlang, die Ackermann nicht mehr tragen konnte, und worüber er die Direktion verlor. Mit der Errichtung eines stehenden Theaters war jedoch für die Wanderschauspieler/innen eine völlig neue Ära angebrochen. Die Eröffnung des neuen Hauses fand am 31. Juli 1765 statt.

142 *Bremen:* »In Bremen hatte die Geistlichkeit eine Polizeiverordnung durchgesetzt, die die Schauspieler wie Verfemte behandelte. Die Bevölkerung suchte das durch ihre Herzlichkeit wieder gut zu machen.« (Vgl. Benezé, Bd. II, S. 202 nach ›Mitteilungen aus der Bremer Stadtbibliothek‹, 1907, S. 43–59.)

XVI. Hamburg 1765/1766

145 *Volten* (Volta = italienisch »Drehung«): schneller, ausgelassener Paartanz (Drehtanz) im 6/8-Takt; beliebt im 16. und 17. Jahrhundert.

XVII. Hamburg 1766

153 *». . . wie auf dem Theater auch ein Bauernmädchen . . . nicht . . . barfuß gehen darf«:* In dieser doppelsinnigen Aussage Karolines über ihre Rollenauffassung und Rollengestaltung – nämlich einerseits die gesellschaftlichen Verhältnisse studiert zu haben (»alle Stände«), zugleich aber auf dem Theater diese Gegebenheiten nicht pur, sondern »verfeinert« wiederzugeben – kommt m. E., bei allen persönlichen Differenzen mit Ekhof, seine Auffassung über die Schauspielkunst zum Ausdruck: sie soll natürlich und wahr-

scheinlich wirken, aber im Sinne eines stilisierenden »Als-ob«, nicht als naturalistische Wiedergabe der Wirklichkeit. Zugleich gibt die Verfasserin an dieser Stelle auch Einblick in ihr Repertoire und ihre Rollengestaltung der »Naiven«, die von der Tradition der Schäferspiele und Singspiele im Stil etwa Favarts beeinflußt sind.

154 *Löwe:* Johann Friedrich Löwen, Theaterdichter, in der Truppe Schönemanns, Kochs und Schuchs tätig, danach bei Ackermann, gegen den er – um ihn zu entmachten – eine Flugschriftrevolte entfachte. In seiner Programmschrift zur »Veränderung des Hamburgischen Theaters« (1767) forderte er, im Unterschied zum Theater der Wanderbühne, das Theater als »moralische Anstalt«, den Schauspieler als Erzieher des Volkes; er formulierte das aufklärerische Idealbild des kommenden Nationaltheaters, als dessen Leiter er einen finanziell unabhängigen, literarisch orientierten Direktor vorschlug. Als er seine programmatischen Ideen praktisch umzusetzen versuchte und den Schauspielern Vorträge halten wollte, entstand Opposition im Ensemble.

156 *Entrepreneure:* Im Frühjahr 1767 bildeten 12 wohlhabende Hamburger Bürger eine »Entreprise«, deren Kapitalien die Grundlage bilden sollten für die Verwirklichung des Nationaltheatergedankens in Hamburg. Gleichzeitig vermischten sich mit diesem Gründungsunternehmen aber auch persönliche Interessen (vgl. auch Anmerkung zu XVII. *Löwe*). Der inzwischen total verschuldete Ackermann (vgl. auch Anmerkung zu XV. *neues Komödienhaus*) war gezwungen, seine Dekorationen und Kostüme an das Theaterunternehmen der Bürger zu verpachten.

157 *regelmäßiges Theater:* nach dem Vorbild der französischen Dramatik eines Molière, Corneille, Racine und in Abgrenzung zu Stegreifspiel und Zaubertheater, gegen barocke Haupt- und Staatsaktionen verfaßte »regelmäßige« Stücke – Tragödien und Komödien – als Grundlage für eine Aufführungspraxis, die sich an einen festgelegten Text hielt und deren dramaturgische Struktur Gesetzmäßigkeiten folgte.

Koch: Gottfried Heinrich Koch (1703–1775) hatte ein Jura-Studium begonnen, ehe er zur Truppe der Neuberin kam (1728), die er als Schauspieler, Übersetzer, Dekorationsmaler, Regisseur, Mitdirektor 20 Jahre lang begleitete, bevor er eine eigene Truppe gründete. Er arbeitete mit Ekhof zusammen, der sich dann jedoch von ihm trennte und zu Ackermann ging, nicht zuletzt darum, weil Koch die »regelmäßigen Dramen« nicht »regelmäßig« gestaltete, sondern Intermezzi und Ballette zwischen die Akte – selbst bei Lessing-Aufführungen – legte. Die Hauptspielorte Kochs waren Leipzig, Hamburg, Weimar, bevor er in Berlin Fuß faßte.

158 *Klemm:* Christian Gottlieb Klemm setzte sich in Wien auch für den Gedanken eines österreichischen Nationaltheaters ein, polemisierte aber – in Form der Literatursatire – gegen den Akademismus und Purismus einer »Schaubühne als Sittenschule«, die die Komik des Wiener Volkstheaters verbannen wollte.

Rodogüne: Rolle der Rodogune in dem gleichnamigen Drama von Corneille.

XVIII. Hamburg ... 1766/1767

166 *»Cenie«:* Rolle der Cenie in Graffignys gleichnamigem Stück »Cenie« in der Übersetzung und Bearbeitung der Gottschedin (Luise Adelgunde Viktoria Gottsched).

170 *»Romeo und Julia«:* in der Shakespeare-Bearbeitung von Christian F. Weiße (Umformung von englischen Vorwürfen in bürgerliche Normendramatik).

XIX. Leipzig ... 1767/1768

182 *Professor Oeser:* Adam Friedrich Oeser (Öser), Maler und Radierer (1717–1799) war als Theatermaler in Dresden, seit 1759 in Leipzig tätig. Oeser wurde hauptsächlich als Landschaftsmaler bekannt; laut Auskunft von Frau Dr. Dreißiger, Leipzig, die eine Dissertation über den Maler Oeser verfaßt hat, sind keine weiteren Porträtgemälde oder Zeichnungen des Malers bekannt. Auch das Porträt von Karoline Schulze-Kummerfeld ist nirgends verzeichnet.

XXI. Hamburg ... 1769–1773

198 *Ackermann hatte das Theater in Hamburg wieder übernommen:* Das Hamburger Nationaltheater – getragen von den Aktionären – brach zusammen, und Ackermann übernahm Ostern 1769 wieder sein Theater bis zu seinem Tod im Jahr 1771. Danach übernahm sein Stiefsohn Friedrich Ludwig Schröder die Leitung.

200 *Seyler:* Abel Seyler, Mitbegründer der Hamburger Entreprise des Nationaltheaters, gründete 1771 – als F. L. Schröder das Hamburger Theater übernahm – eine eigene Truppe, der sich auch Ekhof anschloß. (Vgl. auch Anm. XII. *Madame Hensel.*) Nach mühsamem Wanderleben und v. a. nachdem Ekhof die Leitung der Truppe übernommen hatte, wurde die Seyler-Ekhofsche Truppe 1772 von der Herzogin Anna Amalia von Weimar an das dortige Hoftheater berufen. In diese Zeit fällt auch das Engagement von Karl Schulze als Ballettmeister nach Weimar. Nach dem Weimarer Schloßbrand (1774), bei dem auch das Theater vernichtet wurde, zog die Truppe auf Veranlassung der Herzogin Amalia nach Gotha, wo sie – nach dem Ausscheiden von Seyler und Madame Hensel – vom Hoftheater übernommen wurden als erstes ständiges, von einem Hof unterhaltenes Sprechtheater.

Herzogin von Weimar: Anna Amalia, Herzogin von Sachsen-Weimar, Prinzessin von Braunschweig (1739–1807). Schon während Karolines Theaterauftritten in Braunschweig 1763 – Karoline war damals 18 Jahre alt – war es zu näheren Kontakten mit der herzoglichen Familie, also auch mit Anna Amalia (vgl. auch Benezé, Anm. zu I. 188) gekommen. Die Kummerfeld, die von der Bühne abgegangen ist, knüpfte mit ihrer Beziehung zur Herzogin von Weimar einerseits an frühere biographische Stationen an, gleichzeitig begegnete sie aber auch in der Herzogin einer Theaterliebhaberin, die u. a. 1775 in Weimar (auf Goethes Anregung) ein Liebhabertheater einrichten ließ oder selbst die Musik zu einem Stück von Goethe (»Erwin und Elmire«) komponierte.

XXIII. Hamburg 1777

215 *Schröder:* Friedrich Ludwig Schröder (1744–1816), Sohn der Tragödin Sophie Charlotte Schröder, kehrte nach harter Jugend, Flucht- und Ausbruchsversuchen zurück zur Truppe seines Stiefvaters Konrad Ackermann während ihres Aufenthalts in der Schweiz (1759). Er hatte als Tänzer und Ballettmeister begonnen, früh Erfahrungen mit dramaturgischen Arbeiten gemacht und übernahm die Ackermannsche Truppe dann 1771 in Hamburg nach dem Tod des Prinzipals. Schröders Direktion ist gekennzeichnet durch einen neuen Stil in Spielplan und Rollengestaltung, mit dem auf dem Theater die Ära des »Sturm und Drang« eingeleitet wird. Nicht mehr das (angeblich) Schöne, sondern das Wahre sollte auf den Brettern schonungslos zum Ausdruck gebracht werden. So konfrontierte Schröder das Hamburger Publikum – und später auf seinen berühmten Gastspielreisen – mit Shakespearerollen (z. B. als Hamlet) – die dem Original schon ziemlich nahe kamen. Obwohl biographisch der gleichen Generation wie Schulze-Kummerfeld angehörend, verkörpert Schröder schon eine neue Schauspielergeneration, der es nicht nur um »Natürlichkeit und Wahrscheinlichkeit« (Ekhof), sondern um »Natur und Wahrheit« ging.

219 *Oper »Romeo und Julia«:* von Gotter-Benda
»Herrenrecht«: »Das Herrenrecht« von Joh. Friedr. Schmid (auch Schmidt; Schriftsteller und Literaturhistoriker in Erfurt und Gießen)

220 *Madame Mecour:* Suzanne Mécour (1738–1784), graziöse Naive und Soubrette der Ackermannschen Truppe in Hamburg, ging mit Ekhof und Seyler nach Weimar und Gotha, wo sie ins Fach der tragischen Heldin überwechselte. Kehrte nach Hamburg zurück, stand F. L. Schröder nahe, von dem sie sich 1778 zum zweiten Mal trennte.

221 *»Neueste Frauenschule«:* von Stephan Christian Gottlob Stephanie, auch Verfasser der »Schule der Damen oder Was fesselt uns Männer?«, Beispiel damaliger Trivialdramatik.
»Argwöhnischer Ehemann«: Bearbeitung von Hoadleys »The suspicious husband« (1747) durch Friedrich Wilhelm Gotter.

XXIV. Hamburg ... 1778/1779

225 *»Die Gunst der Fürsten«:* von Christian Heinrich Schmid (auch Schmidt)
Rolle der Roxelane: in der Komödie »Soliman II« von Charles Simon Favart

226 *Boeck:* Johann Michael Boeck (auch Boek), war Mitglied der Ackermannschen Truppe seit 1764, schloß sich dann der Seyler-Ekhofschen Truppe an (1771) und kam auf diesem Wege ans Gothaer Hoftheater. (Vgl. auch Anm. zu XII. Seyler.)
in den »Holländern«: »Die Holländer« oder »Was vermag ein vernünftiges Frauenzimmer nicht«, Lustspiel nach Goldoni in der Bearbeitung von Johann Christian Bock

227 *»Freigeist«:* »Der Freigeist«, Jugendlustspiel von G. E. Lessing

230 *Baron von Dalberg:* Nachdem die kurfürstliche Residenz aus Erbschaftsgründen von Mannheim nach München verlegt worden war und auch die bisherige mannheimische Schauspielergesellschaft mitgezogen war, bemühte sich der Freiherr Heribert von Dalberg um die Errichtung eines Nationaltheaters in Mannheim nach dem Vorbild des Wiener Hof- und Nationaltheaters. Nach Auflösung des Gothaer Hoftheaters übernahm Dalberg die besten Kräfte dieses Ensembles. Auch Seyler und Madame Hensel-Seyler wurden nach Mannheim berufen mit einem Teil ihrer Truppe.

»Geschwind, ehe es jemand erfährt«: Lustspiel von Johann Christian Bock nach Goldoni. Mit dieser Aufführung wurde das Mannheimer Nationaltheater am 7. Okt. 1779 eröffnet.

in der »Verstellten Kranken:« »Der verstellte Kranke«, Lustspiel von Carlo Goldoni

232 *Hoftheater in Innsbruck:* reiche Theatertradition; um diese Zeit wurde das Theater an Prinzipale verpachtet und aus höfischen Mitteln unterhalten.

233 *Seipp:* Christian Ludwig Seipp (geb. 1747 in Worms), bereiste als Wanderschauspieler zunächst in der Truppe von Wahr, Österreich und Ungarn, bevor er (1781) eine eigene Truppe gründete. Sein Spielplan umfaßte deutschsprachige Dramen der Aufklärung und des Sturm und Drang, Shakespeare und v. a. Lessing. Er stand freimaurerischen Ideen nahe.

Bulla: Franz Heinrich Bulla, Prinzipal einer deutschsprachigen Wandertruppe, mit der er u. a. Böhmen und Mähren bereiste. Gastspiele in Linz und Salzburg.

234 *Madame Paartl:* über sie war nichts Näheres festzustellen.

236 *Starke:* Schauspieler, gestorben in Karlsruhe 1802 als Mitglied der Bullaschen Gesellschaft.

»Die Reue vor der Tat«: oder »Der Familienstolz« von Gustav Friedrich Wilhelm Großmann

XXVI. München ... 1781/1782

238 *Graf von Seeau:* Mit dem Tod des Kurfürsten Max III. Joseph fiel Bayern an den Kurfürsten Karl Theodor von der Pfalz, der aus Mannheim nach München übersiedelte (vgl. auch Anm. zu XXV. Baron von Dalberg) und die Mitglieder der Mannheimer Oper sowie die Marchandsche Theatergesellschaft mitbrachte. Graf Seeau wurde zum Entrepreneur der Münchner Oper, des Balletts und des deutschsprachigen Theaters ernannt. Reicher Kostüm- und Dekorationsfundus, Pflege der Oper (u. a. Mozart) und des Singspiels im Rokoko-Geist, Verbot »vaterländischer Schauspiele«.

239 *»Emilia Galotti«:* von G. E. Lessing

»Minna von Barnhelm«: von G. E. Lessing

»Juliane von Lindorak«: von F. W. Gotter

Madame Urban: Sie war mit der Marchandschen Gesellschaft aus Mannheim nach München gekommen; mittelmäßige Sängerin von Mutterrollen in Operetten, die »ausgepfiffen worden sei«. (Vgl. Benezé, Anm. II, 99.)

241 *Betge:* keine näheren Angaben über den Schauspieler
242 *Krenzin:* keine näheren Angaben über den Schauspieler
von Wibmer: keine näheren Angaben über den Schauspieler
»Agnes Bernauerin«: von Joseph August Graf von Törring-Cronsfeld
Orest: Rolle des Orest in »Orest und Elektra« von F. W. Gotter
243 *von Very:* Kaufmann aus Augsburg
245 *Borchers:* David Borchers, entlaufener Theologe, begann als Schauspieler bei Ackermann in Hamburg, spielte dann unter der Direktion Schröders und entwickelte in der Schröder-Ekhofschen Schule seinen Stil des genialischen Charakterdarstellers. Er übernahm 1782 die Leitung des Innsbrukker Theaters.

XVII. Linz ... 1782/1783

248 *»Der Französische Hausvater«:* von Denis Diderot
251 *Großmann:* Gustav Friedrich Wilhelm Großmann wurde v. a. als Verfasser von Lustspielen und Libretti bekannt.
»Jeanette«: Rolle in dem gleichnamigen Stück »Jeanette« von F. W. Gotter
253 *»Doktor Guldenschmidt«:* von Franz Heufeld
»Otto von Wittelsbach«: von Josef Mario Babo
254 *»Der verschriebene Bräutigam«:* von Dyk
»Die Reue vor der Tat«: von F. W. Großmann, vertont von Desaides
»Schöne Rosette«: von Le Grand

XXVIII. Eisenach ... 1784/1785

256 *Gotter:* Friedrich Wilhelm Gotter, Theaterautor, Verfasser von Gebrauchsdramatik, stand zeitweise der Seyler-Ekhofschen Truppe nahe (Briefwechsel mit Schröder z. B.).
Bellomo: Joseph Bellomo, Prinzipal einer deutschen Wanderschauspielertruppe, aus Dresden kommend, übernahm 1784 das Berufstheater in Weimar im neu errichteten Komödienhaus. Nach dem Weimarer Schloßbrand (1774) hatte Herzogin Anna Amalia zunächst – auch auf Betreiben von Goethe – ein Liebhabertheater eingerichtet, das als Vorstufe zum späteren Weimarer Hoftheater gelten kann. Die durchschnittlichen Aufführungen der Bellomo-Gesellschaft mit einem Spielplan, in dem Gebrauchs- und Trivialdramatik bevorzugt wurde, interessierten den Weimarer Hof wenig, obwohl das Bellomo-Theater jährlich vom Hof bezuschußt wurde. Goethes Votum – nach seiner Rückkehr aus Italien – war sicher nicht unwesentlich, als Bellomo 1791 entlassen und im selben Jahr in Weimar ein Hoftheater eingerichtet wurde unter Goethes Leitung.
257 *Claudia:* die Rolle der Claudia in Lessings »Emilia Galotti« ist eine Mutterrolle (im Fach der ernsthaften Mütter); dramaturgisch handelt es sich um die Mutter der Titelfigur Emilia Galotti. Bisher hatte Karoline in diesem Stück die Gräfin Orsina gespielt, die ehemalige Geliebte des Prinzen.
258 *Kunst:*Christian Friedrich Karl Kunst, 1765 in Berlin geboren. 1794 vom Theater abgegangen, danach Kaufmann in Schleswig (ungesicherte Angaben nach Benezé, Anm. II. 135ff.).

259 *»Verbrechen und Ehrsucht«:* von August Wilhelm Iffland
»Jost von Bremen«: von Eckert
260 *»Manche von Adel habe ich spielen sehen ...«:* Vgl. auch Anm. zu XXVIII. *Bellomo*
Madame Regglen: keine näheren Angaben über die Schauspielerin
Brockmann: Johann Franz Hieronimus Brockmann, einer der bedeutendsten Charakterdarsteller in tragischen Rollen in der »Sturm-und-Drang«-Epoche des Theaters, spielte in Hamburg in der Schröder-Ära als Erster die Rolle des Hamlet; in »Emilia Galotti« die Rolle des Prinzen.
261 *»Der Bettelstundent«:* oder »Das Donnerwetter«, Singspiel mit Musik von Winter; *»Die Irrungen«* nach Shakespeare von Großmann
263 *»Graf Walltron«:* von H. F. Möller
264 *»Gianetta Montaldi«:* von J. F. Schink
265 *Weimars geliebtem Herzog:* seit 1775 hatte der Sohn der Herzogin von Weimar, Karl August, die Regentschaft übernommen.

EDITORISCHE NOTIZ

Die Neuherausgabe der Aufzeichnungen der Karoline Schulze-Kummerfeld stützt sich auf die zweibändige Ausgabe, die Emil Benezé unter dem Titel »Lebenserinnerungen der Karoline Schulze-Kummerfeld« 1915 im Selbstverlag der Gesellschaft für Theatergeschichte, Berlin, herausgegeben hat. Der Herausgeber Benezé konnte sich mit seiner Arbeit noch auf die beiden Handschriften der Kummerfeld beziehen: die eine, die er als »Hamburger Handschrift« bezeichnet, in der Karoline die Geschichte ihres Lebens als inneren und äußeren Prozeß nachgezeichnet hat und die bis zum Jahr 1775 reicht; die andere Handschrift, er nennt sie »Weimarer Handschrift«, in der Karoline unter dem Titel »Die Geschichte meines Theatralischen Lebens« kritisch die Verhältnisse des Theaters ihrer Zeit thematisiert und die Benezé als eine Art Kampfschrift bezeichnet.

Aus beiden Handschriften nun hat er, in einer Art von Synopse, seine Veröffentlichung erstellt und dabei Rechtschreibung, Satzzeichen und Satzgestaltung modernisiert.

Inzwischen ist die sogenannte »Weimarer Handschrift« nicht mehr auffindbar, die sogenannte »Hamburger Handschrift« angegriffen. Das Schriftbild des mir zur Verfügung stehenden Mikrofiches weist auf ein Original hin, das »vom Zahn der Zeit« nicht verschont geblieben ist und das ein abermaliges Zurückgehen auf die Quelle selbst für eine Neuherausgabe der Aufzeichnungen ausschließt.

»Mein Büchlein, das ich nur schreiben wollte, ist nach den vielen Bogen, die ich beschrieben, herangewachsen zu einem Buch. Daß solches einer Feilung von mir bedürfte, glaube ich gern«. (»Lebenserinnerungen«, S. 311)

Nicht zuletzt auf diese Äußerung Karolines habe ich mich mit meiner Bearbeitung der insgesamt 450 Seiten umfassenden Ausgabe von Benezé gestützt: Um den Faden der Handlung im Gestrüpp der Verästelung der Nebenhandlungen, in nicht endender direkter Rede und Gegenrede, in »wahrheitsgetreuer« Ausbreitung familiärer und verwandtschaftlicher Verflechtungen nicht zu verlieren, habe ich solche Passagen im Interesse der Lesbarkeit der »Lebenserinnerungen« gekürzt.

Einen anderen thematischen Aspekt, der m. E. eine kürzende Bearbeitung rechtfertigt, hat die Verfasserin ebenfalls selbst formuliert: »Ich will keine Theatergeschichte, sondern nur meine eigene erzählen.« (»Lebenserinnerungen«, S. 9). Eine Kürzung erschien mir dort angebracht, wo die Schauspielerin – u. a. auch seit ihrer Rückkehr zum Theater 1777 – nicht mehr den inneren und äußeren Stationen ihrer Entwicklung erzählend folgt, sondern – sich in Selbstrechtfertigungen verlierend – die Ursachen ihrer Mißerfolge, Kränkungen, Mißachtung den Beweggründen, den Handlungen anderer Personen räsonnierend zuschreibt.

So folgt auch die Kapiteleinteilung dieser Ausgabe nicht nur den äußeren Orten des Wanderlebens der Karoline Schulze-Kummerfeld, sondern den äußeren und inneren Stationen eines Entwicklungsprozesses. In diesem Zusammenhang wurden auch die Jahreszahlen verdeutlichend in den Erzählfluß eingefügt.

Ein anderes Prinzip der Bearbeitung galt auch der Vereinheitlichung der Schreibweisen. So wurden z. B. Eigennamen immer gleichlautend geschrieben, gelegentliche Abkürzungen (H. = Herr, Mad. = Madame) sowie die Zeichen für die verschiedenen Währungssysteme (fl. = Gulden) immer in Worten ausgeschrieben. Die Orthographie wurde, wo es sinnvoll erschien, heutiger Schreibweise angepaßt (die Doppellaute ae, oe, ue immer als Umlaute geschrieben); auch grammatikalisch wurden Korrekturen vorgenommen, z. B. die Logik des Singulars oder Plurals berichtigt (meine Mutter und mein Bruder kam = meine Mutter und mein Bruder kamen).

Die vorliegende Neuherausgabe der »Lebenserinnerungen« war von dem Gedanken geleitet, die historische Fremdheit der Aufzeichnungen der Karoline Schulze-Kummerfeld nicht durch eine »aneignende« Bearbeitung zu überspringen, sondern die Wanderkomödiantin vor dem Hintergrund ihrer zeit- und theatergeschichtlichen Bedingungen wieder lebendig werden zu lassen.

Daß die Kummerfeld indessen bereits zu Lebzeiten um die Veröffentlichung ihrer ›Geschichte meines Theatralischen Lebens‹ gekämpft hatte, bezeugt eindrucksvoll ihr Brief vom 8. August 1793 an den Berliner Schriftsteller, Buchhändler und Verleger Christoph Friedrich Nicolai (1733–1811). Ohne Begründung hatte er die Drucklegung ihrer Aufzeichnungen abgelehnt.

»Werther Herr Nicolai!

(...)

Mein Buch, daß erst nur ein Büchlein seyn sollte, ist zum Buch geworden. Es heißt: ›Caroline Kummerfeldt, geborne Schultze Wahre Geschichte meines Theatralischen Lebens.‹ – Es ist *nicht* Roman, – es ist *wahre* Geschichte. Nur eine Frau wie ich mit dem Muth, mit der Entschlossenheit in allen ihren Handlungen, mit *dem Bewußtseyn, konnte so ein Werk schreiben.* Mir ist es zwar Leid, das gewisse Dinge, die ich gänzlich der Vergeßenheit übergeben ans Tages Licht kommen sollen, und müßen: – aber man macht es mir zu arg. Ich gehörte nicht zu denen gross-sprechern je mehr man mich lobte je nothwendiger ich war; je demüthiger war ich. Ich zog mich immer wie eine Schnecke zurück. – Verfolgte man mich, litte ich geduldig, überlies der Zeit die Rache, und sie rächte mich. – Aber nun? nun noch? noch? nun nun wird mirs zu toll gemacht. Nun hilft nichts mehr meine so lange lange Geduld hat ihr Ende erreicht. Nun stelle ich mich öffentlich der Welt dar, und sage: *daß war ich, daß bin ich noch.* Und nun stellt mir ein Weib das *so* handelte in so verschiedene Vorfällen des Lebens; in Glück wie in Unglück an die Seite, ich will sie als Schwester umarmen. Ich habe nicht geschrieben unter *verdeckten* Namen. *Jeden* nenne ich bei den seinigen, er mag nun gut oder nicht gut gegen mich gehandelt haben; verdecke das Lobenswerthe selbst von meinen Feinden nicht.

Mein Buch enthält (...) meiner Eltern Schicksal nur mit wenigen Worten, nur in so weit: wie es Eindruck auf mein ganzes Leben gemacht, daß ich mich bei allem was mir in der Folge begegnete, *so nahm, wie ich mich nahm. Beweise deßen:* wie ich schon von meinem 6ten Jahr an meine Eltern das Brod mit verdienen half. – Wie ich mit meinem Bruder von dem Jahre 1757 da mein Vater starb, meine Mutter und uns erhalten. – Unser engagement bei H. Doebbelin; wie meine 8½jährigen Aufenthalt bei Ackermann und was in denen Jahren mit uns bei solchen merkwürdiges vorfiel. Unser engagement bei dem alten Vater Koch in Leipzig; – die Bekanntschaft mit meinem Mann meine Heurath, mein eheliches Leben. nur in soweit: *als es Bezug aufs ganze hat.* Seinen Tod, der Familie betragen gegen mich; – der Prozeß den ich mit ihnen hatte. Mein zweytes engagement bei Mad Ackermann. – Wie es mir ergangen. Wie ich fortgieng. Engagement in Gotha, Mannheim, Inspruck, Augspurg, Linz, *Großmann. Bellomo* und wie ich mich hier in Ruhe gesetzt p. p.

Dies ist der Hauptinhalt: *Alles wahr* und aus dem Herzen geschrieben. Gern glaubt man, daß man für sein eigen Kind partheyisch ist: – Aber des *meinigen schäme ich mich nicht.* Es ist ein Kind wie mir in *der Art* als wahre Geschichte noch keines vor die Augen gekommen. Es weint, es lacht, es ist launisch, es ist satyrisch; sagt bittere Wahrheiten. Zeigt die Menschen alle wie sie *waren* wie sie *sind, nicht wie sie seyn sollen.* Wohl dem der ist, wie er seyn muß. So alles wie es die Umstände mit sich brachten. Nichts ist mit den Haaren herbei geschlepp[t]: *weil alles Wahr ist.* Lärm wird es machen, daß sehe ich zum Voraus. (...) Diese mein Buch biethe ich Ihnen zum Verkauf an. Wollen Sie ihm die Ehre gönnen unter ihrem Verlag herausgegeben zu werden? – meine Freude darüber würde groß seyn.

Unter offene Aufsicht weiß ich, Sie werden den selben ein hübsches Kleid geben – daß es auch dadurch einen werth mehr erlangt. Wie starck es werden wird, weiß ich nicht. Es sind nach meiner Hand – etwas weitläufig geschrieben 97½ Bogen. Interesand zu lesen, wegen der vielen Abwechselung die darinnen vorkommt. – Warum ist so weitläuftig geschrieben will ich offenherzig gestehen. Ein Frauenzimmer schreibt als Frauenzimmer daß ist: sie macht *Schreibfehler.* – mein weniges Schreiben lehrte ich mich selbst. Den kleinen Unterricht, den ich als Kind gehabt, kann ich für *wenig,* für *nichts* rechnen. Meine Arbeit auf dem Theater, als Kind, zu groß: und mein Vater starb da ich nicht älter wie 11 Jahr und einige Monate war. Was konnte ein Kind von dem Alter, und man rechne *die* Zeit die damals noch war dazu – viel von Rechtschreiben verstehen? – Wär sollte es mich lehren? – Geld hatte ich nicht Lehrer zu bezahlen – und keinen Freund. – Was ich *bin,* was ich *kann* lehrte ich mich selbst. – Darum schrieb ichs weitläuftig, um bei einem aufmerksamen Durchlesen es von denen Fehler die mit ein geschlichen mit leichterer Mühe zu reinigen. Sonst aber wünschte ich, daß *nichts abgeändert,* oder *verändert* werden möchte. Um Fehler freÿ *jetzt* zu schreiben gehört für ein Frauenzimmer gar viel dazu. Der eine nimmt ein *i* der andere ein *ÿ;* der *läßt* das *h* der andere thut es *weg.* Der nimmt ein *C* jener ein *K,* der setzt ein *J* der ein *I.* Hier ein *dt* da nur ein *d.* pp Wär nun nichts Mechanisches an sich hat und thut wie ich, ja der sezt nun freilich bald ein *C.* bald *K* bald *ÿ* bald *i* u: s: w: Ich sage so alles gerade her wie ich denke, und wie ich nun einmal bin. Von Herzen wünschte ich, daß mein Buch schon diese Michaeli Messe könnte heraus kommen; wo nicht: doch zur Neujahrs Meße *gewiß*. Mir liegt zu viel daran. *Den[n] heraus muß es – Ehre ist im Spiel.* Das zweÿmalige abschreiben hat mir so viel Zeit gekostet! Den[n] fertig damit war ich schon im Maÿ! – *Käufer sind es gewiß* – in jeder Theater Bibliothek sollte es ausgestellt werden; jeder Schauspieler es sich anschaffen, denn es ist eine Schule für solche, und man sollte Vorlesung daraus halten. Sollte es zum zweyten mal aufgelegt werden – woran ich nicht zweifle, dann will ich mich zeichnen lassen – und mein Gesicht voll im Kupfer gestochen neben den Titelblatt stehen. – Überhaupt kommen oft so Mahlerische auftritte vor, die gewiß verdienten in Kupfer gestochen zu stehen. – Sie werden denken: die Frau schreibt mit einer gewaltigen Zuversicht. Spricht schon von der zweÿten Auflage, und die *Erste* ist noch nicht da? – und weiß nicht ob ihr Buch annehme, oder nicht? – Aber ich bin ruhig dabei. Die Neuheit, das Seltene, die Wahrheit; und was das selbe alles enthält wird dem Käufer *nicht reuen*. Nur bitte ich, bei dem Vertrauen daß ich nun einmal in Sie gesetzt, daß ich schon so viele Jahre zu Ihnen, zu Ihrem rechtschaffenen Karakter habe, von dem *Buch sowohl wie von diesem meinen Brief nichts zu sagen:* bis *meine* Theatral Geschichte öffentlich der Welt vor Augen liegt. (...)

Mein Brief ist lang geworden! Aber der Inhalt der Sache konnte mich nicht kürzer seyn laßen. Ich schlage Ihnen auch keinen Preiß meines Werkchens vor. Ich habe einen Mann wie Sie, ich habe einen Nikolai vor mir. – Ihnen allein gönne ich vor *allem* meine erst Geburt. Mit Verlangen, mit Ungeduld sehe ich der Ehre Ihrer Antwort entgegen. Ich bitte Sie! sagen Sie mir eben so, so unterstellt Ihre Gesinnung! und glauben Sie, daß wenn mein Buch – zwar betrachtet daß es von einem Weib, von einer Ungelehrten geschrieben in diesen Punkt: nicht den Werth hätte, von einem Mann wie Sie, in Ihrem Verlage aufgenommen zu werden: ich es nicht verlangt hätte; ich mich nach einen kleinen unbedeutenden Käufer würde umgesehen haben. Meine Hochachtung für Sie ist zu groß. Ich kenne Ihre Kenntniße; ich kenne Ihrem Werth, Ihre Verdienste, und weiß solche zu schätzen. Vor solch einem Mann kann ich nicht wünschen mich lächerlich zu machen; und weiß daß Sie, und manche wackere Deutschen sagen werden nach dem sie mich gelesen: gäbe es doch viele solche Weiber in der Welt wie die ist, die sich mit aller Hochachtung nennt

Weimar
d. 8ten August 1793

Dero
ergebenste Freundin und
Dienerin Caroline
Kummerfeldt
geb. Schulze«

Manuskript im Nachlaß Nicolai, Band 42, in der
Handschriftenabteilung der Staatsbibliothek zu Berlin,
Preußischer Kulturbesitz.
Transkribiert von Pamela Selwyn, Berlin.

ZEITTAFEL

1693 Der Vater Christian Schulze geboren
1708 Die Mutter Augustina von D. geboren
1745 Am 30. September wird Karoline Schulze in Wien geboren.
1748 Erstes Auftreten in Kinderrollen am Kärntnertortheater in Wien
Uraufführung von Lessings »Der junge Gelehrte« durch die Truppe der Neuberin in Leipzig
1749 Beginn des Wanderlebens. Reise nach München
Letzte Hexenhinrichtung in Deutschland (Würzburg)
Johann Wolfgang Goethe geboren
1750 Reise nach Ingolstadt
Cornelia Goethe (Schwester von J. W. Goethe) geboren
Uraufführung von 16 Lustspielen Goldonis in Venedig
1751 Reise nach Passau, Straubing, Regensburg, Nürnberg
Konrad Ackermann gründet in Königsberg eine eigene Truppe. Johanne Charlotte Unzer (Halle, später Hamburg), Verfasserin anakreontischer Gedichte, veröffentlichte »Grundriß einer Weltweisheit für das Frauenzimmer«
1752 Reise nach Würzburg, Eichstädt
1754 Reise nach Prag, wo der Vater die Direktion des deutschen Theaters unter Locatelli übernimmt.
1755 Reise nach Braunschweig
1756 Reise nach Magdeburg, Engagement in der Truppe von Franz Schuch
Uraufführung von Lessings »Miss Sara Sampson« in Hamburg
Beginn des Siebenjährigen Krieges
Reise mit Schuch nach Potsdam, Stettin, Frankfurt a. O.
Trennung von der Truppe Schuch und Reise der Familie Schulze nach Dresden, das von den Preußen besetzt ist.
Karoline spielt Liebhaberinnen, »Weiber und junge Witwen«.
1757 Erste Liebesgeschichte in Dresden
Reise nach Freiberg
Tod des Vaters
Reise Karolines mit Mutter und Bruder nach Erfurt
Engagement in der Truppe von Doebbelin
Reise mit Doebbelin nach Mainz, Coblenz, Cöln, Düsseldorf, Cöln
Doebbelin läßt die Schauspielgesellschaft im Stich.
1758 Reise der Familie Schulze in die Schweiz
Engagement bei Konrad Ackermann (bis 1767)
Auftreten als »Iphigenia« in Racines »Iphigenie«
Auftreten in allen Balletten (Zwischen- und Schlußballette) und in Schäfernachspielen
Gastspiele in Baden (Schweiz), Basel und Bern
1759 Gastspiele in Solothurn, Luzern, Straßburg

1760 Gastspiele in Kolmar und Freiburg i. Br.
Goldonis Erfolge in Paris
Caroline Neuber (»Die Neuberin«) gestorben
1761 Schwere Erkrankung Karolines bei Rastatt
1762 Gastspiel in Karlsruhe
Angelica Kaufmann, deutsche Malerin, wird Mitglied der Akademie in Florenz.
1763 Ende des Siebenjährigen Krieges
Gastspiel in Cassel
Karoline lehnt Engagement für sich, den Bruder und die Mutter nach Wien ab.
Liebesaffäre mit Major Dalwig
Gastspiel in Braunschweig
Schwere Erkrankung
Neue Rollen als erste Liebhaberin, u. a. die Rolle der »Sara« in Lessings »Miss Sara Sampson«
Gastspiel in Hannover
1764 Konrad Ekhof kommt zur Ackermannschen Truppe
Gastspiel in Göttingen
Ankunft in Hamburg
Von Anna L. Karsch (»die Karschin«) erscheinen Gedichte. (Erste Frau in Deutschland, die vom Schreiben lebte.)
1765 Gastspiel in Bremen
Eröffnung des von der Ackermannschen Wandertruppe in Hamburg am Gänsemarkt errichteten Theaters
1766 Tod der Mutter
Bekanntschaft mit Wilhelm Kummerfeld (geb. 1723)
Madame de Staël geboren
1767 Karoline verläßt die Ackermannsche Truppe in Hamburg und geht mit ihrem Bruder zu Koch nach Leipzig.
Gründung des Hamburgischen Nationaltheaters
Lessing veröffentlicht seine »Hamburgische Dramaturgie«.
Uraufführung von Lessings »Minna von Barnhelm« in Hamburg
Karoline tritt erfolgreich als »Julia« in der Shakespeare-Bearbeitung von »Romeo und Julia« von Weiße auf.
1768 Ehe mit dem Bankschreiber Wilhelm Kummerfeld in Hamburg
1769 Fehlgeburt und schwere Erkrankung
1770 Erfindung der Dampfmaschine in England
Hölderlin geboren
Erste Irrenanstalt in London
1771 Tod von Konrad Ackermann
Ludwig Schröder übernimmt das Theater in Hamburg.
1773 Reise des Ehepaars Kummerfeld nach Weimar
Audienz bei der Herzogin Anna Amalia von Sachsen-Weimar
Cornelia Goethe erkrankt nach Heirat und verfällt zunehmend in Apathie.
1774 erscheint »Die Leiden des jungen Werther« von Goethe

1775 stirbt der Prinzipal H. G. Koch
Uraufführung des »Barbier von Sevilla« in Paris
1776 Karoline reist allein nach Leipzig zu Freunden.
1777 Wilhelm Kummerfeld stirbt im Wahnsinn und hinterläßt seiner Ehefrau Karoline nur Schulden. Schwere Nervenkrankheit Karoline Kummerfelds
In Mannheim wird das Hof- und Nationaltheater gegründet.
Cornelia Goethe stirbt in schwerer Depression.
Karoline Schulze-Kummerfeld kehrt zum Theater zurück; Debüt in Hamburg bei Schröder – dem Stiefsohn Ackermanns – der mit seiner Mutter das Hamburger Theater übernommen hat.
1778 Auftritt in neuen Rollen, u. a. als »Hedwig« in »Der argwöhnische Ehemann« von Hoadley (Gotter).
Zerwürfnis mit L. Schröder wegen ihres Spielstils
Karoline verläßt Hamburg.
Engagement ans Hoftheater in Gotha
Konrad Ekhof gestorben
1779 Nach Auflösung des Hoftheaters in Gotha und Entlassung des gesamten Ensembles, wird Karoline Schulze-Kummerfeld vom Hoftheater in Mannheim übernommen, das unter Baron von Dalberg zum Nationaltheater umgestaltet wurde.
Zerwürfnis mit der Direktion (Seyler) in Besetzungsfragen: Karoline erhält unbedeutende Rollen und Nebenrollen.
Lessings »Nathan der Weise« in Berlin uraufgeführt.
1780 Engagement ans Theater in Innsbruck (unter Seipp und Bulla)
Karoline von Günderode geboren
Maria Theresia gestorben
1781 Gastspiel mit dem Innsbrucker Ensemble in Augsburg
Einzelgastspiel Karolines in München
Rückkehr ans Innsbrucker Theater unter geänderter Direktion
Breites Rollenspektrum, z. B. als »Minna« in Lessings »Minna von Barnhelm« sowie Auftreten im Ballett
Wegen Korruption Auflösung des Ensembles
Lessing gestorben
1782 Engagement ans Theater in Linz
Erkrankung, Erschöpfung, Blutauswurf
Karoline trägt sich mit dem Gedanken, das Theater zu verlassen.
Sie beginnt mit dem ersten Niederschreiben ihrer »Erinnerungen«.
Uraufführung von Schillers »Räubern« in Mannheim
Letzte Hexenhinrichtung in der Schweiz
1783 Karoline verläßt Linz und reist zu ihrem Bruder nach Frankfurt, der dort als Tanzmeister engagiert war. Zerwürfnis mit der Schwägerin.
Engagement bei Grossmann an den Theatern in Frankfurt, Mainz und Bonn
Karoline wird ins Fach der »komischen Mütter« abgedrängt, z. B. als Frau von Schernburg in Heufelds »Doktor Guldenschmidt«
Die Tänzerin Maillot führt das Trikot für das Ballett ein.
Erster Ballonaufstieg mit Heißluft

1784 Engagement in der Truppe von Bellomo, der ans Theater in Weimar berufen war.
Nach Gastspielen mit der Bellomo-Truppe in Erfurt und Eisenach Übersiedlung nach Weimar
Debüt im Rollenfach der »ernsthaften Mütter«, z. B. als Claudia in Lessings »Emilia Galotti«
Uraufführung von Schillers »Kabale und Liebe« in Mannheim
Kant veröffentlicht »Was ist Aufklärung«? (»Ausgang des Menschen aus seiner selbstverschuldeten Unmündigkeit«).

1785 Rückzug vom Theater
Bettina von Arnim geboren
Karoline beginnt mit Näh- und Handarbeiten für den Hof in Weimar.
Am 22. Juni tritt Karoline Schulze-Kummerfeld zum letzten Mal auf in der Rolle der Marchese in Friedrich Schinks »Gianetta Montaldi«.
Am 22. August eröffnet sie ihre Nähschule für Kinder in Weimar mit 4 Kindern.
Schwere Erkrankung Karolines
Sie beginnt mit der Niederschrift der »Lebenserinnerungen«.

1787 Die Memoiren von Carlo Goldoni erscheinen in Paris.

1789 Beginn der Französischen Revolution

1791 Goethe übernimmt in Weimar die Leitung des Hoftheaters.
Olympe de Gouges veröffentlicht ihre »Deklaration der Rechte der Frau und Bürgerin«.

1793 Karoline Schulze-Kummerfeld verfaßt eine zweite Schrift unter dem Titel »Die Geschichte meines Theatralischen Lebens«.
Die Zahl der Schülerinnen ist auf 85 angewachsen.

1815 Am 20. IV. stirbt Karoline Schulze-Kummerfeld in Weimar.

1828 erscheinen Auszüge von Karolines Aufzeichnungen unter dem Titel »Aus dem Komödiantenleben des vorigen Jahrhunderts«, hg. von Hermann Uhde, in Raumers »Historischem Taschenbuch« (3. Jahrg., S. 361–415).

1915 erscheinen ihre »Lebenserinnerungen« in einer zweibändigen Ausgabe, hg. von Emil Benezé.

DIE HERAUSGEBERIN

Inge Buck, geboren 1936 in Tübingen, studierte Theater- und Literaturwissenschaft. 1968 Promotion am theaterwissenschaftlichen Institut der Universität Wien. Seit 1972 ist sie Hochschullehrerin an der Hochschule Bremen mit dem Schwerpunkt Kulturwissenschaften.

Bücher:
Gegen die Scheibe, Gedichte, Berlin, 1987; (Hg.): Ein fahrendes Frauenzimmer. Die Lebenserinnerungen der Komödiantin Karoline Schulze-Kummerfeld (1745–1815), Berlin, 1988.

Beiträge in Büchern:
Grenzgängerinnen, Düsseldorf, 1985; Lessing und die Toleranz, München, 1986; Frauen – Literatur – Politik, Berlin/Hamburg, 1988; Neue Ansätze in der Frauenforschung, Bremen, 1988; Altern in unserer Zeit, Bremen, 1990; Weil wir nun mal Schwestern sind, Berlin, 1990; Frauen ins Parlament, Bremen, 1991; Frauen – Literatur – Revolution, Pfaffenweiler, 1992 u. a.

Beiträge in Anthologien:
Bedenkliche Zeiten – Gedichte und Texte zu Hiroshima und Nagasaki, Köln, 1986; Wenn das Eis geht. Ein Lesebuch zeitgenössischer Lyrik, Fischerhude, 1983 und München, 1985; Mit Fischen leben – Eine Anthologie Bremer und Gdansker Autoren, Bremen, 1989; Land in Sicht. Achimer Lesebuch, Bremen, 1990.

Beiträge in Zeitschriften:
Courage, die horen, Psychologie und Gesellschaftskritik, Emile, Zeitschrift für Erziehungskultur.

Beiträge im Rundfunk:
15 Features zwischen 1972 und 1993.

Auszeichnungen:
Bremer Förderpreis für Dokumentarfilm (1991) zusammen mit Barbara Debus und Konstanze Radziwill.

EIN MODERNER KLASSIKER DER KANADISCHEN LITERATUR

Carol Shields

Mary Swann

Mary Swann, bäuerliche Dichterin empfindsamer Verse, lieferte wenige Stunden, bevor ihr Mann sie brutal ermordete, eine Papiertüte voller genialer Gedichte bei dem Zeitungs-redakteur Frederic Cruzzi ab. Viele Jahre später gibt ihr Leben vier unterschiedlichen Personen immer noch viele Rätsel auf. Sarah Maloney, eine erfolgreiche, junge feministische Literaturwissenschaftlerin, versucht durch Mary Swanns private Notizbücher Aufschluß über ihr Schaffen zu erhalten. Obwohl sie dort nichts außer Banalitäten entdecken kann, gerät Sarah in einen tiefen Konflikt, als ihre eigenen, unterdrückten Wünsche zutage treten.

"Mary Swann ist voller Humor, Spannung und Erkenntnisse. Eine pikante, unterhaltsame Geschichte über Sinn und Unsinn der Literatur, die zugleich intelligent und bewegend ist." *Sunday Times*

Orlanda Frauenverlag

Großgörschenstraße 40 · 10827 Berlin

George Sand im dtv

Ein Winter auf Mallorca
Hrsg. und übertragen von Ulrich C. A. Krebs
Mit zahlreichen Illustrationen
dtv 2157

Sie sind ja eine Fee, Madame!
Märchen aus Schloß Nohant
Mit Zeichnungen von George Sand
Hrsg. v. Hans T. Siepe
dtv 2197

Nimm Deinen Mut in beide Hände
Briefe
Mit zahlreichen Abb.
Übersetzt u. hrsg. v. Annedore Haberl
dtv 2238

Nanon
Roman
Übersetzt und mit einem Nachwort versehen von Heidrun Hemje-Oltmanns
dtv 2282

Sie und Er
Übersetzt von Liselotte Ronte
Mit 10 Zeichnungen von Alfred de Musset und Eugène Lami und einem Nachwort von Bodo Guthmüller
dtv 2295

Mauprat
Geschichte einer Liebe
Aus dem Französischen übersetzt und mit einem Nachwort versehen von Heidrun Hemje-Oltmanns
dtv 2300

Lélia
Roman
Neu übersetzt von Heidrun Hemje-Oltmanns
Originalausgabe
dtv 2311 (März)

Correspondance
Briefe
dtv 9234

Maurois, André: Das Leben der George Sand
dtv 10439

Klassiker der deutschen Literatur

Ludwig Bechstein:
Sämtliche Märchen
Mit 187 Illustrationen von Ludwig Richter
Hrsg. v. Walter Scherf
2 Bände in Kassette
dtv 2207

Georg Büchner:
Werke und Briefe
Neuausgabe
Hrsg. und kommentiert von Karl Pörnbacher, Gerhard Schaub, Hans-Joachim Simm und Edda Ziegler
dtv 2202

Theodor Fontane:
Effi Briest
Hrsg. v. Walter Keitel u. Helmuth Nürnberger
dtv 2117

Der Stechlin
Kommentierte Ausgabe
Herausgegeben von Walter Keitel und Helmuth Nürnberger
dtv 2184

H. J. Chr. v. Grimmelshausen:
Der Abenteuerliche Simplicissimus Teutsch
Hrsg. v. Alfred Kelletat
dtv 2004

Wilhelm Hauff:
Sämtliche Märchen
dtv 2050

Gottfried Keller:
Der grüne Heinrich
(Erste Fassung)
dtv 2034

Heinrich von Kleist:
Sämtliche Erzählungen und Anekdoten
Herausgegeben von Helmut Sembdner
dtv 2033

Heinrich von Kleist:
Sämtliche Werke und Briefe in zwei Bänden
Herausgegeben von Helmut Sembdner
dtv 5925

Des Knaben Wunderhorn
Alte deutsche Lieder
Gesammelt von L. Achim von Arnim und Clemens Brentano
Dreibändige Gesamtausgabe in Kassette
dtv 5939

Lenz, Jakob Michael Reinhold:
Werke
Dramen, Prosa, Gedichte
Aufgrund der Erstdrucke herausgegeben und kommentiert von Karen Lauer
Mit einem Nachwort von Gerhard Sauder
dtv 2296

Moritz, Karl Philipp:
Anton Reiser
Ein psychologischer Roman
Mit den Titelkupfern der Erstausgabe
Herausgegeben und erläutert von Ernst-Peter Wieckenberg
dtv 2286

Johann Gottfried Seume:
Spaziergang nach Syrakus
Vollständige Ausgabe
Herausgegeben von Albert Meier
dtv 2149

Georg Trakl:
Das dichterische Werk
Hrsg. v. Walther Killy und Hans Szklenar
dtv 2163

Klassische Autoren in dtv-Gesamtausgaben

Georg Büchner:
Werke und Briefe
Neuausgabe
Hrsg. und kommentiert
von Karl Pörnbacher,
Gerhard Schaub,
Hans-Joachim Simm
und Edda Ziegler
dtv 2202

Johann Wolfgang von Goethe:
Werke
Hamburger Ausgabe
in 14 Bänden
Herausgegeben von
Erich Trunz
dtv 5986

Goethes Briefe und
Briefe an Goethe
Hamburger Ausgabe
in 6 Bänden
Herausgegeben von
Karl Robert Mandelkow
unter Mitarbeit von
Bodo Morawe
dtv 5917

Ferdinand Gregorovius:
Geschichte der Stadt
Rom im Mittelalter
Vom V. bis
XVI. Jahrhundert
Vollständige Ausgabe
in 7 Bänden
Herausgegeben von
Waldemar Kampf
Mit 234 Abbildungen
dtv 5960

Sören Kierkegaard:
Entweder – Oder
Deutsche Übersetzung
von Heinrich Fauteck
Unter Mitwirkung von
Nils Thulstrup und
der Kopenhagener
Kierkegaard-Gesell-
schaft herausgegeben
von Hermann Diem
und Walter Rest
Zwei Bände
dtv 2194

Heinrich von Kleist:
Sämtliche Werke und
Briefe in zwei Bänden
Herausgegeben von
Helmuth Sembdner
dtv 5925

Theodor Mommsen:
Römische Geschichte
Vollständige Ausgabe
8 Bände in Kassette
dtv 5955

Friedrich Nietzsche:
Sämtliche Werke
Kritische Studien-
ausgabe in 15 Bänden
Hrsg. v. Giorgio Colli
und Mazzino Montinari
dtv/de Gruyter 5977

Sämtliche Briefe
Kritische Studien-
ausgabe in 8 Bänden
Hrsg. v. Giorgio Colli
und Mazzino Montinari
dtv/de Gruyter 5922

Georg Trakl:
Das dichterische Werk
Hrsg. von Walther Killy
und Hans Szklenar
dtv 2163

Klassische Anthologien der deutschen Literatur in dtv-Originalausgaben

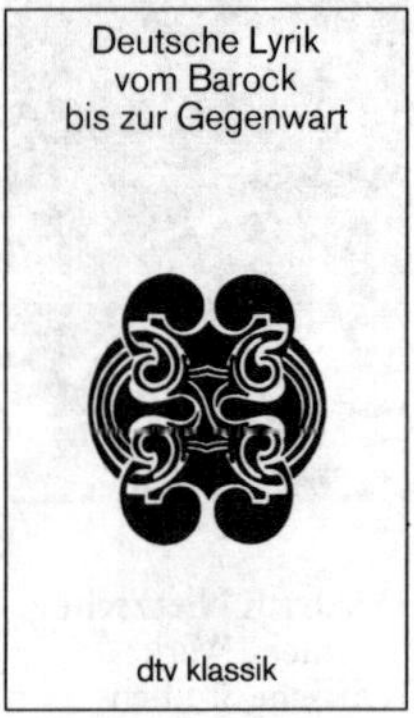

Deutsche Lyrik vom Barock bis zur Gegenwart
Herausgegeben von Gerhard Hay und Sibylle von Steinsdorff
dtv 2077

Dieser Band gibt einen Einblick in die Vielfalt deutscher Gedichte und ist ein ideales Arbeitsbuch für Schule und Studium. Er enthält über 300 Gedichte, die für die Themen, Motive und Formen deutschsprachiger Lyrik vom Barock bis zur Gegenwart repräsentativ sind.

Deutsche Erzählungen des 18. Jahrhunderts
Von Gottsched bis Goethe
Herausgegeben und kommentiert von Heide Hollmer, Christine Lubkoll, Albert Meier, Wolfgang Proß und Friedrich Vollhardt
dtv 2195

Deutsche Erzählungen des 19. Jahrhunderts
Von Kleist bis Hauptmann
Herausgegeben und kommentiert von Joachim Horn, Johann Jokl, Albert Meier und Sibylle von Steinsdorff
dtv 2099

Diese beiden Bände bieten einen repräsentativen Querschnitt durch die deutsche Erzählliteratur des 18. und 19. Jahrhunderts. Im Anhang der einzelnen Bände werden dem interessierten Leser zu jeder Erzählung wichtige Informationen über Autor, Werk und Zeit an die Hand gegeben.